U0095081

國家“雙一流”建設學科“南京大學中國語言文學藝術”資助項目

江蘇省2011協同創新中心“中國文學與東亞文明”資助項目

第二十五輯 ｜ 卞東波 編

# 域外漢籍研究集刊

中華書局

北京 2023

**圖書在版編目(CIP)數據**

域外漢籍研究集刊. 第 25 輯/卞東波編. —北京:中華書局,
2023.4
ISBN 978-7-101-16156-4

Ⅰ. 域… Ⅱ. 卞… Ⅲ. 漢學-研究-國外-叢刊
Ⅳ. K207.8-55

中國國家版本館 CIP 數據核字(2023)第 047743 號

| | |
|---|---|
| 書　　名 | 域外漢籍研究集刊　第二十五輯 |
| 編　　者 | 卞東波 |
| 責任編輯 | 吳愛蘭 |
| 責任印製 | 陳麗娜 |
| 出版發行 | 中華書局 |
| | (北京市豐臺區太平橋西里 38 號　100073) |
| | http://www.zhbc.com.cn |
| | E-mail:zhbc@zhbc.com.cn |
| 印　　刷 | 三河市宏盛印務有限公司 |
| 版　　次 | 2023 年 4 月第 1 版 |
| | 2023 年 4 月第 1 次印刷 |
| 規　　格 | 開本/710×1000 毫米　1/16 |
| | 印張 27　插頁 2　字數 428 千字 |
| 國際書號 | ISBN 978-7-101-16156-4 |
| 定　　價 | 138.00 元 |

# 目　次

東亞漢籍交流研究

# 試論朝鮮王朝科舉試券

## ——以正祖元年(1777)金顯運《送子朝塗山賦》爲例

金文京

## 一　何謂試券?

　　科舉在前近代東亞社會擁有重大意義,此不必贅言。在中國自唐以後直至晚清,科舉作爲選拔官僚的制度,不僅在政治、社會方面發揮作用,還對教育、文化等各方面產生了巨大影響。而鄰近中國的越南、朝鮮半島、琉球等都曾效法中國,舉行過科舉。日本雖然没有實行正式科舉,但奈良、平安時代(約7至11世紀)大學寮(相當於中國國子監)所舉行的明經、進士、秀才等考試,或江户時代末期(18世紀末至明治維新之前)幕府以武士階級爲對象實行的"學問吟味"等考試,也參考過中國的科舉。然而,越南、朝鮮等雖以中國制度爲圭臬,至於其制度設計、實行方法,則與中國不盡相同。此文以朝鮮科舉的試券爲例,見其一端。

　　所謂試券,是謂科舉答案①。中國無此詞,一般稱試卷或考卷。中國的試卷在科舉完畢後怎樣處理,唐以前没有資料。宋以後則爲防範舞弊,試卷須經封彌、謄録。考官只靠謄録而評分,原卷當由官方保存。明清兩代,鄉試、會試的試卷都送往中央禮部,經點檢後把優秀的試卷由官方出版

①關於試券,參看《二〇一五年藏書閣特別展圖録目録——試券》,韓國學中央研究院出版部,2015年。

頒布，也有民間書坊刊行者，稱闈墨或程墨。另有考取的人自己刊刻的，則稱朱（硃）卷。而原卷還是由官方存檔備查，没有還給原作者。至於清代把落榜者的試卷還給本人①，是爲了緩解落榜者的不滿，當視爲例外。目前中國留下來的闈墨、朱卷之類文獻爲數可觀，相對而言，試卷原件現存者不多，且都是朝廷官庫流出來的。

朝鮮則不同，考試完畢後，試券基本上都還給舉子。考取者雖能得到朝廷頒發的證書（稱白牌、紅牌），而記載具體排名等事項的試券原件，乃是無上的見證。因此，考取者及其子孫代代視爲家寶，予以珍藏，以致現存者不尟②。試卷所以稱試券，除朝鮮漢字音“卷”“券”同音（“권 kwon”）之外，“卷”只是文件，而“券”有憑證之義，如鐵券、債券等，也當是理由之一。

## 二　朝鮮科舉制度的特徵

在介紹試券内容之前，先講述朝鮮科舉制度的大綱③。朝鮮半島舉行科舉，是從高麗光宗九年（958）開始，據説是來自五代後周的文人雙冀所建議。此後，高麗、朝鮮兩代連續舉行，直至高宗三十一年（1894）因希圖近代化的甲午更張而廢。科舉有文科、武科、雜科（譯科、醫科、陰陽科、律科）之分，在此只介紹文科，且限於朝鮮王朝後期的情況。

### （一）小科（監試、司馬試）

文科分爲考取成均館（相當於中國國子監）入學資格的小科（亦稱監試、司馬試④）和考取官僚身份的大科（文科）。小科又分爲以經書爲主的生員試和以詩賦爲主的進士試。兩試都有在首都及各地舉行的初試和在

①參看胡平、李世愉編《中國科舉制度通史·清代卷下》第十一章《落第政策》，上海人民出版社，2017年。

②現存最早的試券是中宗二年（1507）的權橃文科試券，參看《二〇一五年藏書閣特別展圖録目録——試券》，頁82。

③參看曹佐鎬《韓國科舉制度史研究》，凡愚社，1996年；李成茂《韓國科舉制度》，集文堂，2001年。

④司馬試之稱，當據《禮記·王制》：“大樂正論造士之秀者，以告于王，而升諸司馬，曰進士。”小試有生員科、進士科，而如同唐代明經科、進士科，重視進士。

首都漢城舉行的覆試（會試）兩個段階，各選取 100 名，允許在成均館修學。小科是資格考試，要任官還要考大科，頗類唐代禮部試的明經科和進士科。小科除三年一度的定期考之外，還有國王即位等國慶時舉行的增廣試。其考試科目則爲生員試從四書疑一篇、五經義一篇中選一；進士試從賦一篇、古詩一篇中選一，初試、覆試相同，增廣試也如此。

### （二）大科（文科）

大科（文科）是任用官人的考試。原來只有生員和進士才有應考資格，後來兩班（貴族）及平民中擁有儒籍的儒生（幼學）也允許應考。大科有初試（地方試）、覆試（會試、中央試）以及國王親自舉行的殿試三道程序。初試、覆試再分爲初場、中場、終場的三場，初試録取 240 名，覆試 33 名，殿試則與中國相同，只定排序，不出落榜者。第一名稱壯元（相當於中國的狀元，朝鮮漢字音"壯""狀"同音"장 zhang"）。各個階段的科目如下：

初試　初場——四書疑一篇、論一篇

中場——古賦一篇，表、箋中選一篇

終場——對策一篇

覆試　初場——講經（考《四書》及《易經》《尚書》《詩經》七大文的背誦）

中場——古賦一篇，表、箋中選一篇

終場——對策一篇

殿試——對策、表、箋、詔制、論、賦、箴、銘、頌中選一篇

此制大致與元代科舉中以漢人、南人爲對象的科目相同。按《元史》卷八一《選舉一·科目·考試程式》，其內容如下①：

第一場——明經。經疑二問（四書）、經義一道（五經中各治一經）。

第二場——古賦、詔誥、章、表內科一道。

第三場——策一道（經史、時務內出題）。

兩相比較，朝鮮初試初場的"四書疑"相當於元試第一場"經疑"；中場"古賦、表、箋"相當於第二場"古賦、詔誥、章、表"；終場"對策"則與第三場的"策"相同。

———————————

① 宋濂等《元史》，中華書局，1976 年，頁 2019。

　　其中值得注意的是古賦。中國唐宋金代以及清代科舉科目中的賦都是律賦，古賦作爲科目只有元代。按《高麗史》卷七三《選舉一·科目》，恭愍王十八年(1369)："始用元朝鄉試、會試、殿試之制，定爲常式。"①朝鮮王朝通過高麗也繼承元代制度，以致元代科舉答案集《類編歷舉三場文選》至朝鮮時代仍然刊行②。前文所述進士試初試的"賦一篇"亦指古賦而言。

### (三)朝鮮科舉的特色

　　朝鮮也有其獨特之處。大科覆試初場的"講經"是從《四書》及《易經》《尚書》《詩經》七經中各選一段，共七段，讓考生背誦的口試。中國唐代的帖經是考能否背記經書的，卻不是口試，且宋代已廢，以後就沒有背經的科目。

　　中國有關五經的考試，自北宋王安石科舉改革以後，至清代乾隆五十三年(1788)的改變爲止③，都是五經中一經專修，不同於朝鮮的兼修諸經。五經中只選《易》《書》《詩》三經，理由是考慮到此三經比《春秋左傳》《禮記》(唐代此二經稱大經)篇幅短，便於背誦。雖然如此，背誦全部《四書》和三經，應該不容易。從此一角度來看，朝鮮科舉的難度或許比中國還要高，也未可知。

　　進士試覆試的"古詩"也是朝鮮獨特的科目。中國科舉所用的詩，唐宋金清四代(元明兩代沒有作詩的科目)都是近體排律，從無古詩作爲科目。朝鮮時代後期科舉的古詩稱科題詩或東詩，一般都18韻36句，其結構也

---

①《高麗史》中册，亞細亞文化社，1990年，頁594。

②《類編歷舉三場文選》有高麗末期的活字本，朝鮮時代也有活字本、木刻本。參看趙炳舜《高麗本〈新刊類編歷舉三場文選對策〉研究》，韓國書誌學會，2006年。元刊本則藏在日本靜嘉堂文庫。中國明代以後似無刊行。元代科舉的古賦基本上要押韻，而朝鮮科舉的古賦是不押韻的。

③乾隆五十三年廢一經專修，當初五經輪流出一題，後來改爲五經各出一題。參看宮崎市定《科舉史》，《宮崎市定全集》第15卷，岩波書店，1993年，頁217；《清史稿》卷一〇八《選舉三》，中華書局，1977年，頁3152；李調元《淡墨録》卷一六《每經各出一題》，《叢書集成初編》本，商務印書館，1939年，頁253—254；Benjamin A. Elman, *A Cultural History of Civil Examinations in Late Imperial China*, University of California press，2000，pp. 563—568；安東强《清代鄉會試五經文的場次及地位變化》，《中山大學學報》(社會科學版)2020年第6期。

有獨特的規矩①。至於明清時代的八股文，朝鮮則沒有接受。

　　大科（文科）雖三年一度舉行，增廣試、別試、庭試、謁聖試等不定期的考試卻也頻繁舉行。考試次數之多，也是跟中國不同之處。中國也有皇帝即位時實行的恩科，不過爲數并不多。

　　三年一度的考試，也跟中國一樣，是子、卯、午、酉年舉行②。可是中國在此四年舉行的是鄉試（宋代的解試），會試（宋代的省試）和殿試則次年丑、辰、未、戌年舉行。而朝鮮在此四年舉行中央的覆試、殿試，作爲地方試的初試則在前一年舉行。因此，中國和朝鮮舉行科舉的年次就有了一年之差。另外，朝鮮在子、卯、午、酉年，除科舉之外，還實行戶籍調查，稱“式年”，也是中國沒有的③。

　　再者，無論大科或小科，試題出兩題，考生必須都作答案，稱上篇（主篇）、下篇（備篇），而下篇規定用草書寫。用草書寫科舉答案在中國是無法想象的。不過，此一規定在肅宗四十年（1714）被取消了。

　　考試會場不設中國貢院那樣固定的場屋，而借用王宮、成均館、官衙等的院子。考生都席地而坐作答，此蓋由朝鮮沒有坐椅習慣之故。每場都在一天之內結束，不必過夜。考場一般分爲“一所”“二所”兩處，科目相同，科題則兩處各別出。首都漢城的“一所”通常是禮曹（相當於中國禮部），“二所”是成均館丕闈堂。京畿、忠清、慶尚、全羅各道，因人口多，分爲左右；平安、咸鏡兩道則分南北，考場巡迴由各道左右南北屬邑官衙輪流委派。江原、黃海兩道因人口少，不分兩處。

　　至於應考資格，如同中國，除賤民及罪犯本人及其子孫之外，原則上開放給所有良民。所不同者，即使是士族兩班，非嫡出的庶孽都排除在外。此一禁制由太宗時所定《庶孽禁錮法》而實行，後來雖稍微放寬，如明宗八年（1553）良民身份的妾所生子，到其孫子輩允許應考；至仁祖三年（1625）

――――――――――

① 參看李家源《朝鮮文學史》第十七章第三節《科體詩의高潮》，太學社，1977 年。

② 三年一度的科舉是根據《周禮》的“三年大比”，可是“三歲一貢舉”成爲定規，乃自北宋治平四年（丁未，1067）開始。《宋史》卷一三《英宗》治平三年十月丁亥云：“詔禮部，三歲一貢舉。”（脫脫等《宋史》，中華書局，1985 年，頁 259）第二年即實行。

③ 日文也有此詞。日本有些神社規定隔幾年舉行祭祀或改建，而祭祀、改建的年次就叫式年。是否跟朝鮮語有關，待考。

賤民身份的妾所生子，到其曾孫也允許應考，之後也屢有相關政策（稱"許通"）①，卻始終抵制庶孽出身進出官界，成爲嚴重的社會問題。此一禁制是朝鮮社會重視母系這一傳統的反映，與中國或日本完全不同。

總之，朝鮮科舉没有宋代以後中國科舉的開放性，只有部分士族兩班階級才能應考，且限於其嫡出人。朝鮮末期出現了大量文科及第者的名録《文譜》，其編制是按照兩班大姓的本貫加以分類的，足以窺見名族獨占科舉的實况。

## 三　金顯運《送子朝塗山賦》試券

### （一）正祖元年的增廣試及金顯運應舉情况

此一試券（筆者所藏）是正祖元年（1777）金顯運應考小科進士試時所作古賦。此年小科不是式年試，而是慶賀新國王正祖即位而舉行的增廣試，因此，正祖鄭重其事，下令嚴禁舞弊行爲，也特別召見考官②。"送子朝塗山"是此試會試"一所"的賦題。

朝鮮王朝時代，每次舉行科舉，都刊行過相當於中國《題名録》（記録及第者姓名、年齡、籍貫及考官姓名等）的《榜目》，大科稱《國朝榜目》，小科則稱《司馬榜目》。朝鮮全期，小試共舉行過 229 次，其中約 170 次的《司馬榜目》尚存於韓國及日本等地，《崇禎紀元後三丁酉增廣司馬榜目》目前藏於韓國國立中央圖書館（編號：古朝 26—29—60）。所謂"崇禎紀元"是明朝滅亡以後，朝鮮雖然投降清朝，卻不甘心用清朝年號，私下裏背著清朝繼續用明朝最後一個年號崇禎的紀年法。"崇禎紀元後三丁酉"即乾隆四十二年

①參看前間恭作《庶孽考》，《朝鮮學報》第 5—6 輯，1953—1954 年。

②《正祖實録》元年一月三日庚午云："禮曹啓言：'今年即聖上即位元年。祖宗朝元年設科取士，即應行之彝典。而乙卯、辛丑、乙巳皆行增廣，今亦依例設行爲宜。'允之，式年覆試，退定於秋間。"（《朝鮮王朝實録》第 44 册，國史編纂委員會，1970 年，頁 646）二月九日乙巳云："設增廣監試初試。教曰：'大小科場棘圍，古有逐日摘奸之規，數十年來中廢，科場淆雜，職由是也。'仍命史官，摘奸場圍。"（《朝鮮王朝實録》第 44 册，頁 652）二月十六日壬子："召見監試一、二所試官。"（《朝鮮王朝實録》第 44 册，頁 653）可見正祖很重視此次考試。

（1777）。據此《司馬榜目》不僅可知此試及第者的姓名、席次及家族情況，還可以知道開試日程、考官姓名、各場科題等詳細信息。

此年小試的初試初場在二月十日，終場則在二月十二日，會試初場在三月二十一日，終場則在三月二十三日舉行，三月二十六日出榜（發表及第者名單，相當於中國放榜），四月三日放榜（及第者拜謁國王，發證書。試券大概此時還給本人）。而進士科的科題（明經科從省），初試一所賦題是"服之無斁，知周之所以興"①，詩題則是"論黃帝堯舜垂衣而天下治，知取諸乾坤"②，初試二所賦題是"吾舍魯而何適"③，詩題則是"上書宰相，説今天下一君，四海一國"④；會試一所賦題是"送子朝塗山"，詩題"東出朝鮮，以八條教民"⑤，會試二所賦題爲"强食之"⑥，詩題"得第歸洛陽，校正舊藏韓文"⑦。

進士及第者共 100 名（一等 5 名、二等 25 名、三等 70 名），其三等第一名即爲金顯運，有以下記載，（）内，原爲小字：

　　　幼學金顯運（晦彦、戊辰）　本義城　居安東（一所賦）
　　　父學生相説
　　　慈侍下　雁行（弟斗運　徠運）

據此可知，金顯運，字晦彦，英祖二十四年（1748，戊辰）生，應考時三十歲，身份爲幼學，本貫義城（慶尚道），現居安東（慶尚道），父親金相説是學

---

①"服之無斁"出《詩經·周南·葛覃》。"知周之所以興"見《詩經大全·葛覃》所引張南軒（張栻）之説。

②語出《周易·繫辭下》："黃帝堯舜垂衣裳而天下治，蓋取諸乾坤。"

③語出朱熹《論語集注·八佾》："子曰：禘自既灌而往者，吾不欲觀之矣。"注："吾舍魯何適矣。"

④語出韓愈《後廿九日復上書》："今天下一君，四海一國，舍乎此則夷狄矣。"

⑤語出《漢書》卷二八下《地理志下》："殷道衰，箕子去之朝鮮。教其民以禮義、田蠶、織作。樂浪、朝鮮民犯禁八條。"

⑥此語當出《史記》卷五五《留侯世家》："會高帝崩，吕后德留侯，乃彊食之。"

⑦此爲歐陽脩故事。歐陽脩《記舊本韓文後》："後七年舉進士及第，官于洛陽。而尹師魯之徒皆在，遂相與作爲古文，因出所藏《昌黎集》而補綴之。求人家所有舊本而校定之。其後天下學者亦漸趨於古，而韓文遂行於世。"

生身份，即無官，已故。有斗運、徠運兩弟。“慈侍下”是父故母存之義①。金顯運既然住在安東，初試當在慶尚道應考，及第後上京再應會試。

　　試券的“本”（本貫）相當於中國的郡望，與現居地無關，是朝鮮科舉重視出身氏族的反映。義城金氏自從高麗末期以來，科舉及第者輩出，可謂兩班中的名族。如金誠一（1538—1593）在壬辰倭亂之前被任命爲通信副使赴日本，回報日本不會來侵而被罷，後來戴罪盡力展開抗日活動而病死。金誠一的族姪金涌（1557—1620）也在倭亂時組織義兵，被推爲安東守城將。當時族人多爲朝鮮第一大儒李滉（退溪）的門弟。

　　金顯運進士及第之後，似乎沒有再去考大科，或參加了考試而沒考上，因此，沒做過官。可當時擁有進士名號，已足以在地方上維持個人名望及家聲。正祖十六年（1792）慶尚道的儒林爲了洗清死於非命的正祖之父思悼世子的冤名共同向正祖上呈的萬人疏，署名中就有“進士金顯運、幼學金復運、金來運”②，“復運、來運”當爲“斗運、徠運”的改名。嘉慶二十一年（純祖十六年，1816）安東府發給金顯運的户口單子上有“進士金顯運，年六十九”的記載③，可知金顯運此年還在世，而純祖二十五年（1825）式年試《崇禎紀元後四乙酉式司馬榜目》生員三等第七名有他的嗣子金祖壽之名（生父爲同族金奎運），稱“永感下”（父母俱故）④，據此而推，金顯運當死於大約純祖十七年至二十二年之間，如死於二十三年之後，金祖壽須服喪，無法應舉。

**（二）試券體制**

　　試券用兩張長約 64 釐米、寬約 90 釐米的厚楮紙貼連，第一張右端記金顯運的身份、本貫、居地及四祖（父、祖父、曾祖父、外祖父）如下。（）内是筆者所加（圖 1）：

------

①祖父母、父母俱存稱“重慶下”，父母俱存稱“具慶下”，父母俱故稱“永感下”，父存母故稱“嚴恃下”，是中國唐宋金元時的稱法，明初以後似不用。參看陸容《菽園雜記》卷一，中華書局，1985 年，頁 2（標點誤以“下”字皆屬下句）。

②《承政院日記》第 90 册正祖十六年五月七日甲辰，國史編纂委員會，1972 年，頁 541。

③韓國國學進興院藏義城金氏雲川宗宅户籍 11《準户口》01429。

④《崇禎紀元後四乙酉式司馬榜目》（韓國國立中央圖書館藏，編號：古朝 26—29—85）。“式”謂此年爲式年試。

幼學金顯運　年二十　本義城　居安東

父學生相説

祖通德郎挺河（通德郎爲文官正五品上）

曾祖從仕郎世鍵（從仕郎爲文官正九品）

外祖學生黃混，本長水

中國科舉試卷也要在前面記考生家族情況，只是不必寫外祖姓名，這也是朝鮮重視母系的表現。

第一張從距右端約 28 釐米之處，斷爲兩片，切斷處上中下打三個小孔，各用細繩連接兩片，左片是答案。而上中兩孔之間，跨兩邊用墨筆寫"二玄"；中下兩孔之間則兩邊都用墨筆各寫"二玄"（圖2）。以此爲防範舞弊的封彌而裁斷，放榜後再行接合的。"二玄"是爲了閱卷而標的號碼，用《千字文》"天地玄黃"的"玄"字，因每字有 10 名，"二玄"即第 22。左片答案部分約長 154 釐

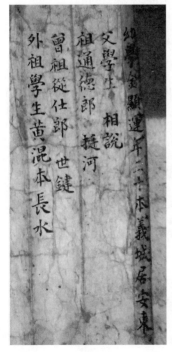

圖1

圖2

米，每 8 釐米用角筆①打界線，以便各行均勻書寫。第一張包括題目共 7 行；第二張 11 行；紙背 10 行，每行 13 字或 12 字（末行 5 字）。第 3 行和第 4 行之間，貼黃色紙片（稱"黃籤"，圖 3），上寫"進士試三等一人"。第 6 行和第 7 行之間用淡朱筆大寫"次中"兩字（因爲顏色較淡，照片未能完成顯示）。

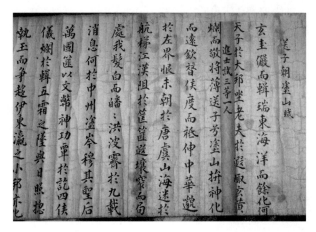

圖 3

　　朝鮮科舉跟中國一樣，除封彌之外，爲了防止考官認出考生筆跡，也實行謄録制度，稱"易書"，可是小科没有採用此制。因此，考官直接用考生交的試券來閲卷，"次中"兩字大概是閲卷時所記。

　　**（三）《送子朝塗山賦》的内容**

　　《送子朝塗山賦》以朝鮮神話中的始祖檀君送子去塗山朝見禹爲主題，下面介紹全文，略加注解：

送子朝塗山賦

　　　玄圭②儼而輯瑞③，東海洋而餘化。何天子於大邦，坐老夫④於

---

①角筆是木頭、竹子或象牙所做的筆，削尖一端，不蘸墨水，直接用尖端壓在紙上，使紙張凹進去，用以刻字或符號。日本、朝鮮都用，而中國不聞用此法。參看金文京《漢文與東亞》，上海三聯書店，2022 年，頁 70。

②《尚書·禹貢》："東漸於海，西被於流沙，朔南暨聲教，訖於四海。禹錫玄圭，告厥成功。"

③《尚書·舜典》："輯五瑞，既月乃日覲四岳群牧，班瑞於群后。"

④"老夫"當是檀君自稱。

遐陬。

玄黄①爛而敬將，薄送子兮塗山。拚神化而遠欽，普侯度②而祇伸。

中華邈於左界，恨未朝於唐虞。山海迷於航梯，江漢阻於筐篚。

遐壤窄而局處，我髮白而皤皤。洪波霶於九載③，消息何於中州。

塗岑穆其聖后，萬國篚以文幣。神功罩於訖四，侯儀爛於輯五④。

霜之墜與日照，摠執玉而爭趨。伊東瀛之小邦，亦化中之一區。

瞻祥雲而引領，拊黃髮而矯首。乾坤大於聖德，何等事於中夏。

應文物之燦然，抑制度之可觀。佪褊壤而已老，嗟未得乎一見。

玄纁⑤燦而載具，俾余季而替之。鳴蔥珩⑥而恪儀，覿玄玉而□□（二字破損）。

鯤岑⑦高而意越，鴨水流而神往。拚珙球⑧而咏夏，指塗岫而遠將。

生褊邦而亦幸，偕萬區而王庭。民降邱⑨而疇功，爾執玉而吾意。

---

① 《尚書·武成》：“肆予東征綏厥士女。惟其士女，篚厥玄黄，昭我周王。”

② 《詩經·大雅·抑》：“謹爾侯度。”

③ “九載”疑爲“九截”之誤，九截同九州。

④ “訖四”“輯五”謂“訖四海”“輯五瑞”。

⑤ 《尚書·禹貢》：“厥篚玄纖縞。”

⑥ 《詩經·小雅·采芑》：“有瑲蔥珩。”

⑦ “鯤岑”指朝鮮。崔致遠《孤雲集》卷一《新羅賀正表》：“近屬霧暗鯤岑，波驚蜃壑。”（《韓國文集叢刊》第1册，民族文化推進會，1990年，頁153）語據《漢書》卷二八下《地理志下》：“會稽海外有東鯷人。”“鯤岑”似爲朝鮮造詞。

⑧ “珙球”當謂貢物，不見於早期文獻。天啓七年（1627），畢自嚴《度支奏議·邊餉司》卷三：“萬方珙球，富有日盛。”康熙二十七年（1688），《幸魯盛典》卷四〇《皇帝東巡還幸闕里，效栢梁體一首》：“珙球萬國歸鴻臚。”吳綺《林蕙堂全集》卷一一《擬浙江大兵平大蘭山土寇、舟山逆賊，捷報露布》：“塗山禹會，已集萬國之珙球。”1816年，朝鮮憲宗朝宰相隨行聖節使赴北京時，與清朝文人交流的趙寅永《雲石遺稿》卷一〇《己卯名賢筆帖跋》：“三古所稱鐘鼎珙球，希有之玩。”（《韓國文集叢刊》第299册，民族文化推進會，2002年，頁206）

⑨ 《尚書·禹貢》：“是降丘宅土。”文中“邱”字避孔子諱“丘”而代用。

羌申申而結貽①，睠中區而言邁。噫檀君之此事，蓋實蹟於吾東。
嗟生老於左海，望中土而退頌。迫神禹之平水，爛聲教之訖海。
肆當日之送子，執玉帛之侯儀。欽至化於奠土，恪儀度於修幣。
孰非賢而能是，允東方之首后。

　　文章以六言句兩句爲一聯，共二十九聯五十八句三百四十八字。每句第四字例用"而、之、於、兮"等助詞的《楚辭》體，卻没有押韻。當時科舉的古賦以三十聯六十句爲通例，此賦還少一聯。三等及第也許與此有關。

　　**(四)《送子朝塗山賦》的出典**

　　《送子朝塗山賦》的内容，簡單地説，即禹在塗山集合諸侯時，朝鮮始祖檀君派其子朝貢，文中多用《尚書》《詩經》等經典，對此予以讚美。諸侯在塗山朝見禹之事見《左傳·哀公七年》："禹合諸侯於塗山，執玉帛者萬國。"而檀君派其子朝貢之事則不見於中國文獻。

　　此事始見於朝鮮《世宗實録》卷一五四《地理志·平安道平壤府》所引《檀君古記》：

　　　　檀君聘娶非西岬河伯之女生子，曰夫婁，是謂東扶餘王。檀君與唐堯同日而立，至禹會塗山，遣太子夫婁朝焉。②

　　《檀君古記》早佚，無法進一步探討其來源。而此一傳説發生的來由，尚可推測端倪。禹在治水時化爲熊而生啓，事見《漢書》卷六《武帝紀》顔師古注所引《淮南子》佚文③，是膾炙人口的傳説。而據《三國遺事》卷一《紀異第二·古朝鮮》，昔帝釋之子桓雄自天上降臨太伯山頂，娶熊女而生檀君④，此在朝鮮可謂老少咸知的神話。對比兩方恰有熊生子的偶合，有人

---

① "結貽"當謂心結貽憂。姚燧《燭影搖紅》詞："結貽顰頷笑靈均。"中國罕見，而朝鮮用例頗多，如朴泰茂《西溪先生集》卷五《祭金霽山文》："欲自棄而不可兮，望美人兮結貽。"（《韓國文集叢刊續》第 59 册，韓國古典翻譯院，2008 年，頁 418）

② 《世宗實録》卷一五四，《朝鮮王朝實録》第 5 册，頁 682。

③ 《漢書》卷六《武帝紀》："獲駮麃，見夏后啓母石。"師古注曰："啓，夏禹子也。其母塗山氏女也。禹治鴻水，通轘轅山，化爲熊，謂塗山氏曰：'欲餉，聞鼓聲乃來。'禹跳石，誤中鼓。塗山氏往，見禹方作熊，慚而去，至嵩高山下化爲石，方生啓。禹曰：'歸我子。'石破北方而啓生。事見《淮南子》。"班固撰，顔師古注《漢書》，中華書局，1962 年，頁 190。

④ 《三國遺事》，民衆書館，1946 年，頁 33—34。原書作"壇君"。

悟於此,乃杜撰此説,殆無疑問。而其事之妄誕不足信,也不待詳論。

　　朝鮮前期的文人徐居正(1420—1488)云:"若檀君享國久長,扶婁往會塗山,則雖我國文籍不備,中國之書豈無一語及之乎。"①其説似失於迂執。後期文臣南九萬(1629—1711)《東史辯證》則明確説:"其假託傅會,誠亦無足言者矣。"②而此謬論竟然流傳頗廣③,最終成爲科舉試題。

## 四　小結

　　最後,"送子朝塗山"在正祖元年(1777)何以成爲科舉試題,對其背景略加探討。正祖元年增廣試是正祖即位後的首次科舉,對試題的選擇是否有國王的影響,雖不可知,而其即位後首次科舉的試題多少反映了朝廷新政的原則,也在情理之内。正祖特別重視此次考試,已見前。

　　正祖元年的前一年(1776)三月,前王英祖(當時廟號是英宗)崩,正祖繼位後,九月派進賀兼謝恩使向清廷報告即位④,次年二月就舉行增廣試。而其會試一所賦題爲"送子朝塗山",詩題則爲"東出朝鮮,以八條教民",即箕子朝鮮的故事,一往一來,都強調古代中國與朝鮮的密切關係,意圖明顯。此兩題之出,當與前年的派使有關。

　　且正祖在位時出此題,不只一次。按《日省録》正祖十三年(1789)十一月十六日戊戌,文臣課試(國王對朝官親自舉行的考試)的箋題爲"擬檀君群臣賀遣扶婁赴塗山,始通中國之會",此題當爲正祖所出。而此很可能與翌年,即乾隆五十五年(1790)的乾隆八十歲萬壽節有關。萬壽節盛典,朝鮮也派了進賀兼謝恩使⑤。"送子朝塗山"兩次出題,恰恰都在派進賀兼謝

①徐居正《筆苑雜記》卷一,韓國國立中央圖書館藏 1478 年刊本,葉 10。

②南九萬《藥泉集》卷二九,《韓國文集叢刊》第 132 册,民族文化推進會,1996 年,頁 484。

③參看王元周《檀箕認識與朝鮮半島的國史建構》,北京大學韓國學研究中心編《韓國學論文集》第 22 輯,2013 年。

④《正祖實録》卷二英宗五十二年九月二十四日壬辰:"以黃仁點爲進賀兼謝恩使,徐浩修爲副使,金履禧爲書狀官。"《朝鮮王朝實録》第 44 册,頁 629。

⑤正使爲黃秉禮,副使徐浩修,書狀官李百亨。徐浩修《燕行紀》(林基中編《燕行録全集》第 51 册,東國大學校出版部,2001 年)中有詳細記載。

恩使的前後,恐怕不是偶然。

衆所周知,朝鮮在丙子之役(朝鮮稱"丙子胡亂",1636)時降伏清朝,以後雖修朝貢之職,卻面從腹非,一直鄙夷滿清,認爲中華文明已轉徙到朝鮮,自稱小中華。國内不肯用清朝年號,使用明朝崇禎紀元,顯然是否定清朝,自居繼承明朝之位,也是這種表態之一。而至正祖時期,恰逢乾隆盛世,每年被派到北京的燕行使,目睹清朝先進文化與新興學術,反觀自己閉門造車,固守朱子學一途,反清情緒不免漸漸退縮,而要積極吸取清朝文化,以實事求是爲宗旨的實學(亦稱北學,北指清朝)於焉興起,正祖時期正當實學鼎盛期,"送子朝塗山"的屢次出題,或可視爲回顧朝鮮第一次向中國朝貢之例,用以表露此時朝鮮對清朝觀感的轉變。

當然,對此也可能有不同的解釋,藉由回顧古代朝鮮向作爲中國聖帝的禹進行朝貢的故事,強調朝鮮在中華文明中的正統地位,以示對滿清的優越感也不無可能。到底如何,須待進一步的分析。不管怎樣,金顯運的《送子朝塗山賦》是現存試券中此題唯一的實例,具有重要價值,彌足珍貴。

(作者係京都大學名譽教授)

# 朝鮮時代的《哀江南賦》注解研究 *

## 左 江

庚信(513—581),字子山,小字蘭成,南陽新野(今屬河南)人,南北朝時期著名文學家。其《哀江南賦》是駢賦中的名篇,有"賦史"之稱。《哀江南賦》內容豐富,全篇用典,閱讀理解頗爲不易,早在隋唐間就有人開始進行注解,據學者研究,清之前的注本有隋代的魏澹注,唐代的王道珪注、張庭芳注、崔令欽注,宋末元初的王防御注。到清初,注本有九種之多:(一)王洞、王湑注本;(二)歸莊補注本;(三)葉舒崇注本;(四)陸繁弨補注本;(五)胡渭注本;(六)徐樹穀、徐炯輯注本;(七)吳兆宜《庚開府集注本》;(八)倪璠《庚子山集》本;(九)蔣景祁注本①。

《哀江南賦》大概在朝鮮半島的三國時期就已傳入東國,影響深遠,在朝鮮時代也有文人對其進行注解②。經筆者多方查找,現已發現的《哀江南賦》注解有四種,分別出自李植編選的《儷文程選》、柳近編選的《儷文注釋》以及不知編撰者的《選賦》(一卷本)、《選賦抄評注解删補》。學界現有研究成果一般只論及《儷文程選》中的《哀江南賦》注解,所論甚簡,且有錯謬之處,所以有必要對東國的《哀江南賦》注解進行深入研究,並進一步考

* 本文爲國家社科基金重大項目"東亞古代漢文學史"(19ZDA260)階段性成果。

① 關於清初注本及吳兆宜集注本的內容見申屠青松《清初〈哀江南賦〉注本考論》,《西北工業大學學報》(社會科學版)2007年第3期。

② 參見權赫子《〈哀江南賦〉接受與朝鮮朝後期辭賦創作》,《四川師範大學學報》(社會科學版)2015年第1期;漆永祥《朝鮮使臣金堉〈哀江南賦〉探析》,《東疆學刊》2020年第4期。

察其與中國各家注的關係。

一

《儷文程選》由李植編選，李植（1584—1647），字汝固，號澤堂、澤風子等，朝鮮宣祖、光海君、仁祖時期文人。韓國國立中央圖書館現存《儷文程選》數種，其中一種有鄭百昌（1588—1635）序、李植自撰《凡例》及全書目次①，鄭百昌序寫於“崇禎四年十月上浣”，李植凡例寫於“崇禎辛未季秋”，可知《儷文程選》最早刊印於朝鮮仁祖九年辛未（1631）十月左右，正集十卷五册，別集兩卷一册。別集卷一收入庾信《哀江南賦》與王勃《益州夫子廟碑》，這兩篇有注解；卷二收入王勃的《九成宫頌》與《乾元殿頌》，這兩篇無注解。

李端夏（1625—1689）撰李植行狀稱：仁祖八年（1630）七月，李植“抄《儷文程選》四册，注解《哀江南賦》《益州夫子廟碑》，有題跋，印本行於世”②。似乎李植就是《哀江南賦》的注解者，但鄭百昌序及李植本人都無此說。另一説車天輅才是《哀江南賦》的注解者，車天輅（1556—1615），字復元，號五山、橘園等，長於詩文，文名遠播明朝，有“東方文士”之稱，但現存車天輅文集從未提到過兩賦，更無注解之説。

既然車天輅與李植都無注解《哀江南賦》的夫子自道之語，也就爲作者之爭留下了空間，但朝鮮文人提及此事時，都一致認爲注解出自車天輅之手。最早引用車注的是李睟光（1563—1628），其《芝峰類説》有一條稱：“《哀江南賦》曰：‘侍龍韜於武帳，聽雅曲於文絃。’車天輅注：‘樂有文武絃，言己並進於文武間也。’”③李睟光的《芝峰類説序》寫於“萬曆四十二年（1614）七月中澣”，比《儷文程選》的編選刊印要早十五六年。在《儷文程選》的《哀江南賦》“侍龍韜於武帳，聽雅曲於文絃”一句下有注解“琴有文武絃，言己並進於文武間也”。二者相較，“樂”明顯是誤用，這可能是原文之

---

①本文所引《儷文程選》別集卷一《哀江南賦》都出自此版本。

②李端夏《畏齋集》卷九《先考府君行狀》，《韓國文集叢刊》第 125 册，民族文化推進會，1994 年，頁 451。

③李睟光《芝峰類説》卷八《文章部一·辭賦》，乙酉文化社，1994 年，頁 610。

誤,也可能是李睟光誤引。由《芝峰類説》此條來看,似可斷定車天輅曾注
解《哀江南賦》。

其後,宋時烈(1607—1689)云:"車五山天輅自負該洽,注《哀江南》。"①
柳近(1661—?)的《儷文注釋》幾乎全部吸收了《儷文程選》中《哀江南賦》的
注解,其中有四條"附注"糾正了車注之訛誤或提出了質疑,則柳近雖以《儷
文程選》爲底本,仍認爲《哀江南賦》的注解者是車天輅,而非李植。李瀷
(1681—1763)同樣認爲《哀江南賦》的注解者爲車天輅,其"蔡威公"一
條云:

> 庾子山《哀江南賦》云:"蔡威公之淚盡,繼之以血。"車五山注以蔡
> 無威公而有哀侯,故謂"哀"字之誤。按劉向《説苑》載下蔡威公之事。
> 威公是蔡之群臣居下蔡者,而非蔡君也。以五山之博而不及此。②

此句注解云:"威當作哀。《説苑》:蔡哀公泣三日三夜,淚盡繼之以血。人
問何哭爲,哀公曰:吾憂國之將亡也。"《説苑》原作"蔡威公",注解全改爲
"哀公",因此遭到了李瀷的批評。

李睟光爲車天輅友人,二人交遊甚密;李植比車天輅稍晚,視車氏爲師
長,他們有機會獲悉車天輅注解《哀江南賦》一事,甚至曾抄録過注解稿,所
以在自己的著述中論及此事,或將其收入編選的儷文集中,這是可以想象
與理解的事情。雖然《哀江南賦》注解出自車天輅之手的可能性更大,但在
未發現直接證據之前,本文仍持保守態度,將這一版本簡稱爲"李植本"。

再看看柳近《儷文注釋》中的《哀江南賦》(下文簡稱"柳近本")③。柳
近,字思叔,肅宗十三年(1687)式年進士試及第,生平事跡不詳。其《儷文
注釋》十卷八册,其中卷一〇爲庾信的《哀江南賦》與王勃的《益州夫子廟
碑》。比較後我們發現,柳近幾乎全盤吸收了李植本的注解,只做了一些虛
字助詞的改動,又增加"吳注""附録補注""附注"三種,使内容顯得更爲豐
富,列表比較如下(見表一):

---

① 宋時烈《宋子大全》卷一七四《滄浪成公墓碣銘并序》,《韓國文集叢刊》第 114 册,民族
文化推進會,1993 年,頁 37。

② 李瀷《星湖僿説》卷二九《詩文門二》,趙鍾業編《韓國詩話叢編》第 6 册,太學社,1996
年,頁 717。

③ 本文所用柳近《儷文注釋》爲韓國國立中央圖書館所藏本。

表一

| 哀江南賦 | 李植本 | 柳近本 |
| --- | --- | --- |
| 粤以戊辰之年建亥之月，大盜移國，金陵瓦解 | 景以泰清三年戊辰十月圍臺城，明年三月臺城陷，此云爾者，據其初而言。 | 侯景以泰清三年十月圍臺城，明年三月臺城見陷。此云爾者，據其初而言也。附錄補注：粤，發語辭。吴注："瓦解"以上叙國事。《光武傳贊》："炎精中微，大盜移國。"楊雄《潤州箴》："江寧之邑，楚曰金陵。"《始皇本紀》："土崩瓦解。" |
| 三日哭於都亭，三年囚於別館 | 被留之久。 | 被留之久。附注：《季漢書》：羅憲入永安城後，帝委質問至，乃帥所統哭臨於都亭三日。《左》：定公六年秋，晋人執宋行人樂祁犁，八年，趙鞅言於晋侯曰：諸侯惟宋事晋，好逆其使，猶懼不至，今又執之，是絶諸侯也。將歸樂祁，士鞅曰：三年止之，無故而歸之，宋必叛晋。 |

其中"吴注""附録補注"都出自清人吴兆宜集注本（以下簡稱"吴本"），"吴注"共 64 處，"附録補注"8 條。另有"附注"32 條①，其中有 4 條是糾正車天輅注解或提出質疑，1 條引述西溪朴世堂（1629—1703）之語。車天輅與朴世堂都是朝鮮人，則附注可能爲朝鮮人所做注解。在車天輅之後，有名姓可考的曾注解過《哀江南賦》的有成文濬（1559—1626），申敏一（1576—1650）所撰行狀云："有評《杜律虞注》及《哀江南賦》添注，并刊行于世。"②宋時烈更明確指出成文濬曾修訂車氏《哀江南賦》注解中的訛誤③。但由"附注"中引用朴世堂之語，我們又可以推知"附注"不僅僅出自成氏之手，也可能有柳近本人或其他人所加的注解。

　　關於《選賦》（一卷本）以及《選賦抄評注解删補》，首先要了解的是"選

---

①其中有兩條注解情況比較複雜，"護軍慷慨，忠能死節"下有"護軍韋粲祖叡、父芳（放）皆爲良將"，此注解不見於李植本，柳注也未標明出自"吴注"或"附注"，很可能由吴注本的"《南史》：韋粲祖叡、父放俱爲將，有戰功"演化而來。又"未辨聲於黄蓋，已先沉於杜侯"下有"吴注：杜戴侯畿，預之祖，以魏將習戰於河"，但吴本並無相似的注解，也許"吴注"爲"附注"之誤。

②申敏一《化堂集》卷四《外舅縣監成公墓誌銘并序》，《韓國文集叢刊》第 84 册，民族文化推進會，1992 年，頁 84。

③宋時烈《宋子大全》卷一七四《滄浪成公墓碣銘并序》云："車五山天輅自負該洽，注《哀江南》，公訂其訛誤。"《韓國文集叢刊》第 114 册，頁 37。

賦"。狹義的"選賦"僅指蕭統《文選》中的賦,以及將這些賦單獨刊印的版本,此類"選賦"與《哀江南賦》并不相干。另一類"選賦"的内容則寬泛很多,如《鏤板考》中著録《選賦》八卷,"不著編人名氏,上起屈原《離騷》,下訖國朝名家,古今世次往往錯亂失序"①。

在現已發現的"選賦"系列版本中,有《選賦》《選賦抄評》《選賦抄評注解删補》數種,其中有兩種版本收入《哀江南賦》並有注解,一種是《選賦》(以下簡稱"選賦本"),一種是《選賦抄評注解删補》(以下簡稱"删補本")②。

"選賦"不同系列的各種版本都不知編選者,也不知刊印時間,很難釐清彼此間的關係,我們只能回到《哀江南賦》本身,對比分析注解的内容,略舉數句如下(見表二):

表二

| 哀江南賦 | 李植本 | 删補本 | 選賦本 |
|---|---|---|---|
| 天道周星,物極必返 | 歲星十二年一周天,故曰周星。言理極必返,傷己之不得歸也。 | 歲星十二年一周天,故曰周星。言物極必返,傷己之不得歸也。 | 歲星十二年一周天,是謂一星終也,用《左傳》語。此言否極泰來。 |
| 傅燮之但悲身世,無處求生;袁安之每念王室,自然流涕 | 後漢傅燮爲漢陽太守,賊圍城,其子勸去,燮嘆曰:我去何之?遂戰死。袁安,東漢人,爲太尉,每語及王室慨然流涕。 | 後漢傅燮爲漢陽太守,賊圍城,其子勸去,燮曰:我去何之?遂戰死。袁安,東漢人,爲太尉,語及王室必流涕。 | 傅燮爲漢陽太守,賊圍城,其子勸去,嘆曰:昔殷紂無道,夷齊死節,今我何之?遂戰死。東漢袁安爲太尉,每念王室,慨然流涕也。 |

由上引數句大概可以看出,删補本、選賦本《哀江南賦》的注解都是抄録李植本而來,内容略有變化,也偶有自己的見解。如"天道周星,物極必返"一句,三家都解釋了"天道周星"之意,選賦本還補充交待其出處。"物極必返",李植本作"理極必返","理"字誤;删補本改回"物極必返"。八字之意是"傷己之不得歸也",李植本、删補本同,選賦本認爲"此言否極泰來",與文意不符。又如賦中都用到傅燮的故事,李植本作"燮歎曰",删補本作"燮

①張伯偉編《朝鮮時代書目叢刊》第 4 册,中華書局,2004 年,頁 2018。
②本文所用《選賦》及《選賦抄評注解删補》爲韓國國立中央圖書館所藏本。

曰",其他完全相同。選賦本則作"歎曰",又增加了"昔殷紂無道,夷齊死節"數字。三者雖略有差異,但就全文注解來看,三種版本內容很接近,後兩種對李植本注解有所增删,或補充不同見解,大體可以推斷删補本與選賦本中的注解都由李植本而來,删補本與選賦本之間没有聯繫。

概略而言,朝鮮時代《哀江南賦》的四種注解,李植本中的注解最有可能出自車天輅之手,也許李植曾進行過删補修訂,柳近本以及選賦本、删補本中的《哀江南賦》注解都由李植本而來,都有一些字句的增減、修訂,也有一些不同見解的補充。其中柳近本又吸收了清人吴兆宜集注本的内容,並加入了也許出自成文濬以及柳近本人之手的注解。柳近本看似與選賦本、删補本之間没有相關性,選賦本、删補本也與清人注解没有任何關聯。

二

就四種《哀江南賦》注解來看,李植本肯定最爲重要,它是其他注解的祖本,如果注解内容的確出自車天輅之手,也就是完成於 1614 年之前,那要比現在所見到的清人注解早很多,彌補了明朝《哀江南賦》注解缺失的情況,這就使李植本在朝鮮漢文學史以及東亞文學史上都具有重要意義。

李植本在《哀江南賦》題下先列庾信小傳,交待其一生經歷,並加按語云:"今按:此賦侯景本懷朔人,故以戎狄稱之。金陵,古吴地,故稱吴。江陵,本楚都,故稱楚。東魏,後爲北齊,故稱齊。西魏都關中,古秦地,故稱秦。魏後爲周,故稱周。凡所援比皆用其地故事,未嘗錯雜,觀者詳之。"《哀江南賦》涉及時代變換、朝代更替、南北關係,作者身處其中,無法一一明言,加上用賦體寫作,文意較晦澀難懂,注解者開篇就交待了其間的比附關係,根據地名及各地相關人物、典故,即能理清國與國、朝與朝以及人物之間的關聯,此點對了解《哀江南賦》的時代背景及理解文意都尤爲重要。

李植本注解有以下幾個特色:

(一)注重分析《哀江南賦》的結構。如將序分成三部分,"此序凡三段説起,首叙大綱,中叙悲苦之意,末又引古慨今,一節深於一節,不害於重複,觀者宜細參"。三段如下:從開頭至"不無危苦之辭,惟以悲哀爲主"爲第一部分,概括云:"此以上總叙梁武喪敗,元帝中興而不終,信奔竄流播在於他國，思歸無聊，欲慕古人，著文自述，此《哀江南》一篇大綱。"從"日暮途遠，人間何世"到"天意人事，可以悽愴而傷心者矣"爲第二部分，總叙悲苦之事，這一部分又可以分爲兩層意思，從"日暮途遠，人間何世"到"華亭鶴唳，詎河橋之可聞"講自己國破家亡不得回歸故土之悲；從"孫策以天下爲三分"到"天意人事，可以悽愴而傷心者矣"則是由一己之悲到一國之哀，"又舉江東故事重哀梁室之亂也"。第三部分是從"況復舟楫路窮，星漢非乘槎可上"到結尾，再次表達自己無法歸家，唯有仿效前人寫作賦文抒情表意。

正文講述一個時代的歷史，頭緒繁複，重點是臺城之圍、江陵之亂，涉及的人物、事件很多，所以注解者不時對賦文的叙事結構進行概括説明，以提醒讀者對文意及起承轉合的理解，如"李陵之雙鳧永去，蘇武之一雁空飛"一句注解云："自'下江餘城'以下概指此時事，極言江南破蕩流播之苦。"這是賦文中很長的一段内容，極寫西魏入侵、江陵失守後，城池被屠戮，百姓被擄掠，自己出使被羈留、無國可歸的凄慘之狀。緊接著由"若江陵之中否，乃金陵之禍始"轉入"復叙梁室敗亡之由，乃是一篇總結"，這一部分到"以鶉首而賜秦，天何爲而此醉"結束。下文由"且夫天道迴旋，生民預焉"一句開啟，注解云"言江南興廢己實預焉，以起下文之意"，緊接"余烈祖於西秦，始流播於東川"，與上文的自叙家世呼應，"此以下皆信自叙，總結篇首之意"。由上文所引來看，注解者對《哀江南賦》的結構把握很準確，對庾信的寫作思路、情感抒寫的理解也很精準。

（二）注重賦文文意的串講。李植本對賦文結構層次的分析相對而言要少於清人的吳本、倪本，但卻成爲數種注解中相對明晰易懂的一種，因爲它很少解釋字詞，對典故的説明也盡可能簡明扼要，更注重文意的串講，略舉描繪梁初承平氣象一節的數句如下（見表三）：

表三

| 哀江南賦 | 李植本 |
|---|---|
| 於時朝野歡娯，池臺鍾鼓 | 武帝時，江南全盛，宗室、公卿競爲奢侈。 |
| 里爲冠蓋，門成鄒魯 | 文物絃誦之盛。 |

續表

| 哀江南賦 | 李植本 |
|---|---|
| 連茂苑於海陵，跨橫塘於江浦 | 茂苑、橫塘皆吳地名；海陵，倉名。苑囿連海，池塘跨江，極言幅員之廣。 |
| 東門則鞭石成橋，南極則鑄銅爲柱 | 秦皇立石朐界中爲秦東門。又驅會稽山石，欲橋東海石，去遲者神鞭之。馬援征交趾，立銅柱爲漢南界。二句言其時斥土之遠。 |
| 橘則園植萬株，竹則家封千戶 | 《史記・貨殖傳》：千樹橘千畝竹，與千戶侯埒富。蘇秦説楚王云："南有橘柚之園。"此言民豐足。 |
| 西贐浮玉，南琛没羽 | 堯時，西夷獻浮玉；舜時，焦僥氏獻没羽，言其時遠方來貢珍異也。 |
| 吳歈越吟，荆艷楚舞 | 言歌舞聲色之樂。 |
| 草木之遇陽春，魚龍之逢風雨 | 言萬物之得所。 |

有些句子并未解釋字詞或典故，但一定會總結句意，由此能清楚看到梁朝歌舞承平的景象，以及繁盛中潛藏的危機。

（三）較少解釋字詞，注解典故偏於簡單。這一點在上引描寫梁朝升平氣象的文字中已有充分體現，如"朝野歡娛，池臺鍾鼓"，倪本、吳本都會引用張協《詠史》詩"昔在西京時，朝野多歡娛"以及《左傳》中的晏子曰"高臺深池，撞鍾舞女"來交待出處，李植本則是直接講解兩句之意。又如"東門則鞭石成橋，南極則鑄銅爲柱"一句，用到了《史記・秦始皇本紀》《述異記》《廣州記》中的典故①，李植本雖提到了三個典故，但並沒有交待出處。這樣的注解方式有利有弊，好處是簡單明了，方便閱讀；壞處是信息不充分，可能誤導讀者或帶來新的困擾，如"東門"兩句將兩個與秦始皇相關的故事放在一起，會讓人誤以爲出處一樣。有時李植本即使交待了典故出處，也非引用原文，如"橘則園植萬株，竹則家封千戶"引《史記・貨殖列傳》，原文爲"蜀、漢、江陵千樹橘……渭川千畝竹……此其人皆與千戶侯等"②，與李植本引文差別較大。

①庾信著，倪璠注，許逸民校點《庾子山集注》卷二，中華書局，1980 年，頁 111。
②司馬遷《史記》卷一二九《貨殖列傳》，中華書局，1998 年，頁 3272。

　　李植本注解因較少解釋字詞、對典故的説明過於簡單，可能會帶來一些問題，但總體而言，注解者對《哀江南賦》的把握理解是很準確的。再略舉兩例，如“頭會箕斂者，合從締交；鋤櫌棘矜者，因利乘便”，注解云：“用賈誼《過秦論》文。頭會者，數人頭以會；箕斂者，以箕聚斂，言徵取之無藝也。矜，矛屬，言用鋤櫌及以棘以爲兵也。是時諸侯擁兵觀望，所在暴掠，盜賊乘時竊發，不但侯景叛也。”認爲這兩句駢文是講述侯景之亂爆發時梁朝的亂象，出身布衣，乘亂起兵者很多。這是符合當時實際情況的，吳本即引陸繁詔語云：“侯景之亂，布衣起兵，或據郡縣，如李弘雅、程靈洗、陸子隆、周續等，紛紛甚衆。”①倪本認爲此指陳霸先的崛起：“陳霸先其本甚微，卒受梁禪。‘頭會箕斂’‘鋤櫌棘矜’者，言其以布衣起兵也。”②如此解釋一來過於狹隘，二來時間線也不吻合。因爲此句上文言侯景之亂，臺城被圍，此句之後言武帝餓死、簡文被弑，不會在中間忽然插入陳霸先布衣起兵事。

　　又如“冤霜夏零，憤泉秋沸”一句，注解云：“鄒衍仰天而嘆，五月天爲之霜。李廣利爲匈奴所圍，不得水，拔劍擊山，飛泉涌出，故曰憤泉。言奔竄之際所遭之變。”此句用了兩個典故，“冤霜夏零”用鄒衍故事，此無異議。“憤泉秋沸”李植本注解者以爲是李廣利事，李廣利刺山泉水出不見於其本傳，而出於《後漢書》耿恭之口。耿恭據疏勒城，“匈奴遂於城下擁絶澗水，恭於城中穿井十五丈不得水，吏士渴乏……恭仰歎曰：‘聞昔貳師將軍拔佩刀刺山，飛泉涌出。今漢德神明，豈有窮哉！’乃整衣服向井再拜，爲吏士禱。有頃，水泉涌出”③。因此時爲秋七月，與“秋沸”相符。清人倪璠注即引耿恭事，吳本又有不同，“渭生云：《公羊傳》昭公五年秋七月，公至自晋，戊辰，叔弓帥師敗莒師於濆泉。濆泉者何？涌泉也”。三家注各有不同，李植本重在“憤泉”；倪注重在“秋沸”，無“憤”之意；吳本注也强調秋天，重在“涌”。相較而言，李植本注解抽出耿恭之語加以渲染，雖然有不夠嚴謹規範處，但更符合文意。李植本這一注解也爲朝鮮文人所接受，李睟光即云：“《哀江南賦》曰‘冤霜夜零，憤泉秋沸’，此蓋用李廣利‘拔佩刀刺山，飛泉涌

---

① 庾信著，吳兆宜注《庾開府集箋注》卷二，文淵閣《四庫全書》本。本文所用吳本都爲此版本，下文不再一一出注。
② 《庾子山集注》卷二，頁102。
③ 范曄著，李賢等注《後漢書》卷一九《耿弇列傳》附耿恭傳，中華書局，1996年，頁721。

出'事也。"①"拔佩刀刺山,飛泉涌出"與《後漢書》耿恭所言完全一樣,可見李睟光也是拋開出處,將此事直接與李廣利本人聯繫在一起。

李植本對《哀江南賦》的結構層次、歷史背景、庾信經歷,以及賦文中字詞出處、典故運用的把握都比較準確,但也有注解者無法解釋感到困惑的地方,對此,注解者也不强作解人,而是提出一種看法,並注以"欠考""不可考""未詳"等。如以下八條(見表四),並略作分析:

表四

| | 哀江南賦 | 李植本 |
|---|---|---|
| 1 | 分南陽而賜田,裂東岳而胙土 | 言其祖受田而居也。東岳非魯岳,疑江漢間别有東岳,欠考。 |
| 2 | 新野有生祠之廟,河南有胡書之碣 | 言先世遺德見於祠廟碑碣者如此,但晋以後河南不屬於江左。胡書或謂胡毋輔之書,並欠考。 |
| 3 | 既奸回之奰慝,終不悦於仁人 | 肩吾仕武帝元年時,此句似指一時奸人所嫉而言,然不可考矣。舊説引侯景將宋子仙欲殺肩吾,使其作詩,遂見釋事,似不類。 |
| 4 | 見胡桐於大夏 | 《史記》:大夏有邛竹杖。胡桐,木名,出鄯善。若曰"大夏",當言邛竹,此云"胡桐",未詳。 |
| 5 | 甲子奮發,勇氣咆哮 | 或作申子,未詳何人。 |
| 6 | 未辨聲於黄蓋,已先沉於杜侯 | 赤壁之戰,黄蓋墮水,乎(呼)周泰,泰知其聲,乃拯之。杜侯未詳。此指當時將帥敗溺者。《南史》:"人士之避去者盡投江中。"疑指此事。 |
| 7 | 南陽校書,去之已遠 | 未詳,或云蜀人宗預事。 |
| 8 | 鎮北之負譽矜前,風標凜然 | 湘東諸將無爲鎮北將軍者,此不知指何人。舊説亦以爲僧辯者,非。 |

第一條指其八世祖庾滔封遂昌侯,有賜田、胙土之事。"東岳"用"泰山湯沐邑"之典,非實指庾滔遷居江陵後在東岳泰山仍有封地。

第二條用"新野""河南",倪璠注講得很清楚:"稱新野、河南者,以始祖

①《芝峰類説》卷八《文章部一·古文》,頁607。

自鄢陵徙居新野,又自新野徙居江陵,今從江陵上遡新野、鄢陵,歷叙庾氏世有生祠碑碣也。鄢陵,故鄭地,在河南豫州之境,故云河南也。滔雖徙居江陵,史傳於其後猶曰新野人,稱其本也。"①所以用"河南"並無不妥。此句"胡書",指科斗文,並非指胡毋輔之書法或由其書寫。

第三條"元年"二字似爲衍文,庾肩吾一直在蕭綱手下任職,與"仕武帝"也不吻合。相反,注解者認爲"不類"的爲宋子仙所逼一事更符合文意。在描寫庾肩吾的數句中,"文辭高於甲觀,模楷盛於漳濱"寫肩吾文采超群,爲帝王、宗室所重用。"嗟有道而無鳳,歎非時而有麟"則筆鋒一轉,寫簡文帝受制於賊人,肩吾也懷才不遇無以施展才能。至"既奸回之奰慝,終不悦於仁人"則更進一層,寫肩吾受到賊臣叛將的迫害。一層深似一層,雖只廖廖數句就完整地展現了庾肩吾跌宕起伏的人生及最終的不幸結局。

第四條,注解者認爲"見胡桐於大夏"用典不當,因爲胡桐出鄯善,邛竹出大夏。對此,清人的注解雖未明言,大概也暗含了用典不當之意。倪璠注云:"一作胡桐,按《西域志》,出鄯善國。"②吳本:"滔曰:西域傳鄯善國有胡桐。"可見李植本的疑問是有道理的。

第五條的"申子",指柳仲禮。倪本、吳本都引陸龜蒙《小名録》云:"申子,仲禮小字也。"此應無異議。柳仲禮曾奮起抗擊侯景叛軍,但因受傷戰敗,喪失了鬥志,最終投降侯景,落得"功業夭枉,身名埋没"的下場。

第六條大概是李植本注解者理解偏差較大的地方,首先是對典故的解釋不準確,黄蓋落水後所呼者爲韓當,而非周泰。杜侯,指杜畿,字伯侯。《魏書》云:"受詔作御樓船,於陶河試船,遇風没。"③其次,注解者似乎認爲此句是講梁軍將士戰敗溺死的慘狀,或者指百姓逃難過程中的投江溺亡。實際上此數句是指梁軍大將王僧辯、胡僧祐、陸法和等大敗侯景叛軍的重要事件,與李植本的注解正相左。

第七條"南陽校書,去之已遠",指王僧辯爲陳霸先所殺一事。上文從"司徒之表裏經綸"開始,先是頌揚王僧辯的文才、武功,至"終則山稱枉人",由殷紂殺比干於枉人山,以比擬王僧辯爲陳霸先所殺,對此,注解者

---

① 《庾子山集注》卷二,頁107。
② 《庾子山集注》卷二,頁119。
③ 陳壽撰,裴松之注《三國志》卷一六《魏書》十六,中華書局,2000年,頁493、497。

云:"枉人,山名。王僧辯爲陳霸先所枉,父子同死,信蓋惜之,而時霸先已爲陳帝,故不欲顯斥。"理解很準確。"南陽校書,去之已遠"用了《吴越春秋》中的典故:"越王遂賜文種屬盧之劍。種得劍,又歎曰:'南陽之宰,而爲越王之擒。'自笑曰:'後百世之末,忠臣必以吾爲喻矣。'遂伏劍而死。"①暗示王僧辯的結局像文種一樣悲慘,都是功成而被殺。

第八條,"鎮北"指邵陵王綸。倪注認爲:"綸曾爲揚州刺史,揚州在江北,故云鎮北也。"②吴本:"繁弨曰:鎮北疑作鎮東,謂邵陵王綸也。《梁書》中大同元年,綸出爲鎮東將軍、南徐州刺史。"二家之説不同,但以"鎮北"指邵陵王蕭綸是一致的。

由以上八條來看,注解者對當時的歷史還有不够清晰的地方,對文章的理解有時也會有偏差。比如"南陽校書,去之已遠"一句,上文已很清楚地分析了王僧辯的結局,此處卻説"未詳"。也許注解者認爲文章不該如此重複,卻不知重複方顯感慨之沉重,如一聲接一聲的唱歎,讓人深刻體會到作者對英雄人物不幸結局的深切同情與強烈不甘。

因爲注解者對歷史偶有不清楚的地方,注解中也就會出現一些錯誤,這是我們在使用李植本時需要注意的地方。如序言第一句"粤以戊辰之年,建亥之月,大盜移國,金陵瓦解",注解云:"景以泰清三年戊辰十月圍臺城,明年三月臺城陷,此云爾者,據其初而言。"這裏有一明顯錯誤,"戊辰"爲泰清二年,而非三年。

在自叙家世時,"經邦佐漢,用論道而當官"一句注解云:"漢時,庾域以明經至丞相,故曰論道。"實際上庾域(? —507)也是齊梁時期的人。倪注云:"漢世而後,官族可得而叙也。"③應是更爲圓通合適的説法。再如"彼淩江而建國,始播遷於吾祖",注解云"晋元帝渡江建國,而信七代祖從之",隨晋元帝徙都而南遷者是庾滔,爲庾信八世祖。

又如"宰衡以干戈爲兒戲,縉紳以清談爲廟略",注解者認爲宰衡"指當時宰相",而未明言確指何人,實際是指當時的重臣朱異,朱異對侯景叛亂反應極爲遲鈍,漫不經心,致使梁朝未能及時應對,以致敗局一發不可收拾。

---

① 周生春《吴越春秋輯校彙考》卷一〇《勾踐伐吴外傳》,上海古籍出版社,1997 年,頁 176。
②《庾子山集注》卷二,頁 149。
③《庾子山集注》卷二,頁 104。

“護軍慷慨，忠能死節；三世爲將，終於此滅”，注解者也未能確指護軍爲何人，只是稱“時有護軍死節者”，這樣的輕描淡寫相對於護軍之死節不免有些不公平。護軍指韋粲，他的祖父韋叡、父親韋放以及他三世爲將，俱有戰功。

　　李植本《哀江南賦》注解特別注意文意的講解，較少解釋字詞，典故的出處説明等也比較簡單，有欠嚴謹處，但注解者對歷史以及文意的理解基本準確，省略出處，減省引用文字，反而更方便閲讀。注解中也有一些錯誤，這是進行此類工作時難免會出現的問題，一點不影響其在漢文學史上的價值與意義。

## 三

　　再來看看柳近本《哀江南賦》注解的特點，前已言及，柳近本幾乎全部抄録李植本注解，又增加了“吳注”“附録補注”“附注”三個部分。柳近又是如何選擇這三部分的内容的呢？我們仍列表進行比較分析（見表五）：

表五

| 哀江南賦 | 李植本 | 柳近本 | 吳兆宜本 |
|---|---|---|---|
| 粤以戊辰之年建亥之月，大盜移國，金陵瓦解 | 景以泰清三年戊辰十月圍臺城，明年三月臺城陷。此云爾者，據其初而言。 | 侯景以泰清三年十月圍臺城，明年三月臺城見陷。此云爾者，據其初而言也。附録補注：粤，發語辭。吳注：“瓦解”以上叙國事。《光武傳贊》：“炎精中微，大盜移國。”楊雄《潤州箴》：“江寧之邑，楚曰金陵。”《始皇本紀》：“土崩瓦解。” | 樹穀曰：以上叙國事。王洞曰：《梁書·武帝紀》：太清二年冬十月己酉，侯景自橫江濟采石，辛亥，景師至京。按：太清二年歲在戊辰，十月爲建亥之月。《後漢光武贊》：“炎政中微，大盜移國。”王湑曰：揚雄《潤州箴》曰：“江寧之邑，楚曰金陵。”《秦始皇本紀》：“土崩瓦解。” |
| 竄身荒谷，公私塗炭 | 信奔江陵時，江左大亂。 | 信之奔江陵時，江左大亂，故云。吳注：《左傳》注：荒谷，楚地。《書》：民墜塗炭。附録補注：《通鑑》：侯景至朱雀桁南，庾信守朱雀門，帥衆開桁，見景軍皆以鐵面，遂隱於門。信方食甘蔗，有飛箭中門柱，手中甘 | 本傳：臺城陷後信奔江陵。洞曰：《左傳》注：荒谷，楚地。《尚書》：民墜塗炭。附録補注：渭生曰：《通鑑》：侯景至朱雀桁南，太子以臨賀王正德守宣陽門，東宫學士庾信守朱雀門，帥宫中文武三千營 |

續表

| 哀江南賦 | 李植本 | 柳近本 | 吴兆宜本 |
|---|---|---|---|
| | | 蔗應弦而落，遂棄軍走，故信以“莫敖之荒谷”自比。 | 桁北，太子命信開大桁，以挫其鋒，正德曰：百姓見開桁必大驚駭，可且安物情。太子從之。俄而景至，信師衆開桁，始除一舶，見景軍皆著鐵面，遂隱於門。信方食甘蔗，有飛箭中門柱，信手甘蔗應弦而落，遂棄軍走。子山棄軍出走，故以“莫敖”自比。 |
| 三日哭於都亭，三年囚於别館 | 被留之久。 | 被留之久。附注：《季漢書》：羅憲入永安城後，帝委質問至，乃帥所統哭臨於都亭三日。《左》：定公六年秋，晋人執宋行人樂祁犂。八年，趙鞅言於晋侯曰：“諸侯惟宋事晋，好逆其使，猶懼不至。今又執之，是絶諸侯也。”將歸樂祁。士鞅曰：“三年止之，無故而歸之，宋必叛晋。” | 湑曰：按《通鑑》：後主劉禪以羅憲將兵守永安，及成都敗，得禪手敕，憲率所統臨於都亭三日。《左傳》：晋人執我行人叔孫婼。館諸箕，舍子服昭伯於他邑。注“别囚之”，詳《馬射賦》。 |

柳近本録入“吴注”與“附録補注”，應是爲補充李植本注解之不足，主要有幾方面的内容：一是梳理結構，如“‘瓦解’以上叙國事”；二是解釋字詞，或交待字詞出處，如“粤，發語辭”。又如“《左傳》注：荒谷，楚地。《書》：民墜塗炭”。指出“荒谷”在楚地，才更清楚原文“竄身荒谷”爲何可以解釋爲“信奔江陵”。三是點明時代背景或所用歷史典故。如在“竄身荒谷，公私塗炭”下引用吴本“附録補注”，交待庾信之所以要“竄身”逃亡的背景。吴本内容更豐富，柳氏在引用時進行了減省，略去了與太子蕭綱以及臨賀王蕭正德相關的内容，緊扣庾信的處境、遭遇而來。

在柳近本中，“吴注”與“附録補注”都出自吴兆宜集注本，可以補充李植本字詞解釋、時代背景、典故出處過於簡單的問題，對於更好地理解《哀江南賦》有一定作用。我們重點要來看一看其中的 32 條“附注”。上文我們提到，其中 4 條明確針對李植本車注而來，或質疑，或糾繆，現引録如下（見表六）：

表六

|   | 哀江南賦 | 李植本 | 柳近本 |
|---|---|---|---|
| 1 | 於時西楚霸王,劍及繁陽 | 《左傳》:楚子投袂而起,劍及於繁陽之間。 | 《左傳》"劍及於寢門之外",無及繁陽之事,五山誤記之。 |
| 2 | 釣臺移柳,非玉關之可望 | 信有《移柳賦》。釣台在南,玉關在西,言己在西懷故土也。 | 《開府集》無《移柳賦》,五山誤引之也。 |
| 3 | 熾火兮焚旗,貞風兮害蠱 | 晋文公與楚莊王戰,占得此兆。蓋破楚之徵也。 | 車注所謂"破楚之徵"未知何據。 |
| 4 | 見鍾鼎於金張,聞絃歌於許史 | 金日磾、張安世、許廣漢、史高之族皆西京外戚也。周武帝惜庾信,不許還國,特加恩禮,故言雖通貴榮顯而非其所樂。 | 新書漢功臣惟金、張家親近,貴寵比於外戚,左思詩"金張襲舊業,七葉珥貂蟬",《漢書》無外戚之語,而車注通謂之外戚,恐誤。 |

第一條,《左傳》"宣公十四年"云:"楚子聞之,投袂而起,屨及於窒皇,劍及於寢門之外,車及於蒲胥之市。"①"寢門之外",非"繁陽之間"。第二條就現存庾信文集來看,的確無《移柳賦》。第三條,李植本所言甚簡,柳近本"附注"原文如下:

> 《左傳》:晋獻公筮嫁伯姫於秦,遇歸妹之睽。史蘇占之曰:"不吉。"其繇略。曰:"震之離,亦離之震,爲雷爲火。爲嬴敗姬,車脱其輹,火焚其旗,不利行師,敗於宗丘。"引此以比梁之敗於西魏。《左傳》:秦穆公伐晋惠公,卜徒父筮之,吉。涉河,侯車敗。公詰之,對曰:"乃大吉也,三敗必獲晋君。其卦遇蠱,曰:'千乘三去,三去之餘,獲其雄狐。'夫狐蠱必其君也。《蠱》之貞,風也;其悔,山也。歲云秋矣,我落其實而取其材,所以克也;實落材亡,不敗何待?"注:内卦爲貞,外卦爲悔,巽下艮上,爲蠱。巽爲風,秦象;艮爲山,晋象。此言害蠱者,即繇辭之獲其雄狐。夫狐蠱必其君也。引此以比元帝見獲於西魏也。車注所謂"破楚之徵"未知何據。

此處引用了兩段《左傳》文字,一段是説明"熾火焚旗"的出處,一段是解釋"貞風""害蠱"兩個卦象,與晋文公、楚莊王之爭並無關聯,更無"破楚之徵"

①楊伯峻編著《春秋左傳注》"宣公十四年",中華書局,1981年,頁756。

這一說法。第四條，金、張、許、史四家都爲漢朝顯宦，其中許廣漢爲宣帝許皇后之父；史高之父史恭爲宣帝祖母史良娣之兄，則許、史二家爲外戚，金日磾、張安世則不能以外戚視之。李植本將四人統稱爲"西京外戚"，的確不夠嚴謹準確。可見，柳近本對李植本注解的質疑與更正都是合理的。

再看看其他"附注"的内容，略舉數例列表如下（見表七）：

表七

| | 哀江南賦 | 李植本 | 柳近本附注 |
|---|---|---|---|
| 1 | 楚老相逢，泣將何及 | 時庾肩吾已卒，故信見故鄉父老而相泣，此皆去江陵適西魏時事。 | 張升遇友班草對泣，陳留老父趨過之，曰：二丈夫何泣之悲？龍不隱鱗，鳳不藏羽，網羅高張，去將安所，雖泣何及？出《後漢書》。 |
| 2 | 釣臺移柳，非玉關之可望 | 信有《移柳賦》，釣台在南，玉關在西，言己在西懷故土也。 | 按：《開府集》無《移柳賦》，五山誤引之也。《晋書》：陶侃在武昌課諸營種柳，都尉夏施盜官柳移植於己門。侃後見，駐車問曰："此是武昌西門前柳，何以移來此種？"開府《楊柳詞》："武昌城下不可移。"按《皇輿考》：釣台在武昌城下。此言"釣台移柳"，即引武昌之移柳也。玉關在西魏，故開府寄王琳詩曰："玉關道路遠，金陵信使疏。"信時在西魏，故稱玉關，移柳似作"柳移"。 |
| 3 | 頭會箕斂者，合從締交；鋤耰棘矜者，因利乘便 | 用賈誼《過秦論》文。 | 《漢書·張耳傳》："頭會箕斂，以供軍費。"《過秦論》："鋤耰棘矜，不敵於鉤戟長鎩。"又："天下之士，合從締交，相與爲一。" |
| 4 | 分南陽而賜田，裂東岳而胙土 | 言其祖受田而居也。東岳非魯岳，疑江漢間別有東岳，欠考。 | 《左傳》：僖公二十五年，"晋侯朝王，與之陽樊、温、原、攢茅之田。晋於是始啟南陽"。杜預注："在晋山南河北，故曰南陽。"《春秋》："隱公八年，鄭伯使宛來歸祊。"《穀梁傳》：范甯說："諸侯有大功盛德於王室者，京鄙有朝宿之田，泰山有沐浴之邑，所以供祀也。" |
| 5 | 侍戎韜於武帳，聽雅曲於文絃 | 戎韜，太公《六韜》。琴有文武絃。 | 《廣雅》云：神農五絃，文王、武王各增一絃，是爲文武絃，皆用此，而言侍從親密之意也。《漢書》："武帝坐武帳。"注："武帳，織成帳爲武士象也。" |

| | 哀江南賦 | 李植本 | 柳近本附注 |
|---|---|---|---|
| 6 | 渭水貫於天門，驪山回於地市 | 並見《三輔志》，言長安形勝如此。 | 《三輔記》：秦作離宮於渭南北，渭水貫都，以象天漢。《三秦記》：驪山始皇陵作地市，生死人交易，市平，不得欺。 |

由上面數條來看，"附注"的功能大概有數點：一是點明所用典故，二是交待字詞出處，三是糾正李植本注解之誤或不够準確的地方。如第一條"楚老相逢，泣將何及"，李植本只對意思進行了串講，並無用典説明，柳近本附注引用《後漢書》"陳留老父"，點明所用典故。第二條，柳近本在指出李植本注解之誤後，還想進一步對"釣台移柳"進行解釋，引用多條文獻進行分析，並得出"移柳"當爲"柳移"的結論。就其文獻分析而言，自有其合理之處。第三條，李植本簡單説明"用賈誼《過秦論》文"，既不完整又不嚴謹，"附注"則一一加以説明，"頭會箕斂"出自《漢書·張耳傳》，"鉏櫌棘矜""合從締交"出自《過秦論》，這樣注解才更準確。第四條，李植本對"東岳"是否指泰山存疑，"附注"則引用文獻細細説明此句涉及的歷史背景以及食邑制度。第五條引典解釋"文武絃"及"武帳"之意。第六條，李植本提到《三輔志》，卻無具體内容，"附注"則進行補充，不但引用《三輔記》的具體内容，還引用《三秦記》解釋"地市"，讓文意更加清晰。

　　無論"附注"是出自成文濬之手還是柳近之手，都一定經過柳近的修訂，並且一定曾經跟吳兆宜本的集注進行過比較，他沒有從吳本吸收相關内容放入"吳注"或"附録補注"中，就説明其間有一取舍的過程，所以還需要與吳本内容進行比較。如第一條，吳本引王洞曰："《列子》：燕人生長於楚，及老而還本國，過晉，同行者誑之，指舍曰：'此君先人之廬。'乃潸然而泣。"此條能體現"楚老""泣"的意蘊，"附注"引"陳留父老"重在"遇"與"相逢"、"雖泣何及"與"泣將何及"之間的相似性。兩種説法都有道理，"附注"更偏向於"陳留父老"。第二條的"釣臺移柳，非玉關之可望"，吳本沒有注解，直接標作"未詳"，如果此條"附注"出自柳近之手，那"未詳"二字足以刺激他不遺餘力地引用多種文獻以求得答案。第六條吳兆宜本也引用了《三輔黄圖》與《三秦記》的内容來解釋這兩句，與"附注"的文字略有差異，亦可略窺它們之間的聯繫。

# 四

選賦本與删補本的注解同樣出自李植本，在此不再贅言，我們重點來看看它們與李植本差别較大的地方。如果不考慮個别字詞的不同，删補本與李植本差别較大的地方大概有六十幾處，我們難以一一分析，只略舉數例以見造成不同的原因。第一種可能性，删補本似想糾正李植本之誤，或提供新的見解，如以下四條（見表八）：

表八

| | 哀江南賦 | 李植本 | 删補本 |
|---|---|---|---|
| 1 | 鍾儀君子，入就南冠之囚；季孫行人，留守西河之館 | 鍾儀楚人，鄭人執之獻於晋，南冠而繫。魯行人季孫苔聘於晋，晋人留之。 | 鍾儀楚人，鄭人執之獻於晋，南冠而繫。魯行人季孫苔聘於晋，晋人留之。一本闕一作館。按：《春秋》曰"晋人執季孫行父舍於苔丘"，則苔乃地名，而此注若季孫之名者然，誤矣。季孫從公於會而晋人因執之，則謂之聘者亦誤矣。且以"西河之闕"觀之，則又當爲季孫苔如之事耳。 |
| 2 | 過漂渚而寄食，托蘆中而渡水 | 用韓信事。伍子胥到烏江，隱於蘆中，至夜乃渡。 | 用韓信事。一本韓信雖寄食漂母而無逃竄之事，引而爲況，未見其精切，疑亦用子胥漂陽乞食之事，事出《吳越春秋》。伍子胥亡命，隱於蘆中，至夜潛渡江。 |
| 3 | 才人之憶代郡，公主之去清河 | 古樂府《邯鄲才人嫁爲廝養卒婦》。《史記》：漢竇皇后清河人，以良家子入宫。去時，與其弟廣國訣别於傳舍，事見《漢書》。言宫人貴主流落之狀。 | 古樂府……史記漢竇皇后……言宫人貴主流落之狀。一説竇后初以良家子入宫，則不可謂之公主，疑與上文才人字相錯，而公主憶代郡，疑指如烏孫公主之類。 |
| 4 | 見鍾鼎於金張，聞絃歌於許史 | 金日磾、張安世、許廣漢、史高之族，皆西京外戚也。周武帝惜庾信不許還國，特加恩禮，故言雖通貴榮顯而非其所樂。 | 金日磾、張安世，漢之貴臣；許廣漢、史高，西京外戚也。周武帝惜庾信不許還國，特加恩禮，故言雖通貴榮顯而非所樂。 |

第一條，删補本認爲李植本似以"季孫行人"的名字爲"季孫苔"，有誤。他提出了另一看法，以季孫爲季叔行父，即季文子，但他並不能肯定，又由"西河"之説，以季孫爲"季孫苔如"。與"西河之館"相關的典故出自《左傳》昭公十三年（公元前 529 年），是年盟於平丘，晋人執季孫意如，叔魚有"將爲子除館於西河"①之言。季孫即季孫意如，李植本中的"苔"疑爲錯字或爲衍字，柳近本在録入此條時就將"季孫苔"改爲"季孫氏"，删補本與選賦本保留了"季孫苔"，也就帶來了問題。删補本的季孫行父之説發生在成公十六年（公元前 576 年），"九月，晋人執季叔行父，舍之於苔丘"②，與"西河之館"並無關係，所以注解者很糾結，還是覺得應爲"季孫意如"，卻又遷就李植本，寫成了"季孫苔如"。

第二條李植本以"漂渚寄食"爲韓信事，"托蘆渡水"爲伍子胥事。删補本同樣提出了另一説法，認爲"漂渚寄食"也指伍子胥事，理由是韓信"寄食漂母"時無逃亡之事，與庾信的經歷不吻合，聽起來頗有道理，但既言"寄食"，就與一飯之施的"乞食"不同，所以此處用典應仍是韓信故事。

第三條"公主之去清河"李植本以爲公主指西漢"竇皇后"，因爲其是清河人。對此，删補本進行了批駁，認爲竇皇后出身非公主，不當以"公主"稱之。此質疑很有道理，但注解者找不到對應的人，就以爲"才人"與"公主"的位置顛倒了，此句應爲"公主之憶代郡，才人之去清河"，這時"公主"指像烏孫公主一樣遠嫁異族和親的王室女子。實際上，此處的公主指晋惠帝之女清河公主，她在洛陽戰亂時，曾被人掠賣，受盡艱難困苦，好不容易逃出來，改封臨海。如此經歷，才與李植本所云"宮人貴主流落之狀"吻合。

第四條尤爲值得注意，李植本將金、張、許、史統稱爲"西京外戚"，删補本則加了區分："金日磾、張安世，漢之貴臣；許廣漢、史高，西京外戚也。"上文我們已分析柳近本"附注"對李植本此條注解的批評，雖然我們没有在删補本的其他條目中看到柳近本的影響，但由這條我們不能完全排除此種可能性，還是要引起關注。

删補本對李植本注解進行質疑或補充的條目僅此四條，有對有錯，總的來説，注解者表現得很猶疑，似乎很難明確肯定地提出自己的見解。就

---

①《春秋左傳注》"昭公十三年"，頁 1362。
②《春秋左傳注》"成公十三年"，頁 878。

其他五十多條差異較大的條目來看,注解者的目的也並不在於提出新的見解,所以李植本中"欠考""未詳"之處,此本都保留了下來,並未試圖解決其中的問題。注解者更主要的努力是要讓李植本的注解更爲簡單明了,比如將典故減化,或更改李植本的詞序、語序,使注解看起來更爲流暢。同樣試舉數例如下(見表九):

表九

| | 哀江南賦 | 李植本 | 删補本 |
|---|---|---|---|
| 1 | 卧刁斗於滎陽,絆龍媒於平樂 | 刁斗以銅爲之,晝炊食,夜擊以警備。滎陽,楚漢交戰處,而刁斗卧而不擊。龍媒,神馬。平樂,館名,漢時習戰處,龍媒絆而不用。 | 刁斗以銅爲之,晝以炊食夜擊警備,卧而不擊。龍媒,神馬,絆而不用。滎陽,楚漢交戰處。平樂,館名,習戰處。 |
| 2 | 擁狼望於黃圖,填廬山於赤縣 | 狼望、廬山,皆凶奴地名。揚雄書"快心狼望之北",又曰"填廬山之壑而弗悔"。《漢記》《三輔黃圖》指長安,鄒衍云"中國謂之神州赤縣"。後世以帝王所都概謂黃圖、赤縣,非有定所也。景侵犯金陵,是以畿甸爲凶奴地,故云。 | 狼望、廬山,皆胡地山名。黃圖、赤縣並指中國。言中華變爲胡地也。 |
| 3 | 鬼同曹社之謀,人有秦庭之哭 | 《左傳》:衆君子會社謀亡曹,振鐸曰"以待公孫彊"云云。信自金陵奔江陵,自江陵使西魏,志欲存梁,而終不救元帝之亡,蓋不知鬼謀之已成,而徒欲效包胥之哭也。又按:信使西魏被留事序文已詳言之,賦則專叙江南成敗,故於使事則略之而只舉"秦庭"一句以著其概,篇末以"遭時北遷"一句結之。 | 左傳衆君子會社謀亡曹。信使西魏,志欲存梁而終不救,言不知鬼謀之已成,而徒效申包胥之哭。 |

由上引數條可以清楚看出删補本在李植本基礎上所做的工作,一是典故出處引文的減省,如第二條,將出處說明全部删去,非常簡單明快。二是注解時未嚴格按照原文語序,如第一條,李植本嚴格按照原文語序,先後解釋刁斗、滎陽、卧刁斗、龍媒、平樂、絆龍媒;删補本則是刁斗、卧刁斗、龍媒、絆龍媒、滎陽、平樂,如此將關於刁斗、神馬的解釋放在一起,前後更爲連貫,也少了複沓囉嗦的感覺。三是删去一些直接點明文意或表示文章結構的闡釋文字,如第三條删去關於賦文寫作意圖的一大段説明。

　　總的來説，删補本並無太多新見，對李植本注解内容的調整的確有讓文字更簡練流暢的特點，但前文已説明，李植本的注解已在字詞解釋、出處説明、典故引用上頗爲簡單，删補本再進一步減省，也可能增加初學者學習及閲讀理解的困難。此本的注解者似乎在"泣風雨於梁山，惟枯魚之銜索"之後就失去了對李植本進行潤色加工的熱情，此後只在"倚弓於玉女窗扉，繫馬於鳳皇樓柱"處有較多改動，在上文所論及的"才人之憶代郡，公主之去清河""見鍾鼎於金張，聞絃歌於許史"兩條提出其他見解或直接改動。其他除個别字的調整，基本没有變化，如最後一句："豈知灞陵夜獵猶是舊時將軍，咸陽布衣非獨思歸王子"，李植本云：

> 李廣廢居藍田，嘗夜獵，灞陵亭長止之，廣曰："故將軍李廣。"亭長曰："今將軍尚不得夜行。"春申君與楚太子質於秦，謂太子曰："太子不歸，則咸陽一布衣耳。"乃潛遣歸。信曾爲將軍，又方客於關中，思歸楚，故以二人自況。

此段引用兩個典故，有人物，有對話，頗爲生動，删補本則原封不動一字不改地收録進去，與前面的大量改動差異明顯。删補本的注解者在工作過半後忽然改變了注解策略，是失去了注解的熱情，還是因事所阻？這實在是很有趣的現象。

　　最後來看看選賦本與李植本的差别，如上所言，選賦本注解也是由李植本而來，其中差别較大的有三十多處。選賦本錯别字較多，並且可能因爲排版要求故意壓縮文字，有較多文字不通之處，略舉數例簡單論述（見表十）：

表十

| | 哀江南賦 | 李植本 | 選賦本 |
|---|---|---|---|
| 1 | 追爲此賦，聊以記言 | 歌酒不足解憂，故歷叙爲賦以自慰。 | 信爲汝州刺史，賦此。 |
| 2 | 日暮途遠，人間何世 | 《莊子》有《人間世》篇，猶言此何等時，自傷年至道窮也。此以下覆叙悲哀之意。 | 用子胥語，言道遠年老，且自悲人世也。 |
| 3 | 民枕倚於牆壁，路交横於豺虎 | 董卓之亂，長安丘墟，百官皆倚牆壁而死。 | 董卓之亂，長安丘墟，百官皆倚墙壁而死。仲宣詩曰："西京亂無象，豺虎方構患。"如此言賊交横。 |

續表

| | 哀江南賦 | 李植本 | 選賦本 |
|---|---|---|---|
| 4 | 尚書多算，守備是長 | 尚書即大將羊侃。 | 尚書邵陵王綸也哉。 |
| 5 | 入欹斜之小逕，掩蓬藋之荒扉 | | 欹斜，不正也。蓬藋千齵齲之逕，《莊子》曰：此言居憂之地也。 |
| 6 | 章曼支以轂走，宮之奇以族行 | 智伯將伐仇猶，先遺之車，仇猶開道迎之。章曼伯諫不聽，乃斷轂而馳。宮之奇知虞之將亡，乃以族行。此以下言江陵士民逋竄之狀。 | 《左》：潁考叔以轂走。章蔓（曼）支三字疑誤，宮之奇知吳之將也。 |

　　選賦本與李植本的不同同樣表現在以下幾點：一是補充字詞出處或解釋，如第二條的“日暮途遠”，李植本未交待出處，此出自《史記‧伍子胥列傳》，選賦本加以補充。又如第三條，選賦本引用王粲《七哀詩》解説“豺虎”，強化了亂世之慘狀。第五條，李植本未注解，選賦本解釋“欹斜，不正也”，此是正確的。但“蓬藋千齵齲之逕”可能有脱漏，意味不明，《莊子》中也無此句。

　　二是提出自己的見解，但此類條目錯誤更多，如“追爲此賦，聊以記言”下云“信爲汝州刺史，賦此”，關於《哀江南賦》的寫作時間有多種説法，至今學術界都無定論，選賦本也想提供一種説法，但庾信並未做過“汝州刺史”，此可能爲“洛州刺史”之誤。第四條以“尚書”爲邵陵王蕭綸，更是大錯，此處尚書指羊侃。第六條，選賦本注解中的三個知識點全都有誤。首先，《左傳》“隱公十一年”記載“公孫閼與潁考叔争車，潁考叔挾輈以走”①，“轂”爲車輪中間的圓木，並不能單獨作爲交通工具。其次，章曼支即赤章曼枝，爲春秋戰國時仇猶國大夫；宮之奇爲春秋時期虞國人。

　　就朝鮮時代的四種《哀江南賦》注解本而言，選賦本質量較差，注解内容較多錯誤，加上錯字、漏字等，使用時尤需謹慎。

---

① 《春秋左傳注》“隱公十一年”，頁 73。

# 結　語

　　本文分析了朝鮮時代《哀江南賦》的四種注解，其中李植本最爲重要，注解者是車天輅還是李植，因無第一手證明材料，還存在一定的爭議，但就現有資料來看，注解更可能出自車天輅之手，李植在將其收入《儷文程選》時也許曾進行過修訂删補。這是現能發現的東國最早也是最完整的《哀江南賦》注解本，彌補了明代《哀江南賦》注解缺失的遺憾，也成爲其他三種注解的祖本，柳近本、删補本、選賦本中的注解都是由李植本而來。李植本不重字詞解釋，對典故出處的交待也比較簡略，此本重在梳理賦文結構層次，串講內容，簡明扼要，對閱讀理解《哀江南賦》很有幫助。即使偶有史實、用典的偏差錯誤，其影響與價值也不容置疑。

　　柳近本不但全部抄錄了李植本的注解，還大量吸收了清人吳兆宜集注本的內容，其中的“吳注”與“附錄補注”都出自吳本。柳近本中的“附注”內容尤爲重要，它保留了李植本之後朝鮮文人的《哀江南賦》注解 32條，這些條目可能部分出自成文濬之手，也有可能部分出自柳近之手，其中有四條批駁了李植本注解，另有數條努力爲李植本“欠考”“未詳”之處提供答案，還有一些則有效彌補了李植本字詞解釋、典故出處過於簡單的缺點。

　　删補本的注解也是由李植本而來，注解者也會對李植本有所懷疑，或提出一些自己的見解，但相對而言，此人學識遠不及李植或柳近，見解少有新意，甚至還會出現比較多疏漏。注解者大概也意識到此點，並不糾結於此，他更重要的工作是對李植本的注解進行加工潤色，減省典故出處，使文字更簡明流暢。注解者的這一工作主要集中在賦的前部分，後一部分的改動很少，有些虎頭蛇尾之感。

　　選賦本在四種注解中錯誤最多，注解者也努力提出新見，但因學識淺陋，文字粗疏，反而對《哀江南賦》的注解體系造成了一定的干擾。這一版本缺字、錯字也很多，注解者開口必言“也”，更覺面目可憎，很可能是普通學子的習作。

　　總之，《哀江南賦》的四種朝鮮時代注解本，李植本水準最高，價值最大；柳近本能吸收清人注解，提出新見，是對李植本很好的補充；删補本對李植本的注解文字進行了潤色加工,可讀性更强,也有一定的貢獻;選賦本因錯誤較多,是使用時尤其需要注意的版本。

（作者單位:深圳大學人文學院）

# 朝鮮儒者李瀷《孟子疾書》謭論<sup>*</sup>

趙永剛

## 一 李瀷生平與《孟子疾書》之成書

李瀷(1681—1763),字子新,號星湖,籍貫驪州,大司憲李夏鎮之子。李瀷兩歲時,其父李夏鎮陷於黨争,死於貶謫之所。李夏鎮的死對於之後李瀷的成長無疑是重大的打擊,李瀷對於官場勾心鬥角的傾軋陷害,很早就有了切膚之痛。李瀷年少多病,其母悉心調護,不許其過早讀書受學,但是李瀷天資穎悟絶人,年歲稍長之後,刻意奮發,手不釋卷,文辭大進。李瀷科舉之路並不順暢,肅宗三十一年(1705),朝廷增設廣科,以策發解,但是因録名違規,不赴會試。次年,仲兄李潛又因上疏被杖殺。父兄兩次遭遇政治惨禍,遂使其絶意仕進,專心學術事業。李瀷《答息山李先生》云:

> 瀷念昔年迫有立,未嘗知有此邊一事。只奔走於應俗求名,中罹禍難,隕穫失圖,便無意於舉業文字,則其勢將杜門跧伏,日與世齟齬,家有藏書數千,以時繙閲,爲消遣之資。①

英祖三年(1727),李瀷以學業德行被舉薦爲繕工監假監役,不仕。英祖三十九年(1763),以授僉知中樞府事,卒於是年十二月十七日。

---

* 本文爲貴州大學人文社會科學一般課題"《孟子》文學闡釋資料整理與研究"(GDYB2022047)階段性成果。
① 李瀷《答息山李先生》,《星湖先生全集》卷九,《韓國文集叢刊》第 198 册,民族文化推進會,1997 年,頁 199。

　　李瀷學問上承李滉，他常説："退溪，我東夫子也。"①此外李瀷還深受西學的影響，深入研習《天主實義》《職方外紀》等書籍。在性理學、西學與實學的綜合影響下，李瀷創立了注重學問與實用並舉之經世致用的星湖學派，培養了蔡濟恭、權哲身等學者，成爲朝鮮實學思想鼎盛期的重要代表②。

　　李瀷著作有《星湖全集》《星湖僿説》《藿憂録》《四書疾書》《家禮疾書》《近思録疾書》《心經疾書》《易經疾書》《尚書疾書》《詩經疾書》等。《孟子疾書》是《四書疾書》中的一種，關於《孟子疾書》之成書，李秉休《星湖先生家狀》載之曰：

　　　　子孟休嘗爲南縣宰，以邑物送餉，先生卻之。寄書戒之曰："凡斂於民者，八九是非理，以此奉親，可乎？吾留吾廬，時稼吾田，足以救飢免凍，睨睨之肉，當出而哇之。"此可以見先生之志矣。其於經學，則志學之初，先讀《孟子》。是歲，子正郎生，命名曰孟休，以志喜。因撰《孟子疾書》。③

　　李秉休的記載提供了三個重要的學術信息：

　　其一，李瀷非常重視《孟子》，認爲研治經學應該從《孟子》開始。其《孟子疾書序》亦有類似的表達：

　　　　其必自七篇始者何？孔子没而《論語》成，曾子述而《大學》明，子思授而《中庸》傳，孟子辯而七篇作。以世則後，以義則詳。後則近，詳則著，故曰求聖人之旨，必自《孟子》始也。④

　　其二，李瀷對《孟子》的研究還經常運用到現實生活中，其子李孟休作南縣宰時，把從百姓那裏收斂來的當地物品呈上，以之表達孝心，卻遭到了李瀷的嚴厲批評。李瀷在誡子書中就援引了《孟子·滕文公下》之典故：

　　　　仲子，齊之世家也。兄戴，蓋禄萬鍾。以兄之禄爲不義之禄而不食也，以兄之室爲不義之室而不居也，辟兄離母，處於於陵。他日歸，則有饋其兄生鵝者，已頻顣曰："惡用是睨睨者爲哉？"

　　其三，《孟子疾書》的撰寫始於其子李孟休出生之年，結合《孟子疾書

<hr>

①蔡濟恭《星湖先生墓碣銘》，《星湖先生全集》附録卷一，《韓國文集叢刊》第200册，頁195。
②邢麗菊《韓國儒學思想史》，人民出版社，2015年，頁317。
③李瀷《星湖先生全集》附録卷一，《韓國文集叢刊》第200册，頁180。
④李瀷《星湖先生全集》卷四九，《韓國文集叢刊》第199册，頁397。

序》的記載，李瀷用了五年時間完成了《孟子疾書》的撰寫。《孟子疾書序》曰：

> 余之於七篇，用力亦久矣。昔始讀此篇，俄而曰："不書無以記也。"於是隨身有筆牘，凡有見必載。適當執手咳名之慶，以孟錫嘉，用爲志喜。今歲五周矣，頗見兒執卷周旋，往往與余論義，而余之修潤，如風庭掃葉，隨掃隨有，迄不可以斷手，棘棘其猶未熟也。苟非疾其書，殆幾乎忘之盡矣。①

至於《孟子疾書》之命名以及疾書二字爲何意，李瀷在《孟子疾書序》中有明確説明：

> 疾書者何？思起便書，蓋恐其旋忘也。不熟則忘，忘則思不復起，是以熟之爲貴，疾書其次也，亦所以待乎熟也。②

李秉休《星湖先生家狀》補充闡釋曰：

> 其曰疾書者，取《橫渠畫像贊》"妙契疾書"之義也。先生之學，不喜依樣，要以自得。經文注説之間，有疑必思，思而得之則疾書之，不得則後復思之，必得乃已，故疾書中概多前儒未發之旨。③

疾書之命名，取自朱熹《六先生畫像贊·橫渠先生》"精思力踐，妙契疾書"。李瀷謙稱自己讀書之時，有所心得，則隨筆記載，以備遺忘。李秉休則認爲李瀷諸經疾書新見頗多，能發之前儒者所未發，是精心撰述的學術著作，有較高的學術價值。本文以《孟子疾書》爲研究對象，闡釋該書在東亞《孟子》學發展史上獨特的學術價值。

## 二　李瀷《孟子疾書》以譬喻解經的闡釋方法

趙岐《孟子題辭》曰："孟子長於譬喻，辭不迫切，而意已獨至。"④後世很多研究者都注意到了孟子修辭上的這個特點，晚期桐城派姚永概《孟子講義》言之尤其詳贍，其曰：

---

① 李瀷《星湖先生全集》卷四九，《韓國文集叢刊》第 199 册，頁 397。
② 李瀷《星湖先生全集》卷四九，《韓國文集叢刊》第 199 册，頁 397。
③ 李瀷《星湖先生全集》附錄卷一，《韓國文集叢刊》第 200 册，頁 180。
④ 焦循《孟子正義》，中華書局，1987 年，頁 18。

譬喻，亦是文章中一大法門……能得此法，文章乃有精神，絶不枯寂。然有一句之譬喻，有雙排之譬喻，有連疊之譬喻，有整段之譬喻，有全篇之譬喻，《孟子》七篇，大致已備。如"王好戰"一段，是整段也。刺人殺之，是一句也。大率整段乃特別説來，一句多隨手拈出，總以有風趣爲主耳。①

　　孟子運用譬喻的修辭手法，將其較爲枯燥的政治理想、哲學理念生動而充分地論述出來，起到了很好的表達效果。孟子長於譬喻，很多學者都有論述，可是卻很少有學者運用譬喻的手法進行經學研究。這自然是有受到經學著述體例限制的原因，畢竟經學著述有其特定的注疏方式，經學著述是屬於學術文本而不是文學文本，譬喻很難運用到經學著述之中。《孟子疾書》的著述體例則不是傳統的注疏體例，而是採用學術札記的方式，直接對《孟子》文本進行闡釋，體例上較爲自由靈活。正因如此，李瀷就延續了孟子以譬喻説理的傳統，並創造性地將譬喻運用到對《孟子》的經學闡釋之中。如李瀷對《孟子‧梁惠王上》"寡人之於國也"章的闡釋曰：

　　尊經者，必須事事都著己親切看。讀《孟子》"戰喻"，世之爲學，亦可以知戒矣。夫兩鋒厮殺，不進則退，彼進則我退，其退也雖或有遠近之殊，其機在彼之緩急，非我之所得由意也，何別於百步五十步乎？此可以喻學者義利消長之驗，義長則利消，利長則義消，未有一長而一不消也。苟義之長也，雖或有不中節者，是事事都實；苟利之長也，雖或有偶中節者，是事事都虛。以偶中之虛望實力之效，不既遠乎？古之君子固有處心行事一出於正，則阨窮終身不得施措於世者，是果非其人之罪也。其或掇拾章句，妄加標榜，而聽其言，觀其行，日靡靡乎百步五十步之間，居則曰"不吾知也"，未顯則愁歎泣其心，已顯則顛踣亡其身，然而一切怨尤之曰："我説周公、仲尼之道，而將於世何哉？"此何異於梁王之求多於鄰國也乎！②

　　李瀷將孟子譬喻的修辭手法加以發揚，從譬喻的層面詮釋《孟子》，給予《孟子》文本多維的意義空間。孟子以五十步笑百步譬喻梁惠王不能實

<hr>

① 姚永概《孟子講義》，黃山書社，1999 年，頁 8。
② 李瀷《孟子疾書》，張立文、王國軒總編纂《國際儒藏‧韓國編‧四書部》，華夏出版社、中國人民大學出版社，2010 年，《孟子卷》第 2 册，頁 169。

行仁政,李瀷則借用此譬喻作了進一步的延伸,用來闡釋爲學之道。李瀷認爲,爲學之道首先要辨明義利之分,義利關係是此消彼長,一正一邪。持守正義,雖阨窮終身,亦非其人之罪。反之,若捨棄正義而外慕名利,雖能通訓詁章句,自我標榜,但是其言行之間,大節已虧,即使日誦聖賢之言,宣稱篤好周公、孔子之道,也是如梁惠王求多於鄰國一樣荒唐,不過是另一個五十步笑百步之人而已。

再如《孟子·告子上》:

> 孟子曰:"五穀者,種之美者也;苟爲不熟,不如荑稗。夫仁亦在乎熟之而已矣。"①

朱熹注釋曰:

> 荑稗,草之似穀者,其實亦可食,然不能如五穀之美也。但五穀不熟,則反不如荑稗之熟;猶爲仁而不熟,則反不如爲他道之有成。是以爲仁必貴乎熟,而不可徒恃其種之美,又不可以仁之難熟,而甘爲他道之有成也。②

朱熹的注釋忠實於《孟子》文本,引申騰挪之處不多。李瀷則不同,他用嬰兒學步來譬喻王道政治:

> 予於學步之兒,知熟仁之喻。其步也十顚八倒,殆不若匍匐之易行。然必艱難移足,不復肯於匍匐。既熟,則始非匍匐所能及,此王伯之別。彼苟爲俗務,不遵先王之道者,多愧於學步之兒。③

又如《孟子·滕文公下》曰:

> 孟子謂戴不勝曰:"子欲子之王之善與?我明告子。有楚大夫於此,欲其子之齊語也,則使齊人傅諸?使楚人傅諸?"曰:"使齊人傅之。"曰:"一齊人傅之,衆楚人咻之,雖日撻而求其齊也,不可得矣;引而置之莊嶽之間數年,雖日撻而求其楚,亦不可得矣。子謂薛居州,善士也,使之居於王所。在於王所者,長幼卑尊,皆薛居州也,王誰與爲不善?在王所者,長幼卑尊,皆非薛居州也,王誰與爲善?一薛居州,

---

① 朱熹《四書章句集注》,中華書局,2012年,頁343。
② 朱熹《四書章句集注》,頁343。
③ 李瀷《孟子疾書》,張立文、王國軒總編纂《國際儒藏·韓國編·四書部》,《孟子卷》第2册,頁253。

獨如宋王何?"①

　　在本章之中,孟子依然是運用譬喻的修辭方法,用楚大夫之子學齊語的例子來比喻王道政治的實現需要依靠薛居州一類的善士相於輔佐之。如果宋王身邊都是薛居州一類的善士,則宋王身邊就會形成良好的政治風氣,這種風氣會促進宋王施行仁政。反之,若宋王身邊都是非薛居州一類的奸佞之人,則宋王身邊就會形成惡劣的政治風氣,這種風氣會延緩宋王施行仁政的步伐。

　　李瀷再次借用孟子的譬喻,闡發習俗對於仁政的重要影響,其曰:

　　　　父之於子,誠莫重焉。子之蒙釋,言可入矣;傅之爲教,撻可施矣。語之齊楚,非關於利害矣;衆楚咻,非必欲亂之矣。然狃於習俗,猶不能脱出,而況臣之於君,誠或不至矣。君之尊貴,可以自用矣;善士之爲導,撻不可施矣。舍利趨義,莫訪於適己矣;諂諛之臣、功利之徒日夜媒孽之者,又不啻楚人之譁譟而已矣。苟非生質之純、不拔之勇,兼之以君子存列於疑丞輔弼之位,則不可以爲善矣。②

　　李瀷運用譬喻闡釋《孟子》,不僅在《孟子》學發展史上是一個創新,放在整個經學闡釋史上,此種解經方法已不多見。以譬喻解經,是對傳統注疏之學的一個突破,避免了注疏之學的枯燥乏味,更加靈動活潑,有利於讀者對經學內藴的把握。

## 三　李瀷《孟子疾書》對朱熹《孟子集注》之補正

　　朱熹《孟子集注》對朝鮮半島《孟子》學發展史具有極爲强大的學術影響力,在李瀷所處的時代,任何一部《孟子》學著作,都不可能繞過朱熹而獨立存在,不管這些《孟子》學著作對《孟子集注》是讚成抑或是反對。在朱子學被奉爲廟堂儒學正宗的學術背景下,讚成頌揚《孟子集注》者自然是安全而且合理的。相反,且不説對於《孟子集注》的反對,甚至是對《孟子集注》些微的補正,都會面臨來自朝廷指斥爲"斯文亂賊"的風險。以至於李瀷不

---

① 朱熹《四書章句集注》,頁 273—274。
② 李瀷《孟子疾書》,張立文、王國軒總編纂《國際儒藏·韓國編·四書部》,《孟子卷》第
　　2 册,頁 211。

得不在《孟子疾書序》中圓轉其詞，以便規避這種風險，其曰：

　　　　至朱夫子《集注》出，而群言遂定，播之海外，舉同軌而一之，盛矣哉！雖然，發揮諸子，林藪海滚，未必皆中，而永樂胡廣輩起身蒬學，去取無據，使箋釋之意或未免湮埋轉譌，則《疾書》之作，胡可已也？①

李瀷雖然對朱熹《孟子集注》有很多修正，但是他仍然不敢公開宣稱對朱熹的反叛，而是將批評轉移到朱子後學，尤其是永樂年間胡廣等奉命編輯的《四書大全》，李瀷試圖把《孟子疾書》的撰寫目的説成是對《四書大全》的補偏救弊，而不敢將矛頭直接指向朱熹，當然，《四書大全》的學術質量也確實存在諸多錯訛。關於《四書大全》的評價，《四庫全書總目》較爲公允，其曰：

　　　　明永樂十三年，翰林學士胡廣等奉敕撰，成祖御製序文，頒行天下，二百餘年，尊爲取士之制者也……後來《四書》講章浩如烟海，皆是編爲之濫觴。蓋由漢至宋之經術，於是始盡變矣。②

《四書大全》是在元代學者倪士毅《四書輯釋》的基礎上抄録成書，學術原創性不足。李瀷也認爲此書可供指摘之處頗多，不過李瀷認爲《四書大全》之訛誤其實從朱熹《孟子集注》就已經開始了。李瀷《孟子疾書序》曰：

　　　　士者，困在下列，故於《集注》無事乎黑白，茲所謂不自信而信可信……余故曰："今之學者，儒家之申商也。"於是唯諾之風長，考究之習熄，駸駸然底于無學，則今之學者之過也。傳曰"事師無隱"，蓋不禁其有疑難也。處下欲進，而便自謂渙然者，非愚則諛，余實恥之。是以如畫井、建正之類，妄爲一説，以補餘意，皆朱子所嘗置疑也。置疑所以開言路，言之不中，罪在言者，於《集注》又何損？九原可作，吾夫子必將哀其求進，而不誅其不中也。③

李瀷在《孟子疾書序》中就以舉例的方式，特別指出在畫井、建正兩個問題上與朱熹《孟子集注》之不同。以畫井爲例而論，所謂畫井，處理的是土地分配的田制問題。李瀷非常重視田制問題，認爲田制是爲政之要，而田制的考究必然涉及井田制。李瀷在《田制》中説："政莫大於田制，田制莫

①李瀷《星湖先生全集》卷四九，《韓國文集叢刊》第 199 册，頁 397。
②永瑢等《四庫全書總目》，中華書局，1997 年，頁 473。
③李瀷《星湖先生全集》卷四九，《韓國文集叢刊》第 199 册，頁 398。

良於井。"

李瀷《孟子疾書》對於井田制的考辨,集中見於對《孟子·滕文公上》第三章的闡釋,該章是關於井田制、田賦制度最爲詳實的記載,其文曰:

夏后氏五十而貢,殷人七十而助,周人百畝而徹,其實皆什一也。徹者,徹也;助者,藉也。龍子曰:"治地莫善於助,莫不善於貢。貢者校數歲之中以爲常。樂歲,粒米狼戾,多取之而不爲虐,則寡取之;凶年,糞其田而不足,則必取盈焉。爲民父母,使民盻盻然,將終歲勤動,不得以養其父母,又稱貸而益之,使老稚轉乎溝壑,惡在其爲民父母也?"夫世禄,滕固行之矣。《詩》云:"雨我公田,遂及我私。"惟助爲有公田。由此觀之,雖周亦助也。①

關於井田制與田賦制度,李瀷對朱熹的修正之處甚多,李瀷直言"井地之法,朱子亦有未盡究竟者"②。李瀷的考證結論非常繁瑣,本文僅以田賦制度論述他與朱熹之不同認識。朱熹注曰:

夏時一夫受田五十畝,而每夫計其五畝之入以爲貢。商人始爲井田之制,以六百三十畝之地畫爲九區,區七十畝。中爲公田,其外八家各授一區,但借其力以助耕公田,而不復税其私田。周時一夫授田百畝。鄉遂用貢法,十夫有溝;都鄙用助法,八家同井。耕則通力而作,收則計畝而分,故謂之徹。其實皆什一者,貢法固以十分之一爲常數,惟助法乃是九一,而商制不可考。周制則公田百畝,中以二十畝爲廬舍,一夫所耕公田實計十畝。通私田百畝,爲十一分而取其一,蓋又輕於什一矣。竊料商制亦當似此,而以十四畝爲廬舍,一夫實耕公田七畝,是亦不過什一也。徹,通也,均也。藉,借也。③

李瀷對於朱熹這一段注釋的修正主要有以下幾點:

第一,朱熹認爲商朝才開始出現井田制,李瀷則認爲井田制在夏朝就已經出現,李瀷曰:

夏少康"有田一成"云,則是夏亦有井之驗,而與朱子"殷人始爲

----

① 朱熹《四書章句集注》,頁 257—258。
② 李瀷《孟子疾書》,張立文、王國軒總編纂《國際儒藏·韓國編·四書部》,《孟子卷》第 2 册,頁 202。
③ 朱熹《四書章句集注》,頁 257—258。

井”之説不合。①

　　當代史學的研究表明,李瀷的這個觀點是正確的,井田制確實是出現於夏朝,如金景芳《井田制的發生和發展》所言:

> 我們知道,夏代史料留傳於後世的非常之少。在這樣少的史料中居然有好幾條談到與井田有關的問題,是難得的,應當引起我們重視,而不應輕率地予以否定。②

　　第二,朱熹認爲周代徹法是兼用夏朝貢法與商朝助法,兩種税法根據地域與納税人身份而不同,即“鄉遂用貢法”“都鄙用助法”。李瀷則持與之相反的觀點:

> 徹者,通也,均也。通力而作,故曰通;計畝而分,故曰均。以稼穡之事言之,則有通均之義。而至於公家賦斂,則與通均之義不相干涉。若然,則徹乃民間稼穡之事,而非公家賦斂之名也,與貢、助字義又不同。有若曰:“盍徹乎?”哀公曰:“二,猶不足,如之何徹也?”徹若只是民間稼穡之名,則加賦减賦何與於徹字之義?而問答只但曰徹,何也?使民合作均收,而獨不可逐畝税二乎?以此推之,徹之非稼穡之名可知。《集注》又以通用貢、助之法爲徹,與前解不同。然則助不是別法,特徹中一事。《孟子》既論徹法,則已包助在中,而又舉《詩》而證之,曰:“由此觀之,雖周亦助。”沿辭究旨,徹非合二代之制而得名可知也。③

> 蓋夏則貢,而殷則助,周人雖兼行二者,而徹之義未必在此;雖合作均收,而徹之義亦未必在此也。徹者,乃國與九夫通均云爾。九夫各出十畝,則國之入爲九十畝,九夫亦各收九十畝,是乃所以得通均之名。而多桀寡貉,皆不成徹。故與有若問答之意、一井九夫之説一串貫來,若夏若殷,又皆下徹字不得也。④

---

①李瀷《孟子疾書》,張立文、王國軒總編纂《國際儒藏·韓國編·四書部》,《孟子卷》第 2 册,頁 203。

②金景芳《井田制的發生和發展》,《歷史研究》1965 年第 4 期。

③李瀷《孟子疾書》,張立文、王國軒總編纂《國際儒藏·韓國編·四書部》,《孟子卷》第 2 册,頁 203。

④李瀷《孟子疾書》,張立文、王國軒總編纂《國際儒藏·韓國編·四書部》,《孟子卷》第 2 册,頁 204。

　　李瀷認爲徹是通力合作之意，所謂徹法，是指一個農夫從所受百畝私田之中拿出十畝的收成上交國家，剩餘的九十畝是個人財産，則同井的九家各出十畝，那麼一井之中，國家稅收就是九十畝，一井的土地總數是九百畝，農夫承擔的稅收任務還是十分之一，符合孟子對於稅收份額的記載。但是李瀷對於井田制的論述與孟子所言完全不相符合，孟子明白言之是八家同井，每家各有私田百畝，中間百畝爲公田，而李瀷卻説是九夫（家），一井九百畝皆爲私田，九家通力合作，秋季各家將十畝收成上交國家，這是李瀷理解的井田制和徹法。李瀷的這個解釋，缺少經典依據，很難取信。比較而言，朱熹的觀點更爲合理，也爲當代學術研究所證明，如金景芳説："我認爲徹是兼用貢助兩種辦法，于國中用貢，於野用助。孟子所説的'野九一而助，國中什一使自賦'實際就是周的徹法。"[①]

　　第三，井田制中的廬舍問題，朱熹認爲周代井田中央的一百畝公田中包含二十畝廬舍，剩餘的八十畝公田，八家各自分擔十畝的耕作任務作爲稅收，周代井田征收比例是十一分取一。李瀷則認爲廬舍不在井田之中，他説：

　　　　若夫廬舍之制，古無明文，但以一井九夫之説推之，則似不在各井之中，其必別受以居也。朱子《井田類説》曰："（平朝）閭胥（平旦）坐於左塾，比長坐於右塾。畢出而後歸。夕亦如之。"何休曰，父老及里正，朝開門坐塾上，"晏出後時者不得出，暮不持樵者不得入"也。若八家同在各井之中，則人居之相距各一里之遠也。彼閭胥、里正非八家中人，則何能朝夕奔走於各井之塾？其所謂"田中有廬"，不過力作時所舍，非畝別受之廬也。[②]

　　李瀷認爲廬舍不在各家井田之中，所謂田中之廬，乃是農夫勞作之時臨時搭建的休息之所，並非農夫日常居所，李瀷的這個觀點符合上古時期農村聚集而居的歷史史實，比朱熹的設想更爲合理。

　　李瀷對朱熹《孟子集注》的補正還有很多，如《孟子·梁惠王上》曰：

　　　　孟子見梁惠王，王立於沼上，顧鴻鴈麋鹿，曰："賢者亦樂此乎？"孟

---

① 金景芳《井田制的發生和發展》，《歷史研究》1965 年第 4 期。

② 李瀷《孟子疾書》，張立文、王國軒總編纂《國際儒藏·韓國編·四書部》，《孟子卷》第
　　2 册，頁 204。

子對曰：“賢者而後樂此，不賢者雖有此，不樂也。詩云：‘經始靈臺，經之營之，庶民攻之，不日成之。經始勿亟，庶民子來。王在靈囿，麀鹿攸伏，麀鹿濯濯，白鳥鶴鶴。王在靈沼，於牣魚躍。’文王以民力爲臺爲沼，而民歡樂之，謂其臺曰靈臺，謂其沼曰靈沼，樂其有麀鹿魚鼈。古之人與民偕樂，故能樂也。《湯誓》曰：‘時日害喪，予及女偕亡。’民欲與之偕亡，雖有臺池鳥獸，豈能獨樂哉？”

孟子在這一章論述了在臺池鳥獸等物質享受方面，君王應該與民同樂，而不是獨享其樂，置百姓困苦於不顧。孟子徵引了《詩經·大雅·靈臺》文本論述此問題，對於“不日成之”，朱熹注曰：“不日，不終日也。”①朱熹的這個注釋顯然與常識不符，朱熹忽略了《詩經》“不日成之”乃是誇張之言，並非事實如此，依常識而言，如此高臺，即使百姓擁戴，心悅誠服投入建築之中，也不能不終日即可建成。李瀷發現了這個問題，儘管没有明言，但是不難看出是對朱熹的批評，李瀷曰：

“庶民攻之，不日成之”，非但著文王得民心之效，亦可觀文王不侈於遊觀、興作之功也。若如後王九層雕鏤之爲，則雖盡天下力，竭心而爲之，豈有倏然神靈之稱哉？②

李瀷還進一步發揮了這一章蘊含的仁民愛物思想，這個內容是朱熹《孟子集注》注釋本章時没有注意到的，李瀷曰：

聖人仁民愛物，一物不得其所，聖人恥之。故聖人以物物皆樂爲樂。“庶民子來”，則億兆樂也；“麀鹿濯濯”，則走獸樂也；“白鳥鶴鶴”，則飛禽樂也；“於牣魚躍”，則魚鼈樂也。然後聖人樂之，非樂耳目之娱也，樂萬物之并遂而皆得其所也。③

李瀷著力闡發孟子仁民愛物的宇宙倫理，認爲道德主體的聖人或者聖王，應該用理性生命控制耳目之娱的感官享受，不能因爲感官享受而禁錮道德心靈，而是應該把道德心靈的悱惻之感推廣開來。推廣到百姓身上是

①朱熹《四書章句集注》，頁202。
②李瀷《孟子疾書》，張立文、王國軒總編纂《國際儒藏·韓國編·四書部》，《孟子卷》第2冊，頁168。
③李瀷《孟子疾書》，張立文、王國軒總編纂《國際儒藏·韓國編·四書部》，《孟子卷》第2冊，頁168。

爲仁民，則民得其所；推廣到飛禽走獸身上，則飛禽走獸皆得其所。在李瀷看來，宇宙萬物都是一個有機整體，而不是各自隔離的生物性存在，將宇宙萬物連接起來的媒介就是人類獨有的道德心靈，作爲聖人與聖王，因爲其德行與地位的隆盛，更應該擔負起與民同樂、與萬物同樂的宇宙倫理責任。

## 四　李瀷《孟子疾書》中的實學傾向與民本思想

明清易代之際，士大夫對於明朝滅亡有切膚之痛，開始反思性理學尤其是陽明學的弊端，認爲性理之學空談心性，迂腐空疏，經世致用的價值甚微。實學思潮在此背景下應運而生，代表學者是顏元、李塨。此派學術特點，梁啟超《清代學術概論》歸納之曰：“質而言之，爲做事故求學問，做事即是學問，舍做事外別無學問，此元之根本主義也。以實學代虛學，以動學代静學，以活學代死學，與最近教育新思潮最相合。”①清代中期，乾嘉漢學興起之後，考據學成爲當時的主要學術風潮，顏元、李塨的實學思潮罕有傳承，慢慢就衰歇下來。與中國不同，實學思潮在朝鮮半島持續了三個多世紀，湧現出一大批實學思想家，是影響深遠的重要學術流派。正如李甦平所言：“在韓國儒學史上，自 16 世紀末葉至 19 世紀中葉是實學思潮產生、發展、成熟的時期。這就是説，朝鮮五百年的發展史中有三百年時間是韓國實學的發展期。”②

朝鮮半島實學思潮的興起既有現實政治的刺激，也有性理學內部的修正。現實政治的刺激是壬辰倭亂（1592—1593）與丙子胡亂（1636—1637），倭寇與清軍的兩次入侵，幾乎導致朝鮮王朝滅亡，隨之而來的民生凋敝、經濟衰退、黨爭加劇等現實政治困境，迫使學者反思官方正統性理學的弊端，重新開掘儒家思想中經世致用精神，以實學代替虛學，以期解決朝鮮王朝瀕於滅亡的危局。

李瀷是朝鮮時代著名的實學思想家，強調窮經致用，即“窮經將以致用也。説經而不措於天下萬事，是不能讀耳”。“窮經者，必能推究本旨到底

①梁啟超《清代學術概論》，上海古籍出版社，1998 年，頁 22。
②李甦平《韓國儒學史》，人民出版社，2009 年，頁 19。

旁證，爲修己安人之基"①。另外，李瀷在政治哲學方面也有很多新穎的見解，這些見解與孟子的民本思想有深層次的關聯，如葛榮晋《韓國實學思想史》所言："李瀷的社會改革論的思想基礎是儒家的民本論。他把仁德政治這一基本思想貫穿於他的社會改革理論的各方面。"②具體到孟子闡釋而言，李瀷將個人的實學思想傾注於《孟子疾書》之中，並著力闡發孟子民本思想的現實價值。

其一，民貴君輕是孟子民本思想的重要内容，客觀地講，如果從政治地位的尊卑而言，深居九重、位高權重的君主自然是尊貴無比，孟子卻跳出此種以權勢論貴賤的習見模式，提出民貴君輕的重要思想。《孟子·盡心下》曰：

> 孟子曰："民爲貴，社稷次之，君爲輕。是故得乎丘民而爲天子，得乎天子爲諸侯，得乎諸侯爲大夫。諸侯危社稷，則變置。犧牲既成，粢盛既潔，祭祀以時，然而旱乾水溢，則變置社稷。"③

李瀷對君民關係又作了新的理論闡發，他認爲理想的君民關係如同父子關係，君主如父，臣民如子，君民之間要互相以對方之心爲心，兩相報惠，但是最主要的還是君主要親近百姓，以仁愛之心施行仁政，李瀷曰：

> 君至尊也，民至卑也，兩皆賴食而生。食出於民，貢爲君食，以其有餘，分獻之上，則謂之貢。吾且飢餒，而上反強取，謂之奪，奪非民之所願也。以億兆所生之物取養一人，果何不足而必事劫奪而食之？此人主未必皆本心。其在至尊至卑之際，苟不密察而深求，則其勢有不能及。然則惟近民爲要也。近之奈何？以時遊豫，方便引接，和顏以導之，因事以訪之，若朋友之懽恰，父子之親比，而後方使下情得以上通，而疾苦可得也。④

其二，孟子對於百姓基本生活欲求滿足的理想藍圖設計見之於《孟子·梁惠王上》，孟子曰：

> 五畝之宅，樹之以桑，五十者可以衣帛矣；鷄豚狗彘之畜，無失其

---

① 李瀷《星湖先生僿說·經史門》，慶熙出版社，1967 年。
② 葛榮晋主編《韓國實學思想史》，首都師範大學出版社，2002 年，頁 211。
③ 朱熹《四書章句集注》，頁 375。
④ 李瀷《星湖先生僿說》卷一七。

時，七十者可以食肉矣；百畝之田，勿奪其時，八口之家可以無飢矣；謹庠序之教，申之以孝悌之義，頒白者不負戴於道路矣。老者衣帛食肉，黎民不飢不寒，然而不王者，未之有也。①

孟子的論述涉及到諸多門類，"五畝之宅"是土地分配問題，"樹之以桑"是農林經濟問題，"雞豚狗彘之畜"是畜牧經濟問題，"衣帛食肉"是養老問題。孟子認爲只有通過相應的經濟手段解決好百姓的基本生活問題之後，教育才有穩固的基礎，這有點類似於孔子主張的"富而後教"。富足雖然不是王道政治的終極目標，但是王道政治的實現必須以富足爲基礎。

李瀷對於本章的闡釋，也是對孟子這一思想的延伸，其曰：

孟子以王政勸齊、梁之君，莫不以制田宅、樹桑、畜養爲本。一則曰"可以"，二則曰"可以"，"可以"豈非僅足之意乎？"莅中國，撫四夷"，其事極大，而制田宅、樹桑、畜養，則其本不過平平不難底道也。五十者才衣帛，七十者才食肉，八口之家才不飢寒，則王道之始也。及其論功效，則曰"是心足以王"，"推恩足以保四海"，"足以"者，豈非綽有餘之意乎？蓋謂爲之不難，而效之然必如此也。由王之欲，則其難如"緣木求魚"，而"後必有災"；由此之道，則其易如此，"而不王者未之有也"。顧王何憚而不爲也？蓋所以深勸之之辭。②

其三，孟子論述了恒心與恒産之間的關係，《孟子·梁惠王上》曰：

無恒産而有恒心者，惟士爲能。若民，則無恒産，因無恒心。苟無恒心，放辟邪侈，無不爲已。③

恒産，是恒常不變的産業，即百姓足以維持正常生活欲求的物質財富。恒心，是恒常不變的道德意識，即百姓人性之善在人類社會中的自然流露。孟子認爲，百姓道德意識的提升依賴於物質欲求的滿足，在百姓最基本的物質欲求尚未得到滿足之時，反而以過高的道德準則要求百姓，百姓爲了生存就容易違反法律，違法之後，爲政者把百姓抓捕起來處罰，就是"罔民"之舉，這無異於是設置下網羅陷阱對待百姓。

---

① 朱熹《四書章句集注》，頁212。
② 李瀷《孟子疾書》，張立文、王國軒總編纂《國際儒藏·韓國編·四書部》，《孟子卷》第2冊，頁177。
③ 朱熹《四書章句集注》，頁211。

　　李瀷清醒地認識到財富對於國計民生的重要性,他認爲民之根本在於財富,民無財則敗,民敗則國破,李瀷曰:

　　　　國賴於民,民靠於財,財竭則民敗,民敗則國破,非難喻也。①

　　　　民生之命懸於財貨,財貨生於民。上流則末盈而本虛,故民先死而國隨之也。②

　　基於以上認識,李瀷對於義利之辨就有新的闡釋,如對《孟子·梁惠王上》"何必曰利"章釋之如下:

　　　　君子未嘗不欲利,但後義而先利,則流以爲欲,而無復義之和矣。故"夫子罕言利",而未嘗不言利。利者,天地間元有此道,君子雖急於喻人,豈宜絕然斷絕而廢當理之言乎? 其或矯枉之過,語涉偏重,則人未必悦繹而從之矣。殆朱子所謂"使世人並與正理而疑之"也。今曰"何必曰利? 亦有仁義而已"者,亦"夫子罕言"之意也。如將截然斷絕,則當云"不可曰利,只有仁義而已"可矣。今乃不曰"不可",而曰"何必",不曰"只有",而曰"亦有",其旨可見。如烏喙,食則必殺人,謂不可食則可,謂之何必食,可乎? 又如天,至大之物,論至大而謂之只有天則可,謂之亦有天,可乎?③

　　李瀷認爲利是天地間本有之道,有其存在的必然合理性,百姓日用須臾之間都不可離開利。李瀷通過分析"何必"與"不可"兩個詞語的表述涵義之微妙差異,證明孟子高揚道德理想主義,也並非嶄然拒斥利。義利之辨是《孟子》學史上討論非常多的問題,但凡是社會凋敝、民生艱難之時,學者都會本著務實的態度,反對空疏迂闊地高談道德,而承認利的合理性與迫切性。

　　　　　　　　　　　　　　　　　　(作者單位:貴州大學文學與傳媒學院)

---

① 李瀷《星湖先生僿説》卷一一《人事門》。

② 李瀷《星湖先生僿説》卷一七《人事門》。

③ 李瀷《孟子疾書》,張立文、王國軒總編纂《國際儒藏·韓國編·四書部》,《孟子卷》第2册,頁167。

# 王權與慧命：朝鮮王朝刊《金剛經五家解》版本研究

李銘佳

古代朝鮮半島刊刻有舉世聞名的《高麗大藏經》，是東亞漢籍出版、傳播史上的瑰寶。但自朝鮮王朝（1392—1910，下文簡稱“朝鮮”）太宗李芳遠即位（1400）起，半島的宗教政策就以“崇儒抑佛”甚至“排佛”聞名，包括成宗斥佛，燕山君、中宗的廢佛等都在朝鮮佛教史上著墨甚濃。然著眼於佛書《金剛經五家解》的刊行，卻能發現朝鮮佛教慧命相續與王室的微妙關係。該書是唐宋期間五部《金剛經》注解的合編本，推編於元明之際的中國①。今雖不復見於中國各典藏，但在朝鮮半島，自15世紀重校出版以來，長達七個多世紀流通不絕，各種校釋重版及現代韓文讀物至今間見層出。國際上雖不乏先行研究，但對其在朝鮮最古形式的考察並不全面，也就無從分辨它形式各異的早期版本間有怎樣的區別與聯繫，更無從討論它們是在怎樣的時代場景中形成並流行起來的。本文通過整理朝鮮《金剛經五家解》早期版本，意在明晰其在朝鮮的翻刻、注釋、重編及刊行流通史，並窺探佛書出版於朝鮮王室的公私兩利。

---

① 相關推證詳見李銘佳《東亞“述而不作”傳統下的〈金剛經〉複合詮釋形態——以朝鮮刊〈金剛經五家解〉成書考爲中心》（以下簡稱《成書考》），《佛學研究》2022年第2期。先行研究多默認其爲朝鮮半島校注者己和所編，是一種不加考辨的誤判。

# 一　《金剛經五家解》概況及其主要古刊本

　　《金剛經五家解》(簡稱《五家解》),是由署名南梁傅翕(世稱傅大士)、唐代六祖慧能、圭峰宗密,南宋冶父道川、宗鏡的五部《金剛經》注解①合編而成,五家注解依序分段附於相應的鳩摩羅什譯本《金剛經》經文之下。此書最早的編集②者失考,韓國現行本由麗末鮮初曹溪宗禪僧得通己和③於15世紀初次校訂,後次第加入復注、諺解④等,正文也幾經重校,逐步成爲朝鮮《金剛經》流通的主要形式。雖然在其來源地——中國如今鮮爲人知,但作爲古代朝鮮極爲流行的佛教典籍,《五家解》對半島的宗教、政治、思想、文化等領域有著廣泛影響,因此亦引起了國際學界的注意。日韓歐美均有先行研究⑤,此中當然韓國數量爲最⑥。相關研究涵蓋文獻學(尤其

---

① 以下討論主要涉及其中三部:a.署名慧能的《金剛經解義》,以下簡稱"六祖解";b.道
　川《川老頌金剛經》,以下簡稱"川老解";c.宗鏡《金剛經提綱》,以下簡稱"宗鏡解",此
　解在明以後流通的單行本形式爲《(銷釋)金剛(經)科儀》。
② 對於將五部《金剛經》解合編的行爲,本文稱爲"編集";對於《五家解》在朝鮮半島的多
　種衍生形式的成立,本文稱爲"編輯"。
③ 己和(1376—1433),朝鮮名僧,堂號"涵虛"。初號"無准",名"守伊",因庚子(1420)秋
　入五臺山神僧托夢而改名號。師從臨濟宗楊岐派無學自超(1327—1405),是高麗名
　僧懶翁惠勤(1320—1376)的再傳弟子。代表作《圓覺疏》《金剛經説誼》《顯正論》等。
④ "諺解"是朝鮮世宗末期(約1446—1450)開始以"訓民正音"注解、翻譯漢語文獻的文
　學體裁,本文的兩種諺解本形式比較標準:首先給有必要的漢字加以朝鮮諺文注音,
　利於誦讀;同時用諺文懸吐標明句讀,助於段落理解;最後以整句小字諺文解釋特定
　漢文句子或段落的意思,作適當的理論闡發。
⑤ 日本方面主要是六祖解相關研究,以駒澤大學和伊吹敦相關成果爲代表;歐美方面以
　師從朴性焙的查爾斯・穆勒(A. Charles Muller)之研究爲代表。詳見前揭《成書考》
　頁105、115注釋。
⑥ 半島禪宗思想、朝鮮王朝出版史、諺文發展史相關研究幾乎都涉及《五家解》,因此數
　量較多不便統計。僅舉一例,東國大學佛教文化研究所主辦的《佛教學報》在1974年
　出版的《金剛經》研究專刊中發表了包括李鍾益、李智冠、高翊晋、睦楨培等著名佛教
　學者的12篇專題研究論文,其中絕大部分涉及到《五家解》。參見高翊晋《涵虛的金
　剛經五家解説誼》等,《佛教學報》第11號,1974年。

是版本學）、宗教學與哲學、半島政教史和語言文學等領域。作爲一部外來典籍，其版本學研究應爲其他面向之研究得以展開的基石，但韓國先行研究往往對《五家解》的傳入朝鮮避而不談，對其原本及在朝鮮衍生出來的種種相關文本又混爲一談，甚或只關注世祖本①之後各種說誼合本②的刊行，缺乏對朝鮮刊《五家解》及其相關版本的全面而清晰的文本分類和版本梳理。

　　因此，以下選取 15 種③《五家解》相關刊本④作爲考察對象，分爲 I. 翻刻明本；II. 說誼單行本；III. 說誼合本；IV. 諺解本四大類，對韓國現存的 15—17 世紀《五家解》及其代表性衍生形態古刊本作一分類整理，在說明彼此間區別和聯繫的基礎上，明確《五家解》傳入朝鮮後的初刻及其復注撰寫、王室主導的會本編集、翻譯重編、形成節略本及參照本等版本演變史，以進一步分析和還原這一東亞重要古典文獻伴隨朝鮮王朝前期發展而逐步被接納、流通並最終本土化的過程。首先列諸本書誌概況如下：

--------

① 指朝鮮世祖李琈（1455—1468 年在位）於 1457 年主導新編、刊行的銅活字說誼合本《五家解》，因該本所用的銅活字爲世祖親撰並以當年干支命名，韓國學界慣稱爲“丁丑字本”。

② 見下文第 III 類版本之說明。從朝鮮佛書刊行史上來說，說誼本及《五家解》原文是並列的研究對象，談論《五家解》時談論的就是說誼本，但就《五家解》此書的完整誕生和版本演變史來看，說誼本只能看作是《五家解》在特定時期和地域的版本形態。

③ 雖然下文以代號稱某本，看上去討論的是 15 個具體的“本”，但實際上討論的是 15 個“版本”，每個版本可能包含對現藏於多地的同版多本之考察。

④ 選本上主要以《五家解》編入《韓國佛教全書》（韓國佛教全書編委會《韓國佛教全書》第 7 冊，東國大學校出版部，2002 年，以下簡稱《全書》）時所使用的底本加四種參校本爲中心，追加學界考察不徹底或存在誤解的十種重要版本。版本信息主要來源於東國大學“佛教記錄文化遺產檔案館”資料庫（Archives of Buddhist and Culture，以下簡稱“ABC”）所提供的線上高清照片。另，本文成稿之際，筆者從韓國中央大學宋日基教授處獲得了尚未公開的庚本上卷、世祖銅活字本、深源寺本等《五家解》古刊本的重要信息，在此衷心致謝。宋教授對朝鮮寺刹刊本的畢生研究將以編著《朝鮮寺刹本總目》的形式出版公開。

　　I. 翻刻明本：

　　1. 兩卷本《金剛經五家解》①，編號②“庚”，明永樂十三年（1415，朝鮮太宗一十五年）豐海道③煙峰寺發行之木板本，簡稱“煙峰寺本”。版式爲四周單邊，半郭 19.5×13cm，無界，半葉 11 行 22 字，白口內向白魚尾。卷首有“宋太宗序”，卷末有卞季良④跋，有刊記。館藏地啟明大學、東國大學圖書館（以下簡稱“東國大”）、韓國國立博物館、梵魚寺（後三處僅存下卷）。

　　II. 說誼單行本：

　　2. 一卷本《金剛經説誼》（初名“般若五家説誼”），明正統七年（1442，朝鮮世宗二十四年）慶尚道陽山寺發行之木板本，簡稱“陽山寺本”。版式爲四周單邊，半郭 18×12.5cm，有界，半葉 12 行 22 字，白口內向黑魚尾。卷首有己和序，卷末有己和跋，有刊記。館藏地高麗大學中央圖書館⑤。

　　III. 説誼合本：

　　3. 兩卷本《金剛經五家解説誼》（以下第 4 至 13 本皆同，略），明天順元年（1457，朝鮮世祖三年，丁丑年）京畿道漢城校書館發行之銅活字本，簡稱“世祖本”或“丁丑字本”。版式爲四周單邊，半郭 26.3×18.6cm，有界，半葉 9 行×大字 14 字/中字 19 字（低 1 字 18 字）/小字雙行 19 字（低 1 字 18 字），白口內向黑魚尾。卷首有己和序，卷末有世祖御製跋及金守溫、姜希孟、韓明澮、韓繼禧、曹錫文、任元濬等所作跋文 6 篇，有刊記。館藏地誠庵古書博物館（上卷）、守國寺（下卷）⑥。

---

①《五家解》相關版本表題多爲“金剛般若波羅蜜經”，不便區分，以下書名爲作者按實際內容，參考卷首/末題及序題、版心題等記録。

②以下編號丙至庚者依照《全書》參校選本，《全書》選編甲、乙、己三本（釋王寺本、龍藏寺本、同願寺本）雖爲善本，但包含版本學信息有限，故本文棄之不用，並將此三編號挪作他本用。

③1417 年改名“黄海道”，今屬朝鮮民主主義人民共和國。

④卞季良（1369—1430），字巨卿，號春亭，謚號文肅，朝鮮前期著名文臣。歷任修文殿提學、議政府參贊、集賢殿大提學等。代表作《春亭集》。

⑤參見高麗大學中央圖書館《華山文庫漢籍目録》，1976 年，頁 1、70。

⑥參見宋日基《守國寺木造阿彌陀佛坐像腹藏典籍的研究》，《書誌學研究》總第 58 期，2014 年。該研究的英文更新版見《遠亞叢刊》（*Cahiers d'Extrême-Asie*）總第 28 輯，2019 年。

4. 編號“甲”,明正德四年(1509,朝鮮中宗四年)全羅道大光寺發行之木板本,版式同世祖本。卷首有己和序,卷末有署名“病老愚物”的跋文,有刊記。館藏地東國大。

5. 明嘉靖三年(1524,朝鮮中宗十九年)黄海道深源寺發行之木板本,簡稱“深源寺本”。版式爲四周單邊,半郭 20.5×15.6cm,無界,9 行 23 字(小字雙行),白口内向黑魚尾。卷首有己和序,無跋有刊記。無館藏,深源寺留板①。

6. 編號“乙”,明嘉靖九年(1530,朝鮮中宗二十五年)慶尚道廣興寺發行之木板本。版式同世祖本。卷首有己和序,卷末有梅隱跋,有刊記。館藏地龍興寺(上卷)、桐華寺(下卷)。

7. 明嘉靖十六年(1537,朝鮮中宗三十二年)全羅道身安寺發行之木板本,簡稱“身安寺本②”。版式同世祖本。卷首有己和序,無跋有刊記。館藏地僧伽大學、龍興寺、奎章閣、寳性禪院、日本駒澤大學(後四處僅存上卷)。

8. 明嘉靖三十四年(1555,朝鮮明宗十年)平安道陽和寺發行之木板本,簡稱“陽和寺本”。版式同深源寺本,有己和序及刊記。館藏地東國大(上卷)、京都大學圖書館(上卷)。

9. 明嘉靖三十六年(1557,朝鮮明宗十二年)黄海道歸真寺發行之木板本,簡稱“歸真寺本”。版式同深源寺本。卷首有己和序,卷末有跋,無跋有刊記。館藏地延世大學校中央圖書館(下卷)③。

10. 編號“己”,明萬曆三年(1575,朝鮮宣祖八年)全羅道雙峰寺發行之木板本。版式同世祖本。卷首有己和序,卷末有玉烱跋,有刊記。館藏地圓覺寺。

11. 編號“底”,明崇禎五年(1632,朝鮮仁祖十年)京畿道龍腹寺發行之木板本。版式同世祖本。卷首有己和序,卷末無跋有刊記。館藏地東國大、圓覺寺(2 本上卷)、中央僧伽大學(上卷)。

12. 編號“丙”,清康熙四年(1665,朝鮮顯宗六年)全羅道興國寺發行之

①見黑田亮《朝鮮舊書考》,岩波書店,1940 年,頁 85。

②伊吹敦使用的駒澤大學 086—87 本即此版。

③詳見《延世大學中央圖書館古書目録》第二輯,延世大學校中央圖書館,1987 年,頁 98。

木板本。版式同世祖本。卷首有己和序,卷末有荆吕白吴①跋,有刊記。館藏地圓覺寺、奎章閣(均爲上卷)。

13. 編號"丁",清康熙十八年·二十年(1679·1681,朝鮮肅宗六·八年)慶尚道雲興寺分階段發行(先刊下卷,後刊上卷)之木板本。版式同世祖本。卷首有己和序,卷末有世祖御製跋(作於 1457 年)、金紐跋(作於1487 年)、敬一跋,有刊記。館藏地有佛影寺、玉泉寺、圓覺寺、中央僧伽大學、海印寺、東國大、考般齋(2 本上卷)、通度寺極樂庵(上卷)、梵魚寺(下卷)、日本花園大學等。

IV. 諺解本②:

14. 兩卷本《金剛經諺解》,明萬曆三年(1575,朝鮮宣祖八年)全羅道廣濟院發行之木板本,簡稱《諺解》(此《諺解》母本爲刊經都監③於 1464 年爲世子祈求冥福而首發的一卷一册本,下文討論《諺解》成立皆指其已軼母本)。版式爲四周單邊,半郭 20.8×14.9cm,有界,半葉 8 行 19 字(小字諺文雙行),白口内向黑魚尾。卷首有己和序,卷末有李補、海超、金守温、韓繼禧、盧思慎等所作跋文 6 篇④,有刊記。館藏地東國大,海印寺、日本東洋文庫等。

15. 五卷本《金剛經三家解》,編號"戊",明成化十八年(1482,朝鮮成宗十三年)京畿道漢陽内需司發行之銅活字本,簡稱《三家解》。版式爲四周單邊,半郭 27.1×19.7cm,有界,半葉 11 行×21 字,大字 14 字/中字 21 字(低 1 字 20 字)/小字諺文雙行 21 字(低 1 字 20 字)白口内向黑魚尾。卷首有己和序,卷末有韓繼禧、姜希孟跋,有刊記。館藏地奎章閣(卷二至卷五)、東國大(卷一、卷五)、誠庵博物館(卷三、卷四),日本東洋文庫和世宗大王紀念事業會存有影印本⑤。

---

① "荆吕白吴"奎章閣編目者推爲"荆夢無"三字。

② IV 類因爲是内容完全不同(相互補充)的兩種《五家解説誼》的衍生文本,因此只各選一代表本,不按刊板細分而僅按照内容分爲兩個子分類,版次等略。

③ 刊經都監(1461—1471 年存續)是世祖爲刊行佛經諺解本而設置的中央機關,在地方多處設有分司,在 11 年間强有力地推動了佛經的國譯與刊行,至成宗繼位後被廢除。

④ 含未署名的《翻譯廣轉事實》一篇,内容與金守温、盧思慎跋文多有重複。

⑤ 影印本參見嶺南大學《民族文化資料叢書 1》,嶺南大學出版部,1981 年。

　　上述四類中，I 和 II 下各只有一種版本，I 下的庚本爲《五家解》原文（含《金剛經》經文）的校訂本，刊行最早。II 下的陽山寺本在先行研究中不止一次被判爲《五家解》異版，實際僅爲己和對五家（尤其川老、宗鏡兩家解）的注解而已，以下簡稱《説誼》。III 爲前兩類（翻刻明本《五家解》及説誼單行本）的合編，以下討論中簡稱“説誼本”《五家解》，是 15 世紀以後朝鮮最爲常見並延續至今的版本形態，均受刊行最早的世祖本影響，所列 10 本（除世祖本外）根據版式的相近程度，又可歸納爲世祖本同版（依世祖本版式復刻）及異版兩種，異版僅有三本①。最後一類 IV 實際上只能算是《五家解》的衍生文本，分爲以下兩種：其一爲初刊於 1464 年之《諺解》，出版時間緊隨世祖本，内容爲説誼合本中抽出的世祖手書《金剛經》和世祖“親定”的六祖解，再加上韓繼禧的翻譯，三者構成了注釋形式上比《説誼》更進一層（轉華爲諺）的朝鮮編刊《金剛經》注釋書；其二《三家解》爲己和《説誼》與其所依據的五家之中川老、宗鏡兩家解的合本，也可看作 III 的抽編（節略）本，並在此基礎上加以文宗、世祖所作諺解，構成了内容上與《諺解》互補的《五家解》衍生文本。兩種諺解本脱胎世祖本而成，在古代流通和現代研究中均易產生混淆。爲充分展示“五家解”的朝鮮受容史，有必要一併納入説明。

## 二　世宗、世祖至成宗：李朝王室推動的《五家解》編刻

　　第一節所列 15 本大致展現了《五家解》朝鮮刊行的五個階段：①早期寺刻（翻刻）本階段，代表爲 1415 年刊 I 類庚本，主體内容爲《五家解》原文，有一定流通度；②II 類注釋本《説誼》創作完成並少量刻出單行本，王族出於信仰收集；③官刻銅活字 III 類本問世，代表爲 1457 年刊世祖本，首次將《五家解》原文與《説誼》合編，經文由世祖手書，奠定後世木板本版式基礎；④1462 起，刊經都監和内需司從説誼本中節録、翻譯新編 IV 類《諺解》《三家解》，在一定程度上推動了《五家解》的民間流行；⑤16 世紀初出現了依據世祖本版式翻刻的寺刻木板本 III 類説誼合本，隨著翻刻日盛，《五家解》成

---

①除深源寺、陽和寺、歸真寺三本在字體、行款、册大小、有無界欄等方面有異之外（此三本版式同），餘本版式都同於世祖本。

爲《金剛經》的主要刊刻形式,遍及諸道(其中①與②、④與⑤之間没有必然的遞進關係,前後排序更多是指階段完成而非發生的時間)。幾乎各階段之發展均有李朝王室的推動。以下將分别從各版的序、跋文,首位校注者己和①的語録、行狀,以及《李朝實録》②等史書中的蛛絲馬跡,對這五個刊刻階段進行説明。

**(一)煙峰寺本與陽山寺本:己和爲核心的《五家解》校釋**

已知現行本基本以世祖本爲依據,因此世祖本前後是爲朝鮮《五家解》刊行的重要分水嶺。世祖本前有庚本和陽山寺本,此二本需要重點説明。

庚本存四部下卷、一部上卷(啟明大學藏,非公開),因此首先討論下卷的信息。下卷正文末有"永樂乙未(1415 年)五月有日前安嚴寺住持大師省琚書"的尾題,學界誤判此爲刊者落款,而不乏稱庚本爲"安嚴寺本"者③,但這裏"書"已明示其爲書手。且尾題後頁有落款同爲永樂乙未五月的卞季良跋文,跋文中説明作跋因緣"釋惠上人以五家所注《金剛經》刊於豐海之煙峰寺……工告訖,造書判華嚴悟公,求予言以識其後"中出現了"華嚴悟公",而省琚又有"華嚴大師"的美稱,跋文此處指的應即省琚,是此次刊行的造書判,而非發起者。跋文中募集資金的"釋惠上人"又被稱爲"惠師",在此"釋"字僅爲佛弟子的通稱。東國大藏 2 本庚本下卷中,其一在省琚尾題後並排緊挨著"化主海惠""同願祖㗡"兩行字,字體及字號均與"省琚書"一致,提示此次募刻的主導者"釋惠上人"就是卷末所識海惠。

衆所周知,説誼本《五家解》卷首均有己和所作序④,内容主要爲對《金剛經》所包含的及五位注解者所弘揚的離相絶言之大乘般若智慧的讚歎,作爲韓藏《金剛經》研究的常識,學界對其討論已濫。後世所見己和序均爲附加逐句説誼的形式,推是先有序文本文,至《説誼》完成時才連正文一併加注。己和序落款乙未年六月,顯然是爲煙峰寺本刊行而作。然庚本僅存

---

① 己和初校之後,又有信眉、弘濬校訂世祖本《説誼》部分,後學祖(戊本)、尚圭(乙本)、敬一(丁本)等都曾重校過。

② 索引見《朝鮮王朝實録》資料庫:http://sillok. history. go. kr,以下簡稱《實録》。

③ 如前揭高翊晋論文。

④《金剛經五家解説誼》卷上:"金剛般若波羅蜜經五家解序説……永樂乙未六月日涵虛堂衲守伊盥手焚香謹序。"(ABC,H0114 v7,p. 10b19－p. 14a09)

的啟明寺藏上卷卷首卻無此序。可能因同板有過多次後刷，而啟明大藏本恰好没有己和序罷了。

　　以上是現存最早的朝鮮本土序跋及刊記，其中均隻字未提餘本的刊刻，暗示了其初刊本地位。同時，啟明寺藏庚本上卷尚有一篇署名"宋太宗"的《金剛經》序文①。而在庚本正文最後一部分"決疑"②篇首有一句"經首御製序文恐多有闕誤……置之不論"，此首句連同該序一起在後世諸本中删去了。顯而易見，包括校訂者己和在内，朝鮮無人對此"宋太宗序"有所認識，因無法保證真實性和準確性，就在後來的刊行中直接抹去了。換句話説，儘管該序的創作背景不明，但顯然不會是在朝鮮半島編入的。兩相疊加，庚本的底本只能是中國流入的。

　　五部《金剛經》解在大陸御編爲合集後，輾轉傳入朝鮮半島③，在朝鮮太宗朝末期的乙未年，由豐海道煙峰寺住持海惠負責，就當時駐錫煙峰寺的己和（可能是此次刊行的實際主導者）所校訂的《五家解》發起募刻，由安嚴寺住持省珺書板，時任世子右賓客等職的卞季良作跋，最後冠上己和新序並刊行。這就是現存最早的朝鮮刻《五家解》的由來。

　　介於庚本和世祖本之間的陽山寺本，如前所述曾被誤判爲説誼本異版，但只要結合世祖本御製跋中"慧覺尊者信眉、演慶住持弘濬等校定涵虚堂《金剛經説義④》，入之《五家解》爲一書"，再看其一卷一册的篇幅，很容易把握其爲《説誼》單行本的事實。而有無會入《説誼》，就是煙峰寺本與後世諸本在構成上的主要區別。

　　或許受思維定勢影響而忽略了《五家解》原文編集於中國，且煙峰寺本由己和校訂的這些事實背景，先行研究⑤往往認爲《説誼》創作定在《五家

①相關分析詳見《成書考》。

②己和校訂《五家解》所附的校記。

③因下文己和《行狀》中有"師諱己和……俗姓劉氏，中原人也"一句，朝鮮佛教史上舊有傳説己和爲中國人，現代韓國學者普遍否認這一可能性。

④即"説誼"。

⑤見前揭伊吹敦、高翊晋論文等。

解》的朝鮮初刊本庚本之後，於是將《涵虛堂得通和尚語録》①篇末《行狀》
中如下提示的 1417—1418 年當作《説誼》的創作時間：

> 甲午(1414 年)春三月，到慈母山烟峰寺。占一小室，名"涵虛堂"。
> 勤修三載，曾無少息。又自丁酉(1417 年)至戊戌(1418 年)一冬兩夏，
> 五家②講席，三設是寺。③

但這個結論不僅不嚴密，還忽略了同在《行狀》中的另外兩條重要線
索：其一，慈母山煙峰寺的"五家講席"可能並非首次施設，己和早在"丙戌
(1406 年)夏，歸於功德山大乘寺，是年爲始至於己丑(1409 年)，四歲之間，
三設般若④講席"⑤，《説誼》中的般若思想很可能在此階段已草成；其二，
《行狀》中明確説明包含《説誼》在内的己和遺作都只是"校正之，書之數
本"⑥，因此直至《語録》全卷完成的"正統五年(1440)庚申七月日"⑦，《説
誼》都還只有手抄講義本，直到兩年後才在陽山寺刊刻流通。陽山寺本卷
末有己和自作跋文，落款"時蒼龍乙巳(1425 年)六月日涵(虛)堂守伊敬跋"
明示了現行版《説誼》定稿的時間下限。因此可以形成關於《説誼》成書時
間的兩個可靠的結論：一是《説誼》整體思想應草成於 1415 庚本刊行之前；
二是現行説誼基本完成的時間不晚於 1425 年，但上下限則沒有更確切的
時間。

**(二)世祖本、《諺解》與《三家解》：王室刊行的信仰底色**

　　煙峰寺本和陽山寺本都不是後世《五家解》的流傳形態，但奠定了第一

---

① 見《全書》所録《涵虛堂得通和尚語録》(ABC，H0119 v7，pp. 226－252)。己和門人編
　成於 1440 年，以下簡稱《語録》。

② 指《五家解》。

③ 見上揭《行狀》(ABC，H0119 v7，pp. 251a15－18)。

④ 雖然《般若經》有多部，但真正在半島甚至整個東亞範圍内得到深入研究的只有《金剛
　經》，己和《説誼》的初刊名就是《般若五家説誼》，此"般若講席"顯然是講解《金剛經》，
　甚至就是照著《五家解》講的。

⑤ 《行狀》(ABC，H0119 v7，pp. 251a10－11)。

⑥ 《行狀》："先師平生所著經論、注疏、詩賦、篇章，固不爲不多矣。然散在諸處，未能盡
　求。但以手書……《般若五家説誼》一卷……校正之，書之數本，留鎮願刹。示之於
　後。"(ABC，H0119 v7，pp. 251c19－252a3)

⑦ 《行狀》(ABC，H0119 v7，T001，pp. 252a13)。

部說誼本《五家解》編刊的基礎。決定《五家解》後來在半島廣泛傳播的關鍵，是世祖三年(1457)的第一部官刻合本"世祖本"。先行研究對該本的介紹和說明多因因相襲，故本文僅提幾個易被忽略但有趣的問題點。

守國寺藏世祖本下卷並未公開，不過"丁本"卷末同樣復刻了世祖本卷末御製跋文①，關於這篇跋文的幾個基本要點，前賢已經反復討論過。一、刊行的直接目的是爲同年病殂的懿敬世子李暲哀亡；二、經文由朝鮮世祖御筆手書後鑄爲銅字，以當年的干支命名爲"丁丑字"；三、刊本中《說誼》由信眉、弘濬校定後，首次入於《五家解》"爲一書"。

而當與官刻《諺解》《三家解》的跋文，及錄於丁本的金紐跋文對照審視時，御製跋文中關於此次刊行的更多豐富的側面信息，又浮出水面。首先，從前揭"入之《五家解》爲一書"可以看出《五家解》原文翻刻本(庚)在當時是有一定流通度的，並再次明確了《說誼》與《五家解》本文最初是分別刊刻這一事實。

其次，從世祖跋中記載的薦亡轉經的順序和數量來看，《華嚴經》《法華經》《地藏經》等講道地、明涅槃、弘净土的大乘經是更優先抄印的，反映出唐宋以來大陸對《金剛經》的信仰化使用在世祖本刊行時還未被朝鮮半島完全接納、消化，至少在薦亡、超度這樣的使用場景中，般若系經典仍非首選。既然如此，是什麼原因讓世祖和慈聖王妃②在後來又陸續刊行了兩種《金剛經》諺解本呢？直接原因恐怕正是"壬午(1462年)夜夢"一事。《諺解》的多篇跋文中詳細描繪了世祖與王妃在壬午年九月初九(近世子冥誕)夜夢世宗大王與世子李暲的情形。其中透露了三個信息：一、"壬午夜夢"是世祖與王妃在對世子極度思念的情感中發生的。二、"壬午夜夢"中，先王世宗對《金剛經》開經前需要奉請的八金剛四菩薩③非常重視，而懿敬世子因爲前述世祖三年的一系列轉經追薦似乎也得到了冥福，投生善處。其三、"壬午夜夢"之後，世祖及王妃很快爲世子造像並轉《金剛經》，轉經的方

---

①《金剛經五家解說誼》卷下(ABC，H0114 v7，p. 113a25－c04)。

②貞熹王后尹氏(1418—1483)，世祖李瑈之王妃，懿敬世子(德宗)李暲與睿宗李晄之生母，成宗朝前期曾垂簾聽政，以大王大妃的身份輔佐成宗七年。1476年撤簾歸政，不久去世，成宗爲其行三年之喪。

③一般認爲八金剛四菩薩名號置於經前，有提升轉經願力的功效。

式就是抽編、製定、敕命翻譯了《金剛經諺解》並模板流通。可見,宗教信仰的需求是此次官刻説誼本刊行的最根本也是最直接的原因。當然,6篇跋文中都有大量諸如"金剛妙喻,般若雄詮,是佛祖之所修所證者也"(李補跋)、"《般若經》者諸佛本母,萬法中王,佛之與法皆從此經出也"(海超跋)等對《金剛般若經》"默與道契"的思想價值的稱頌,可以看出佛教在世祖朝的文教價值也是被認可和推崇的。此外,金守温跋文中還使用了"父子之道,天屬之恩,而本乎天地之心""仁孝誠敬之德""爲子孝、爲父慈""上及於祖宗,推澤下及於無窮"等讚歎,將儒家的"天地""仁""孝""誠"的核心價值觀念灌注到轉《金剛經》的信仰活動中,甚至刊行並將《般若經》所蘊含的"大乘最上之道"普惠於民而令"一國臣民咸仰聖德仁孝之無已",還可稱爲一種高尚的政治實踐。這種以文教和政治爲宗教背書的做法,正如將"推廣訓民正音"作爲刊經都監設立的理由之一一樣。刊經都監在後來的七八年中,還刊行了近40種佛教經籍,對朝鮮的佛書出版起過巨大的推動作用。

再次,就編刊來説,世祖本是與己和説誼本《永嘉集》①、世祖收集整理的《證道歌》②集注一起刊行。但此次轉經薦靈初始並非以《金剛經》或《五家解》爲絕對中心進行的,更受重視的反而是另兩本書。原因盡在御製跋前半段上溯至世宗朝(1418—1450)的刊刻因緣中,在世祖的描述裏,先父世宗大王"常恨不得見《證道歌》注解。命我遍求不得,求之中國亦不得,遺命汝終是事"。因此當世祖"幸得琪注《證道歌》而還中"後,自然要將《證道歌》及其作者永嘉玄覺相關的兩部作品重點刊刻。但到了成宗③朝刊行《三家解》時(1482),兩篇跋文中則將世祖爲圓皇考心願遍求《證道歌》注解不得的經歷,替換爲戊辰春(1448)世祖獲得《説誼》而得世宗"大加稱賞"④,"欲以

---

① 指六祖慧能弟子,唐代禪宗大師永嘉玄覺(665—713)代表作《禪宗永嘉集》。
② 參見玄覺《永嘉證道歌》(CBETA,T48,no.2014)。
③ 李娎(1469—1495年在位),世祖李瑈之孫,懿敬世子李暲之子,母爲昭惠王后韓氏。
④ 姜希孟這一叙述很值得懷疑,據[朝鮮]李能和《朝鮮佛教通史》卷一所載,己和曾被"命住大慈御刹",至少在1422年前後世宗與己和保持著密切的聯繫,甚至連追薦元敬王太后冥福都是請己和主法(CBETA,B31,no.170,p.381b14-20,p.536a18-19等),如前所述《説誼》就完成於這一時期,世宗若要獲得並不太需要藉助世祖。

國語翻譯《金剛經五家解》之冶父頌、宗鏡提綱、得通説誼”，更“命（文宗及）世祖翻譯，親加睿裁”等説明《三家解》刊刻重要性的説辭，並提到了“時冶父、宗鏡二解，得通《説誼》草稿已成而未暇校定”①這樣的前提。相應地，跋文中將禪德學祖敕命校譯宋二解及《説誼》，描述爲“更校金剛三解譯”，意在突出“三家解”是世祖早就譯出的。這當然不會是成宗的意思，成宗自1471年冬下令廢除刊經都監後，持續開展了一系列斥佛擧措。《三家解》就是在這樣的宗教環境中編譯、刊行的。雖然在編輯形式上是延續《諺解》的，但篇幅（六卷）比一卷本《諺解》要大得多，更別提還要印三百本“廣施諸刹”。在刊經都監已被廢除的大環境下刊行如此費工耗財的佛書，如何説得通呢？慈聖大王大妃給出了極充分的理由：此次三家解的諺解本之刊行，可以同時完成世宗、文宗、世祖三代君主的遺願；並且，三家解的諺解已經有了文宗和世祖留下的“現成的”草稿，並不至於太費功夫。而大王大妃隱藏在這背後的“懼佛祖之法印堙晦，三聖之誓願未伸”的動機，也不至於太過分。

至此，朝鮮刊《五家解》及其衍生版本的類型、關係和發展、演變史，已經清晰地呈現在眼前。我們得以在如此全面把握其版本情況的基礎上，進一步討論《五家解》對半島産生的實際影響。

## 三　説誼本《五家解》的再版、流傳及其影響

《五家解》對朝鮮的影響力，在世祖本刊行後，即刻就已經凸顯出來。《李朝實録》中有兩則記録②值得一提，分別關於天順六年（1462，世祖八年）和八年（1464，世祖十年）的朝琉、朝日外交，顯示了世祖本《五家解》出版後，很快就透過外交贈予的官方管道流傳到了琉球及日本：

　　琉球國使臣普須古等辭還，命禮曹判書洪允成餞於漢江。答琉球國王書曰：……今所索《大藏經》一部，暨不腆土物，就授來使……《金

① 《金剛經五家解説誼》卷下（ABC，H0114 v7，p. 114a01－06）。

② 事實上天順三年（1459）、四年（1460）也有關於贈送《金剛經》與《金剛經十七家解》給日本國使者的記録，但因無法確認此《金剛經》是否爲説誼本《五家解》形式，故不録。

剛經五家解》《宗鏡録》……各二部。①

　　　禮曹奉旨回書於宗成職付秦盛幸曰：“所示通使大明事，謹已上啟。王旨若曰：‘對馬島之人侵犯大明沿海之地……今雖報彼，必不聽許……宗成職邇來効誠彌篤……其情可嘉，特賜成職《金剛經五家解》鑄本②…（下略 11 部佛書及米、布等）。’惟足下照悉。”③

　　前一則記録了 1462 年朝鮮應琉球國王“所索”，贈予一批包含《大藏經》和新刻説誼本《五家解》在内的佛書。後一則記録了 1464 年朝鮮王朝對前來報示與大明通使一事的對馬島執事的回覆，其中直言對宗氏管轄的對馬島頻擾大明之忌諱，但仍然贈予了大量佛書及一定糧布，聯繫當年剛剛刊行了《諺解》這一背景，世祖贈予的這批佛書或許不僅有安撫，還隱含著近於“度化”的信仰意圖。但無論如何，在截然不同的兩種外交局面中，都能窺見 15 世紀朝鮮王朝對佛書在外交活動中價值的高度認可。

　　雖完成了跨海外交的政治任務，但世祖本《五家解》正如金紐跋文所言，存在“範銅爲字，隨印隨毀”④等流通上的固有缺陷。且雖然廣施諸山，但印本數量有限，保存不易，依據此銅活字本爲母本再雕板刊行的寺刻本應運而生。現存諸木板本中最早的是中宗四年（1509）刊於大光寺的甲本，但其並非世祖本之後首次依此版式刊刻的本子。據甲本跋文可知，在世祖本與甲本之間，至少還有過一“圓覺寺本”，但在甲本面世之前已散逸。現將跋文中相關記述節録如下：

　　　昔正統年間，我朝高僧涵虛堂守伊和尚開向上眼，宗説俱通。經之疏之舛錯倒誤之處校正，著述《説誼》夾注經中，一經之義天朗曜無餘蘊矣。恭惟我世祖大王……專以重興佛法爲務，手書《金剛經》大字爲鑄字本，有中小鑄字間載《五家解》，印出五百餘件，頒賜八道諸山。未及鏤板，不意升遐。又丙午年間，道人尚中禪者於圓覺寺鋟梓，留鎮久矣。廢朝板本闕失，無所去處矣。老僧痛恨佛法之漫滅，奮發鏤板之志。時方稀歲，有意難成……收合順天母後山大光寺。時己巳正月

－－－－－－－－－－

① 太白山史庫本《實録》第 10 册第 27 卷第 6 張 A 面；《國編影印本》第 7 册第 507 面。

②“鑄本”即銅活字説誼本（世祖本）。

③ 太白山史庫本《實録》第 12 册第 33 卷第 41 張 A 面；《國編影印本》第 7 册第 638 面。

④ 前揭《説誼》卷下（ABC，H0114 v7，p.113c08－c11）。

既望鳩工始役,閏九月晦時工訖。

此跋文中"昔正統年間,我朝高僧涵虛堂守伊和尚……著述《説誼》夾注經中"這一記載是新信息,但正統時(1436—1449)己和已逝,排除誤記的可能性的話,這裏指的應該就是前揭 1442 年陽山寺本刊行一事。文中描述世祖本的"手書《金剛經》大字爲鑄字本,有中小鑄字間載《五家解》"正可與金紐跋相補充。同時跋文中對世祖銅活字本"未及鏤板",直到丙午年(1486)始有圓覺寺初板一事的叙述,也印證了後世寺刊本模世祖本而刻的事實。但圓覺寺經板在燕山君時"闕失無所去處",因此甲本的刊行並非直接以該板後刷,而是參照已有的圓覺寺刊本(版式同世祖本)重新募刻而成。不難發現圓覺寺本募刻時間與金紐作跋時間鄰近,且金紐跋文中對刊板緣起的説明"有比丘尚中……募衆緣,辛勤數載,始鋟於梓……先刊圓覺寺留板"與如上甲本跋文的"丙午年間,道人尚中禪者於圓覺寺鋟梓,留鎮久矣"完全吻合了,説明金紐跋正是爲這次圓覺寺本刊行而作。

關於諸本刊刻、流通的地域特點,在 1530 年刊於慶尚道廣興寺的乙本中首次談及。下卷卷末梅隱跋文中解説刊刻因緣道:"墨本猶存,而嶺南①諸寺無復有刊者,學者之病此久矣。"②這裏"無復有刊……病此久矣"可以作兩種理解:其一是在陽山寺《説誼》刊行後,慶尚道作爲《五家解》講説聖地居然没有刊刻説誼本;其二或許説明在獲賜世祖本之後,慶尚道諸刹一直希望能刊刻木板本,但 70 餘年來未能俱足因緣。考慮到跋文中雖有"五家之注解者豈非爲群迷作金碑③耶"等褒揚《五家解》開顯《金剛經》奧旨的溢美之詞,但對陽山寺所出之己和《説誼》隻字未提,對世祖以來餘本《五家解》的刊行也一概略去,强調的應是第二種意思。

乙本以降,説誼本《五家解》經十餘次翻印、再版,逐漸由"嶺南無"至遍

---

① 主要指慶尚道,見《韓國古典用語詞典》中"嶺南"一條,世宗大王紀念事業會,2001 年。

② 此處"學者之病此久矣"取自甲本跋文,但原文評價的是"歷傳多手而脱衍倒誤,盤根錯節"一事,到乙本則成了對"嶺南諸寺無復有刊者"的詬病。

③ "金碑"應爲"金錍"的誤記(朝鮮語中"碑"發"錍"音),"金錍"語出北本《大般涅槃經》卷八《如來性品》,原指治療盲人眼膜之器具,引申義爲開啟衆生迷惑之心眼。朝鮮佛書常見該詞,或受天台宗荆溪湛然(711—782)所著《金剛錍》(又稱《金錍論》)之影響。

佈諸道寺刹。伊吹敦對照韓國各館藏目録,首先注意到其中陽和寺本①和歸真寺本(第一節所列 8、9 號本)版式不同餘本,認爲此二者係同版出;宋日基經過搜集考證,判斷此二本皆是復刻自 1524 年深源寺新編本(第一節所列 5 號本);筆者則認爲,毋寧説此二本都是單純的深源寺後刷本。寺刻本的頻繁並不足以概括半島《五家解》盛行的全貌,更多時候,朝鮮保存的全本《五家解》存在以下三種普遍情況:一、上下兩卷僅存其一,零本由餘版補足,如伊吹敦所指日藏最古的身安寺本上卷,搭配的下卷是時間晚得多的版本;二、財力不足的寺院,直接向有板留鎮的寺院借板後刷(尤其全無刊記跋文的情況),或僅刊刻上下卷中某一板,闕卷借用他寺存板後刷補足;三、上下板分兩次刻,如雲興寺〈丁〉本就是康熙十八年所刻下卷與康熙二十年所刻上卷的合本。這些做法的前提是,諸本(除前述三本“新編本”外)都是模照世祖本而刻,版式一致。

　　現存最早的《五家解》刊板來自 1575 年所刊己本,共 33 板(有缺)存於雙峰寺。佚名跋文與刊記合一,且是在甲本跋文的基礎上補充刊刻信息、修訂而來。刊板的保存,某種意義上暗示了刊行量和普及程度。乙、己等本所處的 16 世紀,著名的“西山大師”清虛休静(1520—1604)以重樹禪宗正統、維護佛教地位得名,其代表作《禪教釋》開篇即舉三士問《五家解》:“三德士持《金剛五家解》問曰:‘般若教中亦有禪旨,以般若爲宗可乎?’”可以看出在當時的朝鮮《金剛經五家解》幾乎成了《金剛經》甚至《般若經》、般若學的代名詞,休静接著又以一句“今日爲君禪、教二途對辨而釋。其釋也,乃古也,非今也”爲其著作奠定全書論述基調②,而五家中己和《説誼》所依的兩家解正是對新“禪”是否悖於宗“教”的集中探討。

　　刊板保留最完整的是康熙四年(1665)刊行的丙本上卷和前述丁本下卷,分別保存有 113 板(有缺)和 127 板。根據跋文位置,可知康熙四年新刻的僅爲上卷,下卷用的是舊板後刷。上卷末雖有百餘字跋文,但書寫較隨意,且除了歌頌刊刻供養《金剛經》之功德外,未能提供任何刊刻相關的信息。因其在日藏諸本中保存最善③而被影印作爲研究資料在

①京都大學附屬圖書館“河合本－コ－66”號藏本。

②見休静述《禪教釋》(ABC,H0140 v7,p. 654b05－15)。

③特指花園大學國際禪研究所柳田文庫 W183. 27－3 號藏本。

日、中出版①，但其在流通史上並非一個關鍵性的版本。

　　丁本在本文討論的古本中時間最晚（上卷完成於 1681 年），存板最多。跋文由世祖跋、金紐跋和敬一跋所組成。新作於刊刻之時的敬一跋詳細講述了刊本因緣及其不易，但全文隻字未提關於"五家解"的寫作、編纂，更遑論己和的校訂説誼。跋文前半部分極盡讚歎《金剛經》，後半部分可見演熙、學熏兩位刊刻者入山、尋梓、鏤板、募資、籌辦紙地的經歷，而後"印經數百件""廣施遠近"等描述。如此艱辛的刊刻，自"黃猿之春"至"庚申夏季"（1668—1680）前後相繼十餘年，但全文僅"戊午秋"（1678）第三次入山取梓刻板時提到"刻《金剛》《起信》二種了義經論"。這或許暗示著，至晚在 17 世紀末的朝鮮半島，説誼本《五家解》已經成爲《金剛經》刊刻流通的默認形式，其根源自然在於世祖本的初次刊行。

　　一般對朝鮮王朝總有個"崇儒抑佛"甚至"排佛"的整體印象，包括韓國的己和相關研究也總是強調這樣的大背景。但通過梳理《五家解》刊行史上的種種細節，這一印象或有所豐滿。如崇佛的世祖對銅活字本刊行的幾番重視、一衆握權得勢的王公大臣爲幾部官刻本頻作序跋等，甚至太宗在位時也有名儒政要卞季良爲煙峰寺本題跋。至於厲行抑佛的成宗及暴行汰僧的燕山君，也曾多次做出刊印佛典②、設立法會、重修寺院等行爲。總的來説，政治統治的要求、君王的個人選擇，《金剛經》信仰的功利性、實用性以及當世聖賢僧（無學、己和、休静等）的宗教才能，幾股力量共同作用之下，構成了李朝各個階段的儒佛、政教關係，非一句簡單的"排佛"可以統而概之。

## 結　語

　　綜上，15—17 世紀《金剛經五家解》的刊刻史可謂一部濃縮的朝鮮王朝佛書刊行史。自 1415 年在煙峰寺作爲中國刊本的翻刻版首次面世，至世祖御書活字刻印説誼本、成宗期間大王大妃組織編印的《五家解》衍生諺解

---

① 初録於柳田聖山主編《禪學叢書》之二，中文出版社，1974 年。再録於藍吉富主編《禪宗全書》第 33 冊，北京圖書館出版社，2004 年，頁 575—698。
② 燕山君李㦍（在位時間 1494—1506 年）即位第二年時，曾重刊世祖本五十本。

本，版本演變見證了《五家解》在朝鮮的粉墨登場、皇室受容、外交認證、教界風靡等各個階段。從空間上看，世祖本刊出不久就遠播日本、琉球；半島則以漢城爲中心向南北輻射，截至 17 世紀中後期説誼本已成爲《金剛經》刊行的主要形式而流布八道。朝鮮王室的幾番校釋、重編、刊行、外交贈予，令這部在誕生地逐步銷匿的佛書流行於 15 世紀後的朝鮮半島，至今不絶，這不可不視爲王權推動宗教教化的一個典型。但發生在以"排佛"聞名的朝鮮王朝，又使其具備了一些"非典型性"。同時，《五家解》的刊行並非單方面地受惠於朝鮮王室，當"大陸"的《金剛經》信仰之風吹至海東時，縱然是以儒家思想爲主流意識形態的朝鮮王朝，也不得不在悼念親族、祈求個人平安與國運昌遂之時借助轉經的力量，尋求心靈寄託。其中自然也展示了《金剛經》信仰完全世俗化、實用化後對義理研究的反哺。而被選爲外交贈書，除了反映朝鮮借出版事業的發達顯示國力這一需求外，亦從側面再次反映了《金剛經》相關的佛教書籍在東亞思想交流中的普適性。

（作者單位：廈門大學哲學系）

# 日本平安時代的中國典籍受容

## ——以空海《秘藏寶鑰》、藤原敦光《秘藏寶鑰鈔》爲例 *

### 河野貴美子 撰　樂　曲　譯

　　空海是爲平安時代的中國學術文化受容做出重要貢獻的人物之一。這一點恐怕没有什麽人會反對。他曾一度在大學寮學習，之後入了佛門，三十一歲得度。延曆二十三年（804）至大同元年（806），空海前往唐朝留學，帶回了各種各樣的知識與物件①。在當下的日本，他作爲真言宗的開山祖師廣爲人知，然而其功績卻並非只局限於真言密教的範疇。例如，空海曾整理包括唐時資料在内的文學理論編成《文鏡秘府論》一書，也曾基於梁代顧野王的《玉篇》編成在形式上類似該書精簡版的字書《篆隸萬象名義》。這些著作對於當今的中國古典學研究者來説也是珍貴的資料。此外，彙集了其詩文的《遍照發揮性靈集》還是日本現存最早的“別集”。可以説，空海將中國典籍中的知識與佛教知識，即所謂内典與外典的知識相結合，自己也創作了大量的作品。

　　與此相對，在平安時代末期的那些引領日本學術的文章博士中，有一人名叫藤原敦光。他的父親藤原明衡、兄長藤原敦基亦是文章博士。藤原敦光繼承了儒者的家學，他的許多詩文也被收録在《本朝續文粹》《朝野群

---

＊ 本文日文版《平安期における中國古典籍の攝取と利用——空海撰『秘藏寶鑰』および藤原敦光撰『秘藏寶鑰鈔』を例に》，原載榎本淳一、吉永匡史、河内春人編《中國學術の東アジア傳播と古代日本》，勉誠出版，2020 年。

① 參見《續日本後紀》卷四“承和二年（835）三月庚午條”。《新訂增補國史大系・日本後紀　續日本後紀　日本文德天皇實録》，吉川弘文館，1966 年，頁 38—39。

載》等書之中。除此之外,他還是一名虔誠的佛教徒①。藤原敦光以自己所掌握的内外典知識對空海的著作進行了注釋。這些注釋不僅引用内典對空海的佛教思想進行了説明,還引用外典對空海的漢文表達進行了注解。在二人的著作中,本文將以空海的《秘藏寶鑰》以及藤原敦光對此書的注釋《秘藏寶鑰鈔》爲對象,具體考察平安時代的漢文著作是如何吸收、利用中國典籍的。

置身佛道的空海爲何會懷著無盡的對於漢字、漢語、漢文的求索之心留下衆多著作呢?這難道不是出於試圖通過引進、應用以漢字、漢文創造的中國學術文化,引領日本的學術文化走向新舞台的宏偉藍圖嗎?而藤原敦光對於空海著作的真摯鑽研也是體現中國的學術文化與漢文知識在平安一代所具有的意義及其積累、傳承、發展情況的絶佳例子。

以下,筆者將通過空海與藤原敦光的著作,對平安時代中國典籍的受容與發展情況進行考察。

# 一　有關空海的《秘藏寶鑰》

空海的《秘藏寶鑰》共三卷,它將人心分成十個階段進行論述,從不辨善惡,全憑本能生活的凡夫之心到儒教、小乘佛教、大乘佛教乃至真言之奥義②。在《秘密曼荼羅十住心論》一書中,空海曾更爲詳細地論述過同樣的内容,《秘藏寶鑰》則是對該書要點的節略。可以説,空海的思想與理想正體現在這兩本著作之中。

如上所述,《秘藏寶鑰》的主要内容是對真言密教至高無上地位的論述,然而其文字表達與構成中卻凝聚了空海的知識與用意。例如該書以四

---

① 在藤原宗友所撰《本朝新修往生傳》(1151)中的《式部大輔敦光朝臣傳》中有"偏歸三寶,專禱後生"的記載。具體參見《日本思想大系》第 7 卷《往生傳　法華驗記》,岩波書店,1974 年,頁 690。

② 參見《弘法大師空海全集》編輯委員會編《弘法大師空海全集》第二卷中宮坂宥勝的"解説"(筑摩書房,1983 年,頁 593—598);密教文化研究所弘法大師著作研究會編《定本弘法大師全集》第三卷中静慈圓、甲田宥吽、跡部正紀的"解説"(密教文化研究所,1994 年,頁 355—375)等。

六駢文寫成，運用了各種典故的工整對句貫穿全篇，同時文章中還穿插著揭示各階段心之真諦的"頌"。對於後世的人們而言，這樣的形式當然是一種值得學習的"文"的成果。藤原敦光對於這部作品的注釋多是對字句意思與表達典故的考證（後文詳述）。這也顯示了該書不僅具有思想價值，在漢文寫作方面也是值得學習的對象。除此之外，《秘藏寶鑰》中特別值得關注的是有關人心的第四階段"唯蘊無我心"（知曉小乘佛教聲聞乘的階段）的論述。這段文字通過憂國公子與玄關法師二人的問答，論述了佛教相對於世俗之教的優越性。通過虛構人物之間的問答來陳述思想是空海在《聾瞽指歸》和《三教指歸》中就已經嘗試過的形式。然而《秘藏寶鑰》中向佛教徒玄關法師拋出疑問的憂國公子卻是一個以孔子、老子爲師學習"五經三史"的人物①。這樣的設定正與出家前空海的形象相吻合。憂國公子質問玄關法師，佛教真的可以對國家經營有所貢獻嗎②？由於空海自身也曾處在與憂國公子相同的立場上，但是他卻轉向了佛教，並没有選擇完成學業後做官來侍奉國家，因此憂國公子的問題無疑也是空海對自己的質問，而玄關法師的回答則是他決心轉向佛教的主張與回答。不管是在中國還是在日本，爲了強調以佛教爲核心的理想的正當性，都必須先充分理解作爲國家、社會根基的儒教思想，在此基礎上論述佛教的意義與正當性。與《聾瞽指歸》《三教指歸》相同，《秘藏寶鑰》的"第四唯蘊無我心"部分也極爲詳細地論述了儒教的思想立場。事實上在這部作品中，"第四唯蘊無我心"部分佔據了最多的篇幅③。藤原敦光對於這個部分的注釋也遠遠超過了其他部分。帶著這樣的認識，以下將對藤原敦光的注釋進行考察。

①《秘藏寶鑰》卷中"第四唯蘊無我心"中有"公子曰：'……吾師孔李……吾亦誦五經三史之文、禮周旦孔丘之像'"的記載。引文據《定本弘法大師全集》第三卷（底本爲仁和寺藏建保六年［1218］寫本，頁137）。下同。

②《秘藏寶鑰》卷中"第四唯蘊無我心"中有"公子曰：'……佛法蠹國，僧人蠶食。其益安在乎。'"（《定本弘法大師全集》第三卷，頁134）

③在《定本弘法大師全集》第三卷中，"第一異生羝羊心"三十行，"第二愚童持齋心"二十八行，"第三嬰童無畏心"六十行，"第五拔業因種心"五十一行，"第六他緣大乘心"三十行，"第七覺心不生心"三十七行，"第八一道無爲心"五十行，"第九極無自性心"七十一行，"第十秘密莊嚴心"九十六行，而"第四唯蘊無我心"卻有一百七十三行的壓倒性篇幅。

## 二　藤原敦光《秘藏寶鑰鈔》中的注釋與中國典籍

以濟暹(1025—1115)《秘藏寶鑰顯實鈔》四卷、賴瑜(1226—1304)《秘藏寶鑰勘注》八卷爲代表,僅僅是列舉近世以前(包含近世)的對於《秘藏寶鑰》的主要注釋就有二十餘部①。這也説明了空海的這部著作一直在被不斷地閲讀、學習。在這些注釋書中,藤原敦光《秘藏寶鑰鈔》的特殊之處在於,這是唯一一部從文人學者而非僧人的立場寫成的注釋。此外,如前所述,藤原敦光出生於引領平安末期日本學術的儒者之家(藤原式家)。因此可以説,他的注釋體現了當時的漢文以及中國典籍方面的學術水平。事實上,這部注釋書中包含了許多具有資料性價值的記載,例如一些成書於宋代的相對較新的典籍的信息。這也使得該書尤爲重要。有關《秘藏寶鑰鈔》,目前雖然已有一些先行研究,例如太田次男對該書平安末期寫本的詳細解説②和山崎誠對於該書中《文選集注》利用的關注③等,然而就該書中中國典籍的利用情況而言,尚有需要考察之處。

藤原敦光的注釋大體可以分爲以下幾種:(一)對漢字音義的注釋;(二)揭示空海文章表達中的典故或相關中國典籍(外典)内容的注釋;(三)引用佛典(内典)解釋空海論述的注釋。在這幾種注釋中,本文將對運用了中國典籍的(一)(二)兩種進行考察。

### (一)有關音義注

藤原敦光的《秘藏寶鑰鈔》對《秘藏寶鑰》中的一百零七個漢字的音義進行了注釋④,體現了他試圖精準地理解、闡釋空海寫下的每一個字的態度。事實上,在那些流傳至今的 12 世紀以後的《秘藏寶鑰》的古寫本與古

---

① 參見《弘法大師空海全集》第二卷中宫坂宥勝的"解説"。

② 太田次男《秘藏寶鑰鈔平安末寫零本について》,《空海及び白樂天の著作に係わる注釋書類の調査研究》上,勉誠出版,2007 年,頁 53—160。

③ 山崎誠《式家文選學一斑——文選集注の利用》,《中世學問史の基底と展開》,和泉書院,1993 年,頁 411—444。

④ 據《真言宗全書》,真言宗全書刊行會,1936 年,下同。該書底本爲高野山明王院藏延享五年(1748)寫本。

刊本上,亦能看到爲了訓讀而附上的訓點①。然而依據所謂漢唐訓詁學的方法,詳盡地注明了漢字音義的藤原敦光的注釋則不僅是在施加訓點,還追溯了漢字原本的讀音與意思,試圖以此正確地學習空海的漢文表達。那麼他究竟是通過什麼樣的辭書來解釋漢字音義的呢? 在全書一百零九條音義注中,標明了反切注出處的如下:

注明該注反切引自《玉篇》的六十一條②;

注明該注反切引自切韻系韻書的三十八條,其中《切韻》二十三條③,《唐韻》四條④,《廣韻》六條⑤,《宋韻》五條⑥;

---

① 參見太田次男《秘藏寶鑰鈔平安末寫零本について》。
② 卷上:鑰,弋灼反。▲悠,弋周切。縑,古嫌反。▲緗,思良反。杳,於鳥切。▲書,式餘反。▲死,息姊切。聖,舒政切。▲森,所今反。▲睨,魚計反。▲吁,虛于、往付二切。▲呵,計多切。叱,齒逸切。燕,於見切。埑,奴結切。較,薄秩切。▲羝,丁兮反。冥,莫庭、▲莫定二切。▲漠,摩各切。鋼,古昂切。豺,音柴。▲狼,來當切。狻,先凡切。咀,才與切。▲嚼,疾略切。堛,爲逼切。隼,以招反,以照反。鷩,俾熱切。鵠,胡篤切。敖,午高反。▲戮,力竹反。奸,古顏切。冰,鄙凌反。瘵,於預反。朦,莫公切。譏,居祈反。繢,子狄反。絇,胡端反。▲綺,袪枝反。▲廓,苦莫反。▲婕,即葉切。風,甫融切。卷中:駿,午駿反。蠱,丁故反。▲薑,天珍反。素,蘇故反。忙,無方反。▲喟,丘愧反。▲祚,才故切。絡,力各反。纓,於成反。灼,之藥切。妍,吾堅切。▲蚩,尺之切。卷下:征,之盈切。册,楚責切。蜃,市忍反。萍,部丁切。澄,思二、他外二反。宛,於阮切。▲領,良郢切。標有▲的爲與原本《玉篇》或《篆隸萬象名義》不一致,但與《大廣益會玉篇》一致的反切。參見《原本玉篇殘卷》,中華書局,1985 年;高山寺典籍文書綜合調查團編《高山寺古辭書資料》第一(《高山寺資料叢書》第 6 册),東京大學出版會,1977 年;《大廣益會玉篇》,中華書局,1987 年。
③ 卷上:駢,步玄切。填,徒賢反。喝,於芥反。裔,云欲反。郵,禹牛反。歇,昌雪反。禿,他谷反。瘡,楚良反。戶,胡古反。洊,才見反。卷中:穹,丘弓反。昊,何老反。挺,大打反。粹,雖遂反。俙,虛機反。諺,魚變反。糺,居約反。尸,式脂反。捧,敷隴反。俸,方用反。嗊,魚容反。卷下:粵,王伐反。爵,即略反。
④ 卷上:車,尺遮反,又音居。鷔,於旬反。螶,於珍切。蜓,徒典切,又音廷。
⑤ 卷上:窺,去隨切。凡,符咸切。咳,戶來切。卷中:率,所律切。嗣,祥史切。卷下:帥,所律切,又所類切。
⑥ 卷上:罭,音域。卷中:迂,音于。誕,徒旱反。卷下:濟,子禮切,又音霽。離,呂支切。

　　注明該注反切引自其他資料的十四條，其中慈恩《法華音訓》三條①，《涅槃經音義》三條②，《字林》兩條③，《類音決》一條④，《漢書》顔師古注一條⑤，《後漢書》李賢注一條⑥，《史記》徐廣注一條⑦，《文選》注兩條⑧；

　　首先，通過考察那些注明"《玉篇》云"的反切我們可以發現，當顧野王的原本《玉篇》(或由空海所撰，通過節略原本《玉篇》而成的《篆隸萬象名義》)與宋本《玉篇》〔大中祥符六年（1013）重修的《大廣益會玉篇》〕所載的反切不同時，藤原敦光所引的多是宋本《玉篇》⑨。這樣的傾向在藤原敦光的另一部注釋書《三教勘注鈔》(對空海《三教指歸》的注釋⑩)中亦可以發現。衆所周知，8世紀後，原本《玉篇》在日本的使用十分盛行，這也是爲什麼在中國已經散佚的該書的寫本仍有一部分在日本傳存。儘管如此，藤原敦光卻試圖參考相對較新的宋本《玉篇》來解讀空海的漢文。不過在那些以"《玉篇》云"的形式引用的反切、訓詁之中也有與當下通行的宋本《玉篇》相異，但是與原本《玉篇》相一致的記錄⑪。這有可能是緣於藤原敦光在注釋中同時使用了宋本與原本《玉篇》，也有可能是由於他手邊的《玉篇》與現下通行的宋本《玉篇》版本不同。

　　此外，從藤原敦光對切韻系韻書中宋代成書的《廣韻》⑫、《宋韻》的反

---

① 卷上：伶，郎丁反。傅，匹丁反。醫，於其反。
② 卷上：恕，尸預反。搆，掬具反。徐，盡虛反。
③ 卷上：跉，力生反。跰，補綷反。
④ 卷上：研，古猛反。
⑤ 卷上：錯，千故反。
⑥ 卷中：啜，常悦反。
⑦ 卷中：膉，勑知反。
⑧ 卷上：蝘，烏典反。蜓，徒顯反。
⑨ 全六十一條中有二十二條。參見前注中標▲的部分。
⑩ 參見河野貴美子《藤原敦光『三教勘注鈔』の方法──音義注を中心に》，收入河野貴美子、張哲俊編《東アジア世界と中國文化──文學・思想にみる傳播と再創》，勉誠出版，2012年，頁177—204。
⑪ "縑，古嫌反"的反切與《大廣益會玉篇》("古廉切")不同，但是與原本《玉篇》一致。此外，"素，蘇故反"的反切也與《大廣益會玉篇》不同，與原本《玉篇》一致。
⑫ 陳彭年等《大宋重修廣韻》〔大中祥符元年（1008）成書〕。

切、訓詁的引用中也可以看出他在注釋中對新辭書内容的參考①。同時，《秘藏寶鑰鈔》中也有對《切韻》《唐韻》的使用②。由此可知，藤原敦光的注釋是舊識與新知的結合。

　　　　縑細：《玉篇》云：“縑，古嫌反。”《説文》：“兼，絲繪也。”《廣雅》：“繰，謂之縑。”又云：“細，思良反。桑初生色。”《廣韻》云：“淺黄。”（卷上）③

　　　　瘡瘀：上，《切韻》曰：“楚良反，疾也。”《唐韻》曰：“疕也。”下，《玉篇》云：“於預反。”王逸曰：“身體燋枯被病也。”《説文》：“積血也。”（卷上）④

　　以上是《秘藏寶鑰鈔》的兩條注釋。前者在引用《玉篇》説明了“縑細”一詞中各字的反切、訓詁後，又引用了《廣韻》中“細”字“淺黄”的訓。後者則針對“瘡瘀”一詞，採用了《切韻》與《唐韻》中有關“瘡”字的内容以及《玉篇》中“瘀”字的反切和訓詁。在《廣韻》中，“瘀”（去聲，九御韻飫小韻）字的訓只有“血瘀”。藤原敦光很可能是爲了尋找更加符合文意的訓詁才有意識地參考了《玉篇》。當時，以假名來書寫日語的方式已經出現了很久，然而日本的學術依然對漢字、漢語的音義進行了如此中國式的考究。這種雙重基準的體制最終延伸至“和”“漢”混合的現代日語。

　　此外，作爲佚書的佚文，藤原敦光對於《切韻》《唐韻》、慈恩的《法華音訓》《涅槃經音義》等典籍的引用也十分珍貴，而且這些散佚的典籍並不僅限於辭書。以下即對包含這些佚文在内的《秘藏寶鑰鈔》中的第二種“揭示空海文章表達中的典故或相關中國典籍（外典）内容的注釋”進行考察。

**（二）引用中國典籍所載故事的注釋——以佚文資料爲中心**

　　藤原敦光的《秘藏寶鑰鈔》對空海《秘藏寶鑰》中的各詞彙、表達的典故以及相關記載進行了徹底的搜尋，並引用各種各樣的中國典籍對此進行了

---

① 在《秘藏寶鑰鈔》中，除了辭書類文獻，還可以看到對《事類賦》《僧史略》等其他宋代書籍的引用。

② 先行研究指出，藤原敦光所引《切韻》爲菅原是善（？—880）將十四種《切韻》合編而成的《東宫切韻》。具體參見上田正《切韻逸文の研究》，汲古書院，1984年。

③ 《真言宗全書》，真言宗全書刊行會，1936年，頁1。

④ 《真言宗全書》，頁9—10。

注解。在漢文世界中，以基於古代典籍的詞彙、故事進行文章創作尤其受
到重視。因此在解讀一篇漢文時，必須具備有關該文所用典故，即"原典"
的知識。這在日本也是一樣。不管是在平安時代還是在其後的時代，"文"
的教養總是與漢籍知識有著密不可分的關係①。空海的文章創作建立在
他豐富的漢籍知識儲備之上，而藤原敦光則竭盡全力地搜尋其典故，揭示
空海的創作與漢籍之間的關係。這就導致了他的注釋包含了許多當下已
經散佚的典籍的佚文，爲現代的中國古籍研究提供了寶貴的資料。

　　例如在《秘藏寶鑰鈔》中可以看到對諸如《兼名苑》②這樣的，在平安時
代的其他典籍中亦被頻頻徵引的佚書的引用，以及《仲尼遊方問録》(《孔子
遊方問録》)這樣的值得關注的資料。同時，與平安時期的其他著作相同，
《秘藏寶鑰鈔》中還可以看到對於像《劉子》這樣的，只在日本被頻繁參考的
典籍的引用。藤原敦光的注釋通過引用相關的中國典籍，對空海文中出現
的字詞進行了十分詳盡的注釋。我們很有必要對這些注釋中反映出的那
個時代真實的"學習環境"進行全面的調查與探討。下面即在《秘藏寶鑰
鈔》徵引中國典籍的注釋中選取引用釋靈實《年代曆》的部分爲例，具體考
察該書的注釋方法與資料價值。

　　釋靈實是 8 世紀前半葉的唐代僧人。因其《鏡中釋靈實集》的一部分
被收入聖武天皇書寫的《雜集》中而爲人所知。他所撰寫的名爲《年代曆》
的著作在中國不傳，甚至沒有被正史的目録所著録。然而在《日本國見在
書目録》"雜史家"部中有"帝王年代曆十卷　釋靈實撰"的記載③，另有少
量佚文見於日本奈良時代末期至平安時代的數種典籍之中④。在《秘藏寶
鑰鈔》中，對於《年代曆》的引用有四條之多，其中兩條如下：

--------

①參見河野貴美子《「文」とリテラシーの基礎》，收入河野貴美子、魏樸和（Wiebke De-
　necke）、新川登龜男、陣野英則編《日本「文」學史》第一册《「文」の環境——「文學」以
　前》，勉誠出版，2015 年，頁 194—229。
②《舊唐書·經籍志》"丙部子録名家類"中著録有"《兼名苑》十卷　釋遠年撰"（中華書
　局，1975 年，頁 2032）。
③參見《日本國見在書目録》（宮内廳書陵部所藏室生寺本），名著刊行會，1996 年，頁 34。
④參見河野貴美子《奈良·平安期における漢籍受容の一考察——善珠撰『因明論疏明
　燈抄』を手がかりとして》，《國文學研究》第 151 集，2007 年，頁 11—21。

夏運顚覆：

　　釋靈實《年代曆》曰："夏桀伐有施。夏桀以妹嬉進焉。有美色。桀大悦納爲妃，又多求美女以充後宫。夜與妹嬉及宫女飲酒，常置妹嬉於膝上。妹嬉好聞裂繒之聲，桀爲之發繒裂之以適其意。婦人衣錦繒文綺綾紈者三百人。又廣池苑養禽獸，設鐘鼓之樂，爲肉山脯林酒池使可運舟。以繩羈人頸牽詣酒池，一鼓而互飲者三千，飲醉而溺死。桀與妹嬉笑以爲樂。與妹嬉及諸嬖妾同舟浮海，奔於南巢山自死矣。"

殷祚夷滅：

　　《玉篇》云……釋靈實《年代曆》曰："殷紂好酒淫樂，嬖於婦人而惑妲己。以使師涓作新淫聲北里之舞，靡靡之樂。以酒爲池，以糟爲嶽，懸肉爲林。使男子女裸形相逐其間，爲長夜之飲。百姓怨望，諸侯咸叛。乃炮烙之刑，膏銅柱加之以炭，令有罪者昇焉，輒墮炭中，妲己笑以爲樂。武王伐紂，紂登鹿台，衣寶臺之衣，赴火而死。斬其頂懸之太白旗，殺妲己矣。"

（《秘藏寶鑰鈔》卷中）①

　　以上是《秘藏寶鑰》中論述夏、殷二朝亡於妹嬉與妲己的部分，以及《秘藏寶鑰鈔》對此的注釋。儘管在以《史記》爲代表的史書中亦有對桀、紂故事的記載，然而藤原敦光卻在這裏採用了奈良時代以來一直爲日本人所使用的《年代曆》進行注釋。作爲中國古代典籍的佚文資料，這樣的注釋十分珍貴。就反映中國的知名故事在日本的解讀方式而言，這兩條注釋亦值得關注。此外，以上引文屬於《秘藏寶鑰》中的"第四唯蘊無我心"部分。該部分通過憂國公子與玄關法師的問答敘述了空海對於佛教的優越性和儒教的理解。憂國公子口中道出了一個又一個基於中國故事的儒教主張，而藤原敦光則利用各種從中國傳入的典籍對此進行了敷衍與解説。此處值得特別注意的是空海借助憂國公子與玄關法師的話陳述二人主張時所採用的敘述方式。

---

①《真言宗全書》，頁 32—33。

## 三　《秘藏寶鑰》對於中國故事的列舉

重讀《秘藏寶鑰》中上述部分的原文即可發現,在藤原敦光引用《年代曆》進行解說的這部分内容中,不僅有夏桀、商紂,還列舉了中國歷史上的災害與王朝的覆滅。這是《秘藏寶鑰》"第四唯蘊無我心"中,玄關法師針對憂國公子認爲天下的災難都是由僧人招致的見解所做的回答。

> 公子先所談旱潦疫蘯天下版蘯僧人之所招者,此亦不然。子未見大道妄吐斯言……若災由非法之僧尼者,堯代九年之水,湯時七載之旱,如是旱潦由誰僧而興。彼時無僧,何必由僧。夏運顛覆,殷祚夷滅,周末絶癈,秦嗣早亡,並皆禍起三女,運隨天命。其日無僧,豈預佛法。
>
> 　　　　　　　　　　　　　　　(《秘藏寶鑰》"第四唯蘊無我心")①

在以上這段話中,玄關法師首先説明了堯時洪水不斷,湯世日照不息,在那時僧人還未出現,不可能是引發災難的原因,緊接著又進一步論述道:夏、殷、周、秦之時尚無僧人,這些王朝的滅亡都是源於女性帶來的災禍。姑且不談這強詞奪理一般的論述方式,空海在這裏將各個王朝的命運以"夏運顛覆,殷祚夷滅,周末絶癈,秦嗣早亡"這樣的四字句進行了羅列。如上所述,《秘藏寶鑰》的創作目的是以真言密教爲最高理想,論述逐漸向這一理想靠近的人心的各個階段。然而在憂國公子與玄關法師的問答中,像上述引文一樣列舉中國的歷史故事來論述佛教優越性的例子不斷出現。這些例子似乎傳遞著一些不同於對作爲理想的思想、信念的論述的信息。之所以這樣説是因爲空海的四六駢文創作是以《文選》中的賦爲典範的。而正是在這些賦之中,爲了論述某個主題盡數羅列相關事例的方法被反復使用。這種羅列典故巧妙地組成對句進行駢文創作的手法在他的《三教指歸》中也能看到②。

---

① 《定本弘法大師全集》第三卷,頁140。

② 例如在《三教指歸》卷上,儒家的龜毛先生勸誡素來品行不良的蛭牙公子端正生活態度的部分有如下論述:"嚮使蛭牙公子,【A】若能移玩惡之心,專行孝德,則流血出甕、抽筍躍魚之感,軼孟丁之輩,馳蒸蒸美。【B】移於忠義,則折檻壞疏、出肝(轉下頁注)

　　出於一種教育上的考慮，空海在這些作品中遵循賦的形式，列舉了各個主題的故事，仿佛百科辭典一般將這些事例展示在讀者面前。聯繫他統合、整理各種現有典籍編纂而成的《文鏡秘府論》《篆隸萬象名義》可知，《三教指歸》《秘藏寶鑰》中的故事羅列也並不僅僅是基於論説思想的動機，還緣於爲學習漢文（即中國的學術文化），以及試圖以漢語進行駢文創作的人集中展示相關事例的目的。正因爲如此，即便對於藤原敦光這樣的後世文人學者而言，《秘藏寶鑰》也是"文"的典範，是值得一代又一代不斷注釋、學習的閱讀對象。

## 四　結語

　　正如《秘藏寶鑰》在開篇序言的頌中提到的"我今蒙詔撰十住"，更爲詳細地論述了該書内容的《秘密曼荼羅十住心論》是在（淳和）天皇的旨意下撰寫的。雖然有關這部作品究竟是在什麼時候，又是如何呈獻給天皇的等細節不甚明了，但是通過文獻中的記載可知，空海與嵯峨、淳和兩天皇都有

---

（接上頁注）割心之操，踰比弘之類，流謷謷譽。【C】講論經典，東海西河，結舌辭謝。涉獵史籍，南楚西蜀，閉口揖讓。【D】好書則鵬翔虎卧之字，鍾張王歐，擲毫懷恥。【E】玩射則落烏哭猿之術，羿養更蒲，絶弦含歠。【F】就於戰陣，張良孫子，慨三略之莫術。【G】赴於稼穡，陶朱猗頓，愁九穀之無貯。【H】蒞政則跨四知而馳譽，斷獄則超三黜而飛美。【I】清慎則孟母孝威之流，廉潔則伯夷許由之侶。【J】若乃赴神醫道，馳心工巧，换心洗胃之術，越扁華以馳奇。【K】斲蠅飛鳶之妙，淩匠輸而翔異。【L】若如是則汪汪萬頃，同彼叔度，森森千仞，比此庾嵩。觀者深淺不測，仰者高下不度。"（《定本弘法大師全集》第七卷，密教文化研究所，1992 年，頁 49—50）在這段文字中，龜毛先生從儒家的立場出發，列舉了各種理想的生活方式。【A】是盡孝，【B】是盡忠，【C】是窮盡經史學問，【D】是擅長書法，【E】是善射，【F】是通兵法，【G】是行貨殖之道，【H】是爲政公正、清廉，【I】是潔身自好，【J】是行醫，【K】是磨練作爲工匠的技藝，【L】則以若是能夠如上述這般盡行其道，則一定能夠獲得廣泛好評作結。就古代日本的現實情況而言，這段話中列舉的都是一些難以實踐的極端例子。相比於有待實現的目標，這些例子更像是如同教科書一般的對於儒家理想的列舉。《三教指歸》中的此類叙述與其説是在鼓動人們去實踐，不如説是希望他們能夠將這些内容當作知識，對此有所了解。

著直接的密切交往。特別是在淳和天皇統治時期，他還曾頻繁參與了國家性的佛教活動①。不難設想，空海的活動與作品曾經爲當時日本的國家與社會帶來了巨大的衝擊。

毋庸贅言，《秘藏寶鑰》一書論述了將真言密教當作理想的佛教思想。除此之外，它還是一部可供理解以儒教爲根本的中國社會及其學術文化的指南。通過四六駢文、頌這樣的充滿修辭技巧的漢文表達，這部論著在創作中融入了諸多典故以及有關中國典籍的知識。在此基礎之上，同時具備以漢字、漢文爲基礎的中國學術文化知識，以及使用漢字、漢文進行寫作的能力的空海，開創了真言密教這一全新的思想舞台。從宏觀上看，此後日本學術文化的形成與傳承都是在與中國學術文化保持密切聯繫的同時，與佛教也維繫著深入關係的前提下展開的。因此可以説，空海的創作決定了日後日本學術文化的走向。而這一切都離不開他卓越的漢文能力。舉例來説，空海的《遍照發揮性靈集》中收録了許多受貴人們的囑託而創作的願文類作品。在漢文作品中，此類願文作品所佔據的比重在之後的《本朝文粹》《本朝續文粹》等文集中也得到了繼承。可以説，在奠定融合中國傳統學術文化與佛教思想的日本文化的形成基礎方面，空海發揮了極其巨大的作用。

最後，筆者還想對繼承了空海的著作，並對此進行了細緻解讀的藤原敦光的以下注釋進行考察，以此作爲本文的結尾。

鉛刀終無鏌耶之績：

> 《後漢書·傳第一》云：“駑馬鉛刀不可强扶。”……“史記班固”曰：“搦朽磨鈍，鉛刀皆能一斷。”左太沖《詠史詩》曰：“鉛刀貴一割……”②

---

① 參見《遍照發揮性靈集》中所收的各篇作品以及阿部龍一《平安初期天皇の政權交替と灌頂儀禮》，收入莫爾斯（Samuel C. Morse）、根本誠二編《奈良·南都佛教の傳統と革新》，勉誠出版，2010 年，頁 89—159；同《宗教の言説①——古代的佛教言説の轉換》，收入河野貴美子、魏樸和、新川登龜男、陣野英則、谷口真子、宗像和重編《日本「文」學史》第二册《「文」と人びと——繼承と斷絶》，勉誠出版，2017 年，頁 224—246；同《空海のテクストを再構築する——『十住心論』の歷史的文脈とその現代性をめぐって》，載《現代思想》第 46 卷第 16 號，2018 年，頁 98—116 等。
② 《真言宗全書》，真言宗全書刊行會，1936 年，頁 11。

　　以上是《秘藏寶鑰》“第四唯蘊無我心”的開篇部分以及藤原敦光對此的注釋。這部分内容論述了事物本就有性質上的優劣，就像刀鋒較鈍的鉛刀無法企及名刀鏌耶（莫耶）的功績一樣。對於“鉛刀”這一表達，藤原敦光在列舉了《後漢書·隗囂傳》《漢書·叙傳上》的用例之後，又引用了《文選》所收《詠史詩》中含有“鉛刀一割”（即便是愚鈍的人也會有發揮作用的時候）這一表達的句子。在這段注釋中，藤原敦光將基於中國故事創造漢文表達的空海的知識，重新放置到中國的典籍中進行説明，又通過《文選》中的詩例展現了如何運用這樣的典故進行“文學性”表達的創造。由此我們可以看出，這樣的注釋不僅是在解讀空海的文章，同時也是在以此爲起點，探索如何結合中國的古代典籍編織漢文修辭乃至創造出全新的表達。在日本，中國的學術文化不止是被消化、消費，人們也期待它能够帶來新的言説與思想，成爲構築日本學術文化的重要因素。

　　本文以空海的《秘藏寶鑰》與藤原敦光的《秘藏寶鑰鈔》爲例，透視了日本平安時代的中國典籍受容情況。當下，留給我們的課題還很多，諸如對藤原敦光之後的《秘藏寶鑰》注釋書的探討。筆者將在日後繼續對這些問題進行考察。

（作者單位：早稻田大學文學學術院；
　　　　　　譯者單位：北京師範大學文學院）

# 蘇東坡在日本受容的搖籃期<sup>*</sup>

吉井和夫　撰　　王連旺　譯

## 一

　　至少在昭和時代前半期以前，宋代文人蘇東坡同李白、杜甫、白居易等唐代詩人一樣在日本廣爲人知。例如，谷崎潤一郎創作的以東坡爲主人公的戲曲《湖上の詩人》①及成島柳北效仿《赤壁賦》而創作的《辟易の賦》②等作品，若不是以多數讀者所熟知的人物或作品爲前提，恐難以創作出來。或從我們日常習見的事例來看，瀧廉太郎作曲的《花》③深受觀衆喜愛，其中的歌詞"果真是一刻值千金，眼前美景該拿什麼比喻才好"源自世人皆知的東坡名句"春宵一刻值千金"（《春夜》）④。此外，《庭

＊　本文爲教育部人文社科研究青年基金"蘇軾文學在日本的傳播與接受研究"（19YJC
　　751042）、國家社科基金一般項目"東亞視域下的日本'東坡詩抄物'研究"（21BZW
　　012）階段性成果。

①谷崎潤一郎《蘇東坡（三幕）——或は『湖上の詩人』》，《改造》第 20 號初刊，1920 年。
　　後收録於《谷崎潤一郎全集》第 7 卷（中央公論社，1981 年，頁 251—302）。
②成島柳北《辟易の賦》，《朝野新聞》1875 年 8 月 17 日初刊。後收録於《明治文學全集》
　　第 4 卷（筑摩書房，1969 年）、《日本近代思想大系》第 16 卷（岩波書店，1989 年）。
③《花》爲 1900 年武島羽衣發表的歌曲集《四季》的第一首。
④清代查慎行《東坡先生編年詩》首次收録《春夜》詩。在此之前，通過楊萬里《誠齋詩
　　話》、魏慶之《詩人玉屑》、吳喬《圍爐詩話》等詩話傳誦。

の千草》①是在愛爾蘭民謡《夏日的最後一朵玫瑰》樂曲上配以日語歌詞而
創作出來的,其中"殘菊猶承露,傲霜而獨立"這一表達也是源自名句"菊殘
猶有傲霜枝"(《贈劉景文》)。雖然這些例子非常瑣碎,但卻更能反映出蘇
軾文學已深深植入日本文化。

　　那麼,日本是從何時開始正式接受東坡,又經歷了怎樣的變化過程呢?
作爲其先驅人物,首先要提及的是作爲曹洞宗開山祖師而聞名的道元
(1200—1253)。道元《正法眼藏》"溪聲山色"條有提及東坡:"大宋國有東
坡居士蘇軾者,字子瞻,當是筆海之真龍,學佛海之龍象,游泳於重淵,亦升
降於層雲。"②道元稱讚東坡不僅是宋代文壇上的"真龍",在佛學方面的造
詣亦堪比龍象大德,之後將話題轉向東坡所作與廬山有關的偈文《贈東林
總長老》(《蘇軾詩集》卷二三):"溪聲便是廣長舌,山色無非③清浄身。夜
來八萬四千偈,他日如何舉似人。"從溪流之聲、山脈樣態等原本無情之物
中聽出佛説法,禪宗將此稱爲"無情話"或"無情説法話",而道元在東坡的
偈文中找到了這種典型表現④,故其説:"然則,聞溪悟道之因緣,不更是晚
流之潤益乎?"⑤認爲東坡聞溪聲而得悟的事例定有益於後學。道元在深
草興聖寺爲修行僧講述"溪聲山色"的時間是延應二年(1240)⑥,而道元知
曉東坡並接觸其作品可以進一步追溯到貞應二年(1223)入宋之後的四年
期間。入宋後,道元曾投宿衆多寺院,其中就有與東坡有淵緣的阿育王山

---

①1805 年,托馬斯·穆爾(Thomas Moore)爲愛爾蘭民謡《布拉尼的小樹林》的旋律重
　新填詞,並將歌名改爲《The Last Rose of Summer》,而由里見義作詞的《庭の千草》於
　1884 年發表在《小學校唱歌集》第三編。
②道元《正法眼藏》,鴻盟社,1926 年,頁 65。原文爲日語。
③《正法眼藏》所引偈文"山色無非清浄身"在廣泛流行的東坡詩集或全集中均作"山色
　豈非清浄身",宋代詩話亦是如此。而道元引文基於何種文獻,日後尚需進一步考察。
④有關"無情説法"在《正法眼藏》《永平廣録》等中常有提及。此外,道元和歌中的一首
　"峰のいろ谷のひびきも皆ながらわが釋迦牟尼の聲と姿と(峰色谷響,皆爲吾釋迦
　牟尼之聲與姿)"是以東坡的偈文爲範例。據松本章男《道元の和歌》(中央公論新社,
　2005 年,頁 32—33)記載,在興聖寺講述"溪聲山色"之前,這首和歌就已經被吟誦了。
⑤《正法眼藏》,頁 65。原文爲日語。
⑥談論"溪聲山色"的時期與場所,從該條末所記"爾時延應庚子結制後五日在觀音導利
　興聖寶林寺示衆"(《正法眼藏》,頁 74)可推知。

廣利寺,因此道元青年時期便對東坡感興趣並非稀奇之事。毫不誇張地
説,道元對東坡的評價宣告了日本正式接受東坡。因此,本文將日本接受
東坡的時代下限設定在 13 世紀中期。

　　道元示寂後不到百年,日本進入南北朝時代。這一時期,在同爲禪宗
的臨濟宗禪僧的推動下,蘇軾在日本的受容樣相愈加清晰,尤其是在京都、
鐮倉的五山禪林中,將蘇東坡與黄山谷的詩視爲詩文創作的規範,並留下
數量巨大的被稱爲"抄物"的注釋書,這一點在日本文學史乃至日語語言學
史上都值得大書特書。但至江户時代,東坡的受容階層隨之一變,在禪僧
中的影響變得極爲有限,而在文人、學者等群體中廣受歡迎。漢詩文之外,
隨筆、小説甚至是書畫都受到了東坡的影響,呈現出多種多樣的接受方式。
文章開頭所引明治以降作品中的蘇軾元素,也正是在江户時期積極接受蘇
軾的影響下產生的。

　　如上所述,雖然東坡在日本的受容史縱貫八百餘年,但直至 1954 年,
才有早川光三郎首次嘗試對此作概觀式考察①。直到現在,這應該是唯一
梳理這段歷程的論文。早川論文俯瞰了蘇軾對各個時期的日本文學諸領
域的影響,具有開創之功。需要强調的是,該文的撰寫宗旨並非單純地將
各類相關資料簡單羅列,而是提出各類課題以供後學繼續深挖。經過半個
多世紀,雖然基於五山文學、近世文學、書畫等豐富的資料及其解讀而展開
的論述不斷出現,但不可否認的是,仍存在一些被忽視的時代或領域。而
其中最具代表性的一點是,尚未發現深入討論關於東坡之名及其作品在日
本漸次滲透的時期,即没有文章深挖道元之前的蘇軾受容情況。因此,本
文將平安時代末期至鐮倉時代初期的時間段作爲東坡受容的搖籃期,並努
力將之置放在中日兩國的時代樣相中加以考察。

二

　　正如早川論文所述,目前所發現的日本人最早記載東坡名字的文字資
料是藤原賴長(1120—1156)的日記——《臺記(宇槐記抄)》,該書仁平元年

---

① 早川光三郎《蘇東坡と國文學》,載《斯文》第 10 號,1954 年。

(1151)九月二十四日條①記載,此前一年即久安六年(1150),宋商劉文沖呈上了附有名籍的史書,按照《資房記》中萬壽三年(1026)記載的先例賜其沙金三十兩,並附上要書目録。這一時期傳入日本的以下三種"史書"中,提到了東坡的著作:

> 《東坡先生指掌圖》　二帖
> 《五代史記》　十帖
> 《唐書》　九帖②

在此,有必要简述一下當時中日間的通商情況。寬平六年(894),在菅原道真的建議下,盛行於平安時代初期的遣唐使制度被廢除,此後日本禁止商客從事對宋貿易。因此,除入宋僧外,來自中國的通商船隻成爲日本獲取中國情報的唯一途徑。原本規定中國商船每隔三年赴日一次,但實際上爲了獲取高額利潤,宋船每年都要渡日。如此明目張膽地違規渡日自然要尋求庇護,故此向日本高官進貢各種物品成爲慣例③。上述劉文沖贈送給賴長的書籍正是這樣的"貢品"。換言之,《東坡先生指掌圖》是作爲賄賂品被帶入日本的衆多書籍中的一種。

那麼,相傳出自東坡之手的《指掌圖》究竟是怎樣的典籍呢? 該書全稱《歷代地理指掌圖》,正如書名所示,共收録三皇五帝至北宋的地圖四十四

---

①早川論文記作"《臺記》《百鍊抄》仁平元年(1191)九月二十四日條"。雖然《百練抄》中也記載了此事,卻未見《東坡先生指掌圖》等具體書名。早川論文將《百鍊抄》中的仁平元年誤算爲西曆1151年,當爲1191年,故"恰逢東坡逝世九十周年"應改爲"恰逢逝世五十周年"。

②《臺記》另載:"去年,宋國商客劉文沖、與史書等副名籍……以沙金卅兩報之,書《要書目録》賜文沖。此書之中,若有所得,必可付李便進送之旨仰含了。件目録,先年爲召他宋人,成佐書之。撿領大宋國客劉文沖進送書籍事。"(《增補史料大成》刊行會《臺記別記·宇槐記抄》,臨川書店,1992年,頁200)《臺記》列舉三書後,還收録了向劉文沖表達謝意的返禮書簡。

③關於日本與宋朝的貿易,森克己《宋槧史書の需要》《日宋交通と宋代典籍の輸入》(《增補日宋文化交流の諸問題》,勉誠出版,2011年,頁182—186、193—202)中有詳細論述。

幅,記載歷代行政區域名稱並附有注解,是一本可以縱覽各時代行政區劃變遷的簡便的工具書。該書作者是否爲東坡早在宋代就有很多不同意見,現在普遍認同的説法是北宋時蜀人税安禮所撰,書商爲圖廣銷射利,僞稱同爲蜀地名人的東坡所撰①。其實,存在真僞質疑的不僅是東坡的著述,其書法和繪畫作品也在各個時期存在被假託及僞作的問題,並且東坡在日本的受容正是以這類作品開始的也反映了這一點。在約百年之後橘成季編著的《古今著聞集》卷四《宋客劉文沖贈宇治左府賴長典籍之事》一文中也可以找到與《臺記》内容相似的記載:

> 仁平年間,宋朝商客劉文沖獻《東坡先生指掌圖》二帖、《五代史記》十帖、《唐書》九帖,附以名籍呈送宇治左府。左府命令文章博士茂明朝臣起草回函,前官内大輔定信清書,尾張守親隆朝臣奉書。賜沙金廿兩,另遣其尋求要書目録六種。萬壽三年,有周良史者呈送名籍至宇治殿,但未奉書。(原文爲日語)②

---

① 關於《歷代地理指掌圖》的作者,《宋史·藝文志》及《中興館閣書目》均收録了二卷本,前者未記作者名,後者稱撰者不明。與之相對,《玉海》及明刻本《歷代地理指掌圖》所載宋人趙亮夫序文稱該書出自東坡之手,但《朱子語類》稱東坡之名不過是僞託,費袞《梁溪漫志》亦云"不知何人所作"。進一步指出該書撰者另有其人的是《直齋書録解題》,著録蜀人税安禮撰此書,元符年間欲奉朝廷,未及而卒。王重民在《中國善本書提要》和《美國國會圖書館藏中國善本書録》中推測,該書原爲北宋時蜀人税安禮所撰,坊刻本中未刊其名,不久隨著該書在蜀地的傳播,僞託了同爲蜀人、知名度較高的東坡之名。此外,對於北宋末至南宋初的記述或許尚存疑問,但正如傅增湘在《藏園群書經眼録》中所説"或爲趙氏(亮夫)所增",這一解釋較爲穩妥。該書現存唯一的宋刊本藏於東洋文庫,該藏本是帶有"西川成都府市西俞家印"刊記的南宋刊本,刊行時間似乎比《臺記》稍晚,傳入日本的時間不詳。《東洋文庫名品》收録了該書的書影,附有解説(東洋文庫,2007 年),資料編號爲 124。1989 年,上海古籍出版社影印出版了此書,附有譚其驤《序言》及曹婉和《前言》,據此可知該書之概要。據東福寺開山圓爾從中國攜歸日本的書籍而編纂的《普門院經論章疏語録儒書等目録》中也收録了該書,可以斷定有多本《東坡先生指掌圖》傳入日本,或許是因爲當時的日本認爲這是一本便於縱覽中國廣闊疆域和悠久歷史的書籍。

② 橘成季撰,永積安明、島田勇雄校注《古今著聞集》,岩波書店,1984 年,頁 131。

　　橘成季《古今著聞集》的撰寫動機中包含對昔日王朝文化的懷舊之情，藤原賴長與宋商的交往之事或許亦能令橘成季感受到王朝文化的餘味。

　　如上所述，《歷代地理指掌圖》本身不過是書商托名東坡刊行的一種出版物，早川光三郎依據這些殘存的記載，推測"平安末期，東坡之名已傳至日本，並被人所知，其文學大概也是在那前後傳入日本的"①。關於這一點，筆者將從其他角度加以探討。

　　藤原賴長寫完上述日記的五年後，在保元之亂（1156）中戰敗而死。在那場政變中獲勝的後白河天皇身邊，有一位當時的代表性學者藤原通憲（1106—1159），其依據自家藏書編成《通憲入道藏書目録》一卷，以此爲綫索可以窺探他是通過閱讀哪些書籍來提高自己的學識修養的②。該目録中雖没有像《臺記》那樣直接記録東坡的名字或者出現東坡撰寫的書籍，但筆者認爲仍有必要介紹以下兩種書籍。

　　第一種是王安石（1021—1086）的詩集《臨川先生詩》（一部五帖）③。毋庸贅言，王安石是北宋中期大力推進政治改革的知名人物，雖然與蘇東坡政見不同，但晚年致仕後與東坡有了親密交流的機會，成了詩歌唱和的知音，留下了七首與東坡的唱和詩④。因此，如果《臨川先生詩》收録了王安石的全部詩歌，那通過此書就能與蘇東坡建立起些許的聯繫。

　　第二種題爲《筆談》（上帙十卷、中帙十卷、下帙三卷），推測是沈括（1031—1095）所著隨筆集《夢溪筆談》。沈括自稱此書爲《筆談》，這一稱呼至少延用至南宋初期。此外，與其他可以簡稱爲《筆談》的書籍相比，《通憲入道藏書目録》著録的《筆談》卷數與現在流通的《夢溪筆談》二十六卷本極

---

① 早川光三郎《蘇東坡と國文學》，載《斯文》第 10 號，1954 年。

② 《通憲入道藏書目録》收録於《群書類從》卷四九五，以及《日本書目大成》第一卷（汲古書院，1979 年，頁 47—57）。另外，關於藤原賴長和藤原通憲的閱讀史，大庭脩《平安時代の讀書人》（《漢籍輸入の文化史》，研文出版，1997 年，頁 39—62）中有詳細論述。

③ 檢諸目録，没有發現《臨川先生詩》這一書名，或是對王安石詩文集《臨川先生文集》百卷的誤記。

④ 王安石與東坡的唱和詩有《和子瞻同王勝之同遊蔣山并序》（《臨川先生文集》卷一六）、《讀眉山集次韻雪詩五首》（同卷一八）、《讀眉山集愛其雪詩能用韻復次韻一首》（同卷二六），共七首。詳參《蘇軾資料彙編》（中華書局，1994 年，頁 15—17）"王安石"條。

爲接近①。如果此書就是指《夢溪筆談》的話，那麼在第九卷中，雖僅有寥
寥數筆但確實提及了東坡，而且在其續作《續筆談》中，還能看到有關東坡
父親蘇洵的内容。

　　藤原通憲獲取上述書籍的具體時間不詳，關於此藏書目録的整理時間
也衆説紛紜，但可以確定的是，《臺記》之後有關東坡的書籍被相繼帶到日
本，東坡之名也逐漸在日本傳播開來②。不過在宋朝，東坡在世時便已聲
名遠播，其父蘇洵與其弟蘇轍也都是有名的文官，所以世人尊崇他們父子
三人的才華，並稱他們爲三蘇。因此，本文不局限於東坡一人，而將研究對
象的範圍擴大至三蘇，探究他們在日本被接受的情況。

　　首先，最值得注意的是藤原通憲的藏書目録中，記載有“蘇子由《史記
列傳》廿帖”。蘇子由就是前文提到的三蘇之一、蘇軾的弟弟蘇轍，字子由。
雖然蘇轍的著述中没有以此爲名的著作，但可以推測這應當是蘇轍對《史
記》的評注本——《古史》六十卷中的列傳部分（第二十四卷至第六十卷）。
“蘇子由《史記列傳》廿帖”指的應該就是這三十六卷或其中的一部分③。
從書目中可以看出，《古史》自北宋起經數次刊印，此書可能就是從中國傳
入日本的。

　　另外一本是《臺記》中出現的與蘇洵所撰同名的書籍，只不過它不像上
一種書那樣有確切的依據。《臺記》康治二年（1143）九月二十九日條，也就
是記録東坡名字的那條記録的大約十年前。藤原賴長在這條中盡數列出
了他讀過的書籍，其中有《謚法》一卷。可以推測，該書應是依據歷史事例

①該書被稱爲《夢溪筆談》是南宋以降三十餘年後的事，在此之前均稱爲《筆談》或《沈存
　中筆談》（沈括，字存中），這一點在梅原郁譯注《夢溪筆談　2》（平凡社，1979 年）所附
　《解説》（頁 309—324）中的論述非常詳細。但對於這個二十三卷本，梅原卻完全没有
　提及，因此這是佐證此書成立的一個很有意義的資料。除《夢溪筆談》以外，簡稱《筆
　談》的書雖然也有不少，但卷數相差甚遠。
②《通憲入道藏書目録》中有《皇宋百家詩》三帖，還有一些目前無法確認内容的書，這些
　書中很有可能收録有東坡的詩。
③岡田正之在《日本漢文學史（增訂版）》（吉川弘文館，1954 年）第四章《宋學の傳來》中
　指出：“有蘇子由《史記列傳》二十帖，此書應該是蘇氏《古史》。”關於《古史》的内容、編
　纂過程、刊行狀況等，曾棗莊、舒大剛編《三蘇全書》（語文出版社，2001 年）史部《古史
　叙録》中有詳細説明。

記述追評謚號的規範並加以解説的書籍。蘇洵在參與編纂《太上因革禮》
的嘉祐年間，撰寫過同名書籍。不過，名爲《謚法》的書籍很多，北宋以前還
有漢代的劉熙，梁朝的沈約、賀琛等人也編纂過，所以並不能斷定藤原賴長
所讀的《謚法》就是蘇洵所撰。筆者在此也只是指出有這種可能性①。

如上所述，蘇東坡兄弟，或者説三蘇的著作幾乎在同一時期傳入日本，
暫且不論書籍真僞，這些東傳日本的書籍均非《嘉祐集》《東坡集》《欒城集》
等展現他們文學才華的詩文別集，而是地圖或者是便於瞭解歷史、偏重於
實用的書籍，這是因爲當時日本的政治文化狀況尚無餘力汲取最新的宋代
文化。因此需要注意，僅憑這些信息尚不能揭開當時東坡在日本受容的真
面目。

<h2 style="text-align:center">三</h2>

如上所述，《臺記》記載蘇軾姓名的 12 世紀中期，東坡之名及其作品隨
著宋代文化東傳逐漸滲透，終於被部分日本人所知，但由此來談論東坡在
日本獨一無二的個性化受容仍爲時尚早。平安時代末期至鐮倉時代初期，
諸多價值極高的史料逐漸出現，起到了向鐮倉中期至南北朝時期這一正式
受容期過渡的中介作用。因此，本文將時間限定在此前相對被忽視的從
《臺記》至《正法眼藏》的大約九十年間，從詩歌、書法等多方面入手，考察日
本早期的東坡受容樣態。

東坡的詩歌多達二千八百餘首，不僅與散文一同構成東坡的創作核
心，而且確立了宋代詩風，在文學史上獲得了不可動搖的高度評價。值得
關注的是，東坡詩在日本最初期的受容，是在和歌的注釋中被引用。新井
榮藏《中世前期古今和歌集注釋書四種引書一覽》②首次介紹了和歌注釋
中對東坡詩的引用，指出藤原顯昭《古今集注》一書中有一處引用了東坡
詩。後世產生了數量衆多的《古今和歌集》注釋書，其中活躍於平安時代末
期到鐮倉時代初期的顯昭（1130—1209）做出了重要貢獻。顯昭是六條家

---

①蘇洵《謚法》有四卷本和三卷本傳世。與此相對，沈約《謚法》爲十卷本，賀琛《謚法》流
　傳下來的是三卷本。目前没有與藤原賴長所記錄的一卷本相符合的傳本。
②和漢比較文學會編《中世文學と漢文學Ⅱ》，汲古書院，1987 年，頁 283—309。

左京大夫顯輔之侄，青年時期在比叡山學習。出山後經常參加六條家的
"歌合"，並撰寫了多部和歌注釋書及歌學書。雖然顯昭作爲歌人没有得到
很高的評價，但因上述著作使其在和歌領域博得不可動搖的高名。本文列
舉的正是顯昭的和歌注釋書之一《古今集注（管見抄）》卷一一戀歌項中所
載未知歌人所作和歌的注釋：

　　　奥山の菅の根しのぎ降る雪の消ぬとかいはむ戀のしげきに
　　　（譯）茫茫深雪終消融，日夜相思身如雪。堆積在深山菅草根上的
　積雪都會消融，而無時無刻都在涌動的戀心，還有這承載生命的身軀
　也終將消逝。

　　　顯昭引用東坡《再用前韻》（《蘇軾詩集》卷三九）的開頭部分（引用僅有
原文）爲此和歌作注："樂天雙鬢如霜菅，始知謝遣素與蠻。白樂天意識到，
他之所以雙鬢白如霜菅，是因爲樊素和小蠻兩位家妓有閑暇。"此處的"霜
菅"指的是降了霜的菅草，引用該詩注釋和歌中厚到能夠壓倒菅草根的積
雪，雖被指出缺乏妥當性，但或許顯昭原本清楚這一點，只是特意在此舉出
不爲人們熟知的出典①。若是如此，此注釋也可以成爲平安末期接觸東坡
詩歌的人極爲有限的旁證。
　　　顯昭向守覺法親王獻上《古今集注》的時間雖然是建久二年（1191），但
和歌的注釋卻是在文治元年（1185）十月至十一月期間分八次完成的，因而
引用這首東坡詩的時間也應在文治元年，即《臺記》成書三十四年後。據此
來看，恐怕《古今集注》是日本現存最早引用東坡作品的文本之一。那麼，
顯昭是基於何種文本進行注釋的呢？在考察這一點時應該注意到，《再用
前韻》在名作諸多的東坡詩中，並不是引人注目的作品，歷代詩話類的著作
中也完全看不到被提及的痕跡，而在詩歌選集中，也僅有明代譚元春《東坡
詩選》十二卷收録了此詩。由此看來，顯昭看到的東坡詩或是源自收録所
有東坡詩文的《東坡集》，亦或是對東坡詩全詩進行注釋的某一注本。考慮
到當時日本對東坡的受容尚在初始階段，故推測並非是網羅東坡全部詩文
的前者，而是與王安石詩歌東傳日本的情況相似。據此，推定詩集首先東

---

①"霜菅"一詞，《佩文韻府》記初見於東坡詩。

傳日本更爲妥當。

　　那麽,顯昭當時能夠見到的東坡詩集的注本具體是哪一種呢？東坡詩的注釋在其生前便已有之,南宋以降,出現了在前人注釋的基礎上加入解説的注釋書,王十朋依據呂祖謙的分類對東坡詩進行注釋的《王注蘇詩》便是其中之一。與此相對,同一時期以編年排序的方式將東坡詩進行彙編注釋的施元之、顧禧、施宿《施顧注蘇詩》問世,這兩種注釋書形成了南宋時期蘇詩注釋的兩大潮流,並漸次東傳日本。相較於學術價值很高的施顧注,類注這一形式成爲初學者更加容易接受的體裁。之後,王注本在日本被反復刊行,在日本的東坡受容史上產生了很大影響。關于這一點,西野貞治①以及倉田淳之助②有詳細論述。依據先行研究可知,顯昭撰寫《古今集注》時能觸及到的東坡詩注本是極其有限的。首先來看《施顧注蘇詩》,施元之卒於淳熙七年(1180)至淳熙八年(1181)之間,但該注本的刊行時間是三十多年後的嘉定六年(1213)。因此,顯昭是看不到《施顧注蘇詩》的。其次來看《王注蘇詩》,從南宋至元朝,包括覆刻本在內,《王注蘇詩》共有七種版本,其中建安(福建省)黃善夫家塾本被認爲是最早的版本③。黃善夫家塾本中,與孝宗名諱“眘”同音的“慎”字闕筆,由此可以判斷該本爲孝宗在位期間(1162—1189)刊本。若嘗試進一步明確該書刊行時間則有必要考慮到,該書雖被認爲是出自王十朋和呂祖謙之手,但實際上是書肆假託二人之名所作。因此,王注本應該是在卒於乾道七年(1171)的王十朋和卒於淳熙八年(1181)的呂祖謙之後才刊行的,西野推定“可能刊行於淳熙末年”,倉田推定“可能刊行於淳熙九年(1182)到慶元(1195—1200)之間”,二者的推測均根據以上理由。由此可知,王注初刊本刊行後不久便傳至日

---

①西野貞治《東坡詩王狀元集注本について》,載《人文研究》第 15 卷第 6 號,1964 年。
②倉田淳之助《施宿編東坡先生年譜の發現》,載《東方學報》第 36 册,1964 年。
③黃善夫本《王狀元集百家注分類東坡先生詩》二十五卷,現藏中國國家圖書館。西野貞治提出,宮内廳書陵部藏本也是此版。黃善夫刊行的書籍以善本著稱,現存日本的《史記》《漢書》被指定爲國寶,刊行於慶元二年(1196)。此外,有關王注的論考諸多,本文雖未直接引用,但也列舉如下,以供參考。劉尚榮《〈百家注分類東坡詩集〉考》(《蘇軾著作版本論叢》,巴蜀書社,1988 年)、曾棗莊《南宋蘇軾著述刊刻考略》(《三蘇研究》,巴蜀書社,1999 年)。

本，並很快被顯昭發現。從大的歷史背景來看，這一時期正是平清盛積極推行宋日貿易政策的鼎盛期，日本與中國的貿易非常繁盛。

在數量巨大的兩千八百餘首東坡詩中，顯昭爲何會注意到這首不起眼的《再用前韻》呢？關於這一點，可以從東坡與平安時期被日本人所熟知的白居易的關聯性的探討中使之明晰化。或許可作以下推斷，顯昭閱覽新傳至日本的《王注蘇詩》時，恰巧熟悉的"樂天"二字映入眼簾，同時在詩中看到"霜菅"這一陌生用語，便將之用於和歌注釋。換言之，雖然具有一定的偶然性，但顯昭關注"霜菅"一詞正是基於日本人對白居易根深蒂固的喜愛。

以上主要梳理了平安末期以前蘇軾在日本的受容情況。可以明確的是，東坡作品傳入日本時正值平安時代王朝文化衰退期，並未得到充分的吸收消化，也沒有形成較大的文化潮流。這與平安時代初期至中期《白氏文集》在日本的受容形成了鮮明對比。不容忽視的是，這並不意味著東傳日本的東坡所有作品很快被遺忘了，而是正在慢慢彌散成形，成爲接下來半個世紀接受東坡的鋪墊。接下來主要以鐮倉時代初期至道元著《正法眼藏》的鐮倉中期前後爲焦點，探討進度緩慢但仍在不斷變化的東坡受容狀況。至此，雖説蘇東坡逝去已過百年之久，但日本尚未達到研究東坡詩文的真正意義上的受容。而且，隨著此期間社會的混亂，長期擔任文化受容主體的貴族走向沒落，取而代之的階層尚未孕育出來。在這種條件下，比起學習前代文化，消化吸收新的宋代文化處於不利狀況。但不能忽視的是，即使是佛教界出現的些許萌芽，也預告了後來的道元以及五山文學對東坡的接受。

## 四

鐮倉時代初期至中期的兩位渡宋僧明庵榮西（1141—1215）與俊芿律師（1166—1227），不僅學習佛教知識，還將大量的宋代文化帶回日本並發揚光大。榮西分別於仁安三年（1168，當年回國）、文治三年〔1187，建久二年（1191）回國〕兩次渡宋，後成爲日本臨濟宗開山。俊芿於正治元年（1199）至建曆元年（1211）在宋朝滯留長達十二年之久，後來成爲泉涌寺開山。關於二者對佛教界的貢獻，已有多種研究著作，本文所要強調的是，不能忽視二人作爲宋代文化傳播者的一面。比如，俊芿學習當時在宋朝書法界被視爲主流的蘇東坡與黄庭堅的書法，回國後又致力於蘇、黄書風的普及，是對平安時期獨尊王羲之書法之風的一大變革，其意義之大可見一斑①。而榮西將茶作爲延年益壽的飲品加以推廣，並因撰寫《喫茶養生記》而聞名於世。東坡的詩文中多提及茶，所以即便是榮西在著作中没有提及東坡之名，也應該知道東坡的存在。此外，僧信瑞所著俊芿律師的傳記《泉涌寺不可棄法師傳》中，大致記載了俊芿歸國時帶回的衆多物品，其中在律宗與天台的佛書之外，還夾雜有"儒道書籍二百五十六卷""雜書四百六十三卷""法帖御書堂帖等碑文七十六卷"。如今已經散佚的這些書籍、法帖、碑文具體是什麽，已無從得知。但俊芿不畏艱難將這些書籍帶回遥遠的日本，必定是從收集了十二年之久的衆多書籍中精心挑選出來的佳品，這些書籍對日本學習理解宋代文化所起到的作用之大亦不可估量。

　　另外，研究東坡在日本的受容時不能忽視以下書籍，即比榮西、俊芿稍晚入宋，在宋修行六年的聖一國師圓爾（1202—1280）於仁治二年（1241）帶回日本藏於東福寺普門院的書籍。這些書籍在文和二年（1353）被大道一以整理成五十五函，並以千字文排序，編成《普門院經論章疏語録儒書等目録》，該目録不僅詳列各書書名，還專設在其他"將來目録"中罕見的外典門類②。其中，著録了以下東坡的著作：

　　　　（露字號）《注坡詞》　二册
　　　　（露字號）《東坡長短句》　一册
　　　　（闕字號）《歷代地理指掌圖》　一卷

　　目録中也看到了《歷代地理指掌圖》一書，前文已論及此爲假託之書，

---

① 神田喜一郎《日本書道史上における俊芿律師》（《神田喜一郎全集》第 2 卷，同朋舍，1983 年，頁 235—248）詳細記述了俊芿與書法的事迹。該文論及，俊芿在宋朝期間與樓鑰（1137—1213）有深厚的交情，而樓鑰《玫瑰集》中尤多記東坡事。因此可以推斷，俊芿通過與樓鑰的交遊加深了對東坡的瞭解。

② 《普門院經論章疏語録儒書等目録》收録於《昭和法寶總目録》（高楠順次郎編《大正新修大藏經》別卷第 3 卷，大正一切經刊行會，1934 年，頁 968—973）等。

此處不再作説明,而是想討論一下前兩種詞集①。"詞"或"填詞"的文學形式是從固定的幾個"詞牌"的樂曲中選擇一首,並配合樂曲創作的歌詞。詞與定型詩不同,是由各種長短不同的句型構成,因此也稱爲"長短句"。另外,由於還含有詩人的餘技這一層含義,還被稱爲"詩餘"。始於唐代的詞歷經五代,至宋後已非常流行,張先、柳永、秦觀等名家輩出。蘇東坡一改詞中盛行的纏綿情緒,導入宏大的歷史主題,別開生面,被奉爲豪放派之祖,並且這一風格被南宋的辛棄疾繼承。

《普門院經論章疏語録儒書等目録》著録的《注坡詞》《東坡長短句》兩種東坡詞集中,前者蓋爲南宋傅幹的《注坡詞》十二卷,該書是最早的東坡詞注本之一,有紹興年間(1131—1162)杭州刊本②。後者當爲曾慥《東坡先生長短句》二卷③,有紹興二十一年(1151)刊本。因此,圓爾將二書攜歸日本的可能性極大。現存最早的東坡詞集爲元延祐七年(1320)刊行的《東坡樂府》二卷,但在南宋時期應該已有數種刊本行世。

《普門院經論章疏語録儒書等目録》中没有著録東坡的詩文集,卻收録了兩種詞集,蓋緣於追求新且稀有的文學形式的心態之驅使,或者另有目的。比如,可以臆測當時的僧侶之間文學創作欲望高漲。但是,五山文學中留下了大量的詩文作品,在詞創作方面卻乏善可陳。依據上述情況來看,在五山文學即將萌發之前的 13 世紀中期,圓爾應該知道著有《石門文字禪》《冷齋夜話》的覺範惠洪,以及與東坡關係密切的仲殊等擅長寫詞的禪宗大德衆多,所以將這兩種詞集攜歸日本,認爲日本將來或許也會興起填詞風潮。

---

① 關於《普門院經論章疏語録儒書等目録》著録的東坡詞集,神田喜一郎《日本における中國文學》I《日本填詞史話》上(二玄社,1965 年,頁 53—60。後收録進《神田喜一郎全集》第 6 卷,同朋舍,1985 年)的《五山文學と填詞(三)》有詳細論述。

② 關於傅幹的注釋書,有排印本《傅幹注坡詞》(巴蜀書社,1993 年),該書所附劉尚榮《注坡詞考辨》以及《蘇軾詞集版本綜述》,詳細介紹了傅幹及其注釋書(後文初載《詞學》第 4 輯,1986 年)。今無《注坡詞》刊本,只有抄本存世。

③ 劉尚榮《蘇軾詞集版本綜述》引用趙萬里的評價,認爲《東坡先生長短句》與《注坡詞》是東坡詞集中最重要的版本。另外,關於該書的刊行時間,是基於汲古閣影宋鈔本《東坡詞拾遺》中曾慥的跋語:"紹興辛未孟冬,至遊居士曾慥題。"

　　以上是外典中出現的三種相關書籍,該目録著録的内典中也有與東坡相關的佛典。《樂邦文類》(日字號)、《施食通覽》(吳字號)二書便是在這一早期階段傳到日本。《樂邦文類》五卷,南宋宗曉編,專收浄土相關的古今文集,其中收録了東坡的文章,如書於唐柳宗元《東海若》後的《東海若跋》(卷二),以及《畫阿彌陀佛像贊》(卷二)、《畫阿彌陀佛像偈》(卷五)、《弔天竺寶月大師》(卷五)。並且,宗曉所編作爲該書補遺的《樂邦遺稿》二卷中,《龍舒增廣浄土文》中引用了"蘇東坡前身五祖戒禪師"(卷下)一文。另外,宗曉撰《施食通覽》一卷是重要的佛教禮儀書,廣泛收集了施餓鬼的相關著述,有多篇文章有賴於此書才得以留存,故而非常珍貴①。《施食通覽》所收的東坡文章有《施餓鬼食文》《水陸法像贊十六首》《修水陸葬枯骨疏》,還引用了東坡《誦破地獄偈感驗》,由此可知,東坡在此方面也具有重要地位。

　　以上,通過圓爾的"將來目録"探析了東坡受容之一端,但此階段日本所希求的書籍還是以《白氏文集》爲首的唐代文獻,宋代文獻除東坡的之外,歐陽脩、黄庭堅等人的詩文集尚未被著録。由此可見,宋代文學在日本的真正受容尚需一段時間。

<h1 style="text-align:center">五</h1>

　　前文通過渡宋僧的"將來目録"等分析了東坡在日本的受容情況。接下來,從平安末期至鐮倉時期驟然興起的浄土宗相關書籍中,鉤沉出與東坡有關的資料。但是,蘇東坡的名字直接出現在此領域的時間還要向後推遲。因此,本文從廣義上的受容出發,不僅關注直接提及蘇東坡的名字和詩文的資料,還要將如前文所提及的《臨川先生詩》《筆談》等即使沒有直接提及但已經包含有東坡信息的書籍納入研究視野。

　　衆所周知,日本浄土宗是由法然房源空(1133—1212)開創的,上承 5 世紀後半期至 7 世紀由曇鸞、道綽、善導等創立的中國浄土教。因此,法然的著述中不僅引用了以上祖師留下的著作,還大量引用了唐宋時期的浄土教義著述。例如,建久九年(1198)成書的《選擇本願念佛集》引用了宋王日

---

① 《施食通覽》中有開禧元年(1205)跋文,推斷刊行於此時。此外,拙稿《蘇東坡と水陸會》(《西山學苑研究紀要》第 12 號,2017 年)也提及了《施食通覽》的重要性。

休編《龍舒增廣浄土文》十二卷中的内容,還收録了東坡南遷時攜帶有阿彌陀佛畫軸的逸聞,引用了《戒禪師後身東坡》(卷七),並提及後文將要詳述的東坡書寫《楞伽經》的《楞伽經説》(卷九)。該書雖然没有直接引用東坡的詩文,但至少在法然的腦海中一定銘刻著蘇東坡這樣一位熱衷於参禪的宋代居士形象。另外,與《龍舒增廣浄土文》的内容大致相同的《樂邦文類》五卷於慶元六年(1200)由宗曉編纂而成,而該書被俊芿攜歸日本後不久,法然示寂,因此,法然看到此書的可能性極低。然而,《龍舒增廣浄土文》《樂邦文類》二書之後經常被浄土宗的典籍引用。至永享八年(1436),酉譽聖聰著《當麻曼陀羅疏》中仍是基於上述文獻提到了東坡①。

　　　另一方面,師從法然,後來成爲浄土真宗開山鼻祖的親鸞(1173—1262)在元仁元年(1224)撰寫的《教行信證》中多處引用《樂邦文類》,就連正式書名《顯浄土真實教行證文類》也沿襲《樂邦文類》②。然而與法然一樣,親鸞並没有直接提及東坡。筆者管見所及,真宗典籍中提及東坡的情況要更晚,直至成書於元和年間(1615—1624)的甫顔《本願寺表裏問答》才出現相關記載③。

　　　談到東坡在日本的真正受容,一般會聯想到五山禪林。但在東坡的詩

---

①《當麻曼陀羅疏》卷二六(浄土宗開宗八百年記念慶讚準備局《浄土宗全書》第 13 卷,山喜房佛書林,1989 年,頁 577—578)記載:"戒禪師後身東坡,五祖戒禪師乃東坡前身,應驗非一,以前世修行,故今生聰明過人。以五毒氣習未除,故今生多緣詩語。意外受竄謫,此亦此大誤也。若前世爲僧,参禪兼修西方,則必徑生浄土,成就大福大慧,何至此世界多受苦惱哉。聞説東坡南行,唯帶阿彌陀佛一軸,人間其故。答曰:'此軾生西方公據也。'若果如此,則東坡至此方爲得計,亦以宿殖善根,明達過人,方悟此理故也。"見於《已上浄土文》。

②有學者認爲,《教行信證》成書於元仁元年(1224),即親鸞五十二歲之時。該書引用《樂邦文類》六次。關於這一點,春日禮智《樂邦文類と宋詩紀事》(《大谷學報》第 23卷第 5 號,1942 年)和安藤章仁《親鸞における『樂邦文類』の受容とその意義》(《高田學報》第 100 輯,2012 年)有詳細論述。

③《本願寺表裏問答》卷上:"數寄(茶湯)本來爲古人所好,當世之人盛飲此湯,誠是芳香甘酌,建溪風味濃也。故盧全《七椀茶歌》、陸羽三篇《茶經》以及東坡先生皆稱其爲人間第一之水,定是如此,勿論是誰,一生喜飲之。"(妻木直良《真宗全書續編》第 23 卷,藏經書院,1916 年,頁 88)原文爲日語。

文中,除了禪相關内容以外,前文提及的浄土宗文獻中也有散見,而非偏於
一宗一派。雖然浄土相關作品被引用始於 15 世紀,但通過《龍舒增廣浄土
文》《樂邦文類》來看,閲讀浄土有關作品的時間絶對不落後於禪宗。應該
説,這是兩條不同的受容軌跡。

　　第四、五節中,通過佛教典籍梳理了東坡的受容情況。實際上,除第二
節中提到的《夢溪筆談》之外,還有很多隨筆和詩話都是研究這一時期東坡
受容的不可或缺的資料。因爲此類書籍中,没有哪個人物的話題比東坡更
豐富了。比起從正式的作品入手,讀者更容易通過這些瑣碎的事跡來瞭解
人物。特别是從惠洪《冷齋夜話》、阮閲《詩話總龜》、胡仔《苕溪漁隱叢話》
等 12 世紀前期成書的詩話來看,關於東坡的記載都相當詳細。因此,可以
説談論東坡受容時是不可忽視的①。但遺憾的是,這些書籍在文獻中並未
被明確記録書名,包括何時傳入日本及其受容情況等尚有諸多不明之
處②。隨筆和詩話等書籍東傳日本,對五山文學興起之前的日本文學産生
了巨大影響。因此,非常期待今後能出現這方面的研究成果。

# 六

　　東坡在日本的受容不僅限於文獻資料,還體現在衆多留存日本的東坡
書法作品之中。東坡書風富於個性,與宋朝這個新時代相契合。東坡同蔡
襄(君謨)、米芾(元章)、黄庭堅(山谷)並稱爲北宋四大家。然而在此之前,
日本長期將王羲之優美的書法風格作爲唯一的標準加以尊崇,即使到了平
安時代末期也依舊如此。如第四節所述,榮西和俊芿力抗這一風潮,積極

---

① 宋代刊行上述詩話的時間大致如下:《冷齋夜話》,惠洪(1071—1128)撰,北宋末年刊
　(譯者按:應是元至正三年刊本,參見卞東波、查雪巾《〈冷齋夜話〉日本刊本考論》,載
　《域外漢籍研究集刊》第 7 輯,中華書局,2011 年)。另有日本南北朝時期刊本;《詩話
　總龜》,阮閲撰,1123 年刊行;《苕溪漁隱叢話》,胡仔撰,前集刊行於 1148 年,後集刊
　行於 1167 年。
② 小野泰央《十二世紀に至る詩歌論の展開》(《中世漢文學の形象》,勉誠出版,2011
　年,頁 236)認爲,雖然 12 世紀初刊行的大江匡房《江談抄》等書中明確引用了宋代詩
　話,但没有説明。虎關師鍊《濟北集》、義堂周信《空華日用工夫略集》則爲其嚆矢。

學習宋代新書風，並使之反映到自己的書法風格中。而日本的宋代書法介紹者們最爲推崇的是筆鋒鋭利，以奇峭著稱的山谷書法，以及雄勁中帶有渾厚之氣的東坡書法。那麼，從平安末期到鎌倉初期，數量衆多的東坡書法中具體有哪些作品傳到日本呢？

　　目前日本現存最早的東坡墨蹟當爲《宸奎閣碑》宋拓本。明州（今浙江寧波）的阿育王山廣利寺的懷璉爲了收納仁宗御賜頌詩，在寺内建宸奎閣，宸奎閣碑則立於建閣二十年後的元祐六年（1091）。懷璉的弟子爲將宸奎閣的由來永傳後世，委託東坡撰文、書丹，之後刻石立碑。《普門院經論章疏語録儒書等目録》中有所涉及，圓爾攜此宋拓本回國，之後很長一段時期内作爲寶物藏於東福寺，江户末期轉而歸個人所有，現藏於宫内廳書陵部，被指定爲國寶。中田勇次郎先生在解説文中稱讚該拓本爲“具有端莊剛毅之氣的大書”，是“最高雅的大字楷書”①，表現出書法墨蹟比起詩文更容易使人們産生對東坡人格的馳思。不過，有資料表明，在《宸奎閣碑》宋拓本東傳之前，就已有東坡的書法傳到日本了。如前文所述，俊芿在建曆元年（1211）回國時帶回了法帖和拓本，傳記中記載爲“法帖、御書、堂帖等碑文七十六卷”，但現在尚無法確認其内容，所以穩妥地説，日本現存最早的東坡墨蹟還是《宸奎閣碑》宋拓本。

　　東坡書法作品中，《楞伽經》四卷的傳世方式尤爲獨特，既非真跡，亦非拓本。東坡在金山寺（江蘇）接受佛印了元的提議，手書《楞伽經》，後被原樣刻印刊行，作爲寫刻本（金山寺版）流通，後來福州東禪寺等覺院刊行大藏經時，金山寺版《楞伽經》又作爲底本被收録其中。也就是説，寫刻本再次被覆刻。如今，金山寺版已經失傳，現在只有通過東禪寺版大藏經才能接觸到東坡的《楞伽經》書法②。東禪寺版大藏經所收《楞伽經》中的部分圖版曾被介紹過，2015 年醍醐寺收藏的東禪寺版大藏經所收《楞伽經》全册

---

①中田勇次郎對《宸奎閣碑》的《解説》收録在《請來美術（原色日本の美術 28）》（小學館，1990 年，頁 143）。

②關於東坡抄寫《楞伽經》的過程及其後的受容情況，拙稿《蘇東坡書寫〈楞伽經〉考》（《中田勇次郎先生頌壽紀念論集：東洋藝林論叢》，平凡社，1985 年，頁 189—202）、《蘇東坡と寫經(3)：『圓覺經』『楞嚴經』『楞伽經』》（《西山學報》第 50 號，2005 年）中有專論。

彩色影印出版，使人們很容易便能鑒賞東坡多達四萬四千字的書法。這不僅是研究佛教和書法的資料，在日本東坡受容史上也具有劃時代的意義①。另外，附在佛經上的跋文（《東坡集》中題爲《書楞伽經後》）是可以確認的最早傳入日本的東坡文。

那麼，包括寫刻本《楞伽經》在内的東禪寺版大藏經是如何東傳日本的呢？最早將這部大藏經帶到日本的是重源（號俊乘坊，1121—1206）。重源因致力於東大寺的重建而聞名，先後三次入宋，並於建久六年（1195）將東禪寺版大藏經贈給醍醐寺。目前，其仍作爲國寶收藏於醍醐寺，前述影印本即以該本爲底本。另外，還有在仁治三年（1242）宣陽門院覲子内親王贈給教王護國寺（東寺）的大藏經，根據小野玄妙考證，此大藏經刊行於紹定五年（1232）以後②。此外還有幾部東禪寺版大藏經傳入日本，但關於其傳來時期及其殘存狀況等尚有諸多不明之處。

談到以寫刻本《楞伽經》爲載體的東坡書法受容，自然會産生這樣的疑問：《楞伽經》在多達五千餘卷的大藏經中僅占四卷，難道人們會特別關注其書寫者嗎？但是，該經與《金剛經》同爲禪宗所倚重的佛典之一，這一點自不必説，而更引人注目的似乎是它作爲寫刻本被收入其中，涉及該經的文獻之多足以説明這一點。例如，《樂邦遺稿》卷下載《張文定公前身爲僧書楞伽》一文講到，東坡書寫《楞伽經》的契機正是張方平與該經結緣的著名軼事。此外，關於東坡書寫的四卷本《楞伽經》，前述《楞伽經説》中載有"達磨發揚，東坡所書"，將禪宗始祖達磨大師和東坡相提並論，更是言及東坡的書法③。此外，還有虎關師錬在《佛論心論後序》（《濟北集》卷八）中有"東坡居士《書楞伽經》云"等提及此事，由此可見其備受矚目。至 13 世紀

①東坡寫刻本《楞伽經》影印本收於《醍醐寺藏宋版一切經目録別册　影印篇》（汲古書院，2015 年）。

②關於東寺收藏的大藏經，參照小野玄妙《東寺經藏の北宋本一切經に就いて　下》（《密教研究》第 34 卷，1929 年）。此外，關於東禪寺版大藏經等多種大藏經的東傳與收藏，木宮泰彦《入宋僧の宋版大藏經の將來とその影響》（《日華文化交流史》，富山房，1955 年）有詳細論述。

③《大正新修大藏經》所收《龍舒增廣浄土文》中録爲"達磨發揚，東彼所書"，意思不通。當依《浄土宗全書》本中的"東坡"。

中期前後，東傳日本的東坡書法墨蹟日漸增多，書法墨蹟與詩文不同，更能
直接吸引人們的關注。

## 七

　　前文通過書籍與書法介紹了 12 世紀中期以後東坡的受容情況，接下
來轉換視角，介紹東坡生前與日本人會面並交談過的學説。藤善真澄最早
注意到這一點，通過《參天台五臺山記》中的記述提出上述説法①。《參天
台五臺山記》作爲成尋渡宋時期的記録廣爲人知。不過，此書中並未直接
記載東坡的名字，因此先簡要記述此事的經緯。

　　延久四年（1072，北宋熙寧五年）三月，京都古刹大雲寺僧人成尋
（1011—1081）實現渡宋夙願，巡禮天台山、五臺山等地。《參天台五臺山
記》記録了成尋入宋後最初十五個月的見聞，後將此見聞録委託給提前歸
國的弟子賴緣等人。首先，藤善真澄注意到《參天台五臺山記》六月五日條
的記録（卷二）。當時成尋渡宋後不久，爲了能夠順利實現巡禮天台山，途
經杭州時提出申請，《參天台五臺山記》如實抄録了杭州地方官員頒發給他
們的相當於通行許可證的牒文（公移），或許牒文原件原本是直接貼附上去
的。但不管怎麽説，這是反映當時入宋時如何辦理手續的珍貴資料。牒文
末尾處有杭州知州沈立爲首的七名官員的署名。其中有"太常博士直史館
通判軍州事蘇立"，當時在杭州擔任這一官職的只有杭州通判蘇軾。之前
這一事實之所以没有引起注意，蓋因被個性化的花押署名所誤導，以爲此
人是蘇立。成尋撰寫並委託賴緣帶回日本的《參天台五臺山記》原本並未
流傳下來，已知最古的抄本藏於東福寺，大約是百年之後傳的抄本，除此之
外還流傳有十餘種抄本，在反復傳抄過程中，很可能會將難以辨認的花押

①關於成尋與東坡的會面，藤善真澄在以下論著中有詳細叙述：《成尋をめぐる宋人：
　『參天台五臺山記劄記』二の一》（《關西大學東西學術研究所紀要》第 26 號，1993
　年）、《入唐僧異聞》（《中國史逍遥》，藤善真澄先生古稀記念會，2005 年）、《參天台五
　臺山記の研究（《關西大學東西學術研究所研究叢刊》第 26 卷）》（關西大學出版部，
　2006 年）。

署名替换爲其他字。而且,《史籍集覽》①和《大日本佛教全書》②收録該書,排版過程中也録爲"蘇立"。因此,沒有人會意識到此爲東坡③。

　　但是,當時牒文中雖然有了東坡的署名,却沒有成尋與東坡直接會面和交流的記載。直到第二年,似乎兩人才有交談。成尋如願朝拜天台山後,途經杭州赴開封(汴京)。熙寧六年(1073)五月,三入杭州,在二十二日條中記述如下:"廿二日甲子,天晴。辰一點,參通判學士,出船申文與判。劉殿直申文也。次參通判郎中許,二人共有點茶湯。"④該日一早,成尋見到的"通判學士"無疑正是東坡本人,一行人獲得了通行許可的印章,還被招待飲茶。以上爲藤善論文的概要。

　　即使抛開受容這一視角,上述内容也是饒有趣味的。而且,從中可以窺見東坡擔任杭州通判時的日常工作之一端,引人矚目。但是,成尋是在渡宋朝拜佛教聖地時偶遇東坡,從《參天台五臺山記》中沒有記載東坡的名字來看,成尋對東坡的印象並不深刻,東坡大概僅是爲其辦理巡錫手續的官僚之一,同行人蓋亦如此,這無疑反映出東坡在當時的日本尚無知名度的事實。

　　熙寧六年(1073),也就是成尋與東坡交談的那一年,來自高麗的使節也到過杭州。該年八月從高麗出發的金良鑒一行十月底至十一月初在杭州停留,並參加了東坡設立的宴會。該使團於熙寧七年(1074)歸國後,其中一人給次年出生的兒子取名爲金富軾,又給四年後出生的次子取名爲金富轍。不言而喻,這是效仿蘇軾、蘇轍兄弟二人的名字。因此,東坡三十五歲至四十歲之間,高麗已經開始了對其的受容,這作爲一個象徵性事件而廣爲人知。加速此受容的主要原因,應是時隔四十年後,高麗恢復了與宋朝的官方往來。另外,科舉制度的確立使得讀書人增多,人們對於以優異

---

① 近藤瓶城校《史籍集覽》,近藤活版所,1902 年。
② 佛書刊行會編《大日本佛教全書》,佛書刊行會發行所,1917 年。
③ 王麗萍校點《新校參天台五臺山記》(上海古籍出版社,2009 年,頁 93)稱與"立"相似的字"似爲花押",實指蘇軾(卷二,校勘〔三〇〕,頁 103),但未指出卷八中的"通判學士"具體指誰。
④ 《新校參天台五臺山記》卷八,頁 712。

成績通過科舉考試的東坡兄弟的景仰之情高漲①。另一方面，日本只能從有限的宋商貿易船那裏獲取宋朝信息，且東坡受容階層的貴族也逐漸進入没落期，導致東坡在日本的受容進程極端遲緩。但是，這也只是表面因素。與高麗相比，日本對東坡的受容有本質差異，即日本在面對理應接受的文化時，會慎重斟酌品味，並結合自國的實際情況加以判斷，選擇性地攝取，這自然會花費更長的時間。

## 八

　　以上，大致縱覽了日本自《臺記》之後約百年間的東坡受容情況。即使在平安末期至鎌倉初期漢籍東傳較爲困難的時期，東坡之名及其作品亦漸次滲透進日本文化。日本在向宋代文化靠近的同時，也理解了其存在的重要性。那麽，在上述考證的基礎上，再度回視道元書寫《正法眼藏》的心態時，還會認爲其將東坡介紹給日本的啓蒙式口吻無用嗎？事實並非如此。在道元的時代，幾乎毫不知曉東坡之名的階段尚未過去，僅在有限的階層間，某種程度上閲讀了東坡的個别作品，並理解到只有東坡是可以替代唐代文化的新的宋代文化的旗手。可以説，在東坡的主要著作中闡明其宣揚的主要内容不僅限於禪宗，也爲之後日本文化對東坡的受容有了一個指針，其作用之大應予以積極評價。

　　江户中期的漢學者江村北海在《日本詩史》中提及，日本與中國相距萬里，橫隔滄海，中國的歷代詩歌大約在二百年後才在日本盛行②。比如，從

①鄭墡謨《高麗朝における蘇東坡受容の様相：使臣往來と蘇東坡詩文集の傳來を中心に》(《中國文學報》第 74 號，2007 年)一文詳細論述了東坡在高麗的受容情況。此外，李丙濤《高麗三蘇考》(《東洋學報》第 16 卷第 4 號，1927 年)等研究東坡與高麗關係的文章還有數篇，但尚未見。

②江村北海《日本詩史》卷四："我邦與漢土相隔萬里，劃以大海。是以氣運每衰於彼，而後盛於此者，亦勢所不免。其後於彼，大抵二百年。胡知其然。《懷風》《凌雲》二集所收五言四韻，世以爲律詩，非也。其詩對偶雖備，聲律未諧，是古詩漸變爲近體，齊梁陳隋漸多其作。我邦承其氣運者，稽其年代，文武天皇大寶元年爲唐中宗嗣聖十四年，上距梁武帝天監元年凡二百年。弘仁天長仿佛初唐，天曆、應和崇尚元白，並電勉乎百年(原刊本作百年，或爲二百年之誤)之後。五山詩學之盛，當明中世。（轉下頁注）

古詩向近體詩的接受演進是這樣的,其後接受初唐至白居易的詩歌亦是如此。雖然這是依據大的文學潮流而言,但對東坡的受容也大體如此。東坡出生之後的二百四十年後,即使道元講授"溪聲山色"是偶然現象,但南宋之後宣和五年(1123)元祐黨人的著作被解禁,膾炙人口的東坡詩文在約二百年後,成爲雪村友梅及虎關師鍊等人將五山文學推向隆盛的基礎。由此看來,並不能一概地將《日本詩史》所言理解爲牽强附會。但是,這也並不意味著,只要經過二百年的歲月,東坡文學會自然而然地在日本流行,而是如本文論述的那樣,是很多人不斷嘗試的結果。

　　附記:

　　原文題爲《日本における蘇東坡受容の搖籃期》,分上、下兩篇分別刊載於《西山學苑研究紀要》第 15 號(2020 年)、第 16 號(2021 年)。感謝吉井和夫教授授權翻譯。依據《域外漢籍研究集刊》注釋體例要求,譯者增補了引文的若干出版信息,特此說明。

（作者單位:日本京都精華大學;譯者單位:鄭州大學
　　　　　　外國語與國際關係學院、亞洲研究院)

---

(接上頁注)在彼則李、何、王、李,唱復古於前後。在此則南宋北元,專傳播於一時。其距宋元之際,亦二百年矣。"池田四郎次郎編,國分高胤校閲《日本詩話叢書》第一卷,鳳出版,1972 年,頁 272—273。關於該書,《日本詩史　五山堂詩話》(《新日本古典文學大系》第 65 卷,岩波書店,1991 年)中有大谷雅夫的訓讀與注釋。

# 江户大學頭林家與中國隱逸類雜傳在日本的流變[*]

## ——以林讀耕齋《本朝遁史》爲中心

張新雨

　　隱逸是中國文化的特色之一,中國歷代也產生了大量以隱士爲中心的隱逸類雜傳。漢魏六朝是隱逸類雜傳創作的興盛期,嵇康(223—262,一説224—263)《聖賢高士傳贊》和皇甫謐(215—282)《高士傳》是仍保存較多條目且在當時及後世均產生較大影響的兩部[①]。漢魏六朝隱逸類雜傳雖多散佚,但其書寫傳統卻得以延續下來。後世不僅熱衷於對隱逸類雜傳進行輯佚、翻刻,而且還續補、改編或模仿,明清時便多有續補《高士傳》及編纂新的隱逸類雜傳者。不僅如此,中國典籍很早就開始在東亞漢文化圈内

---

[*] 本文爲國家社科基金重大項目"東亞古代漢文學史"(19ZDA260)階段性成果。本文曾在 2022 年 12 月中外語言交流合作中心、武漢大學中國傳統文化研究中心等單位舉辦的"'新漢學計劃'博士生文化與漢學專題工作坊"上報告,得到周閲教授、林少陽教授的指點。在寫作與修改過程中,得到陳可冉、劉芳亮教授及兩位匿名評審專家的指教,特此向諸位老師表示感謝。

[①] 關於漢魏六朝隱逸類雜傳的研究,可參看熊明《漢魏六朝雜傳研究》,中華書局,2014年;熊明輯校《漢魏六朝雜傳集》,中華書局,2017 年;卞東波《六朝"高士"類雜傳考論》,收入南京大學古典文獻研究所編《古典文獻研究》第七輯,鳳凰出版社,2004 年;卞東波《詩與雜傳——陶淵明與魏晋〈高士傳〉》,載京都大學人文科學研究所編《東方學報》第 93 册,2018 年,又見張月、陳引馳編《中古文學中的詩與史》,復旦大學出版社,2020 年。

“文本旅行”，成書於 9 世紀末藤原佐世（847—898）的《日本國見在書目録》是日本現存最早的敕編目録，其“雜傳家”著録了《神仙傳》《列女傳》《高僧傳》《孝子傳圖》《列仙傳》等由中國東傳至日本的雜傳類漢籍①，可見早在唐朝時雜傳已傳播到域外。《日本國見在書目録》雖未著録隱逸類雜傳，然早在平安時代，皇甫謐已見知於日人，則是時《高士傳》有可能已傳入日本。江戶時代，日本不僅翻刻隱逸類雜傳②，還模仿中國編纂隱逸類雜傳③，且呈現出不同於中國的鮮明特色。大學頭林家與中國隱逸類雜傳淵源頗深，林讀耕齋（名靖，1624—1661）所編《本朝遯史》作爲日本第一部輯録本土隱士事跡的隱逸類雜傳尤爲重要。本文擬以林讀耕齋《本朝遯史》爲中心，梳理大學頭林家與中國隱逸類雜傳在日本流傳發展之關係，探究中國隱逸類雜傳及隱逸文化在日本的流傳與衍變。

---

① 參見孫猛《日本國見在書目録詳考》，上海古籍出版社，2015 年，頁 798—867。

② 兩種和刻本《高士傳》信息如下：一、安永四年（1775）浪花柏原屋與左衛門刊《高士傳》三卷。按是書卷一首題“高士傳卷上　晉皇甫謐著　明張遂辰閲”，當是翻刻自明刻本；二、文化二年（1805）京都河内屋藤四郎、大阪河内屋藏兵衛外九軒刊《高士傳》三卷。參見嚴紹璗《日藏漢籍善本書録》，中華書局，2007 年，頁 533。

③ 陸晚霞和丁國旗是國內對日本隱逸類雜傳關注較多的兩位學者，陸氏主要關注《扶桑隱逸傳》與日本文學、文化的關聯，丁氏則探討了中國因素對《本朝遯史》的影響，但他們都將這些仿作置於日本隱逸文化、隱逸文學的大框架中進行研究，均未對中國傳記的概念作細緻區分，因此無法對日本隱逸類雜傳所效仿的中國典籍進行更深入的追蹤，亦未能對日本隱逸類雜傳進行系統研究。參見陸晚霞《日本遁世文學的研究——中世知識人的思想與文章表現》，人民文學出版社，2013 年；陸晚霞《深草元政〈扶桑隱逸傳〉中的孝養思想》，載《日語學習與研究》2020 年第 1 期；丁國旗《日本隱逸文學中的中國因素》，人民出版社，2015 年。在文獻搜輯與整理方面，周斌、孫錦泉、粟品孝主編的《日本漢文史籍叢刊》第 4 輯《傳記》收録了《本朝遯史》《扶桑隱逸傳》和《隱逸全傳》三部隱逸類雜傳。參見周斌、孫錦泉、粟品孝主編《日本漢文史籍叢刊》第 4 輯《傳記》，上海交通大學出版社，2014 年。日本學者對日本的隱逸類雜傳亦有關注，如伊藤善隆《『本朝遯史』における隱逸觀の檢討——『扶桑隱逸傳』との比較において》，載《近世文藝研究と評論》第 48 號，1995 年；前田勉《林讀耕齋の隱逸願望》，載《文藝研究：文藝・言語・思想》第 133 號，1993 年；島内裕子《『本朝遯史』と『扶桑隱逸傳』にみる隱遁像》，載《放送大學研究年報》第 14 卷，1997 年。

# 一　林家交遊與《本朝遯史》之成書

中國隱逸類雜傳東傳日本的具體時間已不可考,但可以確定的是,江戶早期,皇甫謐《高士傳》已流行於日本。大學頭林家是江戶時代的儒學世家,其始祖林羅山(名忠,1583—1657)深受德川家康信任,承擔幕府儒學傳授之任。自林羅山之孫林鳳岡(名信篤,1644—1732)被任命爲"大學頭",此職爲林家世襲,故稱"大學頭林家",並以林羅山爲初代大學頭。第二代大學頭、羅山之第三子林鵞峰(名恕,1618—1680)曾質疑皇甫謐《高士傳》中記載的隱士事跡的真實性,云:

> 況洗耳棄瓢及飲牛之事出於《高士傳》,彼皇甫謐不知有何考之。彼以許由、巢父爲二人,然許由栖木故曰巢父,實非有二人。由是見之,則彌可以疑善卷、子州支伯、卞隨、務光之類皆是因由之事成之,非有此人也。①

引文透露出林鵞峰對中國隱逸類雜傳的史源及真實性關注並進行過考索,也從側面反映出《高士傳》在此時已是可獲取的書籍。

《高士傳》等中國隱逸類雜傳在日本的流行引起日人閱讀、品評、仿擬等一系列活動,尤以大學頭林家及聚集在其周邊的學者最爲活躍。野間三竹(1608—1676)是江戶前期著名儒醫,曾師從林羅山學習經義,明末清初赴日學者陳元贇(1587—1671)②爲其《席上談》作序。野間三竹輯録中國隱士事跡而爲《古今逸士傳》八卷,涵括中國自三代至明之隱士,是爲日本第一部隱逸類雜傳。人見竹洞(1637—1696)所撰《古今逸士傳序》云:"夫逸士者,潛名晦跡,當世不得知之者夥矣。自後漢以來,國史有《隱逸傳》,晋皇甫士安作《高士傳》於茲,後世之人得知其名。"③人見竹洞,名節,按下文之"金節""野節"皆指人見竹洞,號竹洞,從學於林鵞峰,與野間三竹同屬以

---

① 林春勝《鵞峰先生林學士全集·文集》卷一〇〇,王焱編《日本漢文學百家集》第 47 册,北京燕山出版社,2019 年,頁 292。

② 陳元贇,原名珦,字義都,一字士升,明浙江餘杭人,通曉詩文、書法、繪畫、醫藥、針灸、氣功等學問。1619 年渡日,曾與野間三竹、石川丈山(1583—1672)等多位日人交往。

③ 野間三竹《古今逸士傳》序,萬治四年(1661)刊本,葉一上。下引皆出於此,不再出注。

林家爲中心的學者群體。由其《序》可知,此時中國的隱逸類傳記已爲日人所熟知。人見竹洞認爲皇甫謐《高士傳》對於中國隱士事跡的保存與流傳具有關鍵作用,與歷代國史等同,顯有推重之意。又可據此推測,皇甫謐《高士傳》等中國隱逸類雜傳在這一學者群體中有過流通,他們對之亦有共同的興味。《古今逸士傳》的兩篇序文還透露出關於中國隱逸類雜傳流傳至日本的關鍵信息:

> 子苞編斯書者,寬永年中也。後有華舶傳陳繼儒《逸民志》者,子苞喜暗合其編,求而得之。其以繼儒終者,可謂奇也。(人見竹洞《序》)

> 又以其所貯《逸民史》使見之,迺大明近世陳繼儒之輯録也……且聞此編甫就之後,《逸民史》入其手,其彼此之不相犯不相贅也,由是益可知焉。至若陳繼儒在此編之最末,而《逸民史》其作也,可謂適然相值。(林讀耕齋《序》)

《古今逸士傳》所收最末一人即爲陳繼儒(1558—1639),陳氏所編《逸民史》傳至日本並爲野間三竹所得,人見竹洞和林讀耕齋皆以此爲佳話。《逸民史》成書於萬曆二十六年(1598),人見竹洞之《序》寫於萬治四年,《逸民史》又於此前已傳入日本①,故其成書和傳入日本之間相隔較短,可見其時中日間書籍交流已十分頻繁迅捷。野間三竹所纂《陳繼儒傳》記載其著述情況,並未提及《逸民史》,但《婁壽傳》末注"貧士傳",可知其參考了黄姬水(1509—1574)的《貧士傳》。由此可見,明代隱逸類雜傳的影響同樣蔓延至東亞,與東亞的隱逸類雜傳產生關聯。《古今逸士傳》爲抄掇中國史書而成,篇幅較長,有傳無贊,多仿擬中國隱逸類雜傳。至於其編纂旨趣,人見竹洞概括云:

> 古人爲逸民高士之傳者,或有雜載老、佛者,或有怪誕者。子苞之所編者不然……俱是樂道之逸士也。如巢、許雖有清操,不見於經,則乃寓庖之言乎?措而不舉之。後老、莊亦雖有高志,固異端之流也,棄

---

① 東北大學狩野文庫藏《御文庫目録》承應二年(1653)下著録"《逸民志》十二本",又正保元年(1644)至承應二年下著録較多陳繼儒的著作,此《逸民志》或即爲《逸民史》,如是則可進一步推知《逸民史》傳入日本的時間不晚於 1653 年。參見大庭脩《東北大學狩野文庫架藏の御文庫目録》,載《關西大學東西學術研究所紀要》第 3 輯,1970 年。

　而不取之。

其斥佛、老爲異端，僅取"樂道"之士，顯然是站在儒家立場上。又不取怪誕之事，則是受中國史書徵實觀念影響。野間三竹從學於林羅山，必然受林家學術風格薰染，其與羅山之子林讀耕齋亦有交遊。《古今逸士傳》編成後，野間三竹求序於讀耕齋，並慫恿其著手編纂日本隱士傳記。林讀耕齋，姓藤原，初名守勝，字子文，後改名靖，字彦復，一名春德，通稱右近，號讀耕齋，江户前期儒者，林羅山之四子，林鵞峰之弟。林讀耕齋自幼隨父兄專研儒學，熟習中日典籍，好漢詩、書法、和歌①，其所著《本朝遯史》兩卷是日本第一部以本土隱士爲中心的隱逸類雜傳②。

　　《本朝遯史》寫畢後，野間三竹亦於寬文三年（1663）爲之作序，序文交代了《本朝遯史》創作之緣起：

　　　　二十年前，在京師家塾而考索眾書，鈔撰《古今逸士傳》若干卷，皆是中華之隱士也。國朝亦不乏逸士，所憾者悉不傳於世。後在東武而與讀耕林子談之，林子於是沈思研求，廣獵群美，著《本朝遯史》二卷，凡五十一人，其素腹笥所貯者特多矣。③

野間三竹惜日本眾多隱逸者無史記之，故勸林讀耕齋效仿中國爲隱士作傳之傳統，撰著日本之隱逸傳。林讀耕齋《本朝遯史跋》回應其倡議云：

　　　　本朝遯隱之曩跡，余多年于欲纂抄之，遺編有芳聲，古道照顏色。野間氏子苞者，余之暱友也。一日譚及此事，余之喜氣溢於眉宇。遂修一書，或應彼慫恿，或發此夙契云爾。

可見林讀耕齋早有編纂本朝隱逸者傳記的願望，而野間三竹之建議恰成其投入實踐的助推劑。林羅山治漢、倭史學，曾爲阿倍仲麻吕、菅原道真等日

---

① 參見林春德《讀耕先生全集》卷前附《讀耕林子年譜》，《日本漢文學百家集》第72册，頁37。下引均於引文末注明"《年譜》，頁×"。

②《本朝遯史》有寬文四年（1664）谷岡七左衛門刊本、寬文四年椹町通土御門町大森安右衛門刊本及江户時代抄本，兩種刻本除所刻出版信息不同外，其餘皆一致。

③ 林讀耕齋《本朝遯史》，寬文四年椹町通土御門町大森安右衛門刊本。下引皆出於此，不再出注。

本歷史人物作傳,其中不乏與《本朝遯史》重合的傳主①,林讀耕齋亦曾協助其父修史,可能在此過程中培養了史學興趣和能力。《本朝遯史》書末附人見竹洞所作《後序》亦揭櫫其與林讀耕齋其人其書之淵源:

> 一日,讀耕林先生閲書之暇,揭出本邦之隱士爲之傳贊,卷爲上下,始於上世,終及近代,名曰《本朝遯史》。以余之所嗜好,故投示之……余於先生義侔骨肉而交爲金石,故親炙有年於此矣。

人見竹洞進入林家修習,亦曾從學於林讀耕齋,其與讀耕齋關係甚密。林鵞峰《答金節啟》云:“其於我儕修金蘭簿,又與亡弟結漆膠交。”②即謂人見竹洞與林家交往密切,情誼深厚。又云其“慕淵明之隱逸,菊以名廬”③,亦證人見竹洞素好隱逸,故接連爲兩部隱逸類雜傳作序。

關於《本朝遯史》書名的來源,林鵞峰在《遯世編》後所附跋語有所提及:

> 《遯世編》一部六册,舊友卜幽叟所藏也。十餘年前,余與亡弟靖會幽叟於野節宅。時書估齋來此書,幽叟求得之,靖披閲之,以爲奇書也,其所著《本朝遯史》題名本於此。④

卜幽叟即人見卜幽(1599—1670),江户前期儒者,人見竹洞之伯父,初從學於菅得庵(1581—1628),後入林羅山門下。人見卜幽所藏即爲明代錢一本(1546—1617)《遯世編》,林讀耕齋以“奇”字稱之,並取“遯”字命名其自編隱逸類雜傳,對《遯世編》之評價不可謂不高。是時共覽此書之人至少包括林鵞峰、林讀耕齋、人見卜幽和人見竹洞,人見卜幽向書估求書,林讀耕齋批閲此書,林鵞峰還爲其撰寫跋文,可見中國隱逸類雜傳在以林家爲中心的學者群體中頗受青睞,其在日本的流傳呈現出群體性的特徵。

這與明代隱逸類雜傳的編纂有相似之處。明代隱逸類雜傳的編纂集中於嘉靖至萬曆年間,且出現家族和文人群體性的著述。黄魯曾

---

① 林羅山所撰傳記收録於林鵞峰所編《羅山林先生集·文集》卷三七至卷三九。林羅山《羅山林先生集》,寬文二年(1662)荒川宗長刊本。下引皆出於此,不再出注。

② 林春勝《鵞峰先生林學士全集·文集》卷三二,《日本漢文學百家集》第 45 册,頁 334。

③ 林春勝《鵞峰先生林學士全集·文集》卷三二,《日本漢文學百家集》第 45 册,頁 334—335。

④ 林春勝《鵞峰先生林學士全集·文集》卷一〇〇,《日本漢文學百家集》第 51 册,頁 88。

(1487—1561)、黄省曾（1490—1540）兄弟合力編刻皇甫謐《高士傳》輯本，省曾之子黄姬水亦在父輩影響下著《貧士傳》。與黄氏兄弟有中表親關係的皇甫沖（1490—1558）、皇甫涍（1497—1546）、皇甫汸（1504—1583）、皇甫濂（1508—1564）四兄弟亦曾編刻、續補皇甫謐《高士傳》①。萬曆時期的隱逸類雜傳之間亦有聯繫。晚明江南一帶出現了陳繼儒、夏樹芳、錢一本、吳亮（1562—1624）等著力編纂隱逸類雜傳的文人群體，雜傳編就後會在群體間流通，並通過互相作序、品評、標榜擴大書籍影響力，由此便形成以隱逸類雜傳爲中心的文本網絡。以林家爲中心的學者群體既曾閱讀過明人所編隱逸類雜傳，又與其進行著相類的編纂活動，真可謂異域知音。

## 二　林家的書籍活動與林讀耕齋的隱逸書寫

　　林家藏書極爲豐富，尤其保存了大量漢籍。林鵞峰《羅山林先生年譜》記載林羅山將書籍分給諸子之事云：

　　　　今春，恕也修造新宅以移居，先生以倭漢群書一千餘部授之，其中朱墨手澤多多有之，而以副本同類之書七百餘部分與靖也。其餘所自藏，猶有數百部。自此又多求書。常謂人曰：藏書大半，既渡與二子，其所餘者，可畀嫡孫春信。

這些書籍部數足見林家藏書之富。林羅山酷嗜讀書，涉獵亦極廣泛②，林鵞峰和林讀耕齋兄弟二人自幼便隨其父遨遊於中國典籍中，從事買書、讀書、抄書、校書、著書等一系列書籍活動③。林讀耕齋亦繼承其父之志，熱衷於訪求書籍：

　　　　靖既博覽家藏群書，且聞水户黄門文庫有未見之書。時卜幽、了的仕黄門，掌文庫管鑰，故使彼白黄門以多借見者。其餘有藏奇書者，借得見之。凡所觸目者，記臆不忘。（《年譜》，頁58—59）

---

① 參見孟文强《皇甫涍〈續高士傳〉考辨》，載《黑龍江工業學院學報》2017 年第 9 期。

② 林鵞峰編《羅山林先生年譜上》録林羅山之《既見書目》，可略窺林羅山的閱讀情況。

③ 關於林家的書籍活動，參見卞東波《東亞視域下的漢籍日本寫本——基於内閣文庫林家舊藏的考察》，載《南國學術》2023 年第 1 期。

人見卜幽和辻了的(1624—1668)皆與林家有交往,林讀耕齋利用人際關係獲得了更多閱讀機會。他還奉行林羅山記誦書籍的要求,以求對書籍内容有更好的把握。上文提到林讀耕齋因《遯世編》命名《本朝遯史》,據日本國立公文書館内閣文庫所藏《林家書目》顯示,林家收藏了頗多中國的雜傳類書籍,林鵞峰手跋本《遯世編》保存至今,林羅山藏書《遵生八牋》等多載有皇甫謐《高士傳》等隱逸類雜傳内容的書籍亦在其列①。人見竹洞《本朝遯史後序》云:"因茲其所貯者傳有高士編,有遯世史,有歷代之隱逸箋,有塵外之遐舉。"其對中國的隱逸類文獻亦頗爲熟悉,可知此類書籍曾多爲日人所收藏。林讀耕齋即通過書籍活動與隱逸建立起深刻的聯繫。

**(一)中華典籍與林讀耕齋的隱逸素志**

林讀耕齋在《本朝遯史》自序中明言:"余素意在山林,讀中華之典籍,慕幽人之風,企高逸之躅。"可見隱逸是其素志,閱讀中華典籍則是影響因子。林羅山評價林讀耕齋云:"天性恬静,不求聞達,唯好讀書,以通大義。頗涉經史,且吟詩屬文,常不離膝下。"亦指出其好讀書而不欲仕進。林讀耕齋自幼便有隱操,林鵞峰所作《讀耕林子年譜》多可證之:

　　常慕古人隱逸之跡,無願富貴求聞達之志。(《年譜》,頁53)

　　十二月八日,元老酒井忠勝、執政阿部忠秋寄書於先考,曰:大君有命,急召右近,明日可攜之登營。且有命曰:宜隨國俗,剃其髮。先考以書示之,靖驚憂默然。恕諭説之,猶未肯答。先妣亦告戒之,靖平伏垂淚。(《年譜》,頁74—75)

林讀耕齋對仕宦抱有抵觸之心,至遭家人勸誡而不得不出仕時悲慟垂淚,足見其對出仕的厭惡。林羅山和林鵞峰皆深研儒學,供職於幕府,然父兄從政之所以未能影響林讀耕齋的人生選擇,與其閱讀經歷有一定關係。林讀耕齋"有博覽之志"(《年譜》,頁47),對中日典籍皆廣泛涉獵,"凡經史子集、百家小説及本朝舊記等,大概無不見之"(《年譜》,頁52)。中國典籍中本就多載隱士事跡,隱逸更是中國古代思想之一大宗,林讀耕齋必定對中

---

① 高山節也編《國立公文書館内閣文庫『林家書目』漢籍對照表竝書誌》,二松學舍大學日本漢文教育研究推進室,2012年。此外,通過日本内閣文庫編《改定内閣文庫漢籍分類目録》(内閣文庫,1971年)亦可窺見林家藏書情況。

國隱逸思想有所吸收。林讀耕齋不僅閱讀唐宋人別集，且熱衷於抄寫①，尤其傾慕有隱者風度的文人。林鵞峰記其弟改諱一事，云：

> 常慕陶靖節、林和靖之清操，乃白先考曰："守勝是國俗之諱也，欲以靖字爲一名。"先考曰："善。"乃字之曰彥復，此名字最愜其意（尹焞字彥明，林逋字君復，共稱和靖，今此名字慕二子而倣之）。（《年譜》，頁 72）

林讀耕齋之名與字均取自中國文人，且爲避俗，特意選取具有隱操之人以爲榜樣。林讀耕齋"平生慕中華之風儀"（《年譜》，頁 114—115），其隱逸志向受中國典籍影響之深由此可見一斑。又林讀耕齋《書鶴林玉露山閑日長段後》云：

> 嗚呼！唐子西詩句之妙絕，羅景綸活計之閑淡，加旃坡老之警句，皆是可以嘉焉，可以想焉。就中，景綸之幽居，最所企羨也。余平日每讀之，不覺卷舒之周諄，千歲之下，如覿景綸於今日。嗚呼！余亦何時得遂素志，而如此乎？他時有修高隱傳之人，則景綸何除乎？嗚呼！②

羅景綸，即羅大經。林讀耕齋以強烈的感情表達對羅大經幽閑生活的欣羨，認爲其可入高隱傳。此文作於慶安元年（1648），早於《古今逸士傳》，可見此時林讀耕齋已在中國典籍影響下產生利用隱逸類雜傳記錄旌表隱士

---

① 林鵞峰《讀耕林子年譜》："令了的、伯元等書生抄寫杜審言、陳子昂、賈島、孟郊、盧仝詩而爲冊子，其意以爲此等爲唐詩名家，然未見其全集，非無遺憾，故成此舉。"注云："其後靖見《唐十二家集》列杜、陳，既而得《孟郊集》《盧仝集》，猶以未見《賈島集》爲遺恨也。"（《年譜》，頁 56）又林鵞峰《感懷記事》其四："彥復好唐詩，如《萬首唐絕》《全唐詩話》《唐詩記事》《唐詩品彙》《唐詩正聲》《唐詩解》《唐詩選》《唐詩類苑》等，所藏若干。至若一人各集，則李、杜、韓、柳、白氏集世上所流布也，《初盛唐十二家集》及張曲江、韋蘇州、陸宣公、元稹、孟郊、杜牧等集求之。又得《百家唐詩》，且寫崔顥、盧綸、李元賓、李翱、李紳、李賀、盧仝、許渾、溫庭筠、李商隱、韓偓集及《唐六家集》等……"（見林春勝《鵞峰先生林學士全集·文集》卷七六，《日本漢文學百家集》第 49 冊，頁 86—87）同篇其八："彥復往年聞洛友藏《王右丞集》，使人寫之。其後得《初盛唐十二家集》，其中有《王維集》，而復求顧可久注本……"（林春勝《鵞峰先生林學士全集·文集》卷七六，《日本漢文學百家集》第 49 冊，頁 93）可見林讀耕齋確有抄寫中國典籍的癖好。

② 林春德《讀耕先生全集·文集》卷一四，《日本漢文學百家集》第 73 冊，頁 399。

事跡之意。

### （二）中、日隱逸書寫與《本朝遯史》的編纂

從林讀耕齋在《本朝遯史援引書目》中所列諸多日本典籍可以看出，他在廣泛閲讀日本相關文獻的基礎上，爬梳剔抉，吸收日本本土隱逸書寫之成果，選定自奈良時代至近世隱士凡五十一人。中國的隱逸書寫亦在《本朝遯史》的編纂過程中發揮著舉足輕重的作用。林讀耕齋萬治三年（1660）自序云：“睠夫，逸民有傳，高士有傳，隱逸有傳，高道有傳，真隱有傳，遺士有傳，中華世世固有其人，而記述不乏。”“逸民”“高士”“隱逸”“高道”“真隱”“遺士”皆是中國古代隱士的稱謂或形容詞，林讀耕齋對此有一定了解，對相關文獻的數量之巨亦有認知。林讀耕齋《古今逸士傳序》直接列舉其所知的中國隱逸類雜傳，云：

> 皇甫謐有《高士傳》，又有《逸士傳》，而後《逸民傳》《逸人傳》《高道傳》《高隱傳》行世。蓋從其所好，彰其所志也。如此一般之事，而各家之撰固不相妨……況有其有無詳略，則不可互廢。①

林讀耕齋不僅涉獵過較多中國古代的隱逸類雜傳，而且對於撰著隱逸類雜傳之目的旨趣也有自己的認知，即“從其所好，彰其所志”。無論是正史隱逸傳還是隱逸類雜傳，世世皆不乏撰著，但仍有不同書寫存在的空間，因爲隱逸傳的書寫可以同詩文一樣，成爲作者志趣的投射。林讀耕齋於此不僅是爲野間三竹之《古今逸士傳》正名，更是爲《本朝遯史》等日本本土隱逸傳的湧現奠基。在這種開放的雜傳編纂觀念下，林讀耕齋對中國隱逸類雜傳既有兼收並蓄的模仿，又有結合實際的創新。

### 1. 雜傳形式與私人性

《本朝遯史》承襲中國隱逸類雜傳常見的“一傳一贊”體例，但其贊語並非四字韻文形式，而皆爲議論性較强的散文。試舉一例：

#### 藤原高光

> 高光者，右大臣師輔之庶子也。村上帝之時爲隨身。天曆二年八月，依召候御前，隨仰暗誦《文選·三都賦序》，帝感嘆之。師輔喜之，筆於九曆。其後高光叙從四位下，任右少將。既而有出俗塵之志，見月對雪，詠歌述感，遂隱於睿山之横川。天子憫然，賜倭歌，高光奉獻

---

① 林春德《讀耕先生全集·文集》卷一三，《日本漢文學百家集》第73册，頁360—361。

答歌。而後去横川，入多武峰，肥遁終老焉。世稱爲"多武峰少將"。

　　贊曰：天德四年五月，師輔薨。明年應和元年十二月，高光遜世。蓋素有此志，而慟椿府之摧頹，期喪既除，乃決意者耶？有三歲之女子，往往不忘於懷云爾，理之常也。睠夫，伊尹、兼通、爲光、公季者，其昆弟也，皆至太政大臣。兼家亦其兄也，逞攝關之權威，永爲世世執柄之祖也，可謂榮耀也。高光亦倘不避世，則高之可蹲台位，下之可坐亞相黄門，然其視之如弊蹝而去之，卓矣清矣。雲臺爭似釣臺高，濁富固不似清貧。吁！横川之水，塵纓先濯；談岑之風，雲衣輕揚。

贊語不僅全篇以散句爲主，且篇幅超過傳文。傳文述藤原高光之出身、仕宦經歷、歸隱經過，贊語披露更多藤原高光歸隱的細節，補傳文之闕。最末還自作韻語稱頌藤原高光安貧淡泊的高尚品格。林讀耕齋對隱逸類雜傳贊語形式的選擇增加了雜傳的內容量，擴大了贊語的表現能力，賦予編纂者更多話語權。江户時代朱子學風靡，林羅山是著名的朱子學者，林讀耕齋亦受其影響。朱子學崇尚該博，《本朝遯史》的贊語富於學術性，多有考證內容，即可能是受朱子學影響。《本朝遯史》的《援引書目》與這一變化相呼應，在所列 78 種文獻中，史部文獻有 25 部，子部 26 部，集部 27 部①，子部、集部文獻多於史部，這與以史部文獻爲主要文獻來源的中國隱逸類雜傳不同。導致這種情況的原因雖有多重，但遍讀群書是其基礎。《本朝遯史》傳與贊的內容量增大且更爲駁雜，贊語議論性的增強更需旁徵博引以支撐其觀點。林讀耕齋利用文獻不局限於正史，一些私人史著亦在其參考之列。子部、集部文獻可發揮補史之闕、辯證引申、知人論世等作用，故備受林讀耕齋青睞。林讀耕齋對文學典籍的廣泛閱讀便使其對隱士的文才尤爲注重，因此《本朝遯史》具有濃厚的文學氣息，其對集部文獻的利用亦更爲充分。《本朝遯史》中多有對文學問題的涉及，亦有較多文學批評的內容，至有整篇傳文皆爲詩文者，如《薗筍翁傳》傳文即爲菅原道真與薗筍翁的兩組問答之詩，薗筍翁的生平便通過詩歌內容呈現出來。林讀耕齋直接引用詩文充當傳文，其對材料的處理過於簡單以至於這篇傳文並不符合傳記體例，但結合贊語對薗筍翁困厄境況及幸與不幸的討論，可知林讀耕齋意在表現對人民的同情，頗具以詩證史之意味。雜傳形式的變化一方面體

---

①《援引書目》中多有林家藏書，亦多有林羅山之著作。

現林讀耕齋史料利用的靈活,另一方面也佐證了這部雜傳私人性的特點。林讀耕齋試圖提高雜傳中編纂者的聲音,因此雖稱《本朝遯史》,但這部雜傳私人性較强,有時成爲闡發編纂者思想的工具,鮮明地映射出編纂者本人的形象。

　　2.關注隱逸志向,選録標準放寬

　　林讀耕齋無意仕進而有隱居之好,然因不忍家族承擔壓力,故不得不進入仕途。但即使身在官場,他仍不忘舊志,常以張衡《歸田賦》、陶淵明《歸去來兮辭》、張志和《漁歌子》等中國文人抒寫隱逸情懷的詩文自我勉勵,又與同樣愛好隱逸的石川丈山、野間三竹等友人詩文唱和,後著《本朝遯史》,更欲在其中寄託自己深刻的隱逸願望。

　　從《本朝遯史》自序可以看出,林讀耕齋不僅關注隱士的隱逸行爲,更關注其隱逸志向:

> 士不忘山林,故不仕焉,故歸田焉,故辭官焉,故乞骸焉。朝市、江湖,大隱、小隱、中隱各從其志。吁！ 彼不欲不忘之者則已,苟不忘之,則盍使有其不忘之實乎？ 雖匪必不忘之,而口語之及此者有焉,所謂"悉道青山歸去好,青山能有幾人歸"是也;心固不忘之,而不得從其志者有焉;雖似忘之,然不敢忘,所謂"仕宦三十年,平生之志在丘壑"也;或形隱而心不有其實,或暫隱而不謝鶴書,皆贋隱也,僞隱也。

隱逸有小大之分的説法最早見於王康琚的《反招隱詩》[1],詩云:"小隱隱陵藪,大隱隱朝市。"[2]後白居易進一步發揮,將隱逸分爲三級,云:"大隱住朝市,小隱入丘樊。丘樊太冷落,朝市太囂諠。不如作中隱,隱在留司官。"[3]小隱隱於江湖,大隱隱於朝市,中隱則隱於官位之上,中隱與後世儒士在面對仕隱衝突時常採用的折衷方法即"吏隱"異曲同工。王康琚和白居易對於小隱和大隱的區分基本一致,亦即林讀耕齋所説的"朝市江湖",但林讀耕齋於此特列出中隱,當是對白居易的思想有所吸收,這也是影響《本朝遯

---

① 關於"小隱""中隱""大隱",可參看張仲謀《兼濟與獨善:古代士大夫處世心理剖析》,東方出版社,1998年。王瑶《論希企隱逸之風》(參見氏著《中古文學史論》)分析了隱逸風氣産生發展的過程,其中論隱逸逐漸發展爲"朝隱"的部分亦可參看。

② 蕭統編,李善注《文選》卷二二,上海古籍出版社,2019年,頁1049。

③ 白居易撰,謝思煒校注《白居易詩集校注》卷二二,中華書局,2006年,頁1765。

史》傳主去取的重要因素。事實上，白居易所謂"中隱"正能概括林讀耕齋的現實處境，但他仍認爲士人最理想的隱逸方式是"小隱"。林讀耕齋在《佐藤西行傳》贊語中以詠倭歌的姿態表現山林之士與朝廷之士的區别，云："曾聞西行之詠倭歌也，散步緩行以得興趣，藤爲家則不然，束帶端坐以逞吟思。是亦山林之徒、朝廷之士，所以相異也。"山林之士"心不爲形役，從容任運"，正符合林讀耕齋閑適自由的生活追求。但同時，林讀耕齋對隱逸行爲的看法又是折衷的，他並不摒棄其他形式的隱逸，而認爲"各從其志"而已。所以無論拒不出仕，還是出仕後又因隱逸志向而歸田、辭官、乞骸，只要心有其實便是真隱逸，反之則爲贗隱、僞隱，即隱逸志向是檢驗隱逸的先決條件。在此影響下，林讀耕齋在《本朝遯史》中更注重對隱逸志向的發掘和闡釋，選録和評價隱士的標準有所放寬。

　　選録標準的放寬使《本朝遯史》具有一個鮮明特徵——很多傳主都有仕宦經歷。林讀耕齋選録一些有豐富從政經歷的高官及貴族，亦熱衷於記述官位更迭。源兼明是醍醐天皇之子，林讀耕齋在其傳起首便詳叙其官職調動，並形容他"博學多才，年既高而官最貴"，可知其身份之尊貴。源兼明心懷隱逸之志但並未真正隱居，其入隱逸傳本身就具爭議，而林讀耕齋對其仕宦經歷大書特書，相較於皇甫謐《高士傳》"身不屈於王公，名不耗於終始"[1]的嚴格去取標準，更是匪夷所思。文青雲曾提出界定中國古代隱士身份的標準：

　　　　只有當這種活動發生於拒絶仕途發展和逃離公共事務的背景下，或者是出於一種在自我和社會的虚僞價值或腐敗影響之間保持距離的願望，稱之爲隱士才是合適的。[2]

中國的隱逸與政治聯繫緊密，隱士或因本身無意於參政而與官場保持距離，或因對政治失望而放棄入仕。但總之，中國隱逸類雜傳的傳主基本都以實際行動遠離仕途。而隨著魏晉南北朝時期隱逸逐漸成爲一種審美風尚，後世之人以隱逸爲高，即使身在官場，仍常懷隱逸之志。白居易《中隱》體現的隱逸觀實際代表對儒家隱逸觀的折衷處理，其兼顧仕與隱，並不苟

---

① 皇甫謐《高士傳》序，商務印書館，1937 年，頁 1—2。

② 文青雲著，徐克謙譯《岩穴之士：中國早期隱逸傳統》引論，山東畫報出版社，2009 年，頁 11。

求非仕即隱,是二者兼具的矛盾體。白居易所追求的"中隱"正能表現林讀
耕齋所錄無隱逸之實的傳主的行爲特點,試作比較:

> 似出復似處,非忙亦非閑。不勞心與力,又免飢與寒。終歲無公
> 事,隨月有俸錢。君若好登臨,城南有秋山。君若愛遊蕩,城東有春
> 園。君若欲一醉,時出赴賓筵。洛中多君子,可以恣歡言。君若欲高
> 臥,但自深掩關。亦無車馬客,造次到門前。人生處一世,其道難兩
> 全。賤即苦凍餒,貴則多憂患。唯此中隱士,致身吉且安。窮通與豐
> 約,正在四者間。①

"中隱"即得一閑官,優遊卒歲,不受拘束,同時保證物質和精神生活的豐
足,其行爲具有文人化審美的特點,也只是一種理想化的生活狀態,實際已
游離於隱逸範疇之外。《源兼明傳》載源兼明《池亭記》表現其對隱逸的嚮
往,云:

> 處高貴者,無登臨之暇,趨名利者,無遊泛之情,幽閑懶放之者,得
> 虛無浮榮,富有風景焉。余少攜書籍,略見兼濟獨善義,如今垂老,病
> 根漸深,世情彌淺,七不堪二不可,併在一身⋯⋯然茫茫萬古,有賢人
> 君子之終身在泥塗之者。吾無古人之德,位三品,齡半百,趨朝有官,
> 歸家有亭。

"兼濟獨善"即儒家所謂"窮則獨善其身,達則兼濟天下","七不堪二不可"
出自嵇康《與山巨源絕交書》,表達其不願出仕之志②。源兼明受儒家窮達
觀和隱逸文化影響,認爲自己年事已高,又早有隱志,故可以引退以作"獨
善"之計。其理想和現實中仕、隱兩不誤的生活與白居易所描繪的如出一
轍。林讀耕齋《答客問》一文亦述及嵇康之"七不堪",並仿效之而言己之
"七不堪",又仿照《高士傳》中隱士榮啟期之"三樂"而述己之所樂③,可見
他對源兼明的同情亦與其自身經歷與思想有關。關於真隱、贋隱的討論貫
穿《本朝遯史》的隱逸觀建構,但當無隱逸之實的傳主陷入真隱、贋隱之辨
時,林讀耕齋表現出爲他們辯護的傾向,以建立此類人物入傳的合理性。
處於政治中心的無隱逸之實者"形非隱而心有其實",恰符合林讀耕齋所採

---

① 白居易撰,謝思煒校注《白居易詩集校注》卷二二,頁 1765。
② 嵇康撰,戴明揚校注《嵇康集校注》卷二,中華書局,2016 年,頁 194—199。
③ 林春德《讀耕先生全集・文集》卷一一,《日本漢文學百家集》第 73 冊,頁 234—241。

納的"中隱"觀,其與"贗僞之嘲"也就相距甚遠了。

《本朝遯史》對隱士選録和評價標準的放寬一方面表現出林讀耕齋對隱逸的宣揚,另一方面,這種隱逸觀亦是因其自身迫於壓力出仕的經歷而產生的共情心理。他將自己對隱逸的認知、嚮往、惋惜投射到與他處境相同的隱士身上,作爲對自己無法返歸山林的代價和爲自己隱逸志向的辯護。

# 三　林氏家學與林讀耕齋的隱逸書寫

林鵞峰概括林羅山之學術云:"先生之學,以經爲主,以程朱之書爲輔翼,而玫諸歷史,參諸子類,網羅百家,收拾今古。而該通我國史,乃至稗官小説,亦無不見焉。"林羅山學問淹博,對中、日典籍無所不通,但其根本仍是儒家經學。林鵞峰的概括顯示出林羅山定下的傾慕中華、崇信儒學的家學基調,這對《本朝遯史》的編纂產生了深刻影響。

## (一)傾慕中華

林鵞峰和林讀耕齋自幼便閱讀中、日兩國典籍:

> 靖九歲就恕讀《孟子》《中庸》,且聞恕誦《保元》《平治》《源平盛襄記》《太平記》等,粗諳其事。(《年譜》,頁44)

> 靖十歲讀《詩經》《書經》《春秋》,又誦《三體唐詩》及《錦繡段》,且聞恕所談,粗知倭漢故事。(《年譜》,頁45)

由此可知,林家的童蒙教育以中國典籍爲先,其後才開始逐漸接觸日本典籍。因此林家的漢學素養更爲深厚。

### 1. 評判之標準

上文已指出《本朝遯史》文學性較强,林讀耕齋在《本朝遯史》中的文學批評所探討的問題與日本文學史的建構密切相關。日本文學包含漢文學與和文學,二者都受中國文學影響。林讀耕齋對中、日集部文獻皆有廣泛涉獵。在爲林鵞峰《本朝一人一首》所作序文中,林讀耕齋對其所列舉的日本漢文及日文詩文集如數家珍,可見其精通漢、和文學。人見竹洞《本朝遯史後序》云:"先生之架上中華典籍牙籤既富,其於本邦之遺編亦多批繙之。"亦可證。林讀耕齋的文學批評深受中國文學觀念影響,中國文學批評的理論與方法不僅被應用於漢文學作品,還被引入以和歌爲代表的和文學領域。林讀耕齋曾親自謄抄和歌集,並著有《本朝武家歌仙集》等和歌選集。其《書自寫歌書後》云:"倭歌者,本朝之習俗也。體格稍繁,書抄稍多。"①他肯定和歌在日本傳統中的地位,指出和歌的體制和格局稍顯繁雜,且有較多手抄本存世。正因明晰和歌的價值及當世境況,林讀耕齋才著手謄抄和整理和歌文獻,由此可知他對和歌亦有自己的認同和見解。但通過《本朝遯史》可以直觀地看出林讀耕齋重視漢文學多於和文學,他雖致力於爲和文學推舉典範,推動和文學作家的經典化,梳理和文學發展脈絡,但漢文學所代表的中國文學傳統卻始終充當評判標準的角色。在《援引書目》後,林讀耕齋識云:"右七十八品也。且傳聞及俗談亦多採之。其贊中之中華典故之所出,不在此限。"《本朝遯史》的傳文和贊語運用大量中國典故,這些典故所出自的中國典籍未列入《書目》,可能與所參考的傳聞、俗談一樣數量龐大且內容駁雜,這從側面反映出《本朝遯史》與中國文化關聯之深。在《本朝遯史》中,林讀耕齋以中國文學的標準品評傳主文學創作之優劣。試舉二例:

> 《秋雲篇》最可喜矣,頗得中華之風味者也。(《惟良春道傳》贊語)
> 唯詠倭歌,而不窺中華之六義,何其没意緒哉?(《清原深養父傳》贊語)

惟良春道之雜言詩《秋雲篇·示同舍郎》因具有中國詩歌的風韻而爲林讀耕齋所稱道,清原深養父亦因其作倭歌而不參照《詩經》"六義"的標準而受到林讀耕齋的批評。可見林讀耕齋在處理日本文學問題時仍奉行中國的文學標準,這種態度的形成與其對中、日文化認同的差異有關。

　　林讀耕齋極傾慕中國文化,這影響到他對隱士的評價:

> 退慕中華者,其志豈淺乎?(《小倉居士傳》贊語)
> 唯恨其不遵中華之良轍者,不學之過,習俗之弊也。(《源顯基傳》贊語)

以上二例中,凡提及"中華"處,無不透露出林讀耕齋對"中華"整體的仰慕和嚮往,"中華"在隱士評價的標準中占重要地位。《本朝遯史》雖標榜創立日本本土隱士傳記,但其畢竟受中國隱逸傳啓蒙,林讀耕齋對中國的特殊情感又加深了中國文化在《本朝遯史》中的烙印。

―――――――――――

① 林春德《讀耕先生全集·文集》卷一四,《日本漢文學百家集》第 73 册,頁 392。

2.典範之選擇

不僅如此,林讀耕齋更以中國文人作爲隱逸之典範。林讀耕齋《陶淵明論》作於寬永十九年(1642)①,距《本朝遯史》寫畢尚有十餘年。《陶淵明論》集中體現了林讀耕齋之隱逸觀,陶淵明即爲林讀耕齋所推舉的典範。林讀耕齋在《陶淵明論》開篇便提出"達人"與"贗隱"之辨,其對達人的界定是"觀時世之隆汙而得全其節操者",隱士因其高節而享有一定的社會地位,故有利可圖,在天下汲汲於名利的環境中能不變隱逸之志,則可視爲達人,華歆、山濤、王戎、周顗、盧藏用、種放則皆被劃入贗隱之列。此與《本朝遯史》旨趣相同。接下來,林讀耕齋以陶淵明爲例説明隱士應當如何處理出處進退的問題。首先,論陶淵明入仕之可能性。"淵明者,士行之胤裔而晋室之世臣也。雖都卿相之位,握國家之權,而亦何必不可之有?"陶淵明家世顯赫,其接觸政治本輕而易舉,然正因如此,淵明選擇隱逸才更顯可貴。其次,論陶淵明退隱符合孔子"危邦不入,亂邦不居"之義。晋室内憂外患,大廈將傾,淵明的選擇符合儒家隱逸觀。這一觀念在《本朝遯史》中亦有運用。再次,重點論述陶淵明不爲二臣的忠義之舉,先以朱熹《通鑒綱目》中於宋文帝時稱淵明爲"晋徵士"證之,又藉陶淵明《詠荆軻》進一步發揮,云:"淵明稱荆軻曰:'斯人雖已没,千歲有餘聲。'由是言之,則淵明之心非不忘晋而已,復有壯膽討賊之志也耶?"②且不論林讀耕齋的分析是否準確,他的確對"忠義"品質極爲重視,這與林羅山對陶淵明的評價一脈相承。林羅山在與石川丈山的通信中提出在石川丈山編選的"三十六詩仙"中删去謝朓,增加蘇武,述其原因云:"夫蘇武者,五言之首唱,而少陵指之爲師,豈間然乎? 且其忠義之志,與淵明相同,一則持漢節,一則削宋年,是余所以淵明、蘇武相配也。"又《陶淵明》其五云:

徵士妙聲唯寫情,宋年一削不題評。 詩家直把伯夷比,漉酒巾中釃聖清。

林羅山稱揚陶淵明入宋後不書年號但書甲子之舉,凸顯其忠義品格,顯然

---

①林春德《讀耕先生全集·文集》卷九,《日本漢文學百家集》第 73 册,頁 92。下引《陶淵明論》皆出於此,不再出注。

②關於陶淵明的仕宦經歷及政治傾向,可參看龔斌《陶淵明傳論》,華東師範大學出版社,2001 年;岡村繁著,陸曉光、笠征譯《陶淵明李白新論》,上海古籍出版社,2002 年。

是受儒家忠義觀之影響,故陶淵明成其弘揚儒學所標舉的人物。復次,簡述陶淵明文學修養之高。最後,對陶淵明作出總體評價,云:

> 嗟夫! 淵明何人耶? 其耿介蕭灑之想可尚而已,豪放英特之操可仰而已,忠義之氣凜凜焉,辭藻之芳鬱鬱焉,可謂隱逸之宗焉。

林讀耕齋推尊陶淵明爲"隱逸之宗",鍾嶸《詩品》中亦有類似之語,其從詩歌風格角度稱陶淵明爲"古今隱逸詩人之宗"①,但僅將之列於中品,對陶淵明尚有非議,而林讀耕齋所謂"隱逸之宗"則是對陶淵明的全面認可,是其針對隱士群體的最高評價。林讀耕齋將陶淵明所具有的隱逸品質歸結爲耿介豪毅、忠義、文才等幾個方面,這些皆可視爲隱士的附加特徵,而非證明隱士身份的必要條件。因此,林讀耕齋所推舉的隱士之典範應是在基本的隱逸志向之外,還具有儒士之忠義,文士之文才,以及如儒者般正直、文人般放逸的風儀。但林讀耕齋在論述時著力表現陶淵明"忠義"的一面,説明他是站在儒家立場上選擇符合儒家隱逸觀之人作爲典範。林讀耕齋評論中國古代人物時,"慕伯夷、子陵等之風,而稱諸葛孔明、岳飛、文天祥、謝疊山等忠義而兼文才。常不甘心於許魯齋之出處,而屢稱劉静修之不仕胡元"(《年譜》,頁 115—116)。伯夷、嚴光皆是著名隱士,諸葛亮、岳飛、文天祥、謝枋得則是兼具文人風流的愛國主義代表人物。許衡和劉因皆精於程朱理學,林讀耕齋對二人評價的分歧在於是否"仕胡元",本質上仍關乎"忠義",即有才無德之人不足道。由此可見,在林讀耕齋的評價體系下,陶淵明作爲"忠義而兼文才"的隱士,不僅是"隱逸之宗",也是衆多中華人物中的特出者。

　　如果説陶淵明偏向於儒家式的隱士,那麼林逋則是更具文人色彩的隱士。林讀耕齋《林和靖見梅贊》云:"梅者,天下之尤物,和靖者,千歲之真隱,千歲之真隱而愛天下之尤物也,固宜梅逢和靖而名益高,和靖愛梅而德愈馨。"②以"千歲之真隱"稱林逋,是因其爲林讀耕齋理想中隱居山林、悠閑自樂的文人式隱士的代表。梅本具高潔之質,但因林逋偏愛而成爲君子清操之象徵,這在《本朝遯史》中有所體現:"蓋效山陰之種竹者曰'竹隱',擬孤山之詠梅者曰'梅隱'也。"(《紀俊長傳》)"山陰之種竹者"指王徽之,

---

① 鍾嶸著,曹旭集注《詩品集注》,上海古籍出版社,2011 年,頁 337。
② 林春德《讀耕先生全集・文集》卷一二,《日本漢文學百家集》第 73 册,頁 266—267。

"孤山之詠梅者"即林逋。林逋詠梅亦爲日本隱士所仿效,足見其影響之巨。

**(二)崇信儒學**

江户初期,德川幕府爲加强對思想等方面的控制以鞏固統治,選擇儒學作爲基本價值觀,並大力推行。師從藤原惺窩(1561—1619)的林羅山本就熱心儒學,尤其崇尚朱子之學,故其成爲德川幕府推行儒學的重要人物。作爲羅山之子,林讀耕齋自幼遍覽儒家典籍,接受儒家文化薰陶,成爲堅定不移的儒學擁護者。《本朝遯史》即在儒家思想指導下完成,由之可以窺見作爲儒學學者的林讀耕齋是如何將儒家隱逸觀與日本的隱逸書寫相結合的。

1. 儒士之隱

一方面,傳主事跡與儒家隱逸觀相符,林讀耕齋藉以闡發儒家隱逸之義。此類隱士多參與過政治活動,或對政治形勢有其見解,但其選擇與政治保持距離,卻仍心懷天下。藤原藤房是後醍醐天皇親近之臣,曾多次向天皇進諫而不被採納,後"藤房感其不足與謀,遯世杳然以屏蹤跡"。林讀耕齋贊曰:

> 君子見幾而作,藤房有焉。嚮使後醍醐帝委任政刑於斯人,則重祚永固,而豈潛幸於台嶠於芳野乎? 天矣哉,末如之何也已。建武之亂,忠臣致命者不少,藤房豈逆覩而臨危愛身者乎? 龍逢比於是,平生之所期也。其先見之明,遯去之,亦所以諫之也,猶庶幾帝之驚而省而驚而改之。

所謂"見幾而作",正是"天下有道則見,無道則隱"①之義。藤原藤房有兼濟天下的能力,意欲輔佐君主,然後醍醐天皇顯非明主,故藤房選擇遯去。但林讀耕齋認爲藤房之隱並非爲明哲保身,而是以此規勸後醍醐天皇,仍屬忠臣之舉,與儒家士人忠義的精神内核一致。儒家隱逸觀要求適時選擇出處進退,與道家相比,儒家更重"仕",這就要求士人無論處於何種境地,都應以"大道"爲最終目標。"獨善其身"其實是儒士的蟄伏,以便伺機全其"大道"。

另一方面,林讀耕齋爲隱士立傳並非單純爲了彰表隱逸,在一些傳記

---

① 程樹德撰,程俊英、蔣見元點校《論語集釋》卷一六《泰伯下》,中華書局,1990 年,頁 540。

中,他聯繫歷史事件或社會背景,借傳主表達政治諷刺、批判現實之意。針對傳主身份、經歷等的不同,林讀耕齋採取不同的處理方式。第一類,以小見大。追溯與傳主親歷事件直接相關的社會問題以展開針對性的批判。如《小倉居士傳》贊語云:"當時朝廷益衰,武將失勢,京師擾擾,四方鼎沸。危邦也,亂邦也,所以非君子之可居也昭晰矣。"林讀耕齋雖云"父母之國不可離",但更認同"危邦不入,亂邦不居"①,故對其時日本政治黑暗、社會動蕩的局面直言不諱。第二類,借題發揮。此類傳主多爲下層勞動人民,更易反映階級對立和社會差距。如《池田樵夫傳》贊語云:"彼莫知苗之碩也,束枯而手禿,刈熟而肩䞉。紛紛汲汲,奪人之利,以無饜充者,不足云。"池田樵夫是自食其力的勞動者,雖生活清苦,卻能安貧樂道。林讀耕齋在贊揚其美好品質的同時,又通過其慘淡的生活透視當時社會的剝削本質,對不知饜足地掠奪人民勞動財富的統治者加以批判。

　　林讀耕齋雖嚮往隱居生活,但他畢竟具有儒士身份,其隱逸觀也是儒家式的。因此即便他得以實施隱逸行爲,憂國憂民作爲他的另一"初心"也不會被拋諸腦後。所以儘管是爲隱士立傳,林讀耕齋仍爲政治保留一席之地。

　　2.尊儒排佛

　　與親儒家相對應的便是排斥他家。從鐮倉、室町時代過渡到江户時代,儒學面臨的最有威脅性的競爭對手便是佛教。五山時期是日本佛教的興盛期,僧侶享有極高的社會地位。五山禪僧雖亦倡導儒學,尤其自一山一寧(1247—1317)始,形成禪、儒合流之局面,禪僧無不兼儒。但其時畢竟仍以佛教爲本位,儒學依舊没有獨立地位②。進入江户時代後,儒學因符合德川幕府統治需要,呈現復甦後極盛之勢。林羅山在倡導儒學的同時力排佛教,其論神道與儒道之關係云:"道,吾所謂儒道也,非所謂外道也。外道也者,佛道也。佛者,充塞乎仁義之路。悲哉! 天下之久無夫道也!"林羅山倡導儒道、神道合一,特指明佛道是"外道",不能與儒道相提並論,藉此貶低佛教地位。林羅山獨尊儒家的思想在林讀耕齋身上有所延續,林鵞峰云:"靖自年少尊信孔孟,專守程朱之説,故牴排老莊仙釋之言,不好象

————————

① 程樹德撰,程俊英、蔣見元點校《論語集釋》卷一六《泰伯下》,頁 540。
② 參見朱謙之《日本的朱子學》,人民出版社,2000 年。

山、陽明之學。"(《年譜》,頁 113—114)林讀耕齋深受儒家思想尤其是朱子學影響,抵制道、釋、陸王等異端邪說。爲彰顯《本朝遯史》的儒家性質,林讀耕齋在自序中便直接表明其對佛教的排斥態度:

> 爾來出塵之徒,多是圓顱緇染,稱爲遁世者,蓋習俗之例也。雖無斯稱,而官客之致仕,群輩之静退,皆謂不可不披剃,何其竺教之彌淪哉! 抑領寺院、備度衆者,公然浮屠也。所謂遁世者,乃衲衣、乃誦偈,亦可不謂之蔗氏之黨乎? 然而其事跡與隱逸相類,嘉遯脱塵,諒若人之志願也,其玩泉石、耽煙霞,不得如中華之隱士者,可歎可惜。且精辨之,則發於一時之進退而未必出於沖襟者有之,贗僞之嘲不爲無焉耶? 然各既不仕,又辭官而住山多矣,勝彼説山之輩也果矣。

林讀耕齋首先批判佛教廣泛深入的傳播滲透對當時社會習俗之影響。有隱逸行爲之人多爲被稱作"遁世者"的佛教徒,有隱逸志向的非佛教徒也會選擇同佛教徒一樣剃髮修行,足見佛教之氾濫。林讀耕齋並不認同將佛教遁世者視爲隱士。他從隱居生活的活動辨遁世者與隱士之不同:遁世者的"衲衣""誦偈"皆出於佛教固有規則,而隱士的"玩泉石""耽煙霞"則是發自胸襟、具有審美意義的行爲[1]。美國學者柏士隱(Alan J. Berkowitz)在其《疏離模式:中國中古早期隱遁的實踐與形象》(*Patterns of Disengagement*: *The Practice and Portrayal of Reclusion in Early Medieval China*)一書中亦談及隱逸和宗教(包括佛教和道教)之關係。正如他通過類比"隱逸"在宗教語境中和"宗教"在隱逸語境中均只是一個話題,説明對隱逸的判斷首先要立足於其人是否將隱逸作爲一種生活方式。出於對佛教修行有隱居傳統的考慮(道教修行則不一定要隱居),他將"佛教影響下的隱居"區分爲居士和僧侶兩類,二者價值判斷的側重點可能不同,但從隱逸的視角來看,對二者而言,宗教信仰只是隱居生活的一部分,遵守特定的宗教

---

[1] 如日本學者石田一良所編《日本思想史概論》區別日本語境中"隱逸"和"隱遁"之不同,"隱遁"特指孤獨隱居的出家者,亦即林讀耕齋所謂"遁世者"。石田氏指出"隱遁"在日本隱逸文化中佔有最重要的位置,他又根據時代及生活内容的不同,將日本的隱遁分爲平安朝的隱遁、信仰的隱遁、文學者的隱遁三類,可與林讀耕齋的論述相參照。參見石田一良《日本思想史概論》,吉川弘文館,1982 年,頁 143—151。

儀式不能等同於隱逸實踐①。這與林讀耕齋的觀點有相通之處。但由於佛教徒不仕而返歸山林的行爲與隱士相類,又勝於贋隱之輩,林讀耕齋不得不將佛徒納入隱士之列,這體現出林讀耕齋所秉持的儒家價值觀對日本社會現實作出的讓步與妥協。

　　但即便林讀耕齋爲遁世者立傳,他在《本朝遯史》中仍對佛教保持一貫的批判態度。《鴨長明傳》贊云:

　　　　其記中之開卷所謂"逝川之流,非舊水之波",雖素不窺儒風,而頗似有所見往過來續之義乎? 浮屠氏輪廻歸元之説,不敢信奉者乎?

《論語·子罕》云:"子在川上,曰:'逝者如斯夫! 不舍晝夜。'"②林讀耕齋認爲鴨長明所言與之異曲同工,而與佛教輪回之説旨趣迥異,由此證明佛教學説不可信。提升儒家文化優越性,以取代佛教文化,是林讀耕齋尊儒貶佛的思路。以下二例可證:

　　　　竺籍之播布於扶桑也,故每事用其語者多矣,"四天王"亦是也……今宜以"四傑""四才子"更稱之而可也。(《吉田兼好傳》贊語)

　　　　"肖柏"之義奈何? 肖,似也;柏,後凋之木也。蓋取意於斯耶? 如此而何以妖艷之牡丹花自稱之乎? 牡丹之事最多,何獨表出"夢"之一字乎? 廼參禪之故也。抑牛角之金箔,奇奇怪怪,與彼掛班史者殊異矣。(《肖柏傳》贊語)

上述二例皆關注儒家和佛教不同的話語體系。對傑出人物的並稱,中國多用"四傑""四才子"之類,而在佛教文化中對應的則是"四天王",這兩種不同的稱謂系統顯示出濃郁的文化色彩。肖柏的命名亦體現儒、佛意象體系的不同。"肖柏"出自《論語·子罕》所云"歲寒,然後知松柏之後彫也"③,牡丹花與松柏性質相異,且結合"夢庵"一詞,知其語出南泉普願禪師(748—834),《五燈會元》載云:"師指庭前牡丹花曰:'大夫! 時人見此一株

---

①參見 Alan J. Berkowitz,*Patterns of Disengagement:The Practice and Portrayal of Reclusion in Early Medieval China*,California,Stanford University Press,2000. pp. 208—209.

②程樹德撰,程俊英、蔣見元點校《論語集釋》卷一八《子罕下》,頁 610。

③程樹德撰,程俊英、蔣見元點校《論語集釋》卷一八《子罕下》,頁 623。

花如夢相似。'"①林讀耕齋顯然不滿於肖柏混合儒、佛的做法，認爲其如
"以金箔塗牛角"一樣怪異，與牛角掛書相比，必非正統。綜上，林讀耕齋將
儒和佛對立起來，欲以儒家文化置換佛教文化，消除佛教長期統治的影響，
重建儒學"話語權"之義，已不言而喻。

　　中國古代隱逸類雜傳以兼取儒、道爲多，對佛教僧侶則鮮有採納者。
林讀耕齋在撰著《本朝遯史》時，不得不考慮日本當下之現實處境。江户早
期，佛教衰微之勢已定，但儒學傳統之重建亦剛起步。作爲儒學陣營的一
員，林讀耕齋在堅持以儒家思想指導雜傳創作的同時，也積極宣揚排除異
端。遯世者入隱逸傳，不僅是考慮到這一羣體所占比重之大，也是藉此對
佛教文化進行部分清洗，鞏固儒學地位。

## 四　餘論

　　在中國隱逸類雜傳基礎上進行本土化改造的《本朝遯史》的問世，爲日
人仿效中國隱逸類雜傳樹立了標杆，進一步刺激了日本本土隱逸類雜傳的
出現。《本朝遯史》成書後不久，與林讀耕齋同時的日蓮宗僧人釋元政
（1623—1668）編成《扶桑隱逸傳》，是日本又一部輯録本土隱士事跡的隱逸
類雜傳。在《扶桑隱逸傳》的引用書目中，《本朝遯史》赫然在列，林羅山所
著《野槌》亦爲其所參考。《野槌》是林羅山爲吉田兼好隨筆集《徒然草》所
作之注釋書，據日本學者統計，在《扶桑隱逸傳》成書前至少已有七種《徒然
草》注釋書出版②，而釋元政獨取林羅山著，一方面是因爲江户時代《徒然
草》注釋在林羅山之後逐漸興起，另一方面也可能受《本朝遯史》引用《野
槌》之影響。釋元政《重遊鷹峰記》其四云："東軒乃掛乎《十境詩》二，其一

---

① 普濟著，蘇淵雷點校《五燈會元》卷三，中華書局，1984 年，頁 141。
② 參見久保田一弘《「かいもちひ」考──『徒然草』注釋書を中心に》，《東洋大學大學院
　　紀要》第 54 卷，2017 年。據其所制表格，上述七種《徒然草》注釋書分別爲：秦宗巴
　　《徒然草壽命院抄》（1604）、林羅山《野槌》（1621）、青木宗胡《鐵槌》（1648）、松永貞德
　　《なくさみ草》（1652）、西道智《徒然草金槌》（1658）、大和田久左衛門《徒然草古今鈔》
　　（1658）、加藤磐齋《徒然草抄》（1661）。

林羅山,其一明之元贇也。贇詩則十首皆異體,羅山唯絕句耳。"①可見其對林羅山當有一定了解。釋元政與渡日明人陳元贇之間交往甚密,有頗多書信往來,二人的漢詩唱和還被編成《元元唱和集》。上文提到陳元贇亦與以林家爲中心的學者野間三竹、石川丈山等人交遊,由此可推知,釋元政與林家諸人雖未必有密切交遊,但《扶桑隱逸傳》之編纂受到林家影響已是不言而喻。

隨著書籍文化的進步,日本隱逸類雜傳的傳記體例較之《本朝遯史》日趨完善。與此同時,其與日本本土文化的結合亦趨於緊密,雖仍透露出中國文化影響的痕跡,卻更能彰顯日本特色。《扶桑隱逸傳》的出現是一關鍵轉捩。不同於林讀耕齋的排佛態度,作爲僧侶的釋元政處在儒學上升而佛教式微的江戶前期,其編纂隱逸傳亦站在佛教立場上,使之服務於宗教活動。這與《本朝遯史》的儒家式、私人性已背道而馳。

江戶中後期僧侶釋義堂續編釋元政《扶桑隱逸傳》而爲《續扶桑隱逸傳》,承襲釋元政佛教本位的編纂原則,對釋元政其人其書大加褒賞。釋義堂並未提及林讀耕齋《本朝遯史》,但將二書細加比對,可知其亦曾參考《本朝遯史》。大抵因林讀耕齋在隱逸觀上站在其對立面,故僅推重釋元政而對林讀耕齋避而不談。

日人禿氏佑祥(1879—1960)所編《書目集覽》第二册《寶曆書籍目録》著録原田清藏《逸民史略》三卷②,是爲江戶中後期又一部隱逸類雜傳,但其書不傳,僅能據可考文獻作出幾點推論。原田清藏,生平不詳。伊藤東涯(1670—1736)有《贈原田生還豐州序》云:"原田清藏氏,豐之産也。從學有年,今兹將從榮戟而西歸,請予贈言。"③此序據其注作於享保二十一年(1736),原田清藏所著《逸民史略》出版於寶曆年間(1751—1764),則其很有可能就是伊藤東涯的門生。伊藤東涯即伊藤仁齋(1627—1705)長子④,繼承父學,爲江戶中期儒學家。伊藤東涯曾於其家藏《扶桑隱逸傳》後撰寫題識,云:

---

①日政《草山集》卷四,《日本漢文學百家集》第 68 册,頁 284。
②禿氏佑祥編《書目集覽》第 2 册,東林書房,1931 年,頁 242。
③伊藤東涯《紹述先生文集》卷二,《日本漢文學百家集》第 120 册,頁 321。
④參見原念齋《先哲叢談》卷四,文化十三年(1816)朝倉八右衛門刻本,葉 6 上。

　　延寶己未春,予患痘,時年十歲。勘鮮由小路故亞相詔光卿辱惠
此册,爾後先人就加朱墨。吁! 俯仰已五十有餘年矣,人亡刊在,曷勝
感念! 享保十七年壬子小暑日,伊藤長胤元藏誌於《扶桑隱逸
傳》後。①

伊藤氏藏本筆者雖未目驗,然據此可知伊藤仁齋已批點過《扶桑隱逸傳》。
伊藤東涯可能還曾評點修訂此書。松村梅岡(1710—1784)《題〈隱逸傳〉校
本尾》云:

　　深草上人傳古之遺逸者數十人而討論之,頗成史之一體,獨以其
在草昧之時,修潤之功蔑如也。及東涯先生塗竄修潤,殆無遺力,蓋將
行諸遠,於上人可謂身後知己耳。余恐世人以雌黄於先輩,譏爲不遜,
爰錄數語於卷末而護東涯氏。②

松村梅岡亦是江户中期儒者,其作此跋是爲伊藤東涯對《扶桑隱
逸傳》所做的“塗竄修潤”辯護,他將伊藤東涯稱作釋元政之“身後知音”,極力抬高其
潤飾之功,以防招徠譏議,可謂用心良苦。由此看來,伊藤東涯與《扶桑隱
逸傳》淵源頗深,其門人原田清藏很有可能是受其影響而編纂一部隱逸類
雜傳,加之儒家固有“舉逸民”的口號,故將其命名爲《逸民史略》,則其可能
是一部以儒家思想爲中心的隱逸類雜傳。

　　明治時代,細川潤次郎(1834—1923)編成《隱逸全傳》,對日本隱逸傳
作出全面總結,又結合時代特點提出對隱逸文化和隱逸類雜傳新的闡釋。
細川潤次郎對皇甫謐《高士傳》和日本的隱逸類雜傳多有了解,其在《例言》
中對《本朝遯史》《扶桑隱逸傳》《續扶桑隱逸傳》和《大日本史·隱逸傳》之
缺陷的批評皆能切中肯綮。其評《本朝遯史》云:“輯隱逸遺跡頗多,但取捨
不必得當,而文亦不甚巧。”③亦符合實際。相比於前人,細川潤次郎的政
治歷史觀念和傳記、文學等方面的知識均有長足進步。他吸收皇甫謐“厲
濁激貪”的雜傳編纂目的④,提出“舉恬退之流,以遏奔競之風”,則是立足

---

① 天理圖書館編《古義堂文庫目錄復刻版》卷上,八木書店,2005 年,頁 29。
② 松村梅岡《梅岡先生集》卷九,《日本漢文學百家集》第 157 册,頁 401—402。
③ 細川潤次郎《隱逸全傳》,日本明治十八年(1885)刻本。下引皆出於此,不再出注。按
　　細川潤次郎將《本朝遯史》作者誤作林鵞峰。
④ 皇甫謐《高士傳》序,頁 1。

於整個社會,意圖發揮隱逸類雜傳的政治教化功能。

　　中國隱逸類雜傳傳入日本後,以大學頭林家爲中心的學者文人積極對其作出回應,林讀耕齋《本朝遯史》集中體現了受中國影響極深的林家學者群體的接受特點。《本朝遯史》爲日本隱逸類雜傳的編纂提供了範式,雖爲後世隱逸類雜傳編纂者所指摘,但其所呈現出的日本仿擬中國隱逸類雜傳時所需面對的問題成爲後來者的“必答題”,他們或繼承,或偏離,總與《本朝遯史》形成比較視野。當中國隱逸類雜傳與日本文化的融合加深時,便愈發呈現出不同於中國隱逸類雜傳的特異性,此中雜糅的文化、宗教、政治、社會等多方面的影響因素對觀念和文本具有巨大的形塑作用,體現出中國隱逸類雜傳在東亞視域下的文化價值及中、日兩國文化的融合與碰撞。

(作者單位:南京大學文學院)

東亞使節與東亞文化交流研究

# 朝鮮燕行使與《東坡笠屐圖》

衣若芬

## 一 前言

傳說蘇東坡在海南島，一日外出遇雨，向人借了斗笠和木屐，穿戴回家，12 世紀末便有畫家繪製《東坡笠屐圖》。《東坡笠屐圖》在日本室町時代（1336—1573）流行於五山僧界，傳布至朝鮮半島則依靠清代的朝鮮燕行使。

關於《東坡笠屐圖》，不乏前賢研究者[1]，筆者參考衆説，採取文圖學（Text and Image Studies）的研究思路。"文圖學"以"觀看"爲出發點，因觀看而認知、感知；繼而有所判斷、辨識；終而付諸行動，例如消費、賞鑑、收藏、批評、研究等等。在研究方面，可分爲兩點，一是文本周邊脈絡，例如生産機制、使用情形、社會網絡、流通過程等現象。另一是探討文本自身，提出闡述。依序爲：（一）視其外觀，（二）察其類型，（三）解其形構，（四）論其

---

[1] Jae-Suk Park, *Dongpo in a Humble Hat and Clogs*："*Rustic" Images of Su Shi and the Cult of the Exiled Immortal* (PhD. diss., University of Wisconsin-Madison, 2008). 朴載碩《宋元時期的蘇軾野服形象》，載石守謙、廖肇亨主編《東亞文化意象之形塑》，允晨文化實業股份有限公司，2011 年，頁 461—505；陳琳琳《李公麟寫蘇軾像考論》，《美術》2021 年第 2 期；朱萬章《明清文人爲何鍾情〈東坡笠屐圖〉》，《讀書》2020 年第 1 期；傅元瓊《翁方綱對蘇軾畫像的題跋及東坡笠履圖情結》，《文學與圖像》第 1 卷，江蘇教育出版社，2012 年。

意涵①。前此,筆者已經研究過《東坡笠屐圖》故事的版本和脈絡②、現存所見最早的兩幅《東坡笠屐圖》③,本文著重探討 18 世紀起朝鮮出使清朝的外交人員對《東坡笠屐圖》流傳的推廣歷程。

在"文圖學"的概念下,本文探討朝鮮燕行使如何接受及傳承《東坡笠屐圖》的歷史脈絡,析論燕行使弟子與後人摹寫《東坡笠屐圖》的情形,並舉例説明存世的朝鮮繪製《東坡笠屐圖》内容。研究指出:《東坡笠屐圖》是中國和朝鮮士人溝通互動的圖像文本,以及認同蘇軾人生性格的象徵符號。

## 二　作爲中朝士人交流媒介的《東坡笠屐圖》

清文宗咸豐五年(1855)十月,朝鮮徐憙淳(字稚晦,號友蘭,1793—1857)以陳慰進香兼謝恩正使的身份,前往燕京。此行的目的之一,是爲祭悼康慈皇太后(1812—1855)④。康慈皇太后博爾濟吉特氏爲恭親王奕訢(1833—1898)的生母,協助撫育咸豐皇帝有功,被封爲皇太后後不久,於七月初九日薨逝。此行的副使爲趙秉恒,書狀官申佐模(字左人,號澹人,1799—1877),從事官徐慶淳(字公善,號海觀,1803—1861)是徐憙淳的從弟。他們十月初四出發,十一月廿七日抵達燕京,十二月廿三日離京,隔年正月廿二日渡鴨緑江,二月十四日返朝復命⑤。這趟中國之行,記録於徐

①衣若芬《文圖學:學術升級新視界》,《當代文壇》2018 年第 4 期;衣若芬《文圖學——동양 고전학 연구의 새로운 시각》,《大東文化研究》第 10 期,2018 年,頁 9—40。衣若芬《文圖學與東亞文化交流研究理論芻議》,《武漢大學學報》(哲學社會科學報)2019 年第 2 期;衣若芬《春光秋波:看見文圖學》,南京大學出版社,2020 年;I, Lo-fen, *Text and Image Studies*: *Theory of East Asian Cultural Diffusion*, Journal of Cultural Interaction in East Asia Vol. 10, 2019, pp. 43—54.

②衣若芬《〈東坡笠屐圖〉故事及其解讀》,第七屆中國古典文獻學國際學術研討會,東吳大學,2022 年。

③衣若芬《翁方綱藏兩幅朱之蕃〈東坡笠屐圖〉及其東亞影響》,"東亞文圖學與文化交融傳播"國際學術研討會,東吳大學,2022 年。

④在給朝廷的聞見報告中,他們還記録了清朝處理太平天國的情形。

⑤許放:《철종(哲宗)시대 연행록(燕行録) 연구》,首爾大學校大學院國語國文學科博士論文,2019 年。

慶淳的《夢經堂日史》和申佐模的《澹人集》《燕槎紀行》等著作。

像過去的燕行使一樣，徐慶淳和申佐模執行公務之餘，也去琉璃廠選購古籍、書畫，請中國畫家畫肖像①。在愛蓮書屋，徐慶淳認識了能書畫的五十歲廩生周棠(字蘭西，號少白)，周棠向他展示自己的楹聯、山水，以及蘭竹畫。徐慶淳請周棠介紹畫肖像的能手②。數日後，畫家鈕東皋來爲徐慶淳畫像，徐慶淳描述他：

> ……袖抽彩毫，對視余面三數回。霎時下筆而示余曰："恰似清宇乎？"余曰："似不似有難自知，而驟觀氣像，便非別人。"③

在琉璃廠文華堂册鋪，徐慶淳認識了赴京應試的安徽懷寧人方朔(號小東)④，再經方朔介紹，認識了四川忠州人、貢生李士棻(字芋仙，1821—1885)。53歲的徐慶淳、方朔⑤、35歲的李士棻和57歲的申佐模初次會面於朝鮮使臣居住的南小館附近天泰人蔘局⑥，展開了四個人的筆談交往以及詩文唱酬。以下拈二則爲例。

十二月十三日，四人聚於李士棻所居旅館蘊和店，徐慶淳記云：

> 芋仙指壁上障子曰："君識此像乎？"余曰："莫是東坡先生乎？"曰："何以謂東坡先生？"曰："余聞唐伯虎所橅《東坡笠屐圖》行於世，今見笠屐之像，此真東坡先生耶？"芋仙曰："東坡先生是吾師。手橅先生之

---

① 衣若芬《睹畫思人：15至19世紀朝鮮燕行使的紀念圖像》，《故宮學術季刊》第33卷第2期，2015年。

② 徐慶淳《夢經堂日史》編三十二月初二日，《燕行錄全集》，東國大學校出版部，2001年，頁326—327。

③ 徐慶淳《夢經堂日史》編三十二月初九日，頁350。

④ 徐慶淳《夢經堂日史》編三十二月初五日(《夢經堂日史》此下皆未標頁碼，下不一一列出)。《夢經堂日史》之名乃方朔送徐慶淳蔡經拓本如其夢應而得名。

⑤ 徐慶淳形容他"年少，體胖，容貌豐晢"，是四人中最年輕者。

⑥ 參徐慶淳《夢經堂日史》編三十二月初八日。之所以約見於人蔘局，在《夢經堂日史》記十二月七日馬頭韓時良告訴徐慶淳："十年前，我使之入都，都中人士多有逢迎會集。自南匪以後，外藩人交通。邦禁至嚴，非但到處阻閣，並與赫蹄而不相來往。曾有雅契者，約會於蔘局，暫時立談。""南匪"指太平天國。朝鮮使臣居住的南小館附近有天泰、廣盛、廣元等人蔘局，販售朝鮮的補品藥物，如人蔘和清心丸，是贈送清朝友人的禮物。金正喜送過人蔘給翁方綱；徐慶淳送清心丸給方朔和李士棻。

像,揭安壁上,朝夕拜揖,以寓景慕之誠。"余曰:"東坡先生現今在世,吾輩當作床下拜。千載之下,獲瞻真照,敢不寓敬。"乃與書狀起揖。芋仙曰:"看君風貌,似吾師東坡先生,文章筆法在坡門,可以升堂入室。如弟者,敢在下風。"余曰:"兄之言何太妄也,面諛非友道也。"曰:"實實如此,自有月朝。"小東曰:"東坡之門,得有如兄者,弟亦當執鞭矣。"余曰:"今日之會,專爲愚弄老我而設耶? 不勝可慨。"芋仙曰:"言實由中,切勿見外。"芋仙曰:"情到之語,有同眷屬。對君青眼,吐我赤心。"余曰:"弟以兩兄,視若同胞,眷屬猶疎。"芋仙擊節歎賞曰:"今天下有此人耶! 傾心之言,刻骨不忘,幸逢知己,天涯咫尺。"

十二月十九日,徐慶淳記云:

　　晴。與澹人往蘊和店。芋仙方焚香煎茗,净服掃榻而待。少焉,小東亦至。芋仙曰:"今日,東坡先生生日也,兩兄不可無小像之贊。"余曰:"爲先生作贊,從古幾人。前人之作,至矣盡矣。吾輩荒陋之辭,何敢下筆乎?"芋仙固請不已,余牢拒不可得,乃書於紙曰:"千古文宗,千古忠肚。吾師吾師,可以千古。"芋仙欣聳擊節曰:"至哉文也! 善哉贊也! 前二句道盡先生平生;後二句兼寓景仰之思。先生英靈,必當許與於泉下。今日之會,亦有光於先生也。"余曰:"過矣! 吾非妄人耶?"芋仙又使余題之於小像之傍。余再三堅辭,又不獲已,以細楷題之,款識曰:"朝鮮進士郎中徐海觀慶淳獲瞻先生小像於楊梅竹斜街蘊和老店李士菜芋仙所館,作贊敬題。歲丙辰十二月十九日,先生生朝也。"

四人的交往很容易使我們聯想到:朝鮮洪大容(1731—1783)和金在行(1719—?)在 1766 年 2 月間,在燕京結識嚴誠、潘庭筠(1743—?)和陸飛(1720—1786),筆墨暢談的事蹟。巧合的是,李士菜居住的"楊梅竹斜街",位於琉璃廠東邊,在朴趾源(1737—1805)的《熱河日記》裏記作"楊梅書街",正是朴趾源試圖尋訪潘庭筠住處的所在①。

徐慶淳和申佐模適巧參加了李士菜張掛東坡小像、紀念東坡生日的壽

---

① 朴趾源《燕巖集》卷一四《熱河日記·避暑録》,《韓國文集叢刊》,民族文化推進會,2000 年,頁 282。鄭珉《18 세기 한중 지식인의 문예공화국:하버드옌칭도서관에서 만난 후지쓰카 컬렉션》(《18 世紀韓中知識人的文藝共和國:哈佛燕京圖書館所見藤塚鄰藏品》),京畿道坡州市:文學社區,2014 年,頁 444—459。

蘇會,看到了李士棻"焚香煎茗,浄服掃榻"的慎重。結合十二月十三日的記録,可以想見他題寫的東坡小像應該就是李士棻手摹的《東坡笠屐圖》。從徐慶淳的叙述,我們知道他聽説過有唐寅(伯虎,1470—1523)畫的《東坡笠屐圖》,可是没見過,見到畫中人戴笠著屐,便能辨識出即蘇東坡,蘇東坡作爲他們的"文化共主",溝通了他們相知相惜的友誼。

申佐模的詩透露了他對於壽蘇會的知識,以及這次壽蘇會的收穫:

地與人遐歲又千,茲來恭喜拜蘇仙。(自注:芋仙壁上,掛小坡小像,要余拜審。)軒髯笠屐圖堪證,真蹟烏雲帖尚傳。赤壁磯寒遺笛響,(自注:東坡生日,計陽四日。)墨梅堂邃嫋香烟。感君藏本分相贈,衣法眉山悟夙緣。(自注:芋仙出墨本二像,與海觀及余。)①

除了《東坡笠屐圖》,"真蹟烏雲帖尚傳""赤壁磯寒遺笛響""墨梅堂邃嫋香烟"幾句都導向清儒翁方綱主持的壽蘇會,以及翁方綱和朝鮮燕行使的交遊。朴齊家(1750—1805)曾經出使中國四次②,拜訪翁方綱,因翁方綱結識羅聘(1733—1799),1790 年,羅聘贈朴齊家墨梅圖,後來又爲朴齊家畫像,二者合爲《置之懷袖帖》③。東坡的《天際烏雲帖》和描繪進士李委在黄州赤壁爲東坡生日進獻"鶴南飛"笛曲的《李委吹笛圖》,都是翁方綱壽蘇會展示的作品。

申佐模和徐慶淳出使時,翁方綱已經去世,徐慶淳在琉璃廠打聽當代的著名書家,店主告訴他:"覃溪已故,何紹基赴任南州去。"④他行經翁方綱的弟子、大藏家葉志詵(1779—1863)的府邸,欲求見而不得,遺憾地説:"葉志詵,翁覃溪之婿也,筆蹟之東來,殆家橅而户帖,東人視若同域之人,

①申佐模《澹人集》卷五《拜審東坡小像》,《韓國文集叢刊》,民族文化推進會,2003 年,頁 309。

②分別在 1778 年、1790 年(兩次)和 1801 年。

③천진링(陳金陵)、문정희(文貞姬)《羅聘의 회화와 조선 친구》(《羅聘的繪畫與朝鮮友人》),《美術史論壇》第 2 號,1995 年,頁 347—362。박현규(朴現圭)《조선 朴齊家·柳得恭과 청 화가 羅聘의 畫緣》(《朝鮮朴齊家、柳得恭和清畫家羅聘的畫緣》),《韓國學論集》第 50 輯,2013 年,頁 69—96。

④徐慶淳《夢經堂日史》編三十二月四日。

而我獨不見面目而歸，可恨。"①

　　李士棻送給申佐模和徐慶淳墨本東坡像，可能就是他臨摹的《東坡笠屐圖》所依據的拓本。由琉璃廠的地緣關係推想，或許在那裏能夠買到這種複製品，便於臨摹和壽蘇雅集時使用。一般讀書人不需要像翁方綱一樣收藏古物和結交畫家繪製東坡圖像，壽蘇會的物質條件需求降低，有助於廣泛舉行。申佐模和徐慶淳帶墨本東坡像歸國，朝鮮半島遂增加了東坡像傳布的基底。

　　申佐模和徐慶淳無緣結識翁方綱及其蘇齋弟子，現存韓國所見的《東坡笠屐圖》則多與翁方綱的幅射影響有關，以下針對與翁方綱往來的朝鮮燕行使和《東坡笠屐圖》的東傳再加探討。

# 三　翁方綱的收藏與《東坡笠屐圖》傳入朝鮮

　　翁方綱接待過的朝鮮燕行使，包括前述的朴齊家、金正喜（秋史，1786—1856）②、申緯（紫霞，1769—1847）③、柳最寬（貞碧，1788—?）、沈象奎（斗室，1766—1838）等人，他們在翁方綱北京的石墨書樓主要觀覽東坡《天際烏雲帖》，最早的東詩編年注解，南宋施元之、施宿父子及顧禧注《施顧注東坡先生詩集》殘本，以及多幅古今東坡畫像與東坡詩意圖，是促進 19 世紀朝鮮王朝"東坡熱"，催生朝鮮文人舉行壽蘇會的重要機緣④。

　　以《東坡笠屐圖》爲例，翁方綱收藏了多幅《東坡笠屐圖》，畫的都是東

---

①徐慶淳《夢經堂日史》編三十二月七日。又，葉志詵並非翁方綱的女婿。翁方綱妻韓氏、妾劉氏及王氏。據翁方綱《翁氏家事略記》，女六人，韓氏生三女：長女訓適梁鉥；次女早夭；三女樹玉適王小誠。劉氏生三女：四女樹金適馮立鈞（馮銓六世孫）；五女樹齡適戈寶樹（戈源之五子）。翁方綱去世時，兒子樹端（娶朱筠女）、樹培（妻沙氏）、樹崑（妻葛廷蘭）均已先他而世，孫子引達（樹崑妾劉氏生）時年五歲。

②金正喜，字元春，號秋史、阮堂，朝鮮後期實學家、經學家、書法家、金石學家。著有《阮堂先生全集》。

③申緯，字漢叟，號紫霞，本貫平山，幼時便有神童之稱。能詩善畫，詩學唐；畫尤善墨竹，號爲三絶。著有《警修堂全藁》。申緯的卒年一說 1845 年。

④參衣若芬《睹畫思人：15 至 19 世紀朝鮮燕行使的紀念圖像》；衣若芬《書藝東坡》，上海古籍出版社，2019 年。

坡戴笠穿屐故事,依其造型,可槪分爲兩種,一是有執杖,以宋代趙孟堅(子固、彝齋,1199—1264)《東坡研背笠屐像》爲代表。二是無執杖,以明代朱之蕃(1557—1626)①摹宋代李公麟(伯時,1049—1106)繪《東坡笠屐圖》爲代表。翁方綱前後收藏過兩幅朱之蕃摹李公麟《東坡笠屐圖》,過程槪爲:

(1)乾隆四十八年(1783)顏崇榘(字運生,衡齋,1741—1811)贈送翁方綱朱之蕃摹李公麟《東坡笠屐圖》。2 月 23 日,翁方綱題寫。據翁方綱跋語,爲朱之蕃替張鍾山(京元)所繪,時爲萬曆四十七年(1619,己未)。顏崇榘購自江南泰興季氏,乃季振宜舊藏。顏崇榘先請桂馥題跋,後贈予翁方綱②。此畫現藏北京故宮博物院。

(2)1783 年 3 月 13 日,翁方綱請朱蘭圃摹顏崇榘贈送本爲軸,藏於寶蘇室,並作跋語。

(3)1802 年 2 月,翁方綱又得一朱之蕃摹李公麟《東坡笠屐圖》,畫作時間同爲 1619 年。此畫現藏廣東省博物館。畫面布滿翁方綱書於 1802 年 2 月和 3 月的多則題跋,文字與存世翁方綱文集所錄略有出入③。

此外,翁方綱還收藏有唐寅《蘇文忠公笠屐圖》、宋旭《東坡笠屐像》、王霖(春波)《東坡笠屐像》;題跋過黃易收藏的《東坡笠屐圖》,也欣賞過廣東的《東坡笠屐圖》④。他認識的畫家羅聘、朱鶴年(野雲,1760—1834)都畫過或臨摹過《東坡笠屐圖》。

---

①朱之蕃生年根據徐英章《中朝二位狀元的唱和詩》,《遼海文物學刊》1995 年第 1 期。詹杭倫《明朝狀元朱之蕃出使朝鮮考述》作生於 1561 年(《亞洲學術》,人民出版社,2006 年,頁 101—122)。정생화(鄭生和)《朱之蕃의 문학활동과 한중 문화 교류》(《朱之蕃的文學活動與韓中文化交流》,首爾大學國語國文學科碩士論文,2010 年)作生於 1558 年,卒於 1624 年。

②翁方綱撰,沈津輯《翁方綱題跋手札集錄》,廣西師範大學出版社,2002 年,頁 444。翁方綱《復初齋詩集》卷二六《顏衡齋學博於泰興季氏購得明萬曆己未朱蘭嵎侍郎爲張鍾山學使臨李龍眠東坡笠屐圖,屬未谷跋其後以贈方綱。今春蘇詩補注新刻成,而適得是圖,謹於蘇齋預舉今年臘月十九之集,邀魚門、瘦同、衡齋、穀人、芝山、仲子拜像賦詩》,《續修四庫全書》第 1454 冊,上海古籍出版社,2002 年,頁 593—594。

③詳參衣若芬《翁方綱藏兩幅朱之蕃〈東坡笠屐圖〉及其東亞影響》。

④翁方綱《復初齋文集》卷一三,《續修四庫全書》第 1454 冊,頁 467。

不像日本於 14 世紀便有《東坡笠屐圖》,18 世紀末葉之前,朝鮮未見關於《東坡笠屐圖》的記載。朴齊家見翁方綱的書畫收藏,對於《東坡笠屐圖》印象深刻,因而追懷翁方綱時援引入詩,云:

> 覃溪學士癖於蘇,燕處長懸笠屐圖。宛轉人行金石裏,恰如九曲螳穿珠。①

1809 年 10 月,金正喜以子弟軍官身份隨同父親金魯敬(1766—1840)前往燕京。隔年 1 月 29 日,由翁方綱門人李林松(心庵)引見,拜訪翁方綱於其保安寺街的"石墨書樓"。在石墨書樓,金正喜觀覽了翁方綱收藏的東坡《天際烏雲帖》、南宋《施顧注東坡先生詩集》殘本,以及李公麟《東坡金山像》、趙孟堅《東坡研背笠屐像》、唐寅《蘇文忠公笠屐圖》等作品。翁方綱認爲他所藏的陸恭(謹庭,1741—1818)舊藏《顧右痣本東坡像》最接近東坡真容,請朱鶴年摹寫一本贈予金正喜。

1810 年 2 月 1 日,阮元於燕京法源寺爲金正喜設宴餞行,在座有翁樹崑、朱鶴年、李林松、翁方綱的弟子洪占銓(介亭,1762—1812)等人。朱鶴年繪《秋史餞別宴圖》紀念,李林松作〈秋史餞別詩〉七首。金正喜歸國後,朱鶴年又寄贈金正喜翁方綱藏趙孟堅《東坡研背笠屐像》摹本②。

這件趙孟堅《東坡研背笠屐像》是翁方綱於乾隆三十一年(1766)在廣東購得。《東坡笠屐圖研并序》詳述了作品的形製和遞傳歷史:

> 研長八寸八分,廣五寸五分,厚一寸一分,背刻趙子固畫東坡像,戴笠著屐,手策竹杖,右"子固"二字印,下"文彭"二字,左"紫芝生藏"四字,下"俞鈄紫芝生"印,左側下"濟之"印,又下王澍識九字。研匣上虛舟自書贊。其序曰:"東坡在儋耳,嘗與軍使張中訪黎子雲,中途值雨,乃於農家假篛笠木屐載(自注:當作戴)。履而歸。婦人小兒相隨

①朴齊家《貞蕤閣四集·續裹人詩十八首》之三《翁覃溪(方綱)》,《韓國文集叢刊》第 261 册,民族文化推進會,2001 年,頁 540。又,1807 年謝恩兼冬至正使南公轍(1760—1840)讀了邵長蘅的《東坡生日唱和詩序》,得知宋犖壽蘇會張掛東坡笠屐像,不過他並未見過《東坡笠屐圖》。見南公轍《金陵集》卷二四《歐蘇畫像帖紙本》,《韓國文集叢刊》第 272 册,民族文化推進會,2001 年,頁 463—464。

②洪占銓《小容齋詩鈔》卷一〇《題蘇齋屬朱野雲繪趙子固研背東坡像寄朝鮮金秋史進士》,清嘉慶二十三年(1818)序刊本,葉 1a—b。

爭笑,邑犬爭吠。東坡曰:'笑所怪也,吠所怪也。'趙彝齋愛其瀟灑,因作巨研而勒圖其後。元末爲俞紫芝所藏。有明宏、正間歸之王文恪,已又轉入國博文三橋手。康熙丁亥十月舟過奔牛,忽得之市屠中,乃爲之贊。"云云。①

可知這方硯石背面有趙孟堅畫的《東坡笠屐圖》,收藏者包括元代的俞和(號紫芝生,1307—1382),明代的王鏊(字濟之,諡文恪,1450—1524)、文彭(三橋,1498—1573),清代的王澍(虛舟,1668—1743),王澍在康熙四十六年(1707)購於江蘇常州奔牛鎮。翁方綱於序文後作歌:

> 先生負瓢行歌時,豈意後人繪諸研? 嚴陵灘邊新月出,落水蘭亭神一變。脫帽晞髮狂歌呼,斯人儻亦蘇之徒。不知何處得此雨,歸態摩挲片石旋成圖。桄榔樹葉摘可書,誰謂青箬非吾須? 倏然策杖出塵墟。泥塗那復需人扶。固宜犬吠婦子笑,豈有如此笠屐之農夫。往者宋商邱,絹本出家藏。亦有王麓臺,吮筆蘇齋旁。千載招邀作尚友,只疑真有載酒堂,未若此研神致尤青蒼。俞紫芝,文三橋,流傳藝苑非一朝。凤愛濟之作贊語,誰知印章宛可覯。古墨熒熒照影寒,真研不損知者難。(自注:真研不損語見坡公墨蹟)。只應卻與周公謹,薄暮西泠放棹看。

詩裏提及宋犖(1634—1714)家藏絹本《東坡笠屐圖》,此圖與朱之蕃摹李公麟《東坡笠屐圖》類似。畫家王原祁(麓臺)爲蔣深(1668—1737)繪《蘇齋圖》,翁方綱作《題王麓臺蘇齋圖》②記之。

1812年7月18日,申緯以陳奏兼奏請使書狀官赴燕京,臨行前,金正喜贈詩送之,其中提及他在翁方綱處所見過的四件東坡畫像:

> 百摹雨雪總塵塵,(坡像雨雪詩本皆摹供蘇齋)又一九霞洞裏春。(坡像策杖一本。先生嘗題云:九霞洞開,策杖聲來)③顧右誌④傳松下

---

① 翁方綱《復初齋詩集》卷二《東坡笠屐圖研并序》,《續修四庫全書》第1454册,頁377—378。
② 翁方綱《復初齋詩集》卷四五,《續修四庫全書》第1455册,頁76。
③ 翁方綱《坡公像贊》:"此像摹自蘇齋,邀我友兮同儕,焚香對榻,稽首遙懷,仙風笠屐,大海雲迴,九霞洞開,策杖聲來。"時爲嘉慶五年(1800),沈津《翁方綱年譜》,"中研院"中國文哲研究所,2002年,頁375。
④ 若芬按:當作"痣"。

供，（陸謙庭①有顧右誌本，先生定爲真影）何如子固研圖人。②

言下之意，“雨雪詩本”“策杖像”“顧右痣本”都不如趙孟堅《東坡研背笠屐像》。朱鶴年贈予他的摹本曾經被友人借去，正值風雨交加，作品幾乎落水，虛驚一場。金正喜聯想到翁方綱收藏的落水本《蘭亭序》，作詩：

> 落水蘭亭念念塵，千川明月宰官身。蒼茫七百餘年後，又接人間笠屐因。③

申緯和金正喜一樣，也拜訪了翁方綱④，他後來收藏了翁方綱之子翁樹崑寄來的“坡像研背本”，加上舊藏趙孟頫“松雪本”東坡像、傳摹元人“笠屐本”，以及上官周“晚笑堂本”，共有四幅東坡畫像⑤。申緯仿照翁方綱的壽蘇會儀式，回國後在家裏和兒子申命準至少舉行過 6 次拜坡紀念⑥。1814 年申緯家的第一次壽蘇會，他懷念翁方綱和翁方綱收藏的東坡《天際烏雲帖》，還提及金正喜收藏的趙孟堅《東坡研背笠屐像》摹本：

> 天際烏雲第二無，墨緣萬里寶覃蘇。星秋霞碧如星散，腸斷蘇齋笠屐圖。（東坡笠屐像，秋史得於覃溪，今在秋史處。）⑦

申緯收藏的四本東坡畫像裏，“傳摹元人笠屐本”據說是宋犖重摹元人舊絹本，他在 1830 年的壽蘇儀式張掛此圖，有詩：“宋中丞本重摹絹，黎子

---

①若芬按：當作“陸謹庭”。

②金正喜《阮堂先生全集》卷一〇《送紫霞入燕十首并序》，《韓國文集叢刊》第 301 册，民族文化推進會，2001 年，頁 182。

③金正喜《阮堂先生全集》卷一〇《天賚借余笠屐圖去，值風雨，幾乎落水。英靈所在，至寶是保，書來相慰。笠屐圖，是趙子固硯背本也》，《韓國文集叢刊》第 301 册，頁 183。

④조규백(曹圭百)《申緯의 蘇東坡 受容 및 그 意義》(《申緯的蘇東坡受容及其意義》)，《藏書閣》第 28 輯，2012 年，頁 165—191。

⑤申緯《警修堂全藁》册三《蘇齋拾草序》，《韓國文集叢刊》第 291 册，民族文化推進會，2002 年，頁 49。

⑥分別於 1814 年、1818 年、1819 年、1830 年、1832 年、1833 年。

⑦申緯《警修堂全藁》册二《十二月十九日，重摹趙松雪畫東坡遺像，仍以星原舊贈蜀石二十三枚，新溪紗羅江四十枚，沉水銅盆，作東坡生日有詩紗羅江在新溪縣西十里》（其三），《韓國文集叢刊》第 291 册，頁 36。

雲家舊笠簷。"①1837 年的壽蘇會也談及笠屐圖："笠屐虔誠拜公像,苔岑惆悵散晨星。"②"百坡海外化身千,笠屐家家喚下仙。"③

　　以金正喜和申緯爲主導,壽蘇會及《東坡笠屐圖》的相關知識訊息在朝鮮士人間流傳,從而形成風尚。例如金正喜和申緯的友人李明五(士緯,1750—1836)有《戲題漫堂宋犖模本東坡笠屐圖像後》：

　　　　坡公千載魂,我因識神記。目擊道存處,靈光寄所寄。胷衿自散朗,天遊無一事。認是黎家來,半途風雨至。木屐高欲折,篛笠欹如醉。狼籍泥中跡,淋漓濕巾帔。學士幻農夫,仙佛無定位。自來吠邑犬,誰令禦山魅。回風與驟雨,似作笑罵意。我自不耐熱,看書亦束寘。今日是何日,默契笑相視。靈氣元不散,往劫同即地。使人忽颯爽,光景難一二。風若衣裳亂,雨如几案墜。灑灑毛髮森,泠泠心肺漬。朱炎顧何有,頓生秋意思。不能寫髯鬚,禿筆七分媿。渺然亦遷客,曠感聊復識。④

李明五觀賞的宋犖模本《東坡笠屐圖》應該即是申緯的收藏。

　　金正喜父子和申緯父子都曾經摹寫家藏的東坡畫像,金正喜之子金商佑摹寫朱鶴年摹翁方綱舊藏《顧右痣本東坡像》;申緯和兒子申命準摹寫趙

---

① 申緯《警修堂全藁》册一六《十二月十九日之翌日,追作坡公生日。家有坡像凡四本而隨篋者,即宋牧仲重摹元人舊絹本也,借公集雪後書北堂壁二詩韻爲賦》,《韓國文集叢刊》第 291 册,頁 360。

② 申緯《警修堂全藁》册二五《臘十九坡公生日,用墨農進士所示軸中韻,因寄墨農》,《韓國文集叢刊》第 291 册,頁 554。

③ 申緯《警修堂全藁》册二五《翌日,蕉硯追作坡公生日詩寄來,即用原韻爲謝答》,《韓國文集叢刊》第 291 册,頁 554。

④ 李明五《泊翁詩鈔》卷九《戲題漫堂宋犖模本東坡笠屐圖像後》,《韓國文集叢刊續》第 102 册,韓國古典翻譯院,2010 年,頁 164。李明五《泊翁詩鈔》卷五有詩《送別申紫霞緯入燕》,《韓國文集叢刊續》第 102 册,頁 84。《泊翁詩鈔》卷六有詩《紫霞約會秋史,菊人。而諸君未諧,予亦病不能。紫霞其夜,與徐内翰斐然、柳檢書伯教、達曙吟詩,送示全卷於余。遂走筆和呈》,《韓國文集叢刊續》第 102 册,頁 103。又,李明五於1811 年擔任朝鮮通信使,帶三幅金正喜的作品赴日。參鄭恩主(鄭恩主)《1811 년 쓰시마 통신사행의 서화 교류》(《1811 年對馬通信使行的書畫交流》),《東亞文化研究》第 60 輯,2015 年,頁 133—167。

孟頫“松雪本”東坡像。以下僅就存世朝鮮繪製《東坡笠屐圖》畫例再加探析。

## 四　存世朝鮮繪製《東坡笠屐圖》舉隅

### （一）金正喜

金正喜繪《東坡笠屐圖》爲個人收藏，紙本墨畫，85x22cm（圖 1）①。詩塘有金正喜題寫：

> 嘉慶戊午計得坡公《嵩陽帖》三十春，王生自謂笠下傳神，豈即所謂青眼看人者邪〔人〕②。此是王春波所摹本，蘇齋原題也。春波非從真像摹取，以意想象而爲之，故蘇齋所題如是耳，老蓮書。

“老蓮”乃金正喜別號，此畫題語下鈐“秋史翰墨”印。由題語可知：這件《東坡笠屐圖》的原畫者爲王霖（春波）③，金正喜摹寫王霖的畫作，並抄錄了翁方綱爲王霖畫寫的跋語。

王霖曾經贈送翁方綱《東坡笠屐圖》，見於翁方綱爲陳廣寧（字靖候，號默齋，又號雪樵，山陰人，？—1814）所作《雪樵拓得風水洞蘇公題名見寄》：“連晨風墮仙翁影，笠下神來光耿耿。”句下翁方綱自注：“王春波、賈素齋④皆以坡公笠屐圖見惠。”事在嘉慶三年（1798）⑤，即題語中所云“嘉慶戊午”。“坡公《嵩陽帖》”即《天際烏雲帖》，翁方綱於乾隆三十三年（1768）10月 8 日在廣州購得⑥，至嘉慶三年正好三十年。

趙冕鎬（1804—1887）是金正喜“秋史學派”一員，善於書藝，他舉行的

---

①http://m. blog. daum. net/mt0047/935？tp_nil_a＝2.（2019 年 8 月 15 日檢索）

②若芬按：“人”字可能重出。

③王霖爲江寧人，金正喜記其“以畫佛像法寫士女，倍覺莊靜”。《畫林抄存》，《阮堂尺牘》，首爾大學校奎章閣韓國學研究院據首爾大學校奎章閣藏本影印，2006 年，頁 366。

④賈崧，字素齋，無錫監生。

⑤翁方綱《復初齋詩集》卷五一，《續修四庫全書》第 1455 册，頁 142。

⑥參翁方綱《復初齋詩集》卷五《蘇文忠天際烏雲帖歌》，《續修四庫全書》第 1454 册，頁 404。衣若芬《書藝東坡》，頁 145—176。

壽蘇會也有笠屐圖①。1840 年，金正喜被任命爲冬至
副使，期待二度赴燕京，不料捲入朝廷政治鬥争，被貶濟
州島九年。1849 年金正喜返回首都，1851 年 7 月又被
流放到咸鏡南道北青郡（今屬朝鮮）一年，趙冕鎬觀看金
正喜收藏的兩件東坡畫像，當時金正喜在北青，趙冕鎬
睹畫思人：

> 　　一是朱野雲摹，吳下真本，覃公有題。一是重
> 摹，王春波笠屐本，阮翁倣覃題者也，悉琅嬛舊藏。
> 阮翁今吟鵬青城，不可以合并。

> 　　春波笠屐野雲冠，想見覃公下筆難。自具瓣香
> 緣一宿，青城書去報平安。②

所謂"朱野雲摹，吳下真本"，即朱鶴年摹《顧右痣本
東坡像》，畫上有翁方綱題語，此畫金正喜之子金商佑曾
經摹寫，現藏韓國澗松美術館。重摹的"王春波笠屐本"
可能即本幅，如趙冕鎬所述，上有金正喜仿翁方綱的題
語，這兩件皆翁方綱舊藏。

前述金正喜收藏四件東坡畫像，其中並無王春波
本，未詳金正喜何時取得。金正喜的門人李尚迪（藕船，
1803—1865）爲翻譯官，曾經 12 次出使清朝，與中國文
人多有交遊。咸豐二年（1852）李尚迪爲中國畫家程庭
鷺（字序伯，1769—1858）畫的《蘇文忠公笠屐圖》中，提
及"余嘗見覃溪舊藏王春波摹笠屐圖，乃豐碩而多

圖 1　金正喜《東坡
笠屐圖》（個人收藏）

髯"③。本幅金正喜摹《東坡笠屐圖》的東坡正是"豐碩而多髯"。畫中的東
坡頭戴竹笠，足登木屐，右手牽提衣襬，左手撫著彷彿被風吹拂的長鬚，圓
潤的面龐側向左方，隱約含笑。這樣從容自得的姿態，與朱之蕃摹本畫東

---

①參趙冕鎬《玉垂集》卷八《坡公生日，夜燒香於笠屐像前。曉月在窗，有懷同人》，《韓國
　文集叢刊續》第 125 册，韓國古典翻譯院，2011 年，頁 256。
②趙冕鎬《玉垂集》卷四《揭坡像二幀小解》，《韓國文集叢刊續》第 125 册，頁 126。
③李尚迪《恩誦堂集續集·文》卷二《題蘇文忠公笠屐圖》，《韓國文集叢刊》第 312 册，民
　族文化推進會，2003 年，頁 241。

坡雙手攝衣、小心翼翼宛如涉水前行的狼狽模樣迥異其趣。

（二）許維

　　許維（小痴，後改名許鍊，1809—1892）因金正喜友人權敦仁（字景羲，號彝齋，1783—1859）①介紹，追隨金正喜學習。金正喜見許維好畫山水，緣元代畫家黄公望（大痴）之號，爲許維取號“小痴”。許維事師甚堅，三度前往濟州島探視金正喜②。許維善山水及人物畫，接續中國南宗繪畫傳統，爲朝鮮時代卓然名家，著有《小痴實紀》《夢緣録》。

　　許維的《東坡笠屐圖》有多本存世，本文談的是韓國澗松美術館的藏品，紙本淡彩畫，100×22cm（圖 2）。本幅的造型極似前述金正喜作品，相異點主要在於筆法、人物體態和面部表情。許維本較金正喜本線條柔和少波折，體態較清秀，眼睛較圓而大，眼下有明顯的卧蠶，臉龐斯文，表情堅定，整體帶有書卷氣質。

圖 2　許維《東坡笠屐圖》（韓國澗松美術館藏）

---

①權敦仁兩度出使清朝，1813 年爲書狀官。1836 年爲進賀謝恩正使。
②《小痴實紀》，首爾大學校奎章閣韓國學研究院，2006 年，頁 16。

　　金正喜在濟州島給權敦仁的書信中，提起許維畫的《東坡笠屐圖》：

　　　　中秋之夕，伏承七月既望出下書，纔是一月近信，欣躍過望。笠屐
　　圖，神采光焰，又於顴痣硯背之外，別傳一副真相。水月分影，百億變
　　現，廬山八萬偈，有此無盡藏。況上面匀定題品，宛是蘇齋神髓。此紙
　　妙天下者，非獨一龍眠盤石藤枝也。痴之筆力，雖非自出機杼，下真跡
　　一等，不減唐摹晋帖。懸之座隅，日侍其旁，如西陂故事。坎窞之得此
　　清净法緣，非匀注所及，何以辦有也。①

　　金正喜將許維的畫和自己收藏的朱鶴年摹《顧右痣本東坡像》和趙孟
堅《東坡研背笠屐像》相提並論，認爲可與前二作鼎足。"宛是蘇齋神髓"
"痴之筆力，雖非自出機杼，下真跡一等"諸句，意謂許維此畫乃摹翁方綱藏
本，唯妙唯肖。金正喜説的這件在他人生坎坷之際，學宋犖（西陂）懸掛東
坡畫像以圖清净超脱的作品，未詳是否即澗松美術館藏本。筆者推測，即
使並非同一件作品，形製可能差别不大，因存世幾件題爲許維畫的《東坡笠
屐圖》造型都很接近，其中一本還注明"王春波摹本"。此外，許維用《東坡
笠屐圖》爲模範，爲金正喜繪《阮堂先生海天一笠像》。畫中人即金正喜，穿
屐戴笠，鬚髯較澗松美術館本許維《東坡笠屐圖》濃密，面容較清瘦，眼睛細
長，姿態差異在於《阮堂先生海天一笠像》人物的右手並未牽起衣襬，而是
撫著腰帶下方。没有東坡故事遇雨借笠屐的背景，《阮堂先生海天一笠像》
的金正喜更爲從容自適。

　　澗松美術館本許維《東坡笠屐圖》上有趙熙龍（字致雲，號壺山、丹老，
1789—1866）的題語：

　　　　生平計得公像不下數十本，顴頰與鬚眉，種種即相反，無怪乎千載
　　之下真影不可挽。至夫金精玉潤之氣，文章經術之姿，大都不相遠。
　　如是我聞，觀世音以千億化身，各俱清净寶相，與日月常鮮，使人起此
　　願悃。丹老恭題

　　趙熙龍書畫學習金正喜，觀本幅書蹟，即爲"秋史體"。他曾經於 1852

①金正喜《阮堂先生全集》卷三《與權彝齋敦仁［二十四］》，《韓國文集叢刊》第 301 册，
　頁 63。

作壽蘇會，懸掛笠屐圖①，未詳是否與本幅有關。本幅題語與中峰慧皓的《東坡笠屐圖》上也有類似的題記，後文再叙。

### （三）中峰慧皓

首爾奉恩寺畫僧中峰慧皓描繪的《東坡笠屐圖》現藏韓國中央博物館②，紙本淡彩，106.5×31.4cm（圖 3）。奉恩寺和金正喜頗有因緣，他爲奉恩寺書寫的板殿至今仍懸掛寺中，爲首爾市第 83 號有形文化財。中峰慧皓摹本《東坡笠屐圖》的人物造型和金正喜、許維的摹本類似，都是所謂"王春波摹本"，東坡左手撫長鬚，右手牽起衣擺，面容和藹，鼻子高挺，嘴角微笑，眼睛如眯，顯得慈祥雍容。畫上有"蘇文忠公笠屐像""中峰堂摹"等字，應出一人之手。"中峰堂摹"下，鈐"一樹梅下屋""石不能言最可人"印。

畫面詩塘部分有題記：

生平計得公像，凡爲數十本。顴頰與鬚眉，種種即相反。杳杳千載上，無怪乎真影不可挽。至夫金精玉潤之氣，經術文章之姿，大都不相遠。如是我聞，觀世音以千億化身，各具清净寶相，與日月常鮮。果巖畫

下鈐"洪晋裕印"。

洪晋裕（果巖，1853—1884 以後）的行書也是秋史體。對照前文趙熙龍的題記，可知所謂"果巖'畫'"的意思是前有所承，依樣而寫。如果趙熙龍的題記是其原創，則洪晋裕的文字即是内容和形式皆仿照趙熙龍。兩篇題記的最大差異在於洪晋裕没有趙熙龍的

圖 3　中峰慧皓《東坡笠屐圖》（韓國中央博物館藏）

①趙熙龍《畫鷗盦大雪中懸坡公笠屐像，焚香置茶，與洪朱兩生，作坡公生日。壬子十二月十九日也》，實是學舍古典文學研究會編《趙熙龍全集》第 4 册《又海岳庵稿》，京畿道坡州市：Hangil 藝術，1999 年，頁 154—156。

②https://www. museum. go. kr/site/main/relic/recommend/view? relicRecommendId＝165924.（2019 年 8 月 23 日檢索）

最末句"使人起此願悃",或許畫幅空間不够,僅至"與日月常鮮"句。

　　兩篇題記顯示幾點重要的訊息：

　　第一,19世紀中葉以後,流傳在朝鮮半島的東坡畫像已經有數十本,相較於19世紀初金正喜和申緯等人出使燕京時,對於東坡畫像的貴惜之情,不可同日而語。

　　第二,"顴頰與鬚眉,種種即相反"句,承襲翁方綱、金正喜對於東坡畫像是否符合東坡長相的研究討論,至此稍歇。從考證東坡樣貌和析論畫作構成,轉向重視畫中人物的意象氣質——"金精玉潤之氣,經術文章之姿"。

　　第三,《妙法蓮華經·普門品》云："佛告無盡意菩薩,善男子,若有無量百千萬億衆生,受諸苦惱,聞是觀世音菩薩,一心稱名,觀世音菩薩即時觀其音聲,皆得解脱。"既然不執著於何種相貌才是東坡的真容,如同"觀世音以千億化身,各具清净寶相",即使東坡不像觀世音"千處祈求千處應,苦海常作渡人舟",東坡畫像依然能够"與日月常鮮"。這種將東坡神格化的比喻,合於中峰慧皓的僧人身份,洪晉裕適當取材；而在洪晉裕之前,趙熙龍便有將東坡詩裏"化爲百東坡"的文句延伸到觀世音菩薩化身千億的説法,頗具巧思。

　　這件作品右下還有金玉均（字伯蘊,號古遇,1851—1894）的題記："此像得之於金剛比丘　寄贈静菴大兄　古愚伯蘊。"下鈐"墨緣""愚"印。金玉均是朝鮮時代主張親日本反清朝的"開化黨"領袖,曾經於1884年發動甲申政變,挾持朝鮮高宗,殺害朝廷權貴,事敗後亡命日本,1894年在上海被朝鮮刺客殺死。因此,金玉均贈送權静菴①的時間在1884年之前,可能"金剛比丘"即奉恩寺僧人中峰慧皓或其傳人。

**（四）李用霖**

　　李用霖（字景傅,號雨蒼,1839—?）摹本《東坡笠屐圖》現藏韓國中央博物館②,紙本淡彩,72.5×30.5cm（圖4）。李用霖是金正喜弟子,朝鮮燕行

---

①根據畫幅周圍朝鮮理學家李退溪後代李家源（淵民,1917—2000）在1981年（辛酉）的題記。

②https://www.museum.go.kr/site/main/relic/recommend/view? relicRecommendId=165924.（2019年8月23日檢索）

使譯官李尚迪之子,善畫山水人物①。和上述三件作品相比,李用霖的摹本仍屬於"王春波摹本"一系,還是東坡左手拂著飄動的長鬚,鬚髯較爲濃密,右手牽起衣襬。東坡的面容較顯老態,鼻頭較長,眼窩浮腫,眼下皺紋和嘴角法令紋較深,左眼的眼珠位置稍偏,眼神疲憊,整體看來帶有滄桑感,顯示畫家對於東坡在海南島的體認及同情。

圖4　李用霖摹本《東坡笠屐圖》(韓國中央博物館藏)

李尚迪也舉行過壽蘇會,1846年的壽蘇會題寫過《東坡笠屐圖》:

維月建丑日十九,是日立春亦非偶。今去公生八百年,人間幾度酹春酒。酹酒三蕉香一爐,仿佛靈風來畫圖。笠影婆娑煙雨裏,半生春夢滿江湖。瓊樓玉宇不歸去,泥中扶醉胡爲乎。詩案百篇讒不死,黨碑千尺名俱峙。眼高四海空無人,(用坡公贊李白句)謫仙風流略相似。清游苦愛赤壁磯,江山風月無是非。下界何來紫裘客,笛聲吹送鶴南飛。復有劉郎壽松鶴,多情不僅慰天涯。公神如水隨處得,何況

―――――――――

① 吳世昌《槿域書畫徵》,啓明俱樂部,1928年,頁257。

東海袖中碧。紙牎竹屋思依然，辛盤蒿韭更生色。借問老簪花勝日，曾否有此讌弧席。文昌褉録，東坡立春日簪幡勝，子侄輩笑指云："老人亦簪花勝耶。"①

詩中提到東坡元祐七年（1092）57 歲時，友人劉季孫（字景文，1033—1092）贈送的古畫《松鶴圖》，東坡有詩《生日蒙劉景文以古畫松鶴爲壽且貺嘉篇次韻爲謝》記之。李尚迪的詩除了"笠影婆娑煙雨裏"説明笠屐圖的主題，没有描述畫面和形製，未詳是否即李用霖圖繪之所據。假若如趙熙龍所云，當時有數十本東坡畫家流通，其中必然包括笠屐主題圖，從現存畫作看來，以"王春波摹本"的影響最大，有如朝鮮《東坡笠屐圖》的基本範式。

# 五　結語

本文從 1855 年朝鮮燕行使書狀官申佐模和從事官徐慶淳與中國士人方朔、李士棻交往過程中呈現的蘇軾文化意象談起，得知中朝士人皆推崇蘇軾，四人共度紀念蘇軾生日的"壽蘇會"，朝鮮燕行使並獲得李士棻贈送的《東坡笠屐圖》摹本，爲朝鮮的《東坡笠屐圖》再增添作品。

翁方綱和朝鮮使臣朴齊家的交遊，爲《東坡笠屐圖》訊息東傳的濫觴。其後金正喜、申緯不但獲翁方綱收藏的《東坡笠屐圖》摹本，帶回國後還讓兒子臨摹，在壽蘇會展示，促進了《東坡笠屐圖》的流傳。

《東坡笠屐圖》的造型，可概分爲兩種，一是有執杖，以宋代趙孟堅《東坡研背笠屐像》爲代表。二是無執杖，以明代朱之蕃《東坡笠屐圖》爲代表。今所見朝鮮時代的《東坡笠屐圖》，有别於上述二者，如金正喜、金正喜的弟子許維、畫僧中峰慧皓，以及金正喜弟子李尚迪的兒子李用霖的作品，畫東坡穿屐戴笠，左手撫長鬚，右手牽衣擺，圖像相近，題跋或有承襲，是清代畫家王春波的摹本。

本文修訂之際，適巧南京大學金程宇教授寄來圖像（圖 5）垂詢，正是王春波摹本《東坡笠屐圖》又一實例。金教授示知，此畫爲德富蘇峰（1863—1957）舊藏，乃大正四年（1915）八月鮎貝房之進（1864—1946）於京城（今韓

---

① 李尚迪《恩誦堂集》卷九《立春日，邀同人讌東坡生辰，賦長句題笠屐像後》，《韓國文集叢刊》第 312 册，頁 201。

國首爾）所贈。

圖 5　朝鮮《東坡笠屐圖》（金程宇教授藏）

　　鯰貝房之進畢業於東京外國語學校朝鮮語學科，1894 年赴韓國教書，是研究韓國民俗學者，著有《朝鮮國名考》《朝鮮姓氏·族制考》等書。德富蘇峰爲政論家、思想家，著述豐富，交友廣闊，他於 1910 年擔任朝鮮總督府機關報《京城日報》的監督。鯰貝房之進長期在韓國，閱歷文史資料，1916 年擔任朝鮮總督府博物館協議員，想必寓目或經手的書畫作品也不少，這件《東坡笠屐圖》上有題語：

　　　　覃谿云：嘉慶戊午計得坡公嵩陽帖三十春，王生自謂笠下傳神，豈即青眼看人者邪。

　　文字與前述金正喜繪《東坡笠屐圖》題語幾乎一致，可知王春波摹本《東坡笠屐圖》在韓國流行，和日本室町時代以來帶有禪意的《東坡笠屐圖》大異其趣。

　　文圖學的研究思路，開拓了東亞文化交流的視野。從《東坡笠屐圖》的傳承和摹寫，我們可以得知東坡笠屐故事的文字文本和圖像文本結合爲東坡形象，成爲中朝士人溝通的橋樑。20 世紀初的日本知識分子在韓國接觸朝鮮燕行使傳承的《東坡笠屐圖》，擴大了此類繪畫模式的流通範圍。

（作者單位：南洋理工大學中文系）

# 邦交與罪罰:1764 年朝鮮通信使行 "殺人事件"與朝日關係[*]

黄修志　鄭嘉琳

　　17 世紀初期,德川家康授意對馬島宗氏與朝鮮交涉,以修復豐臣秀吉沖蕩的兩國關係,在對馬宗氏僞造國書的努力下,壬辰戰争後朝日斷交的局面出現新轉機。1607 年,朝鮮派出"回答兼刷還使"前往日本,1617、1624 年又派出兩次此類使團,刷還壬辰戰争期間被擄的朝鮮人。1635 年,日本圍繞"柳川一件"裁定對馬宗氏僞造國書無罪,次年,朝鮮在戰後正式派遣通信使赴日,與江户幕府開啟了真正意義上的邦交序幕,此後逐漸制度化。從 1636 年至 1811 年,朝鮮共派遣九次通信使,由通信使遞送國書、對馬島主護行和江户幕府接應構成禮儀表演,漸成常規舊例,既滿足了江户幕府對統治合法性的需求,又推動了兩國關係和東亞秩序的穩定發展。然而,兩國邦交看似波瀾不驚,卻隱藏著雙方難以消除的芥蒂。朝鮮英祖三十九年(1763 年,乾隆二十八年,日本寶曆十三年),德川家治襲職,江户幕府照例邀請朝鮮通信使前往江户祝賀。次年(1764 年,乾隆二十九年,日本明和元年)通信使歸國途徑大阪時卻遭遇"殺人事件",使團都訓導崔天宗被日本對馬藩傳語官鈴木傳藏殺死。此事件打破了使行禮儀表演的平静表象,迫使朝鮮使團滯留一月,待監斬犯人後才返回朝鮮。

---

\* 本文係山東省泰山學者工程專項經費資助項目(tsqn201812095)和國家社科基金青年項目"朝鮮王朝'三十年危機'與東亞秩序轉型研究"(21CSS018)階段性成果。

　　在殺人事件的非常態下，朝日兩國各種角色被牽涉其中，經歷斡旋、磋商、刑偵、爭論、判罰、善後等，體現了朝日在邦交、罪罰等層面的實際運作機制，可謂提供了考察朝日兩國邦交"活"的制度史的契機①。管見所及，國內學界對於崔天宗被殺事件尚無專門研究，主要關注兩國文人在使行中的文學交流和文化交流②，但有學者留意到此事件③。夫馬進在相關論文中提及此事乃"連幕府都爲之震動的大事件"，但限於文學交流的主題並未深究④。池内敏《「唐人殺し」の世界：近世民衆の朝鮮認識》可謂里程碑之作，主要介紹了此事件的發展過程及其催生的各種文藝作品，進而闡釋日本近世民衆對朝鮮的認識⑤。由於此事件被日本改編爲各種文藝作品（如小説、歌舞伎、浄琉璃等），故韓日學者更多關注殺人事件衍生的歷史文化後果，事件脈絡僅作爲輔助性史料⑥。一些研究圍繞 1764 年通信使留下的使行記錄本身進行剖析，聚焦於記錄者的身份階層、叙述方法、關注重點及

①關於"活"的制度史，參見鄧小南《走向"活"的制度史——以宋代官僚政治制度史研究爲例的點滴思考》，載《浙江學刊》2003 年第 3 期；鄧小南《再談走向"活"的制度史》，載《史學月刊》2022 年第 1 期。

②代表性的研究如張伯偉《漢文學史上的 1764 年》，載《文學遺産》2008 年第 1 期；葛兆光《文化間的比賽：朝鮮赴日通信使文獻的意義》，載《中華文史論叢》2014 年第 2 期；韓東《十八世紀朝日文人的"文會"與"文戰"》，載《北京社會科學》2017 年第 6 期；年旭《明清鼎革後日朝通信使筆談中的"中華"觀碰撞》，載《世界歷史》2021 年第 2 期。

③葛兆光《且借紙遁》，廣西師範大學出版社，2014 年，頁 184。趙建民《17—19 世紀初東亞地區的文化交流——朝鮮通信使訪日與朝日對中國歷史文化的關注》，載氏著《晴雨耕耘録——日本和東亞研究交流文集》，上海人民出版社，2014 年，頁 436。黄修志《〈趙濟谷海槎日記〉解題》，載《朝鮮通信使文獻選編》第 5 册，復旦大學出版社，2015 年，頁 6—7。

④夫馬進《1765 年洪大容的中國京師行與 1764 年朝鮮通信使》，載《復旦學報》（社會科學版）2008 年第 4 期。

⑤池内敏《「唐人殺し」の世界：近世民衆の朝鮮認識》，臨川書店，1999 年。

⑥如朴贊基『화한노포정밀기』와『寶曆物語』》，載《일어일문학》2000 年第 14 輯。安代洙《崔天宗 殺害事件을 소재로 한實錄體 小説 연구》，慶熙大學校博士學位論文，2013 年。

其影響等方面,殺人事件僅爲一部分①。總體來説,以往研究仍有不少解釋空間,如朝日兩國通過此事件而展現的邦交應急處理機制、跨國刑事犯罪審判機制、朝鮮在處理朝清和朝日跨國殺人案的不同態度、前近代朝日兩國的刑罰體系、兩國在華夷觀念之外的真實認識及其對前近代東亞秩序的意義等,皆是需要進一步探索的重要問題。對此,筆者不揣淺陋,主要從前近代朝日邦交制度和東亞刑罰體制的角度闡釋此次事件折射出的多元内涵與複雜影響,從側面理解朝鮮"小中華"思想中的日本因素。

## 一　1764年朝鮮通信使與崔天宗被殺

　　1760年(乾隆二十五年,英祖三十六年,寶曆十年),德川家重退位,其長子德川家治作爲第十代征夷大將軍(關白)襲職,三年後邀請朝鮮通信使前往日本江户慶賀,朝鮮政府隨即派遣正使趙曮(1719—1777,字明瑞,號濟谷)、副使李仁培(1716—1774,字季修,號廻溪)、從事官金相翊(1721—1781,字仲佑,號弦庵)作爲三使,率領由四百六十二人組成的通信使團前往江户,使行過程中凡遇重大事務,皆由三使共同商議決策。

　　使團一行於八月三日自漢城出發,二月十六日抵達江户,其間因關白母忌,使行進程一度遲滯,於此停留二十三天。傳命任務完成後,三月十一日發船返回朝鮮。1764年通信使團由時任對馬島主的宗義暢護行。自朝日兩國恢復交鄰關係且通信往來後,對馬藩便以"中間人"角色負責對朝事務。日本學者鶴田啓指出,對馬藩使得江户幕府以可支配的形式實現對朝

① 如池内敏《계미통신사(癸未信使)의 통역들,노트》,載《동아시아 문화연구》2011年第49輯。한수희『萍遇録』을 통해 본 朝,日 學人의 友好와 그 이면》,載《漢文學報》2013年第28輯。閔德基《최천종 살해사건으로 본 19세기 중반 通信使의 대마도 인식》,載《한일관계사연구》2014年第21輯。李昡周《1763년 癸未通信使 使行文學의 서술방식 비교연구:崔天宗 被殺事件을 중심으로》,高麗大學校碩士學位論文,2015年。이성형《永湖 趙曮의 通信使 使行文學 研究——二元的 文學世界 分析을 中心으로》,載《漢文古典研究》2017年第35輯。장진엽《원중거의 승사록 소재 필담 검토——서술 의도와 효과를 중심으로》,載《韓國漢文學研究》2020年第79輯。許敬震著,劉婧譯注《朝鮮時期的文藝復興與中人》,中華書局,2021年,頁342—351。

外交,幕府很少直接進行談判,大部分情況下都是對馬藩對朝交涉,這也成爲了朝鮮與日本直接交流的視窗①。對馬島的"護行"對國書的順利送達、維持朝日兩國間的關係極爲重要。與此同時,由於對馬島的特殊性及兩國習俗、制度的不同,"護行制"的實行也醖釀著1764年通信使使行途中的緊張氛圍,兹就以下兩例予以一覽。

第一,朝鮮使臣批評對馬島人日益癡迷錢財的風氣。位於朝日兩國間的對馬島極爲狹小,"地方東西三百里,南北八十里……土地瘠薄,生穀甚少,居民生涯,專以漁采",其經濟和民生極度依賴與朝鮮之貿易。趙曮認爲對馬島"居朝鮮之舊地,世受朝鮮之圖書,又以公米公木藉以生活,則便是朝鮮之外服也",對馬島主也表示"馬島無異朝鮮之人,凡事視同內服",雙方形成一定的從屬關係。但日本對朝外交由對馬藩全權負責,朝鮮使團赴日也依賴於對馬藩一路護行,所以兩國穩定的交鄰關係能够促進對馬島經濟發展,鞏固島主宗氏的地位。但18世紀後期,江户日本的經濟整體上不容樂觀,對馬島"規外希財之差倭閲歲不歸,居間漁利之奸習逐日益甚",且奢靡之風盛行,加劇財政緊張②,引起趙曮批評。

第二,赴江户航行途中,兩國人員圍繞天氣及"曳船不迎"等問題時有争吵,對彼此懷有成見。針對天氣問題,兩國船工常因意見不同而"相持不發"。通信使團停留西泊浦,日本沙工認爲可以行船,但朝鮮"沙工以變風爲慮,相持不發",次日兩國船工對天氣的預測恰好相反,趙曮認爲"有若報復再昨日之事"。藍島水域渡涉艱險,而通信使渡險海時,日本負責曳船官員缺席,致使通信使涉險,物資受損。事後追責,馬州奉行裁判將職責推諉至筑州奉行身上,後者則爲其瀆職找藉口,對馬島主自認"不善護行",又因"慮相見時多發難處之事",稱病爽約。趙曮認爲,曳船事件的最終責任人仍是對馬島主,"此島曳船,雖是筑州所管,信使護行,專管馬州守職掌"。後續崔天宗事件也可顯現島主宗義暢消極的處事態度③。

1764年,通信使順利完成遞送國書的使命後從江户啟程回國,使行接近尾聲。四月七日,通信使停留大阪城,在西本願寺夜宿時,通信使都訓導

①鶴田啟《對馬からみた日朝關係》,山川出版社,2014年,頁67—70。
②趙曮《趙濟谷海槎日記》,載《朝鮮通信使文獻選編》第5册,頁39—40、44。
③趙曮《趙濟谷海槎日記》,載《朝鮮通信使文獻選編》第5册,頁37、57—61。

崔天宗遇刺,通信使團對此反應各異,"三使與一行相會,驚愕憤痛,有不勝言","一行上下莫不憤憤,欲即地窮查,片裂賊人,以伸死者之冤","行中諸人枉生疑惻,如坐針氈上,或有驚悸生病者,多有從速乘船之請,舉措有駭聽聞,辭説或涉危懍",都訓導崔天宗被倭人所刺無疑是"有使行以來所無之變怪",趙曮深感"威不足以懾倭,信不足以感人……慚愧憤惋,不暇尤人"①,作爲統領使團事務的正使,他在案件查明前初步採取了如下措施:

首先,派遣醫員,搶救天宗,詢問情況。當日,通信使通過案發現場的匯報瞭解到崔天宗遇害情況:

> 天宗流血淋漓,氣息奄奄,猶能以手按喉,具言其被刺之狀。以爲雞鳴後開門告課,歸卧寢所,曉睡方濃之際,胸膈忽然遽遽,驚覺見之,有人據胸而坐,以刃刺喉,故疾聲大呼,忙拔其刃,急起欲捉。則賊人蒼黄走出,鄰房之火光照處,明是倭人。而氣盡顛仆,連爲發聲,則鄰房諸人始知之矣。且言我於今行,與倭人元無爭詰結怨之端,倭人之刺我欲殺者,實未知其故。吾若爲國事而死,爲使道而死,則死無所恨,而今乃公然被刺於倭人而死,死極冤枉。②

此外,行凶現場有衆多目擊者,犯人實施殘忍的作案手段後出逃,無意中踩踏格軍姜右文之足,致使衆人驚醒,目睹犯人逃脱,成大中作詩概括:"奸門利竇劇逶迤,畫角聲催曉色遲。白柄刀頭驚赤血,館中喊殺黑衣見。"③趙曮令醫員"急付貼藥,連灌藥餌,而漸漸氣盡,日出後竟至殞命,誠萬萬驚慘",而崔天宗遺體旁還留有作案工具,"短柄槍刃,有若菖蒲劍,刃本刻以'魚永'二字,刀柄與匣,俱以素木造成,明是日本之劍釰不喻"④。當夜,對馬藩、大阪城官員八人及通信使六人初步驗屍,僅"眼同檢驗"。死者傷口位於"喉下左邊氣嗓間,而長以周尺一寸三分、廣八分、穴深七寸二分,此外無他傷處",與現場報告説法無出入。通信使認爲使團成員無理由在出使

---

① 趙曮《趙濟谷海槎日記》,載《朝鮮通信使文獻選編》第5冊,頁128—131。
② 趙曮《趙濟谷海槎日記》,載《朝鮮通信使文獻選編》第5冊,頁128。
③ 成大中《青城集》卷一《大阪雜詠用湯若士韻》其三,載《韓國文集叢刊》第248冊,民族文化推進會,2000年,頁341。
④ 趙曮《趙濟谷海槎日記》,載《朝鮮通信使文獻選編》第5冊,頁128。

途中自相殘殺,可以斷定凶手"不出於馬州人"①。故初步檢查後,通信使以爲不必再檢,儘快收殮遺體,但出於謹慎,待再檢立案後收殮。

其次,指責首譯疏忽,傳報案情,責諭護行失職,督促查犯。傳報案情的文書由三首譯送往對馬藩護行官員,並由他們馳報至江户、大阪城尹阿部飛驒守藤正允等處。最後,下令措備喪具、看檢收屍,同時"令鄉書記金光虎詳録治喪凡節,歸傳於其家"②。

事實上,朝鮮王朝歷次派遣通信使、燕行使都存在疾病死傷等情況,意味著使團須提前做好染病者的救治工作與死者的善後處理。漆永祥指出,赴華燕行使若發生意外死亡,清鮮雙方根據燕行使身份及官位決定善後規格,若正、副使身亡,清廷"遣官致祭,且優量撫恤",朝鮮則"殯棺護送歸國……朝廷賜祭賜物,給予喪葬方面優待,並例有賻贈,且蔭其後"③。1764年通信使行中,除被謀殺的崔天宗,另有三名使團人員身死途中,分別是副卜船將俞源(俞進元,墮落船粧)、格軍李光河(李光夏,發狂、鎗處發毒)、小童金漢重(金漢忠/金漢仲,陰虚火動之病猝重)。

通信使喪亡後,同行者出送屍體,須撰寫狀聞匯報朝鮮政府④。1764年通信使歸國後,向英祖報告使行情況,英祖認爲"通引金漢忠、格軍李光夏殞命異邦,亦涉殘忍",遂下令"本道恤典舉行。三人葬需,亦爲題給事,令備局分付"⑤。與燕行使之處理無異,然崔天宗喪亡後善後處理較特殊,崔天宗慘死異國,又牽涉兩國間的交鄰關係,使行團成員立即爲其撰寫祭文,並"以盤纏所在,設祭需而慰之"。尤其是收殮崔天宗遺體時所用喪具,"衣衾各物不付倭産一種,以盤纏所在及員役所助,推移以用之"。但因使行團沒有可資使用的棺板,"不得已姑用倭松,而方欲變通於返柩之後,使之改棺計耳",抬棺材的擔夫也一律爲朝鮮人⑥,與燕行使意外身亡後接受

① 趙曮《趙濟谷海槎日記》,載《朝鮮通信使文獻選編》第 5 册,頁 253、254、129。
② 趙曮《趙濟谷海槎日記》,載《朝鮮通信使文獻選編》第 5 册,頁 128、129。
③ 漆永祥《朝鮮燕行使團中的疾病傷亡與救治撫恤研究》,載《中國文化》2021 年第 1 期。
④ 趙曮《趙濟谷海槎日記》,載《朝鮮通信使文獻選編》第 5 册,頁 150。
⑤ "三人葬需"意指金漢忠、李光夏和崔天宗三人,俞源不在英祖號令範圍內,尚未知何故。趙曮《趙濟谷海槎日記》,載《朝鮮通信使文獻選編》第 5 册,頁 269。
⑥ 趙曮《趙濟谷海槎日記》,載《朝鮮通信使文獻選編》第 5 册,頁 129—132。

清朝給予物資的行爲不同。

　　屍檢結束後的四月十一日，崔天宗遺體才得以殮於棺材内，抬出大門時使團又與日本守門人發生短暫衝突。案發後，使團聚集起來商量對策，最終決定待案件徹查後再啟程，"遂留大阪不去，馬倭亦不敢匿盗"①。崔天宗的職務由鄉書記金光虎接替，而後經朝日雙方長達一個月的交涉，通信使團才返回朝鮮。

## 二　朝日交涉過程與日本處理機制

　　日本學者池内敏將崔天宗事件劃分爲三個階段②，但筆者因側重朝日兩國交涉的運作機制，在池内敏分類基礎上，既梳理日本對此案件的刑偵、破案、定罪，又勾稽通信使的探悉、斡旋、追查，故將崔天宗事件細化爲五個階段：

　　第一階段，通信使傳告案情與日本屍檢（四月七日至四月十二日）。事發後，通信使立即告知對馬藩，由後者向大阪城傳報案情，大阪町奉行③源忠通、源長逵回復聲稱："不會親自派出檢使者，請對馬藩派使者先行查案，若有變化再聯絡。"④四月八日，通信使以爲"馬州太守專管護行，則毋論大小事，固宜責之於島主"，遂派遣首譯崔鶴齡將文書轉交對馬島主，並謄録文書五份，分別送往江户、阪城、對馬藩各官員處，擴大傳報範圍。書契内容一方面明確赴日使行意圖，"實爲貴國致慶而來""俾守兩國百年之約

---

① 成大中《海槎日記序》，載《朝鮮通信使文獻選編》第 5 册，頁 13。
② 池内敏認爲，第一階段是四月七日至十三日，崔天宗事件事發而凶手未知，日本搜尋態度消極；第二階段是四月十三日至十八日，凶手鈴木傳藏，日本全面搜尋；第三階段是四月十八日至五月二日，鈴木傳藏被捕、處刑。池内敏《「唐人殺し」の世界：近世民衆の朝鮮認識》，頁 8—9。
③ 此處的町奉行由德川家治任命留守大阪城。町奉行與寺社奉行、勘定奉行合稱三奉行，三奉行與大目付、目付皆爲江户幕府中央官職。在中央，"大老、老中、若年寄爲三要職"，"大目付在老中的領導下負責對大名的監察；目付在若年寄領導下負責監督旗本和御家人"。三奉行各司其職，"町奉行主要負責江户的行政及訴訟、治安、消防等事務"。趙立新《日本法制史》，知識產權出版社，2010 年，頁 70—71。
④ 轉引自池内敏《「唐人殺し」の世界：近世民衆の朝鮮認識》，頁 10。

條”，另一方面傳達訴求，督促日本摘發逃犯。四月九日，日本方面採取初步行動。大阪城用人、大目付、給人與部分通信使再檢遺體，日本衙官“畫圖行凶槍刃，記錄伊日入直倭人姓名”，但日本的屍檢報告對死因有異議，“唱言曰自裁，或曰非日本人所爲”，意欲彌縫①。次日，大阪城尹阿部飛驒守藤正允抵達案發現場，詢問死者生前狀況，指導檢察官查案②。阪城衙門派遣多名廉探搜查倭館，搜尋逃犯。

　　凶殺案疑點重重，對馬藩神色驚慌，引起通信使的猜疑，的確，十二日當天對馬島主謁見阪城尹，試圖掩蓋案情，卻遭到阪城尹和兩長老的責備③。通信使積極傳報案情，督促審查案件，但由於對馬藩的推諉態度及身處異域的劣勢，通信使處境略顯被動。其間，通信使制述官南玉，書記成大中、元重舉和金仁謙，前營將柳達源，良醫李佐國，判事李彥瑱以及趙東觀與日本僧人大典顯常筆談交流思想、科舉、衣冠等問題④。事發後，大典顯常被倭館拒之門外，“屬有凶變，進不得入”⑤，雙方往來暫時中斷。

　　第二階段，通信使送伻督促與日本刑偵查案（四月十三日至四月十七日）。四月十三日，對馬島主回復書契，“今在官地管轄有人，則難以私令徑行，至於弊州員役，若有影響可疑，隨即查究”，島主此舉有推卸責任至大阪地方官之嫌⑥。該日，一名對馬藩傳語官逃走，流言四起，檢察官鎖定嫌疑人。五日內，日本各方行動迅速，開展審問、搜捕，漸露嚴查態勢。

　　阪城町奉行源忠通、源長逵向通信使承諾“查得賊人，依法償命，以保交好”，即刻連日審問事發時對馬藩值守待令之人。經審問，鎖定凶手爲傳語官鈴木傳藏，“刺殺朝鮮人而逃……投書於傳語官廳中而逃亡，經宿於清福寺”。罪犯既已鎖定，町奉行當夜綁縛案件知情者三人。隨後阪城開始用刑審問，“可疑者多入逮捕”“兩監命有司舉發捕傳藏從父茂一，從兄僧

---

①趙曮《趙濟谷海槎日記》，載《朝鮮通信使文獻選編》第 5 册，頁 242、129—131。
②城尹詢問崔天宗生前是否與人爭執、是否因個人原因（自殺、疾病等）而死等問題。池内敏《「唐人殺し」の世界：近世民衆の朝鮮認識》，頁 10。
③趙曮《趙濟谷海槎日記》，載《朝鮮通信使文獻選編》第 5 册，頁 131、133。
④大典顯常《萍遇錄》，韓國國立中央圖書館藏，葉 1—15。
⑤大典顯常《萍遇錄》，葉 17。
⑥趙曮《趙濟谷海槎日記》，載《朝鮮通信使文獻選編》第 5 册，頁 133。

某,連逮者十餘人,俱下獄"①。同時,大阪町奉行所與力八田五郎左衛門連同搜捕,赴犯人逃跑途中的清福寺查問,查訪多地,且注重搜集温泉療養客人之消息②。

第三階段,日本審訊落網凶手,兩長老請求單獨謁見通信使(四月十八日至四月二十八日)。四月十八日,凶手鈴木傳藏被捕於攝州川邊郡小浜村③,成大中寫道:"垣軍五百出關多,步步旗亭簇網羅。借使傳藏生羽翼,不教飛渡小濱河。"④案件至此進入審訊定罪階段。次日,因茲事體大,牽涉兩國邦交,且對馬藩作爲涉事方不便主導此事,江户幕府介入該事件。"江户報至,命對馬侯曰:'事變非輕,當嚴查覈之,今遣監察曲淵勝次郎就以督治,其喻使者,使知斯意。'留守即召唤對馬侯、兩長老以屬"⑤。通信使當日獲悉,同時兩長老傳達"東武使本城尹嚴核之命,監察使不日到此,查究此事"。兩長老即日起請求與通信使私下見面,但朝鮮多次以"無前例"爲由拒絕。因島主護行對兩國關係和使行安危極爲重要,通信使趁機安慰島主,以免雙方産生嫌隙⑥。

自 1635 年起,日本實施"以酊庵輪番制"。江户幕府授予學識淵博的五山僧以"學禄"之稱,成爲碩學僧,一部分輪流派往對馬島以酊庵,任期兩年。碩學僧往往漢文水準極高,在以酊庵負責對朝文書的起草與解讀,參與朝日邦交⑦。長老僧龍芳"以關白之令來守酊庵",加蕃長老僧承瞻"以接伴之任自江户定送",兩長老共同負責接待該年通信使。爲何通信使拒絕單獨接見?此時兩長老受阪城尹委託,試圖繞開島主而直接聯絡通信使,勢必引起島主與兩長老之間的矛盾。單獨接見被拒後,兩長老只得通

①趙曮《趙濟谷海槎日記》,載《朝鮮通信使文獻選編》第 5 册,頁 133—135。大典顯常《書鈴木傳藏事》,《萍遇録》,日本國立公文書館藏。
②池内敏《「唐人殺し」の世界:近世民衆の朝鮮認識》,頁 12。
③池内敏《「唐人殺し」の世界:近世民衆の朝鮮認識》,頁 12。
④成大中《青城集》卷一《大阪雜詠用湯若士韻》其四,載《韓國文集叢刊》第 248 册,頁 341。成大中注釋:"大阪有垣外者司緝捕之任,於是發垣外五百,各執棒杖物色,傳藏獲於小濱。"按,"小濱"即"小浜"。
⑤大典顯常《書鈴木傳藏事》,《萍遇録》,日本國立公文書館藏。
⑥趙曮《趙濟谷海槎日記》,載《朝鮮通信使文獻選編》第 5 册,頁 137、141、244、136—138。
⑦池内敏《絕海の碩學:近世日朝外交史研究》,名古屋大學出版會,2017 年,頁 1。

過書契轉告,但書契推翻了凶手部分供詞①。已有學者整理出傳藏殺人動機的五種不同記載②,日本方面對此事的記錄,“大部分都是講述了因人参貿易所引起的金銀分配不均導致了殺人事件”③,但傳報至朝鮮政府的狀啟以趙曮說法爲主。據狀啟,凶手殺人動機起於個人糾紛,“天宗失一面鏡,致疑於渠之偷去,以馬鞭打之,故不勝憤毒,果爲刺殺”④。然日本檢察官懷疑部分證詞的真實性,首肯“丟鏡事”爲真,因供詞僅爲片面證據,無法判斷“打人事”之虛實,故判定事發前崔天宗與鈴木傳藏間並無爭執,也無崔天宗打人之事⑤。此判斷使案件性質簡單化了,鈴木傳藏失去殺人的正當性,判決也隨之簡化。其間,町奉行連日查坐,江户御目付曲淵勝次郎、徒士目付清水等九人已獲得幕府關於“勘斷案情”的授意,抵達江户後“坐待查獄”,直至二十八日露面,後與兩長老同審諸嫌犯⑥。審問結束,獄案已成,曲淵勝次郎即刻下令:“傳藏既首,其速行刑,敢有少留,以累二邦之人。”⑦

　　此階段二十日,大典顯常始得進入公館,事變並未改變雙方情誼,通信使書記元重舉談及此事:“固知兩國信睦之誼,不用一狂賊甚間,而今聞東武命下,群有司舉皆率職,罪人斯得,一行五百人,莫不相顧感歡,惟望明覈得情,昭揭邦章,俾行人亦有藉手而歸。”⑧

　　第四階段,通信使要求監斬,鈴木傳藏處刑(四月二十九日至五月二日)。根據日本律法,鈴木傳藏殺人逃逸,刑罰更重,故判處死刑並没收私人財産⑨。四月二十九日,町奉行和島主告知通信使鈴木傳藏將行刑,兩長老卻轉告通信使:“我國用法,有使刑狀示國民者,又有不當示者,而今番

①趙曮《趙濟谷海槎日記》,載《朝鮮通信使文獻選編》第 5 册,頁 38、83、141。
②이소연《원중거의 승사록(乘槎録) 연구——논평부(論評部)를 중심으로》,漢陽大學碩士學位論文,2016 年,頁 46。
③許敬震著,劉婧譯注《朝鮮時期的文藝復興與中人》,頁 348。
④趙曮《趙濟谷海槎日記》,載《朝鮮通信使文獻選編》第 5 册,頁 136。
⑤池内敏《「唐人殺し」の世界:近世民衆の朝鮮認識》,頁 32。
⑥趙曮《趙濟谷海槎日記》,載《朝鮮通信使文獻選編》第 5 册,頁 142。
⑦大典顯常《書鈴木傳藏事》,《萍遇録》,日本國立公文書館藏。
⑧大典顯常《萍遇録》,葉 19。
⑨池内敏《「唐人殺し」の世界:近世民衆の朝鮮認識》,頁 29。

傳藏，當不可示之法。"後者則以"伸約條事例"和"示明白正法之舉"爲由堅持監斬並遣譯官督促。兩長老以爲不稟告江户幕府私下承應監斬要求，"御目付將至自裁之境"。與日本刑官商討後要求通信使出示"請見之文書"，以免重罪。通信使後獲大阪城尹批准。恰逢日本國忌，處刑被推遲至五月二日。監斬當日，鈴木傳藏跪坐，行刑者用劍斬斷其頭，懸掛在岸上，"以示兩國之人"，朝鮮使臣"乘船只而觀之"①。

　　第五階段，通信使力爭追查同黨，日本方面產生爭論（五月三日至五月七日）。雙方尚未結束交涉的原因在於，早在鈴木傳藏落網時，通信使便懷疑凶手必有同謀，但町奉行未獲得有效供詞。監斬後，通信使認爲"考之律文，鬥毆殺與賊殺不同，使價隨率之刺殺，尤與尋常賊殺有異，想必有造謀者知情者"，遂就此與日本交涉，徹查同黨。面對通信使的追查要求，日本各方莫衷一是，各懷心機，"大阪城尹能登守則欲嚴查事，大目付出雲守則頗欲緩之，兩長老則與馬州已成仇隙，故不無乘機逞憾之意"。兩長老持否定態度，"如是則諸查官盡當被罪，餘囚之在獄者將不得行查，於事有害無益"，但表示願意提供獄案文書。通信使於是索要"諸囚之供招與勘斷"②，大阪城尹阿部飛驒守藤正允明確表示不允許將勘斷内容傳達給朝鮮，這一堅決態度在七月初發生轉變，幕府決定將判決結果繞過對馬島直接轉交給朝鮮，以至於八月十六日，"對馬島使者俵忠右衛門向江户家老古川大炊提交了意見書"③，意見書對於對馬藩向江户幕府私下傳遞消息的行爲頗有微詞。

　　追查一波三折，使行淹留已久。臨行前通信使得知"馬州護行奉行平如敏、裁判平如任、幹事官紀蕃實自江户拘執，因留於大阪城"④。大典顯常亦將其瞭解之案情搜集整理，寫成《書鈴木傳藏事》一文，於使團臨行前如約交付通信使⑤，作爲通信使獲悉案情之新途徑。護行對馬藩臨時變更，通信使踏上歸途，是以結束朝日交涉。

---

①趙曮《趙濟谷海槎日記》，載《朝鮮通信使文獻選編》第 5 册，頁 142—145。
②趙曮《趙濟谷海槎日記》，載《朝鮮通信使文獻選編》第 5 册，頁 145、147、245。
③池内敏《「唐人殺し」の世界：近世民衆の朝鮮認識》，頁 24、40—45。
④趙曮《趙濟谷海槎日記》，載《朝鮮通信使文獻選編》第 5 册，頁 148。
⑤大典顯常《萍遇録》，葉 49。

需要注意的是,在案件處理過程中通信使雖不詳知日本查案、追捕、審訊等細節,但對案件進展跟進較及時。池内敏認爲,通信使的消息極爲遲滯:"犯人姓名及逃跑等情報,通信使没有得到日本的聯絡。鈴木傳藏於四月十八日被捕的消息也没有立即傳開,十九日通信使方面收到了有關犯人的消息,對馬藩正式通知時已經是二十日之後。"①可見池内敏是按照日本傳達給通信使的時間梳理編排的②。但事實是,趙曮在四月十三日已得知傳語官出逃的傳聞,四月十八日便得到凶手被捕消息,自言"從他探問"得知③。因此,通信使並非被動等待消息,而是在對馬藩之外多方搜集情報,日本傳達遲滯與朝鮮積極跟進有所不同。

## 三　朝鮮政府之反應與清鮮跨境殺人案

通信使於六月二十二日回到釜山。崔天宗被刺後,趙曮暫時向朝鮮政府隱瞞了案情及相關細節,直至鈴木傳藏問斬後的五月六日,才向朝鮮政府封發此案全部狀啟。六月七日,承政院收到提前馳報的狀啟,立即匯報給國王英祖。英祖讀到通信使在凶手正刑後追查同黨時評論道:"此則太過矣。"④隨後,英祖問及通信使團成員的家庭狀況,除前文已提及的死者三人,英祖還下令對崔天宗及其家屬進行撫慰:"崔天宗被殺他國,誠是慘惻,令本道各別恤典舉行。其子待服闋,亦令營將官調用。"⑤另外,對於通信使推遲狀啟呈送的行爲,英祖表示愠怒,"曾命即奏,而掩置不奏,事甚可駭"⑥。

六月二十六日,朝鮮政府開始追責朝鮮通信使,英祖以爲"崔天宗事,通信使以來所無之事,不可無不能檢束之罪",洪啟禧附和:"究其實,則雖不足爲罪,而聖教則誠然矣。"右相金相福附議:"不可無飭矣。"對此,英祖

① 池内敏《絶海の碩學:近世日朝外交史研究》,頁319。
② 池内敏《「唐人殺し」の世界:近世民衆の朝鮮認識》,頁6。
③ 趙曮《趙濟谷海槎日記》,載《朝鮮通信使文獻選編》第5册,頁134。
④ 趙曮《趙濟谷海槎日記》,載《朝鮮通信使文獻選編》第5册,頁263。
⑤ 趙曮《趙濟谷海槎日記》,載《朝鮮通信使文獻選編》第5册,頁268—269。
⑥ 《承政院日記》第1231册,英祖四十年六月初七日。

當即下令處罰三使：

> 今番信行中都訓導之被殺事，當初爭詰之端，即天宗而被殺於鄰國。故雖矜而施恤，渠若生還，應有其科。此信使以來百餘年所無之事，使臣焉遣不能檢飭之罪，三使臣施以削職之典事朝鮮文書固定用法，擬不改。傳教内辭意審施行向事。①

池内敏認爲，英祖的處罰可以被看作將該事件認定爲崔天宗的個人罪行和通信使的管理責任問題②。但次日，朝鮮政府仍就此事商榷，英祖認爲："豈可久爲削職乎？迨其覆命，當叙用矣。"③可見英祖處理僅爲象徵性程序。

七月八日，通信使入宮向英祖覆命。筵話中，英祖詢問有關使行的諸多細節，由於筵話前英祖就已經處置好崔天宗事件，故筵話内容不再涉及此事。事關交鄰的殺人事件中，朝鮮利益受損，通信使嚴求徹查，判斷罪狀性質，後定刑罰之輕重，可屬正常之舉，但英祖反應稍顯平淡，甚至責備通信使追責行爲。相對而言，英祖更關心同年發生於清鮮間的跨境殺人案。

清鮮兩國接壤，常有邊民爲謀求自身利益而非法跨越國境，由此多發跨境殺人案。兩國律法對跨境殺人案有專門的刑罰規定，且形成了相對固定的跨境殺人案審理模式，但 1764 年（乾隆二十九年，英祖四十年）的跨境殺人仍在審理程序上突破了兩國以往的會審慣例，會審地點從鳳凰城改爲盛京，在此"盛京會審特例"中，清鮮雙方審理人員甚至爲此事發生衝突。

1763 年，朝鮮人金鳳守、金世柱偷運包帽，與擅離職守的鳳凰城披甲常德發生衝突，朝鮮二人殺害常德後藏匿朝鮮，次日，屍體被發現，轉移到邊門章京進行屍檢及立案搜查，鳳凰城守尉向盛京禮部呈報案情，盛京禮部通知朝鮮查拿罪犯。1764 年正月至三月初十日，清朝禮部與朝鮮政府就押送嫌疑人、處罰涉事官員等問題展開交涉。三月十九日至十月七日，案件進入審理判刑階段，"金鳳守依擬應斬，金世柱依擬應絞，俱從寬改爲監候，

---

① 趙曮《趙濟谷海槎日記》，載《朝鮮通信使文獻選編》第 5 册，頁 264、269。
② 池内敏「「唐人殺し」の世界：近世民衆の朝鮮認識」，頁 63。
③ 趙曮《趙濟谷海槎日記》，載《朝鮮通信使文獻選編》第 5 册，頁 264。

秋後處決”,案件最終結束於 1777 年金世柱患病死獄中①。此次跨境殺人案較以往更特殊,與 1764 年通信使行“殺人事件”存在可對比之處:

第一,以往清鮮跨境殺人案,案件首先由朝鮮政府初步審查,而後“據實諮報”清朝,但此次案件的受害者爲清朝官員,犯罪性質嚴重,故清朝盛京禮部要求朝鮮立即押送凶手至鳳凰城審查,朝鮮官員以“今當遵奉舊憲”爲由拒絕。對此,盛京禮部連續頒佈四道促諮,將犯人押送地點由鳳凰城臨時更改爲盛京,相應的變化是事件審理主體的改易,盛京禮部“在此次案審中,代替禮部發揮了主導案件審理過程的作用”②。對比之下,日本幕府官員以更積極的姿態介入崔天宗事件。另外,同樣面對經驗空白,朝鮮官員與通信使嚴格依循前例及過往經驗,成爲處理對清事大及對日交鄰關係的外交底線與策略。

第二,審理過程重視事發前被害者的侵擾行爲,這關係到殺人案件的性質,繼而影響後續判罪定刑環節。清鮮跨境殺人案中,“常德是否有搶奪朝鮮人帽包的行爲”引發分歧,經過清朝會審官員更改,“淡化了其在該案中所犯的過錯”③,使案件走向利於清朝,維護了天朝的權威尊嚴。1764 年崔天宗事件,日本因無直接證據,否認了鈴木傳藏供詞提及的與崔天宗的爭吵,幕府直接介入,特遣兩長老向通信使澄清謠言、告知案情,目的是爲了快速解決兩國邦交危機,以免影響幕府在國內的統治秩序。但通信使歸國後,事件仍在日本國內形成餘震。

第三,在盛京會審模式下,以往可以參與審理的朝鮮參核使,在盛京會審中只被允許聽審,後因依照舊例試圖阻止清朝官員修飾供詞之舉而被剝奪聽審權,提出的抗議也被駁回。“在各種審理制度下,朝鮮所獲得的案件審理、審判權亦全部是由宗主國清朝所賦予和決定的”④,而朝日崔天宗事件的性質始終在兩國交鄰問題與日本本土案件之間徘徊,與清鮮跨境殺人案有別,且通信使身處異域,案件由日本主導,依照日本律法判案處決。但

①王燕傑《清朝前期與朝鮮邊務交涉與合作研究》,山東大學博士學位論文,2012 年,頁78—83。
②王燕傑《清朝前期與朝鮮邊務交涉與合作研究》,頁 126。
③王燕傑《清朝前期與朝鮮邊務交涉與合作研究》,頁 82。
④王燕傑《清朝前期與朝鮮邊務交涉與合作研究》,頁 117。

由於涉及歸國後的尊嚴與責任問題，使團未曾放棄繼續交涉，如提出監斬、
遞交獄案、追查同黨等，雖被日本否決，但最終還是依靠努力實現了另外一
種形式的監斬。

　　1764 年發生在東亞的這兩起跨境殺人案，朝鮮皆捲入其中，雖然"大阪
審訊"牽涉邦交危機，"盛京會審"近乎民間刑事案件，但朝鮮政府對兩者的
態度不同，英祖更爲關心"盛京會審"①。這是因爲通信使在歸國報告前已
與日本幕府妥善解決此案，朝鮮理正，英祖不必再操心過多，而朝鮮在後者
中理虧，且更重要的是，朝鮮始終把對清"事大"置於對日"交鄰"之上。雖
然朝鮮在處理"事大"中的案件時比在處理"交鄰"時還被動，但"事大"牽涉
眉睫之前、肘腋之間的切身利益。"盛京會審"和"大阪審訊"可謂共時性對
比考查清鮮間、朝日間會審交涉機制和程序異同之窗口，可供考察東亞三
國在跨境刑事案件審訊機制上的不同特點。

## 四　朝鮮對日本刑罰及權力結構的認識

　　1764 年崔天宗事件展現了日本在對朝邦交的應急處理機制。在結案
速度上，此案處理迅速，時間跨度僅一月，從裁決罪犯到處刑僅十天。同期
清鮮跨境殺人案，前後跨越七個月。在傳達和審理機制上，案件審理人員
經歷各種調整。凶手處刑前夕，朝日雙方就監斬事意見相左，致使處刑推
遲。通信使再度催促，"目付奉行，躬往面議於阪城尹"，次日通信使收悉，
日本"答以雖有古例，與近規有異，今欲復舊例，則事當經稟於東武（江户）
而後爲之云，太守亦不得任意許之"。事關兩國關係，命令下達變由江户幕
府主導。在執行情況上，日本内部的協調處理未達成一致。案件發生在大
阪城，城尹"以使行事急，不待命令之罪，我自當之，即爲知委各處，期於捕
捉，且先斬傳藏，以開使行回去之路"，"傳藏行刑時，朝鮮人之參見一節，城
尹許之"。大阪城尹對於案件迅速解決起關鍵作用。在處刑情況上，兩國
交鄰約條寫明兩國犯人的處決地點，實際處刑地改爲江邊。又與普通犯人
行刑相異，"日本之法，各州人犯死罪者，附其太守，使之用刑，而今傳藏則

①圍繞此命案，英祖與主要大臣討論一年多，《承政院日記》《備邊司謄録》《同文彙考》等
　朝鮮檔案史籍皆有相關記載。

不然,梟首於他境竿頭累日,使不得收屍,且其行刑處所,用刑節次,俱極賤惡"①。

　　另外,在監斬儀式上,江户初期,"幕府爲使外來通信使知道日本軍事活動的嚴格,特地引領從刑場前通行,使其看到處以磔刑的屍體"②。1764年處於江户後期,兩長老以本國法拒絕監斬要求,映射其刑罰文化之轉變。可見,日本法律規定與實際運轉之間存在張力,這與日本法律制度演變生成的刑罰文化有關。

　　1742年前,日本各藩自有藩法,"江户和大阪的刑法、行刑不相同,遵循當地慣例的法制"③。該年德川吉宗制定《公事方御定書》(又稱《御定書百個條》),改變上述情形④,成爲江户後期律法典的代表。《公事方御定書》保留了慣例法中極爲嚴峻的刑罰,如鋸挽、磔刑、獄門(梟首)、火罪、斬罪、解死人⑤。律法嚴苛程度爲通信使所知:

　　　　用刑之法,或懸石於項北,結兩臂,結縛兩膝之間,挾木壓之,有若周牢之刑。又或飲以冷水,滿腹至項,以圓木磨搗其胸腹,則水出七竅矣。又笞背之,又或跨坐於形如刀鍔之馬木上,兩足懸石垂之。其外難名之刑,無不備具。故凡有罪犯者,鮮不吐實云,可謂殘酷之刑也。至於死囚正刑之法有三:第一則衆槍亂刺而殺之,其次梟首,其次使之自裁云矣。⑥

如此嚴苛法律不適於江户後期浸染儒家精神的社會,幕府官員及判刑者便通過"視而不見"或"歪曲事實"的方法避免施行苛法⑦,因此江户後期律法整體較温和,法律的施行具有儒家化性質。通信使瞭解日本嚴苛的律法,故以爲傳藏同黨應判處死刑,"只以獄體國綱言之,則當死者必非一人",不

---

① 趙曮《趙濟谷海槎日記》,載《朝鮮通信使文獻選編》第 5 册,頁 143—147。
② 瀧川政次郎《日本行刑史》,青蛙房,1972 年,頁 77。
③ 瀧川政次郎《日本行刑史》,頁 89—90。
④ "衆多的藩是在《公事方御定書》制定後,模仿'御定書'的形式,制定了自己的刑事法的。"趙立新《日本法制史》,頁 73。
⑤ 轉引自楊鴻烈《中國法律對東亞諸國之影響》,中國政法大學出版社,1999 年,頁 257。
⑥ 趙曮《趙濟谷海槎日記》,載《朝鮮通信使文獻選編》第 5 册,頁 135。
⑦ 瀧川政次郎《日本行刑史》,頁 91。

料日本檢察官意願與之相反："傳藏既云獨當殺人，而初無同議者，諸囚累加拷掠。終無以造謀承款者，不可施以重律。"看到日本所撰獄案的趙曮亦稱"專不成重獄體格"①。這正是通信使不瞭解日本律法解讀實況的結果。江户後期的律法解讀方式形成了具有調適能力的刑罰文化，在缺少針對涉外案件律法的情形下，凶手處刑沿用日本國法，只在案件傳達、追責環節上局部調整。

　　朝日雙方力求迅速處理該事件，其心理流變較爲複雜。因突發事件"具有人格、互動、社會三個抽象層面上的諸種後果"②，就個人來説，凶殺案的發生意味著朝鮮通信使的失職，其情感摻雜對同行者遇刺的憤恨以及文化上對"倭人"的蔑視，也意味著日本對馬藩、大阪城尹及江户幕府的失職。就雙方互動而言，通信使的派遣不僅裨益兩國關係，也有助於襲職將軍"鎮群心"③。然突發事件致使通信使行秩序紊亂，流言風行，影響兩國邦交秩序。

　　該事件的複雜性也導向雙方認知過程的多重交織。一方面，日本官員在案件處理中處於主導地位，朝鮮通信使通過對日本各方行爲的觀察，其認識單位由"群體"精確到"個人"，由表層文化開始進入內部權力關係及刑罰制度。對馬藩作爲朝日使行的視窗，是日本認識朝鮮實況的前沿和風向標。借助此事件的近距離接觸，通信使也對其有了全新的認識評價。雖然通信使記錄隨處可見對日本風俗、信仰、紀綱等方面的否定，但也並非完全否定，如趙曮對日本有了較爲不同的認知，"小兒啼哭之聲，男女急笑之音，與我國無異，以其發於同得之天性，無關於異音之方言而然耶？以此推之，秉彝倫常之天，夫豈有異哉？只緣教養之失宜，以致華夷之有別，苟能教之以倫綱，導之以禮義，則亦可以移風易俗，變夷導華，以復於天性之固有者，其何間於啼笑之同然於一天之下者耶？"④這是以朝鮮文化標準衡量日本的結果，雖無法跳脱"小中華"的優越感，但也認識到人之本性皆同之理。

---

① 趙曮《趙濟谷海槎日記》，載《朝鮮通信使文獻選編》第5冊，頁145—146。
② 歐文·戈夫曼著，馮鋼譯《日常生活中的自我呈現》，北京大學出版社，2008年，頁206—207。
③ 趙曮《趙濟谷海槎日記》，載《朝鮮通信使文獻選編》第5冊，頁114。
④ 趙曮《趙濟谷海槎日記》，載《朝鮮通信使文獻選編》第5冊，頁34。

應當注意,通信使團之於對馬藩的態度需要與對待大阪城尹乃至江户幕府的態度加以區分,趙曮否定對馬島主的延宕,與對馬島護行奉行平如敏的"輕詐",裁判平如任的"庸駿無知識"①,但肯定查事嚴格迅速的大阪城尹與主張嚴查同黨的町奉行源忠通。由此,當其認識由"群體"向"個人"逐步邁進時,對日本不再是一味地蔑視與貶低。

一般來説,朝日間的認識以與對馬島的交流爲起點,通信使抵達日本各州後的認識與評價往往停留在文化層面,對日本制度的認識也僅停留在幕府將軍與天皇間的權力虛實的表面。但崔天宗事件暴露了日本内部協調磨合、博弈鬥争、應急處理機制以及幕府、地方官與對馬島間的權力關係。由此,朝鮮借此對日本内部權力結構如天皇、關白、大阪、對馬之間的關係的認知和觀察也更爲深入②。

另一方面,朝鮮通信使作爲案件的受害者,刺激了日本對兩國交鄰關係的危機意識,引發後續的補救争議。八月十六日,對馬藩向江户幕府家老古川大炊提交意見書草案,草案對江户幕府表達不滿,反對將案件裁定結果轉交給朝鮮,同時指出崔天宗打人行爲是殺人事件之導火索。對馬藩的立場傾向於維護日本本國自尊,並爲對馬島自身的利益伸冤。幕府則以爲轉交結果有助於維持兩國關係③,因爲查案官員否認崔天宗爲事件源頭,故日本理虧,暫時"低頭"方爲良策,畢竟維持交鄰關係才是幕府考慮的重點。

## 五　結語

前近代東亞國際關係的實質往往不能通過各國派遣使臣完全展現出來,錯綜複雜的關係隱藏在使行儀式表演和華夷觀念套話之後,這就意味著我們需要透過各國交往中的突發事件和危機應對機制來展現各國關係的複雜交涉與真實運作。明清易代後,清、鮮、日間的互相認知經由朝鮮燕行使、通信使連接起來,即使清朝與日本没有册封體制,但通信使成爲中日

---

①趙曮《趙濟谷海槎日記》,載《朝鮮通信使文獻選編》第 5 册,頁 148。
②趙曮《趙濟谷海槎日記》,載《朝鮮通信使文獻選編》第 5 册,頁 130、149。
③池内敏《「唐人殺し」の世界:近世民衆の朝鮮認識》,頁 41。

兩國搜集彼此情報的中介①。1764 年,清朝與朝鮮之間、朝鮮與日本之間相繼發生跨境殺人案,朝鮮使臣來回奔波。從這個角度來説,1764 年朝鮮赴日通信使行及崔天宗被殺事件對我們重思朝鮮的對外觀念、朝日的交涉機制、東亞國際關係的虛實及表裏等都具有重要意義。

　　首先,1764 年中、日、朝三國間發生兩起跨國命案,打破三國使行往來常態和華夷觀念的虛像,展示了東亞國際關係的本質是權力交鋒與制度博弈。東亞三國在對外交往中的話語權,取決於自身在東亞權力結構中的位置與對外交涉的運作機制。在 1764 年的兩起跨境殺人案中,朝鮮面對清朝時的話語權受到削弱和壓制,作爲東道主和宗主國的清朝直接掌控了案件審理主導權。相對而言,朝日交涉不存在壓制性關係,雙方考慮與爭論的焦點主要是自尊問題,審理模式更接近於普通命案的審理模式。在崔天宗事件中,朝鮮處於受害者位置,通信使通過解讀舊例和約條,促使日本直面維持交鄰關係的壓力,以滿足通信使的部分要求。

　　其次,1764 年"殺人事件"暴露了朝日交涉的運作機制和交鄰關係的實相,使朝日兩國的相互認識更爲立體化,對朝鮮反思"小中華"思想具有重要意義。無論是朝鮮燕行使還是通信使,朝鮮對清、對日交往情境下的"名"與"實"問題,常常是以往學者研究朝鮮燕行使與通信使的關注重點,該類研究常解讀朝鮮使者表面臣服、內心鄙夷的貌合神離或基於文化自尊的"小中華"思想。但是,該類研究過於强調在華夷觀念驅使下朝鮮使臣與清朝、日本人員和平交流時的觀察和辯論,不免"聽其言"而未"觀其行",忽視了在突發事件的應急處理過程中真實而靈活的行動實踐。

　　通信使使用的語言可以歸結爲兩種,"一種是非正式的或後臺行爲語言,另一種是表演場合使用的行爲語言"②。審訊前後,朝鮮更關心的是案件偵破,而非華夷之辨,監斬後,通信使送文書致謝,認爲"此莫非東武嚴法善鄰之至意,曷勝感佩之心"③,對日本内部的權力結構也有了更深刻的瞭解。由此,朝日交鄰關係在此事件中暴露出話語與行動之間名實不符的側

①程永超《華夷變態の東アジア:近世日本・朝鮮・中國三國關係史の研究》,清文堂,
　2021 年,頁 79—162。
②歐文・戈夫曼著,馮鋼譯《日常生活中的自我呈現》,頁 108—109。
③趙曮《趙濟谷海槎日記》,載《朝鮮通信使文獻選編》第 5 册,頁 244。

面,雖然趙曦在日期間不時流露出鄙夷清日兩國的"小中華"思想,但他也多次反思這些文化偏見,如他關於兩國人天性皆同的認知、對超越國籍人種的惻隱和譴責,同時他在出使期間細心學習日本的實學知識,最終把甘薯引入朝鮮,解決了朝鮮的饑荒。同行的成大中、元重舉等人高度評價日本詩文,由衷讚賞日本人物,也刺激了李德懋產生朝鮮風雅反遜於日本的感歎①。

　　值得一提的是,1764 年實爲世界刑罰史上的關鍵節點,不僅東亞國家間發生了兩起跨境殺人案,展現了三國的刑罰文化與制度,與此同時,歐洲也發生了刑法史上重大轉向。該年意大利刑法學家切薩雷·貝卡裏亞的著作《論犯罪與刑罰》出版,成爲人類第一部系統闡述刑罪原則的著作②。由此可知,在 1764 年這個關鍵年份,朝鮮通信使及"殺人事件"有益於展現前近代朝鮮、日本的對外法律交涉狀態,理解近代東亞各國法律體系的演變和交鋒,進而闡釋東亞與歐美在"公法外交"上的最終相遇③。

（作者單位:魯東大學文學院）

---

①張伯偉《漢文學史上的 1764 年》,載《文學遺產》2008 年第 1 期。
②切薩雷·貝卡里亞著,黄風譯《論犯罪與刑罰》,北京大學出版社,2008 年。
③林學忠《從萬國公法到公法外交:晚清國際法的傳入詮釋與應用》,上海古籍出版社,2009 年。

# 19 世紀中朝文人唱酬集解題 *

陳　俐　徐　毅

　　19 世紀是清朝文人與朝鮮文士交往的繁盛時期。詩歌唱酬是當時彼此文學往來的重要形式。筆者通過十餘年努力,已收藏 30 餘種比較罕見的中朝文人詩歌唱酬集。兹選出 19 世紀中的 11 種,撰寫解題,希望能爲相關研究提供幫助。

## 一　洪羲錫編《中華尺牘》

　　《中華尺牘》1 册,洪羲錫編。

　　此書爲韓國友人朴徹庠藏。卷首大字題"萬里通犀",以寓洪羲錫與清友人心心相印之意。小字題"癸未仲秋主人戲題"。紅色印章:駱臯。駱臯即朝鮮文士洪羲錫(1787—?),字龜瑞、洛瑞,號駱臯,豐山人。丁丑年(1817)十月,洪羲瑾以書狀官身份出使北京。是行,洪羲錫隨行。洪羲錫《華人唱和帖序》有云:"粵十有三年丁丑,晚窩堂兄專對燕京時,余赴庭會不利,鬱鬱於鉛槧之間,乃欲北遊以遂夙昔之願……具以幅巾青袍飄然而往,直渡三江,凌涉萬里,真夬豁事也。"而陶澍《答高麗駙馬都尉豐山君洪顯周書》亦有云:"昨又晤晚窩、駱臯兩君子。晚窩老成典雅,駱臯清標玉立,皆與不佞一見如故,有以知貴族爲東方詩書之閥。"①晚窩即洪羲瑾,駱

---

＊ 本文爲國家社科基金項目"韓國漢籍中的清人佚詩遺文的蒐集、整理與研究"
　　(18BTQ038)、"清代中朝文人酬唱詩校注"(19FTQB008)階段性成果。
① 陶澍《陶文毅公全集・文集》卷四○,清道光刻本。

皋即洪羲錫。又,庚戌年(1850)三月,洪羲錫又以朝鮮陳慰進香使團副使的身份出使北京。此詩牘册編纂於道光三年,即癸未年(1823)。

《中華尺牘》爲作者行草手帖,收録了洪羲錫停留北京期間,他與清文人間的來往尺牘和詩文,凡27篇。具體如下:王銓與洪羲錫書2通;吴思權與洪羲錫書5通;陶澍贈洪羲錫詩《駱皋進士以途中佳什見示,輒爲圈點一過以誌欣賞,並口占一律附政》1首;彭浚贈洪羲錫詩《京寓八景》絶句8首;陶澍臨趙孟頫書1篇;釋海觀與洪羲錫書1通;陶澍與洪羲錫書1通(含《題沈本元祐黨人碑》文1篇,《楓徑停車圖爲陳大令賦》詩1首,《題二喬觀兵書圖》詩1首);章寅《録近作雜詩爲駱皋仁兄雅教》詩1首;章寅與洪羲錫書1通;吴兆棠贈洪羲錫詩(蓬萊之北有國焉)1首;王銓贈洪羲錫文1篇;《豐潤縣太學古鼎銘》1篇(以上爲清人贈作)。詩牘册中紅筆題"此以下己作己筆",有洪羲錫《贈王見堂》絶句4首;洪羲錫贈陶澍詩(玉河雪燭夜)1首;洪羲錫贈陶澍詩(柴桑宅裏膝容安)詩1首;洪羲錫贈吴思權詩(我行過燕市)1首;洪羲錫贈朱琦詩絶句3首;洪羲錫贈彭浚詩七律2首;洪羲錫贈張延闓詩七律1首;洪羲錫贈賀熙齡詩七律1首;洪羲錫贈王懷孟詩(樽酒臨詩俟夕陽)1首;洪羲錫贈王懷孟詩(對君疑是泛虛槎)1首。

《中華尺牘》清晰反映出洪羲錫與清文士詩文交流的具體情況。丁丑年(1817)十月的朝鮮冬至使團没有留下此行的燕行録,因此《中華尺牘》和下文的《華人唱和帖》成爲了考察此次燕行以及洪羲錫與清文士交遊的最重要的資料。

## 二　洪羲錫編《華人唱和帖》

《華人唱和帖》1册,洪羲錫編。

此書爲韓國友人朴徹庠藏。封面題"華人唱和帖"。卷首有洪羲錫序,交代了此書的編纂之由及主要内容等。此書爲戊寅年(1818)洪羲錫停留北京期間,清文人寫與他的尺牘和詩文。序云:"留館凡四十日,與中華館閣諸公十餘人逐日跌宕於古屋書燈之下、名刹會館之間。其所唱和詩篇、來往赫蹄及名畫佳筆之迭投贐行者,聯牘累帖,而成後分散遇半,餘者顛倒於書笥中矣。"其編纂之由,不僅僅爲了及時收拾整理殘篇,更有追想燕京文學交流、醉心學術研討等原因。序有云:"夫正想玉河,追憶依然若一場蓬蓬。時或讀其詩,玩其書,恍乎如合席討論,因此而燕雲薊樓、海關遠野之尚有餘痕者,歷歷起想,森列眼前,胸次爽闊,不覺神馳之邈邈,然則此帖之爲功也,非但便於玩閱而已也哉。"其具體篇次如下:

陶澍《七律一章贈駱皋詩友》《駱皋詩友前以途間佳什乞余評定,並質及詩法。兹且東旋,覿面難期。重其肫肫之意,復疊前韻成一律,以當贈言,並希拈政焉》《和安字韻答駱皋詩友,即送其榮歸》《次韻答駱皋賢友,即送其榮歸,並希商酌,草草不足奉別也》①;彭浚《七律贈駱皋、晶山正之》;張延闓《疊韻奉酬駱皋進士留別之作,即正之》;朱珵《絕句一首奉贈洪駱皋先生即正》;王懷孟《見於雲汀夫子問答諸事占此,駱皋、晶山詩社》;王懷孟與洪羲錫書 1 通(含《昨從雲汀師小飲,得見唱酬諸什,好文之意溢於札表。雲汀師命作和章,勉成四律,分贈甇山諸君子》一詩);王銓《送洪駱皋權晶山東歸序》;吳思權《送駱皋進士東歸序》;朱珵與洪羲錫書 1 通(含《陶雲汀給諫齋中遇洪、權兩陪使,詢及官秩、里居,口號以答》一詩);彭浚《印心石屋遇駱皋大兄,即請正之》②;陶澍與洪羲錫書 5 通;王懷孟與洪羲錫書 3 通;彭浚與洪羲錫書 2 通;賀熙齡與洪羲錫書 1 通;張延闓與洪羲錫書 1 通;唐鑑與洪羲錫書 1 通;吳思權與洪羲錫書 3 通;王銓與洪羲錫書 1 通。詩文尺牘凡 29 篇。

此書與《中華尺牘》相結合,是考察洪羲錫與清文人文學交流的最重要資料。

## 三 崔斗燦撰《江海乘槎録》

《江海乘槎録》1 册,崔斗燦撰。

崔斗燦(1779—1821),字應七,號江海散人,祖籍永川。嘉慶二十三年戊寅(朝鮮純祖十八年,1818)四月,由濟州島漂流至浙江定海縣,後輾轉前往北京。其途經路綫如下:四月至五月間,由普陀山,依次途經定海縣、鎮海縣、慈溪縣、餘姚縣、上虞縣、會稽縣、山陰縣、蕭山縣。六月間,途經新安縣、石門縣、秀水縣、姑蘇城、長洲縣、無錫縣、武進縣、丹陽縣、江都縣、寶應

---

① 此詩與《和安字韻答駱皋詩友,即送其榮歸》內容相同,文字個別有異。
② 此詩與《七律贈駱皋、晶山正之》內容相同,文字個別有異。

縣、清河縣、桃源縣、剡城縣等。七月間途經沂水縣、蒙陰縣、新泰縣。此書用詩歌體和日記體記錄了崔斗燦的飄海經歷,前往北京途經中國各地的見聞以及與中國南方文士的文學交往等。

現存的《乘槎録》至少有 8 種版本,有木刻本、筆寫本兩種類型,藏於韓國國立中央圖書館、哈佛大學燕京圖書館等。林基中《燕行録全集》第 68 册收入筆寫本一種,字跡多有模糊不清處,且燕行詩混雜在正文之中,多無詩題。韓國國立中央圖書館藏《江海乘槎録》爲木刻本,凡二卷,卷一主要部分爲燕行詩,卷二爲燕行日記部分。卷末附録“遺事”“墓碣銘(并序)”。

卷一的燕行詩多爲崔斗燦與清文士的唱酬之作。每首唱酬詩之後,附有原韻或次韻或贈韻等,較爲完整地呈現出唱酬的全貌。徐廷玉《江海乘槎録序》云:“凡所至,中州文人達士坌集,唱酬焉,贈遺焉,猶恐其後,今於録中可詳也。”具體如下:

在定海縣與朱佩蘭、樂秉彝、金士奎、童六一、曹振絢、時鳳儀、周元瓛、吳申浦、何夢杜、陳福熙、周勛、寧海溶等相唱和,凡 19 篇,主要表達宴會雅集的欣喜以及對對方文才的傾慕之情等。

在杭州以西湖爲詩的題材,崔斗燦創作有《至浙江城欲見西湖而不可得,賦二絶以寓濟勝之懷》,參與唱和的清文士有高瀾、汪焕其、余鍔、孫傳曾、章黼、李堂、孫熙元、孫顯元、羅承烈、邵倫、沈起潜、沈學善、徐秋雪、朱瑛、方學啓、楊山樵、楊勻、楊竹香、程詩、沈福春、沈喬年 21 人,創作有以西湖爲題材的和詩凡 21 篇。在浙江境内,崔斗燦有《浙江人送紙筆索句,述長懷以寄》,又有與高瀾唱和詩 2 組,與程榮唱和詩 1 組,與楊勻唱和詩 1 組(並附李堂次韻),與陳雲橋唱和詩 1 組(並附陳雲橋贈詩)。李堂、羅承烈、章黼次崔斗燦《別刀浦韻》各 1 篇;邵倫有《調〈蘇幕遮〉題奉孝廉崔先生斧正》。崔斗燦爲余鍔作《慈柏詩(并序)》,余鍔有贈詩 1 篇;崔斗燦有《女史五、六人送小紙請覽〈乘槎録〉。嘉其女子之能識字,舉全部以示之,仍賦一絶》。其他浙江文士如王乃斌、李寅聖、劉承緒、孫錫麐、李世楷、李泉、孫奎、袁勛、查初白、吳瑶華等各有贈詩 1 篇;修梅居士有贈詩 2 篇;周元瓛、孫仰曾、孫輔元、葉潮各有贈聯 1 幅。

在山東境内,崔斗燦有贈魯正儒詩 1 篇,有與梁鉞唱和詩 1 組,有與王德懋唱和詩 1 組,有贈佚名《有人以“葛袍今日又西風”爲題請詩,依中國試體作五言六韻以贈之》詩 1 篇。

　　在北京，崔斗燦有贈佚名詩《江南通州人自我國歸，亦漂洋之行也，賦贈一絕》，有與祥雲唱和詩1組。

　　此唱酬集不僅具體地呈現出崔斗燦與清文人的詩歌唱和情形，而且有著更爲重要的學術意義，即詩文唱和不是清朝官員間的文學交往與應酬專利，它也是普通文士在日常生活中用於交往、娛樂等的重要手段。在清朝，詩賦外交的傳統在清整個文壇得到了普遍的繼承。

# 四　朴思浩輯《金臺詩集》

　　《金臺詩集》，朴思浩輯。

　　朴思浩（1781—1859），字季詹、誠夫，號心田，朝鮮密陽人。司諫院大司諫朴天行之子。有《心田稿》存世。乙酉年（1825）式年試進士。道光八年戊子（朝鮮純祖二十八年，1828）十月隨從朝鮮謝恩兼冬至使團出使中國。此行正使洪起燮，副使柳鼎養，書狀官朴宗吉。使行於十月二十五日從漢城出發，十一月二十五日渡鴨綠江，十二月二十四日到達北京。次年二月初四日離開北京，四月初四日回到漢城。

　　《金臺詩集》，筆寫本，出自於朴思浩《燕薊紀程》（《燕行錄全集》第99冊）。前有小序云：“燕有金臺，古多悲歌慷慨之士。余過丁卯橋、吳蘭雪、朱九山諸人於金臺之際，酬唱頗多，收爲《金臺詩集》。”可見，其爲朴思浩、朴載宏停留北京期間與清友人的詩歌唱酬集。此集收錄詩歌凡28篇，分兩部分，具體篇目依次如下：一是停留北京期間，彼此間的唱和詩，有21篇：朴思浩《丁卯橋席上贈主人》（附丁泰和詩），朴思浩《上元日和卯橋寄語》（附丁泰原韻），丁泰《東海兩生歌送朴秀才歸國》，朴思浩《〈江南八賢歌〉和卯橋七言長篇》（筆者按，此詩爲上一詩的和詩），丁泰《〈空山學易圖〉奉贈雲庫①（馬同年少眉索作，與雲庫論〈易〉仍贈）》，熊昂碧《贈心田》，朴思浩《和雲客〈北遊詩〉》（筆者按，此詩爲上一詩的和詩），屬同勛《詠懷題扇面，奉心田求和》，朴思浩《和屬茶心〈詠懷三首〉》（筆者按，此詩爲上一詩的和詩），勞宗煥《己丑人日於丁卯橋舍人席上得吟奉心田，即席求和》，朴思浩《和勞亦宜七律二首》（筆者按，此詩爲上一詩的和詩），鍾汪傑《偶在丁卯

_____

①雲庫，即朝鮮文士朴載宏，雲庫疑爲其號。

橋舍人宅上遇高麗朴心田、雲庫兩秀才談,次及朱陸異同,筆答不盡,作詩申之,並送歸國》,朴思浩《和鍾元甫長篇》(筆者按,此詩爲上一詩的和詩),鍾汪傑《謝心田惠扇》,朴思浩《和鍾元甫》(筆者按,此詩爲上一詩的和詩),蔣鈁《奉送心田先生歸國》,朴思浩《答蔣秀才鈁》(筆者按,此詩爲上一詩的和詩),朴思浩《榆西館別席和雲客諸人》(附熊昂碧、李辰豫和詩),朴思浩《榛子店和季文蘭詩示雲客求和》(附熊昂碧和詩),朴思浩《和雲客》(附熊昂碧原韻),熊昂碧《奉送雲庫、心田歸國》。二是朴思浩歸國後,彼此間的唱和詩有 7 篇:朴思浩《贈丁卯橋舍人》(附丁泰原韻),丁泰《寄心田二律》,朴思浩《和卯橋寄詩》(筆者按,此詩爲上一詩的和詩),朴思浩《追和雲客別詩四絶》(筆者按,此詩是熊昂碧《奉送雲庫、心田歸國》的和詩),朴思浩《寄雲客》《寄茶心郎中》《寄小泉》。

　　以上唱和詩,尤其是朴思浩停留北京期間的詩作均有原韻和和詩,可以判斷《金臺詩集》第一部分較爲完整地收錄了朴思浩在北京時與清友人的唱和詩作。這些詩作較爲詳實地反映出他與清人文學交流的基本情況和内容。第二部分朴思浩歸國後的唱和詩中有 3 篇無原韻或次韻,可推斷應有部分清人唱和之作散佚。筆者翻檢朴思浩撰《燕薊紀程》三卷(《燕行録全集》第 98—99 册),發現熊昂碧與朴思浩間一組唱和詩未被《金臺詩集》收録。兹録於此:久矣聞君名,君來行有日。更勸君一巵,匆匆將惜別(熊昂碧原韻)。人生貴知心,百年當一日。四座且停杯,聽我歌遠別(朴思浩次韻)。

## 五　洪羲瑾孫編《晚窩公燕行交遊帖》

　　《晚窩公燕行交遊帖》1 册,洪羲瑾孫編。

　　洪羲瑾(1767—1845),字敬叟,一字景懷,號晚窩,朝鮮豐山人。辛酉年(1801)中司馬試進士。己巳年(1809)中增廣文科三等,官至户曹參議。丁丑年(1817)十月,其以朝鮮冬至兼謝恩使團書狀官的身份出使北京。己丑年(1829)十月,以朝鮮冬至兼謝恩使團副使的身份出使中國。

　　此帖爲筆寫本,藏韓國國立中央圖書館。封面題"晚窩公燕行交遊帖""漱芳齋藏",封底題"世藏"二大字。該册主要收録洪羲瑾兩次燕行時,清友人寫與他的詩歌、尺牘以及雙方間的筆談。《燕行帖跋》有云:"此帖吾先王考晚窩公赴燕時,華人交遊詩牘及筆談者也。"帖前有洪羲瑾孫所作跋文,交代此帖的主要内容以及編纂過程。跋末署"旃蒙單閼,肇夏書諸烏山之映波亭"。旃蒙單閼,古代紀年的稱呼,即乙卯年。可見,此帖編定於乙卯年(1855)。具體内容如下:

勞崇羲贈洪羲瑾楹聯 1 幅(時間待考);章寅《再和晚窩使君贈詩元韻十首》(1818);吴兆棠、章寅與洪羲瑾書 1 通(1818);王懷孟與洪羲瑾書 1 通,王懷孟贈洪羲瑾詩(琉璃路上傳金槎)、《倚韻贈晚窩詩使》2 首(1818);盧應翔與洪羲瑾書 1 通(1830);彭浚與洪羲瑾書 1 通(1818);王炳與洪羲瑾書 2 通 (1830);釋海觀與洪羲瑾書 2 通(1830);陶澍與洪羲瑾書 1 通(1818);程庭桂《洪尚書奉命修貢入,再叠前韻送别》《都盧三郎中招飲,口占奉贈》詩 2 首(1830)。詩牘帖後,又附有一跋文(文後有"勿替傳之"四大字)。與卷首洪羲瑾孫作跋文筆跡相比對,似相同,疑同爲洪羲瑾孫所作。該文主要品評了所收諸帖的書法、文采、詩歌水平等。

跋文後又附録有戊寅年(1818)洪羲瑾在北京與陶澍、彭浚的筆談,其中有陶澍《廠市晤晚窩詩伯,率叠一律奉塵》詩 1 首。

洪羲瑾丁丑、己丑年的兩次出使中國,均没有相關的燕行録存世,因而《晚窩公燕行交遊帖》是考察洪羲瑾燕行及與清文人交流的最重要的文獻。

# 六　姜溍輯《華人魚雁集》

《華人魚雁集》,姜溍輯。韓國國立中央圖書館藏。

姜溍(1807—1858),字進汝,號對山,其曾祖爲姜世晃。籍貫晉州。著有《對山詩稿》。癸巳年(1833)七月,其隨朝鮮陳慰兼進香使團出使中國。癸巳年(1833)九月二十九日《韓韻海與李尚迪書》(《蘭言彙鈔》)中有云:"藕船仁兄大人閣下:春間曾附函件,度已早塵雅鑒。頃姜對山大雅來京。"又,姜溍《對山集》卷一載《隨希谷李尚書入燕》一詩,希谷李尚書即李止淵,號希谷,癸巳年七月作爲朝鮮陳慰兼進香使團正使出使中國,著有《希谷燕行詩》。此次使團於七月二十五日出發,十一月二十二日復命。

《華人魚雁集》是停留北京期間,姜溍、洪祐吉與清友人朱善旂、李文瀚、慶霖等人間的詩翰帖,爲親筆帖,凡 6 篇,具體如下:朱善旂與姜溍書 1 通,含《十月朔日甫與對山先生通簡牘,聞即欲東旋,未獲面别,走筆奉送,神與俱馳兼懷鄭經山喬梓及懶軒、醉荷諸舊雨》(使星纔見逐春來)詩 1 篇;

李文瀚贈別姜溍詩《贈諸君別書，塵奉尊兄志正，蓮舫弟李文瀚稿》（萬里黄雲落葉天）詩 1 篇；慶霖與姜溍書 1 通，含慶霖贈別姜溍詩（馬上別之子）1篇；翠微與姜溍書 1 通；愚堂《秋七月望咏月録呈藹士老兄清鑒》（露色泥泥碧瓦寒）詩 1 篇；鶴雲贈春山詩（春山吟垞牧丹亭）詩 1 篇。翠微，疑爲清文士字或號，不詳待考。愚堂，疑爲清文士字或號，不詳待考。藹士、春山，即朝鮮文士洪祐吉（1809—1890），字成汝，號藹士、春山、研灘，豐山人。

　　《華人魚雁集》與李止淵《希谷燕行詩》是考察癸巳年（1833）朝鮮陳慰兼進香使團成員與清文人交往的重要資料。

## 七　陳延恩輯《朝鮮詩翰》

　　《朝鮮詩翰》1 卷，陳延恩輯，出自陳延恩《罷讀樓彙刻贈言》卷一〇。

　　《罷讀樓彙刻贈言》，陳氏來可閣藏板，清道光十八年（1838）刻本，美國哈佛燕京圖書館藏。

　　陳延恩，生卒年不詳，洪錫謨《遊燕稿》地卷載：“陳登之名延恩，登之其字也。都察院御史玉方希祖之子，翰林院侍講學士石士用光之從孫。江西建昌府新城縣人。肄業太學，寓居宣武門外西簪兒胡同。爲戴雲莊之婦弟。”《皇清書史》卷九載：“陳延恩字登之，號雲乃，一號邃臣，希祖子。官淮安知府，署兩淮鹽運使。”

　　《朝鮮詩翰》卷前有陳延恩小序云：“翰札雖夥而未能歸入，另裝《罷讀樓選存四》。因尺牘中，故擇其書札可觀者入。各數首附刻於後，未遑概録聯語，並附用以略識海外墨緣云。”可見此詩翰集並没有全録朝鮮文士寫與陳延恩的詩歌和尺牘，僅是將“可觀者”選入，目的是紀念自己與朝鮮文士的文學情緣。

　　《朝鮮詩翰》分兩大部分，即朝鮮文人的贈酬詩歌和尺牘。贈酬詩歌分爲三部分：第一部分未標總篇名，録有洪錫謨①寫與陳延恩的贈酬詩 7 篇；

---

① 洪錫謨（1781—1857），洪羲俊長子。朝鮮後期文人，字敬敷，號陶厓。著有《陶厓集》（韓國成均館大學藏書閣藏）、《陶厓詩集》（韓國國立中央圖書館藏）、《遊燕稿》（林基中編《燕行録續集》第 129 册，尚書院，2008 年）等，編有《東國歲時記》。丙戌年（1826）十月，洪羲俊以冬至正使身份出使中國，洪錫謨以軍官子弟身份隨行。

洪敬謨①寫與陳延恩的贈酬詩3篇。第二部分總篇名"神交帖",題"神交心契"四字,録有洪敬謨寫與陳延恩的贈酬詩9篇。第三部分總篇名"問答詩話",題"代麈揮毫"四字。録有鄭元容②寫與陳延恩的贈酬詩12篇;洪顯周③寫與陳延恩的贈酬詩1篇;李光文④寫與陳延恩的贈酬詩1篇。《朝鮮詩翰》中洪錫謨、洪敬謨、洪顯周、李光文的贈酬詩未見載於他們的文集中,是他們與陳延恩詩文唱和的新資料。而鄭元容的贈酬詩亦見載於鄭元容撰《燕槎録》(林基中編《燕行録續集》第131、132册),不如《燕槎録》載録的詳細。

　　《朝鮮詩翰》的尺牘部分録有洪錫謨與陳延恩書7通;洪敬謨與陳延恩書7通;鄭元容與陳延恩書1通;李光文與陳延恩書1通;並附洪錫謨楹聯1幅,洪敬謨楹聯2幅。其中,洪錫謨與陳延恩書("家從兄使行之回""去冬今春連拜兩度寵翰")2通尺牘亦見載於洪錫謨《陶厓集》,其餘5通未見載於其他文獻。洪敬謨與陳延恩書7通尺牘亦見載於洪敬謨《耘石山人文選》,但《耘石山人文選》所載多闕尺牘撰寫時間,《朝鮮詩翰》所録尺牘的撰寫時間比較明確。二者文字略有不同,可參看。鄭元容與陳延恩書1通未見載於其他文獻。李光文與陳延恩書亦未見載於其他文獻,是目前爲止能够直接反映他們有交往關係的唯一材料。

　　《朝鮮詩翰》是繼《日下題襟集》之後,又一本由清人編訂的中朝文人唱酬集,較爲集中地收録了朝鮮文人寫與陳延恩的詩歌和尺牘,反映出19世紀二三十年代陳延恩與朝鮮文人洪錫謨、洪敬謨、鄭元容等人的密切交往,具有較高的史料價值。

---

①洪敬謨(1774—1851),字敬修,自號冠岩,豐山人,耳溪良浩孫。純祖己巳文科,官至吏判,諡文貞。洪敬謨曾於庚寅年(1830)十月以謝恩兼冬至副使身份、甲午年(1834)二月以進賀兼謝恩正使身份兩次出使中國。

②鄭元容(1783—1873),朝鮮後期文士,東萊人,字善之,號經山。辛卯年(1831)十月以朝鮮冬至兼謝恩使團正使的身份出使中國。其子鄭基世隨行。

③洪顯周(1793—1865),字世叔,號海居齋、約軒,洪仁謨之子,洪奭周之弟。

④李光文(1778—1838),朝鮮文士,字景博,號小華,牛峰人。壬申年(1812)十月以朝鮮冬至兼謝恩使團書狀官的身份出使中國。己丑年(1829)十一月又以朝鮮進賀兼謝恩使團正使的身份出使中國。

## 八　徐慶淳等撰《皇華苔岑券》

《皇華苔岑券》1 冊,朝鮮徐慶淳等撰①。

此書爲筆寫本,封面題"皇華苔岑券",韓國國立中央圖書館官網誤將此書題名爲"皇萃苔岑券"。主要收録晚清文人寫給徐慶淳、徐相雨父子的尺牘與詩歌。徐慶淳(1804—1859),字公善,號海觀,朝鮮大丘人。曾任全羅道高山縣監,著有燕行録《夢經堂日史》。咸豐五年乙卯(朝鮮哲宗六年,1855)十月,徐慶淳隨其從兄陳慰進香使團正使徐憙淳出使中國。此次使團任務是慰清皇太后崩逝,謝皇太后崩逝敕書順付。使行於十月初四日從漢城出發,十月二十七日渡鴨緑江,十一月二十七日到達北京。十二月二十三日離開北京,次年二月十四日回到漢城。

全書共分爲三個部分:

第一部分《留館尺牘》,收録了咸豐五年至六年徐慶淳停留北京期間,清文士寫與他的尺牘與詩歌,凡 9 篇。其中:方朔與徐慶淳書信 4 通,信文中含贈詩《咸豐乙卯十二月八日承海觀仁兄先生惠贈佳什,謹依原韻奉和,然巴人之曲不足以報白雪陽春也,即求教之爲幸》(人海攘攘等擲梭),方朔《花松岑冢宰舊曾奉使朝鮮,詩墨流播者甚多。咸豐乙卯冬日海觀仁兄縱遊入都,屢次垂詢,冢宰感其意,作詩謝之。因題其後,即東澹人編修録呈教和爲希》(海國文明盛),花沙納《朝鮮徐海觀郎中隨貢使入都,承問訊,詩以謝之》(昔年奉使赴東瀛),李士棻與徐慶淳書 2 通,李士棻《喜承徐海觀郎中枉過寓齋,竟日雅談樂甚,賦詩爲謝》(天上朝回過腐儒)(肯携佳句到鷄林)。

第二部分爲《梅花書械》,分五卷。

《梅花書械》卷一收録了別離後,李士棻、方朔與徐慶淳的書信各 2 通,

---

① 筆者按,從《皇華苔岑券》的具體内容分析,編撰者應不是徐慶淳。《梅花書械》卷四有李士棻《咸豐十年正月既望京師獨立樓,爲位哭奠朝鮮徐郎中海觀先生仁兄之靈,追念舊游,泣成此詩,寄唁先生之哲嗣石顛秀才孝鑒,忠州李士棻芋仙揮淚書》,有云:"去春接君書,陡悉尊翁病。"可得知朝鮮文人徐慶淳死於咸豐九年,故此詩集不可能爲徐慶淳單獨創作,因此《皇華苔岑券》的編者疑爲朝鮮文人徐慶淳與其子徐相雨。

書信撰寫時間均爲咸豐六年(1856)。

《梅花書械》卷二凡5篇,收録了方朔與徐慶淳書1通;方朔與徐相雨書1通,含《小詩一律,奉題石顚茂才世兄大人〈紫葡萄館詩鈔〉,即希法正》(百首新詩海外來);李士棻與徐慶淳書1通,含《讀〈紫葡萄館詩稿〉,寄酬石顚秀才世講,即乞吟社點定》(新詩一卷寫深情);倪文蔚與徐慶淳書1通,含《丁巳人日得朝鮮海觀京兆書,極承眷注,聊寄短章,用報雅意》(覿面無因結深);花沙納與徐慶淳書1通。撰寫時間均爲咸豐七年(1857)。

《梅花書械》卷三凡4篇,收録了李士棻與徐慶淳書1通,含《小詩二首戊午二月寄酬徐海觀老兄壇坫誨定》(別來長賦畔牢愁);李士棻與徐相雨書1通,含《小詩寄酬徐石顚秀才世兄吟定》(雲海相望幾溯洄);倪文蔚與徐慶淳書1通,含《戊午初春得海觀郎中書,賦此寄懷》(四海論交遍)、《戊午初春得石顚秀才書,並寄紫葡萄館詩,漫賦四十字弁首用答盛意》(濯濯徐公子);花沙納與徐慶淳書1通,含《次韻奉酬,即希正之,海觀郎中文几》(委蛇退食正從公)、《和答石顚茂才》(昔年追祖德)。撰寫時間均爲咸豐八年(1858)。

《梅花書械》卷四凡2篇,收録了李士棻與徐慶淳書1通;李士棻與徐相雨書1通。撰寫時間均爲咸豐九年(1859)。

《梅花書械》卷五凡7篇,收録了李士棻與徐相雨書2通,李士棻《咸豐十年正月既望京師獨立樓,爲位哭奠朝鮮徐郎中海觀先生仁兄之靈魂,追念舊遊,泣成此詩,寄唁先生之哲嗣石顚秀才》《朝鮮進士郎中徐海觀先生仁兄大人靈鑒,庚申正月愚弟蜀州李士棻再拜寄輓》詩2篇;馬繩武與徐相雨書2通;倪文蔚、曾省三與徐相雨書各1通。撰寫時間多爲咸豐十年(1860)。

第三部分收録了徐慶淳的五位清友人的詩選:李士棻《芋仙詩草》、方朔《小東詩草》、倪文蔚《豹岑詩草》、曾省三《佑卿詩草》、花沙納《松岑詩草》。

《芋仙詩草》收録李士棻詩歌43篇,挽聯1幅。其中贈徐慶淳、徐相雨詩有《乙卯臘月與朝鮮徐相國友蘭、海觀郎中、申澹人編修唱酬甚樂,爲抄拙詩持贈,臨別泫然》(文字緣深果有神)、《喜承徐海觀郎中枉過寓齋,竟日雅談樂甚,賦詩爲謝》(天上朝迴過腐儒)(肯携佳句到鷄林)、《讀〈紫葡萄館詩稿〉,寄酬徐石顚秀才世講,即乞吟社點定,丁巳二月識於京師》(新詩一

卷寫深情）、《小詩二首戊午二月寄酬徐海觀老兄壇坫誨定，識於京師》（別
來長賦畔牢愁）、《小詩寄酬徐石顛秀才世兄吟定》（雲海相望幾溯洄）、《咸
豐十年正月既望京師獨立樓，爲位哭奠朝鮮徐郎中海觀先生仁兄之靈，追
念舊遊，泣成此詩，寄唁先生之哲嗣石顛秀才》（去春接君書）、《輓朝鮮進士
郎中徐海觀》（我最知君滿肚皮）7 篇。除去第 1 篇詩作，其餘 6 篇在《留館
尺牘》《梅花書械》中均有載。

　　《小東詩草》收録方朔詩歌 8 篇。其中贈徐慶淳、徐相雨詩有《咸豐乙
卯十二月八日承海觀仁兄先生惠贈佳什，謹依原韻奉和》（人海攘攘等擲
梭）、《花松岑冢宰舊曾奉使朝鮮，詩墨流播者甚多。咸豐乙卯冬日海觀仁
兄縱遊入都，屢次垂詢，冢宰感其意，作詩謝之。因題其後，即柬澹人編修
録呈教和》（海國文明盛）、《小詩一律奉題石顛茂才世兄〈紫葡萄館詩鈔〉，
即希法正》（百首新詩海外來）3 篇。此 3 篇在《留館尺牘》《梅花書械》中均
有載。

　　《豹岑詩草》收録倪文蔚詩歌 3 篇：《丁巳人日得朝鮮海觀京兆書，極承
眷注，聊寄短章，用報雅意》（覿面無因結想深）、《戊午初春得海觀郎中書，
賦此寄懷》（四海論交遍）、《戊午初春得石顛秀才書，並寄紫葡萄館詩，漫賦
四十字弁首用答盛意》（濯濯徐公子）。倪文蔚此 3 篇贈徐慶淳、徐相雨詩
在《梅花書械》中均有載。

　　《佑卿詩草》收録曾省三詩歌 9 篇，多爲贈與清友人的詩作。

　　《松岑詩草》收録花沙納詩歌 4 篇，其中贈徐慶淳、徐相雨詩有《朝鮮徐
海觀郎中隨貢使入都，承問訊，詩以謝之》（昔年奉使赴東瀛）、《次韻奉酬海
觀郎中，即希正之》（委蛇退食正從公）、《和答石顛茂才》（昔年追祖德）3 篇。
此 3 篇在《留館尺牘》《梅花書械》中均有載。

　　《皇華苔岑券·留館尺牘》收録的清人贈徐慶淳、徐相雨詩作均見載於
《夢經堂日史》。《皇華苔岑券·梅花書械》由於是別離後清人寫與徐慶淳、
徐相雨的尺牘和詩作，所以《夢經堂日史》中均未有載録。《皇華苔岑券》中
揭示的與徐相雨有交往的清人曾省三在《夢經堂日史》一書中亦未提及。
因而，《皇華苔岑券》與《夢經堂日史》在資料方面互爲補充，是研究徐慶淳
與清文人交流的最重要的文本之一。

## 九　夢華齋抄《海陵書屋收藏中州詩》

《海陵書屋收藏中州詩》1 册,韓國首爾大學奎章閣藏本。

該書爲筆寫本,封面題"中外唱酬集",卷首題"海鄰書屋收藏中州詩""夢華齋抄"。海鄰書屋是李尚迪的書齋名。黃彭年《陶樓文鈔》卷一〇載:"自公卿大夫以至山林詞客咸有投贈。於是藕船取海内知己,天涯比鄰之意,自顔其居曰'海鄰'。"①夢華齋具體指誰,不詳。李尚迪(1803—1865),字惠吉,號藕船。籍貫牛峰,朝鮮後期文人、譯官。金正喜的門人,精通詩文和書法。著有《恩誦堂集》。從道光九年(1829)至同治三年(1864),其作爲譯官,先後 12 次前往中國②。

《海陵書屋收藏中州詩》主要收録清文人酬贈李尚迪的詩作和文章。凡 39 名詩人的 106 首詩歌,以及汪喜孫《題禮堂〈授經圖〉後》、張曜孫《〈緑槐書屋肄書圖〉序》、王鵠《顧祠聽雨圖記》、馬沅《晚香莊記》4 篇文章。涉及的詩歌作者有:姚衡、儀克中、陳其錕、雷文輝、汪喜孫、湯貽汾、張曜孫、洪齮孫、王鴻、鄧爾恒、莊縉度、潘鐸、馬沅、陳攀鳳、劉肇銘、劉輔之、趙文涵、丁泰、秦緗業、曹懋堅、蔣德馨、潘曾綬、孔憲彝、張修府、温忠善、温忠彦、温忠翰、程祖慶、周棠、朱琦、潘祖蔭、吳懷珍、祁寯藻、王錫振、王憲成、嚴辰、馮志沂、許宗衡、龔橙。

李尚迪《恩誦堂集》載録有他寫與清友人的酬贈詩 119 篇。《海陵書屋收藏中州詩》收録清人酬贈李尚迪的詩作。兩書互相參看,可見李尚迪與

---

①黃彭年《陶樓文鈔》卷一〇,民國十二年(1923)刻本。

②時間分別是:第一次,己丑年(1829)十月,隨從冬至兼謝恩使團出使。第二次,辛卯年(1831)七月,隨從謝恩使團出使。第三次,丙申年(1836)十月,隨從冬至兼謝恩使團出使。第四次,丁酉年(1837)四月,隨從奏請兼謝恩使團出使。第五次,辛丑年(1841)十月,隨從冬至兼謝恩使團出使。第六次,壬寅年(1842)十月,隨從冬至兼謝恩使團出使。第七次,甲辰年(1844)十月,隨從奏請兼謝恩冬至使團出使。第八次,丁未年(1847)十月,隨從冬至兼謝恩使團出使。第九次,壬子年(1852)十月,隨從進賀謝恩兼冬至使團出使。第十次,戊午年(1858)十月,隨從謝恩兼冬至使團出使。第十一次,癸亥年(1863)二月,隨從陳奏使團出使。第十二次,甲子年(1864)正月,隨從告訃請謚兼承襲奏請使團出使。

清友人間詩歌酬贈的盛況。《海陵書屋收藏中州詩》中的一些詩作反映出李尚迪與清友人間書籍交流的情況,如張修府《藕船先生以大著恩誦堂稿見貽,率賦律句,録請正之》、温忠善《讀恩誦堂大集,即題其後,奉呈藕船先生清政並求和章》《捧讀藕船先生〈恩誦堂續集〉,有〈秋懷詩〉如干首,見君鉅製,觸我深情。回憶庚戌遊泗上曾有是作,録呈斥政》等,可見李尚迪曾將《恩誦堂集》《恩誦堂集續集》等贈與清友人。

　　《海陵書屋收藏中州詩》中的詩歌,對於清人別集而言,有著補遺、參證的重要作用。除去湯貽汾、王錫振、馮志沂等人的部分詩作,其他詩作均未見載於中國典籍。又如《海鄰書屋收藏中州詩》中載録朱琦《寄浮邱子舊作》,此篇與朱琦《怡志堂詩初編》(清咸豐七年刻本)中《飲湯海秋師寓齋,示讀近稿賦呈》一詩實爲同一篇,但詩題不同,且字句上有差別。如"黄河來萬里",《怡志堂詩初編》(清咸豐七年刻本)作"洪河走萬里"。顯然,這些詩作可互相校勘,糾正訛誤。

# 十　李承五輯《松筠庵雅集》

　　《松筠庵雅集》不分卷,李承五輯。

　　李承五(1837—?),字奎瑞,號三隱,朝鮮韓山人。戊午年(1858)庭試丙科,文科及第。歷任成均館大司成、吏曹參議、司諫院大司諫、漢城府判尹、藝文館提學、奎章閣卿兼王太子宮日講官等職。丁酉年(1897),因"乙未事變",被判終身流配。著有《觀華誌》。光緒十三年丁亥(朝鮮高宗二十四年,1887)四月,以朝鮮進賀使團正使的身份出使中國。使行於四月二十二日從漢城出發,閏四月二十七日渡鴨緑江,五月二十六日到達北京。八月初八日,離開北京,九月二十九日回到漢城。

　　此唱酬集被收録在李承五《觀華志日記》(《燕行録續集》第147册)中。此集的成因,卷首徐壽銘小序云:"庵在順治門(一名宣武門)外榨子橋西,是椒山楊忠愍公(繼盛)故宅也。礐石爲假山,有幽深之趣。諸寮四壁皆古人詩石刻摹移者,多可觀。麓泉屢約一會。余以七月廿四往赴,善化館社友齊會,而不參者三人(始約十四人矣,三人有故不來)。萍鄉雅集,甚盛舉也。"松筠庵在宣武門外的達智橋,是明嘉靖朝著名的諫臣楊繼盛故居。自清初以來,文人追慕明代先賢風氣來此唱酬題詠,尤其清晚期,在這座古廟中,諸多中朝文人留下了唱酬之作,"極一時文酒之盛"①。

從内容看,《松筠庵雅集》收録了丁亥年(1887)七月二十四日朝鮮文人李承五與清文人黃膺、何桂芳、張祖綸、張章焌、黎錦緒、勞啓潞、鄭業敬、徐懋立等人間的唱和詩作。分爲三部分:一是首次的唱和,二是再疊,三是又占一絶。七絶凡21首。

松筠庵雅集是李承五與龍喜社社友的首次詩會。李承五《道中追思龍喜社友》詩序有云:"今行偶與龍喜諸友相遇,知之深愛之切。一遊於筠庵,再遊於天福,三遊於謝祠,四遊於岳廟。又於臺榭泉石之間,文酒源源,頗忘離索之苦。"②此唱酬集爲龍喜社創社第一年,即丁亥年(1887)宴邀朝鮮貢使唱和存留下來的詩作。除《海東尋詩集》保留了癸巳年(1893)龍喜社與朝鮮文人的唱和詩作,其餘龍喜社的唱酬詩集《獻館泳春詩册》《江亭集》《池北集》《蘇海集》存世情況不詳。因此,此詩集透露出該社團成立伊始的雅集情形以及與朝鮮文人的交流情況,是研究龍喜社文學交流的最重要的資料之一。

## 十一　龍喜社刊《海東尋詩集》

《海東尋詩集》一卷,龍喜社刊印。

此書爲清光緒十九年(癸巳,1893)印本,現藏於中國國家圖書館善本室。

龍喜社是清晚期在北京雅集的一個湖南文人詩社。丁亥年(1887)湖南籍文人黃膺所創設。黃膺《海東尋詩集·扈魯外史跋》載:"龍喜社在京師宣武門街東善化會館。善化爲湖南長沙郡守邑(長沙、善化兩邑附郭)。五代漢乾祐間,析長沙縣東竟置縣曰'龍喜'。宋元符元年改善化,元、明,洎國朝因之。社稱龍喜,從其朔也。光緒丁亥重葺館舍落成,余於館中創爲詩社。""尋詩"含義,黃膺跋中有云:"尋詩盟,兼志吾邑韻事也。""所願中東氣誼,古處共敦,詠仁蹈德,有如此盟,則今日吾社之尋詩固有深於詩者,

①黃雲鵠《筠庵雅集圖記》,董文焕編撰,李豫、崔永禧輯校《韓客詩存》,書目文獻出版
　社,1996年,頁301。
②林基中編《燕行録續集》第147册,頁587。

而詩其寄焉爾。"可見,中朝文人建立詩盟,以踐行仁德是其集名的真正內涵。

　　詩集選定刊印時間在癸巳年(1893)。徐世昌《晚晴簃詩彙》"李乾夏"條載:"癸巳偕李盛齋判書煒(暐)、沈友松僕正遠翼,奉使朝正崔硯農僉事(性學)從行。余時在詞館,善化黃鹿泉農部就其縣邸設龍喜社邀使者宴集,迭相唱和,次爲龍喜社《海東尋詩集》。"①據《朝鮮王朝實錄·高宗實錄》,癸巳年十一月初六日,朝鮮冬至使團正使李乾夏、副使李暐、書狀官沈遠翼從漢城出發,次年四月十二日回到漢城復命。《海東尋詩集》收錄的即是李乾夏、李暐、沈遠翼、崔性學停留北京期間,與龍喜社文人的唱酬詩歌。

　　《海東尋詩集》卷首爲洪汝冲序。該序作於光緒十九年(1893)正月二十五日,指出中國詩賦外交的傳統,強調此集的編撰刊刻意義正在於"宣上德,通下情。聯一體之誼,示同文之意,致柔遠之道"。《海東尋詩集》序之後爲"同集姓氏",介紹唱和諸人的姓字、官職、籍貫等。列朝鮮文人李乾夏、李暐、沈遠翼、崔性學4人,列清文人顧瑗、徐世昌、王以慜、徐樹鈞、黃膺等21人。除顧瑗、徐世昌、孟繼塤、趙藩、成昌、王鐵珊外,其餘都是湖南人,且以善化地區文人爲主。該"同集姓氏"也起到了詩集目錄的作用。

　　正文部爲中朝文人唱酬詩作,凡64篇。首列在北江舊廬餞別時的唱和之作,原韻爲朝鮮李乾夏、李暐、沈遠翼、崔性學詩作各1首,無題,和作有徐世昌《北江舊廬餞別》、孟繼塤(同題)、徐樹鈞(同題)、黃膺《送別三使君,並贈硯農》。此組詩歌主要表達彼此間詩歌唱和的歡欣以及離別時的依依不捨之情等。上述詩作所押韻字完全一致,可見爲共同酬唱之作。然後列出清友人在多次唱和中的代表之作。由於此部分詩作所押韻字多有不同,且韻字屬於不同的韻部,故判斷這些詩作創作於不同的場合和地點。

　　附錄《磨磚吟》收錄朝鮮文人崔性學與顧瑗、徐世昌、孟繼塤、成昌、徐樹鈞、黃膺等雅集時的唱和詩作,凡25篇。"磨磚吟",有努力作詩、精心作詩之意,典出《景德傳燈錄·慧能大師》,亦有謙遜求指教之意。這些唱酬之作主要描繪了新正、早春的美景,表達雅集的歡樂、友誼的醇厚、別離的不捨等。這些唱酬詩承繼了唐代詩人賈至、王維、岑參、杜甫以大明宮爲題

① 徐世昌《晚晴簃詩彙》卷二〇〇,中華書局,1990年,頁9208—9209。

材唱和的傳統，總體上呈現出雍容華麗、升平有爲的皇家氣象，但又能表現出各自的風格和特色。

《海東尋詩集》展現了晚清龍喜社結社的原因、規模及影響等，呈現出湖南籍文人群體與朝鮮文人詩歌唱和的真實畫面。此是研究龍喜社文學活動最爲重要的資料。目前未見癸巳年（1893）的燕行録存世，此集也是考察癸巳朝鮮冬至使團活動的基本史料。

除去上述 11 種中朝文人唱酬集外，筆者收藏的 19 世紀中朝文人唱酬集還有日本天理大學圖書館藏金永爵纂次《燕臺瓊瓜録》、中國國家圖書館藏金永爵編著《存春軒詩鈔》、高麗大學藏《中朝學士書翰録》以及韓國友人朴徹庠藏《金永爵與清人來往尺牘帖》等，這些唱酬集在筆者《邵亭金永爵與清文士交往資料考述》（《大東漢文學》第 46 輯，2016 年）一文中已作解題，故本文不再贅述。

（作者單位：南通大學文學院、南通大學圖書館）

# 乾隆五十五年安南朝鮮交流考論 *

陸小燕

　　1771 年，乂安阮岳、阮惠、阮侶兄弟起兵攻打廣南阮主，北方的鄭森趁機派大將黃五福攻陷順化，招安阮氏兄弟。三兄弟雖相互猜忌，但逐步佔據越南南部和中部。1786 年，阮惠攻佔鄭主置將留守的順化，揮師昇龍（今河内），攻殺端南王鄭棕，覲見黎顯宗，顯宗去世後昭統帝黎維祁繼位，阮惠率軍南歸。黎維祁與鄭主殘餘勢力擁立的晏都王鄭橓互相争鬥，引阮有整驅逐鄭橓。阮惠派武文任殺阮有整。昭統帝逃離昇龍，向清朝求救。乾隆帝以"興滅繼絶"名義派孫士毅率軍進入安南，以黎維祁爲安南國王。阮惠在富春登基稱帝，集結大軍，1789 年元旦進攻昇龍，清軍戰敗，退至鎮南關，昭統君臣隨清軍回國。阮惠向乾隆帝輸誠請罪，送回被俘官兵，立祠祭祀陣亡清軍官員將士，允諾親赴北京慶賀乾隆八十大壽。乾隆帝感其"悔罪投誠"，册封阮惠爲安南國王。西山阮朝正式取代黎朝，和清朝確立新的朝貢關係。阮惠改名阮光平。清越由戰至和，乾隆帝的意旨主導了此次朝貢關係的變化①。

　　1790 年，阮光平親率超豪華使團入覲祝賀乾隆帝八十大壽，受到清朝高規格待遇。安南派出以國王爲首的使團，爲中越歷史上絶無僅有之事，以國王入覲更是中越關係的巨大突破②。葛兆光先生闡述因安南國王君

* 本文爲國家社科基金重大項目"東亞古代漢文學史"（19ZDA260）階段性成果。
① 鄭永常《論清乾隆安南之役：現實與道義之間》，《成功大學歷史學報》第 22 號，1996年，頁 210—241。
② 張明富《乾隆末安南國王阮光平入華朝覲假冒説考》，《歷史研究》2010 年第 3 期。

臣改換清朝衣冠,朝鮮使臣於此多有不滿,故與安南使臣的交流頗爲不暢,此文規模宏大,細緻入微,足見朝貢國心理之妙①。但政治利益訴求差異導致文化認知錯位,越、朝同文之國詩文唱和暗流湧動。

# 一　安南國王君臣祝壽及禮遇

萬曆時馮克寬和李睟光在北京詩文唱和之事以變異形態分別在兩國傳爲佳話,影響巨大②,之後越、朝使臣詩文往來,贈送禮物。乾隆帝八十大壽爲兩國所重,使臣皆一時之選,華章流采,延續了前輩傳統。

潘輝益原爲後黎朝進士,是著名學者官員吳時仕之婿,與妻兄吳時任同在西山阮朝爲官,奉使清朝,恢復了因戰爭而中斷的朝貢關係,被稱爲"我國使華之獨步者"③。潘輝益才華橫溢,精通音律,爲再次出使祝壽做了充分準備:

> 春季入覲議成,余奉擬祝嘏詞十調,先寫金箋,隨表文投遞。清帝旨下,擇本國伶工十名,按拍演唱,帶隨覲祝,至是欽侍御殿開宴,禮部引我國伶工,前入唱曲。奉大皇帝嘉悦,厚賞銀幣,再命太常官,選梨園十人,依我國伶工裝樣,秀才帽交領衣,琴留笛笙鼓齊就,召我伶工入禁内,教他操南音,演曲調,數日習熟。開宴時,引南北伶工,分列兩行,對唱,體格亦相符合。(《星槎紀行》,頁 275)

潘輝益擬就《欽祝大萬壽詞曲十調》,與表文同送北京,乾隆帝下旨安南按詞演唱,并帶樂班至北京④。八月六日朝鮮使臣徐浩修留圓明園觀戲

---

① 葛兆光《朝貢、禮儀與衣冠——從乾隆五十五年安南國王熱河祝壽及請改易服色説起》,《復旦學報》2012 年第 2 期。

② 陸小燕、葉少飛《萬曆二十五年朝鮮安南使臣詩文問答析論》,《域外漢籍研究集刊》第 9 輯,中華書局,2013 年;劉玉珺《"國中有人":越朝詩文中的馮克寬形象》,《外國文學評論》2022 年第 1 期。

③ 潘輝益《星槎紀行》,《越南漢文燕行文獻集成》第 6 册,復旦大學出版社,2010 年,頁 195。下將書名頁碼插入正文。

④ 平塚順良、佘筠珺《越南西山朝的潘輝益和詞牌〈樂春風〉》,《域外漢籍研究集刊》第 19 輯,中華書局,2019 年,頁 277—290。

見到安南樂工：

> 曉到，出入賢良門外，見安南樂工六人戴網巾黑帽，著絳衣，持笙二、笛二、奚琴、月琴，因皇旨來待。朝膳後，召入戲閣，陳作而觀之，又召安南王賞以綠玉椀二箇。①

乾隆帝觀看大喜，讓本國樂工學習南音曲調同場合奏，這頗符合乾隆帝南北同歡的喜好②。安南國王親自入覲，乾隆帝大喜，清朝對安南使團也處處優待：

> 外藩安南、朝鮮、緬甸、南掌、台灣生番諸使部，排列侍坐，未刻戲畢，賞賚珍玩外，日三次，賜食，前後二次，賜肉品，中次賜密品，率以爲常。浹旬奉御宴筵，聲樂迭奏，時召閣時議事，裁决政機。四方章疏，經奉宸覽批答，次第宣示，又時奉御製詩文，題寫箋帖，無日無之，仰惟聖心運量，頃刻不停，以勤敬之寔，享壽康之福，萬古帝王之所未有也。

> 禁鍾催曉列明堂，縹緲詳（祥）雲捧日光。晬表同瞻生伏壽，（自注：皇帝崇尚科典，臣工祝蝦祠［詞］，多用壽伏活伏等字）班聯近惹御爐香。九成韶舞諧天樂，三次珍看出上方。丹宸裁幾兼潤藻，欽惟聖德運乾剛。（《星槎紀行》，頁237—239）

明清兩代安南頗爲桀驁，外藩之首多爲朝鮮，此次安南排在外藩諸國第一，這是從來未有之事，潘輝益不由得讚頌并賦詩。安南排在班首並非潘輝益自誇，而是確有其事，前揭葛兆光先生文頁8特地予以指出。安南因國王親自入覲以殊禮位於諸國之首，應成爲本次朝覲常態。朝鮮使臣即便不忿也無可奈何，安南國王爵秩遠超使臣，朝鮮國王未至，自然不能分庭抗禮。但朝鮮使臣仍記載本國使部爲諸藩之首：

> 和珅進御前，手指歷而對皇旨曰：使臣等就宴班。鐵侍郎引余等坐於各國使臣班而首爲朝鮮使，次爲安南使，次爲南掌使，次爲緬甸使，次爲生番班位。（《燕行記》，頁17）

---

①徐浩修《燕行記》，載林基中主編《燕行錄全集》卷五一，東國大學校出版部，2001年，頁154—155。下書名和頁碼插入正文。

②祝蝦詞現存台北故宮博物院，以漢字、喃字、滿語、蒙文寫就，https://catalog. digitalar-chives. tw/item/00/43/36/8e. html? fbclid＝IwAR2TuALpfySj5－6TVPsKPJUbi AtjsUYvP_KR8XAQKNyGkiqatoVn0B5zuFg.（2022年7月29日檢索）

之後賜宴圓明園,潘輝益記"我使部與朝鮮每同舟並行"(《星槎紀行》頁 241)。安南使臣又被特賜陪遊西苑禁內。使團歸國,乾隆帝賜宴,潘輝益賦詩歌頌:

　　二十日,旨賜歸國,賜宴於正大光明殿,奉特宣至御座旁,親賜玉飲,歡感紀事

　　聖壽啓昌辰,梯航同祝岷。指南早錫軿,宴筵隆寵數。班列肅明堂,曉雲擁鸞輅。烟裊室爐香,丹庭奏韶護。恩旨自天來,禮官呼潘武。應有起出班,五中喜且懼。傴僂登殿堦,閣老前引步。趨向就座旁,曲跽聆温諭。案頭玉酒壺,斟酌出御手。親賜碧玉卮,加額恭領受。傾飲不敢餘,醍醐潤肺腑。反爵交侍臣,叩謝連稽首。降堦還就班,足蹈而手舞。聖人子庶邦,恩育曠前古。海南翰墨臣,僥倖叨簡顧。龍閣嘉肬處,珍品賞詩句。禁內賜遊觀,特有凡三度。趨蹡殿陛間,奎文幸親睹。重奉御前杯,天樽酒甘露。旌獎荷鴻施,詔鈞長戀慕。藩國奉琛頻,幾得奇遭遇。飛來報國人,皇華第一部。(《星槎紀行》,頁 246—247)

皇帝親賜御酒讓使臣且喜且懼,畢恭畢敬,傴僂登上殿堦,抬手加額恭領御酒,傾飲不敢餘。喜悦溢於言表,視此次親賜御酒爲"恩育曠前古",要將此消息報回國內,"飛來報國人,皇華第一部"。這是西山朝建立以來與清朝外交關係的重大勝利,也是西山朝進一步得到清廷認可和支持的標誌。

段浚在《從幸萬壽山記》中以工細筆法,描述與蒙古、朝鮮、回回、緬甸、墓蠻等使者暢遊萬壽山的過程。乾隆帝黃袍玉帶,坐黃色大轎,使臣們尾隨,時而乘轎,時而蕩舟,時而步行,宮殿疊出,草木掩映,湖光迴繞,一步一景,天工人巧,間雜廟宇與市井,樂歌時發,人人稱奇,非世之所見,段浚更覺恍然若夢,"回首石門已閉,但見背城一座天山,寂然去處,□而茫然如夢。惘然如失,因筆之以誌斯遊"①。武輝瑨因兩次赴華而受到皇帝親賜御酒:

　　步步層梯入北辰,天顏咫尺喜身親。兩番華彎叨清問,一盞香膠

---

① 段浚《海翁詩集》,《越南漢文燕行文獻集成》第 7 册,頁 90—92。下書名與頁碼插入正文。

接紫宸。恩降裟蒲雙頰彙，暖回曉露滿懷春。遠陪遭際應希曠，卻信生前有勝因。①

　　能夠沐浴天恩，使臣深以爲榮，當是前緣天定。西山朝和清朝的朝貢關係藉由乾隆皇帝八十大壽達到前所未有的高度，安南出使獲得了圓滿成功，阮朝史籍亦載："至宴賞甚渥，賜見於避暑山莊，行抱膝禮，加賞黃金鞋帶，及還親諭，以子視之，賜以詩，又封偽子光纘爲世子，且以其事，列爲十全偉績之一，形之丹青，播爲歌頌。"②

## 二　關於安南國王君臣服清朝衣冠

　　安南國王親自入覲，乾隆帝異常高興，寵賜有加，不但掃清了清越戰爭陰影，更使兩國關係登上新台階。七月十四日，清朝向安南國王君臣頒賜本朝冠服。七月十六日，安南國王著大清冠服覲見，乾隆帝賦詩：

　　　　丹城萬里近瞻依，悼史全無寧渠希。不肯有更頒鳳詔，卻欣無意乞鶯衣。涼清取近嘉應見，典禮如常娛莫違。詎曰一家覃父子，海邦奕葉永禎機。（《華程後集》，頁 366）

　　　　藩王入覲值時巡，初見時如舊識親。伊古未曾來象闕，勝朝往事鄙金人。九經柔遠祗重澤，嘉會於今勉體仁。武偃文修順天道，大清祚永萬年春。③

　　詩寫乾隆帝與安南國王情同父子，親如一家，安南海邦永爲大清藩籬，至於元明兩代看重的代身金人，本朝鄙而不取④。前揭葛兆光先生文寫安南國君臣改換原來的明朝衣冠爲清朝衣冠，引起朝鮮使臣極大不滿，形成巨大的文化心理衝擊。但改換衣冠對剛剛接續的清越朝貢關係卻有巨大的促進，安南使臣紛紛唱和，武輝瑨賦詩：

----

① 武輝瑨《華程後集》，《越南漢文燕行文獻集成》第 6 冊，頁 384。下書名與頁碼插入正文。段浚《海煙詩集》亦録此詩，文句略有不同，見《越南燕行文獻集成》第 7 冊，頁 28。
② 《御製歷代史總論》卷下，漢喃研究院藏刻本，藏號：A1403。
③ 段浚《海煙詩集》，《越南漢文燕行文獻集成》第 7 冊，頁 28。下書名頁碼插入正文。
④ 施建光、拜根興《元明時期安南貢物"代身金人"及其政治寓意考析》，《中國邊疆史地研究》2019 年第 1 期。

應制奉代和特賜朝服御製詩韻

梯航遠至樂因依，聖澤霑優自古希。已列明堂貼舜冕，還容邃陛側萊衣。華躬服飭欣無斁，從俗儀章奉不違。覆幬莫酬穹昊德，虔稱壽笒祝祥機。

次日奉賜三品冠服因奉依前韻進謝

扈從覲巒再瞻依，似此遭逢千載希。恩典幸叨三品服，昕廷親拜六章衣。此生被德長無斁，異日祇顏遠不違。屢祝吾皇天壽永，萬年黼座受鴻機。（《華程後集》，頁 366—367）

武輝瑨對獲賜大清衣冠的榮寵表現出巨大感激，恭祝“吾皇天壽永”，華章麗彩展示了使臣才華和榮耀。武輝瑨爲後黎朝進士，入西山朝爲官，心理活動如何尚難探知，但對新賜衣冠卻有直覺的不同，又有一詩：

被帶新頒冠服偶成

袞衣重覲熱河城，盈耳鈞韶去歲聲。周寶頻叨天九渥，虞章還竊品三榮。亦知聖眷非常得，自笑凡身幾變更。正擬歸裝珍襲處，斑堂戲舞獻桃觥。（《華程後集》，頁 367）

本國易代之事，安南使臣心中感想難爲外人道也，“亦知聖眷非常得”，此次入覲祝壽獲殊榮於天子，自己以黎氏舊臣轉爲新朝之使，“自笑凡身幾變更”，此亦無可奈何之事。潘輝益和詩：

奉穿戴天朝冠服愓然感懷

聖心覆冒視如一，朝服焜華品在三。窟陛觀光凭荷眷，清霄顧影獨懷慚。幸將文字塵隆鑒，驚受冠紳沐渥罩。夢境不知身幾變，且憑天寵耀軺南。（《星槎紀行》，頁 235）

潘輝益對受賜冠服顯得更加愴然，“清霄顧影獨懷慚”所言爲冠服還是爲自己？“幸將文字塵隆鑒，驚受冠紳沐渥罩”，自己一介文臣，得此恩遇受寵若驚。“夢境不知身幾變”與武輝瑨的“自笑凡身幾變更”遙相呼應，黎阮易代之悲終於在此表露出來。但以新朝之使獲天子殊榮，自可“且憑天寵耀軺南”。

前揭鄭永常先生文研究乾隆帝在扶持黎維祁復國一事有相當程度的誤判。黎氏雖爲國君，但輔政之人卻是鄭氏，黎氏自 1593 年以後即是傀儡，大權均操於鄭王之手，康熙時清使至交州時已經非常明了。乾隆帝以存亡繼絕扶持黎氏，孫士毅送昭統回國。安南國土狹長，轉運艱難，進擊西山需要重新調度增兵，孫士毅只能留守昇龍。昭統在鄭氏掌權的環境中成長，既沒有政治能力和經驗，又氣量窄狹。黎氏近二百年的傀儡角色如何能够培養出應對艱困時局的英才？孫士毅進退不得，在阮惠反擊後，迅速抽身遁走，乾隆帝停止支持黎氏，轉而承認西山阮朝，接受阮惠朝貢。乾隆帝賦詩：

> 三番耆武匪佳兵，昨歲安南重有征。無奈復黎黎厭德，爰教封阮阮輸誠。守封疆勿滋他姓，傳子孫恒奉大清。幸沐天恩欽六道，不遑日監凜持盈。①

乾隆帝表示黎氏天厭其德，阮氏抒誠受封，要求阮氏世代奉大清正朔。武輝瑨和詩：

> 奉於御前欽和進覽，頗蒙稱獎，欽賞奎藻龍章筆一函十枚
> 聖世衣裳代甲兵，服人言正匪言征。未能寸土供常貢，早荷重天監至誠。伊昔海瀕猶附國，如今藩服屬皇清。鴻私深覺無階答，臣子長孚易缶盈。（《華原隨步集》，頁 318—319）

武輝瑨熟悉中越之間歷史和糾葛，明朝自永樂皇帝征安南之後，嘉靖年間莫登庸篡弒引起明朝舉兵南征，因莫登庸父子出降而刀兵未舉，自1428 年明軍退出安南至 1789 年清軍與阮惠昇龍大戰，雙方已經三百五十多年没有發生戰爭。突然爆發的戰爭使得武輝瑨極爲驚詫，生靈塗炭，雙方關係亦遭破壞，不由發出"聖世衣裳代甲兵，服人言正匪言征"的感歎，現在使臣獲天朝衣冠，兩國修好，化干戈爲玉帛。"伊昔海瀕猶附國，如今藩服屬皇清"，自當永爲南藩。

武輝瑨也延續了前代使臣的行爲，與朝鮮使臣詩文往來：

> 柬朝鮮國使
> 海之南與海之東，封域雖殊道脉通。王會初來文獻共，皇華此到觀瞻同。衣冠適有從今制，縞紵寧無續古風。伊昔皇華誰似我，連朝談笑宴筵中。（《華程後集》，頁 368—369）

"衣冠""車書"是使臣交流老話題，如今安南使臣突然改換衣冠，與朝鮮使臣不同，因而特地予以解釋，"衣冠適有從今制，縞紵寧無續古風"，從

---

①武輝瑨《華原隨步集》，《越南漢文燕行文獻集成》第 6 册，頁 318。下書名頁碼插入正文。

今日之政，改换服制，亦有古賢人之風。"伊昔皇華誰似我，連朝談笑宴筵中"，所獲殊榮獨步使臣之中。徐浩修和詩：

附朝鮮國使吏曹和詩云

家在三朝東復東，日南消息杳難通。行人遠到星初動，天子高居海既同。杯酒真堪消永夜，冠車那可遡長風。知君萬里還鄉夢，猶是鈞陳豹尾中。（《華程後集》，頁 369）

你來我往皆是常見相熟的老調，朝鮮使臣對安南使臣改换衣冠心中何想，此詩尚難窺知。武輝瑨再和兩首：

是日奉旨先回朝圓明殿，鮮使後二日方起程，因依前韻再柬

不岐南北與西東，聖道柔懷道各通。雅契一朝萍水合，斯文千古氣聲同。交情對照秋窗月，客思分携玉塞風。酬和佳章多少曲，餘芳還盼御園中。

附朝鮮國使到圓明殿再復

君自嶠南我海東，相看脉脉點犀通。雖今言語諸方異，從古衣冠兩地同。王會已成圓似月，使車相反轉如風。不須多少論逢別，也復神交在夢中。（《華程後集》，頁 369—370）

陪侍天子和國王宴遊之時武輝瑨當服清朝衣冠，"雖今言語諸方異，從古衣冠兩地同"，武輝瑨顯然不認爲這是個問題，天南海東此次相見，不日就要返程，今後有緣無緣，也要夢中神交。徐浩修對安南國王君臣改易衣冠之舉，表現出巨大疑惑：

曾聞安南使臣束髮垂後，戴烏紗帽，被闊袖紅袍拖飾金玳瑁帶，穿黑皮靴，多類我國冠服。今見其君臣皆從滿洲冠服而不剃頭，余惟而問諸潘曰：貴國冠服本與滿洲同乎？潘曰：皇上嘉我寡君親朝，特賜車服，且及於陪臣等然，又奉上諭在京參朝祭用本服，歸國返本服，此服不過一時權著而已。語頗分疏，面有愧色。①

朝鮮、安南均用明朝衣冠，朝鮮以"小中華"自居，看重明朝衣冠。徐浩修以己度人，認爲潘輝益改换衣冠"面有愧色"，這顯然是他的曲解。潘輝益記述：

---

① 徐浩修《熱河紀遊》，載林基中主編《燕行錄全集》第 51 册，頁 448。下書名與頁碼插入正文。

中冬廿九日,次幕嘗解却內地冠服,仍著本國衣裝,辭別列位護送官員,早赴南關,接遇兵部眷台,詢詩得家信安好。當席喜賦。

昨擁征麾出玉關,故山梅信喜生還。邦交完幹盈箋篋,家慶傳音展笑顏。夢入釣韶瞻仰近,香生紳珮步趨間。雲烟南望催歸國,昭德臺前問訊間。(《星槎紀行》,頁266—267)

潘輝益臨入鎮南關之時方解却內地冠服即清朝衣冠,安南國王君臣獲賜的應該是整套官員服裝。乾隆帝也沒有讓安南舉國改換衣冠的打算,此不過一時之舉,在京參朝祭用本服,紫光閣畫安南國王像仍是服本國衣冠①。潘輝益言"此服不過一時權著而已"是真,"面有愧色"當不可能。作爲成熟政治家,潘輝益以本國邦交爲目標,改易冠服實爲完成使命的措施,並非不得了的大事,即便心有不滿,也不會形之於色。

前揭葛兆光先生文更多是從朝鮮使臣角度考慮安南國王君臣服易清朝衣冠,朝鮮方面基於特殊文化心態確實對清朝衣冠極爲抵觸。但安南與中國政治離心已久,永樂南征與嘉靖帝壓服莫登庸皆讓安南心存芥蒂。中興黎朝復國,萬曆皇帝仍賜封"安南都統使",直到南明永曆帝方重封"安南國王",清朝建立即授封國王,安南對中國易代之變其實沒有多大感觸,而是考慮本國實際利益。安南在戰爭後前來恢復兩國關係,自然是國家利益第一,衣冠之事則屈居末位了。詭異的是,徐浩修不但對安南君臣服清朝衣冠不忿,對安南國王所服原明朝衣冠亦甚不滿:

太和殿賀班,夕月壇祭班,始見其所謂本服,則其王頭匝網巾,戴七梁金冠,身穿絳色龍袍,束白玉帶,從臣亦匝網巾,戴五梁烏帽,穿蟒袍,而色或用青或用紫,束金帶,袍文駁雜,詭恠類倡優,服與安南古制判異。又安南古爲十三道,而今分爲十六道,皆新王之所變更。(《燕行記》,頁44—45)

徐浩修既言安南君臣本服"袍文駁雜,詭恠類倡優,服與安南古制判異","安南古制"又爲何? 他又説潘輝益服清朝衣冠"面有愧色"。在徐浩修心中無論安南君臣服何衣冠,恐均非善類。

安南君臣改易衣冠或許在朝鮮使臣心中掀起波瀾,但在安南君臣看來

①宗亮《紫光閣舊藏〈新封安南國王阮光平像〉考》,《形象史學》2019年下半年刊(總第十四輯),社會科學文獻出版社,2019年,頁168—185。

則無所謂。無論在清朝所受衣冠如何，均并不在本國使用，阮光平延續黎朝"大越"國統稱帝，自有一套與皇帝名號配套的冠服體制，在清朝改換衣冠其實無足輕重。徐浩修真正不滿的仍是乾隆皇帝給予安南國王君臣超高政治待遇，心中失落而已，這種失落通過衣冠之事被放大。

## 三　安南與朝鮮使臣交流

朝越兩國使臣辭令嫻熟，酬答風雅，中華聲教廣遠，以千里同風物和衣冠古制爲傲。潘輝益首先唱和：

> 東朝鮮國使

> 朝鮮正使駙馬黃秉禮，副使吏曹判書徐洗（浩）修，書狀宏文館校理李百亨與我使連日侍宴，頗相款洽，因投以詩。

> 居邦分界海東南，共向明堂遠駕驂。文獻夙藏吾道在，柔懷全仰聖思覃。同風千古衣冠制，奇遇連朝指掌談。騷雅擬追馮李舊，文情勝似飲醇甘。①

潘輝益對改換衣冠並不在意，寫道"同風千古衣冠制"，全然不知大清服制已在朝鮮使臣心中掀起巨瀾。"騷雅擬追馮李舊"，即要追叙萬曆年間馮克寬和李晬光的唱和佳話。徐浩修很快回復，"余和送二詩，各致扇十柄，清心元十丸，和潘詩"：

> 何處青山是日南，漁陽秋雨共停驂。使華夙昔修鄰好，聲教如今荷遠覃。法宴終朝聆雅樂，高情未暇付清談。新詩讀罷饒風味，頓覺中邊似密甘。②

徐詩用典嫻熟，盡顯雙方特色，"使華夙昔修鄰好，聲教如今荷遠覃"，對於使臣唱和故事，亦十分欽羨，並誇讚潘詩。潘輝益大受鼓勵，和詩兩首：

> 朝鮮徐判書和送即席再柬

---

① 《星槎紀行》，頁 235—236。徐浩修《燕行記》（頁 60—61）也記錄此詩，部分文字不同，"藏"作"徵"、"聖思"作"帝恩"、"文"作"交"。

② 《燕行記》，頁 61。《星槎紀行》（頁 237）也記錄此詩，兩處文字不同："灣"作"漁"、"邊"作"懷"。

客况迢迢出嶺南，薰風無意送征驂。友聲豈爲三韓隔，文脉從知四海單。執玉位同王會列，鄰香情在御筵談。萍蓬邂逅非容易，珍誦來章道味甘。(《星槎紀行》，頁 236)

三柬朝鮮徐判書

御園花樹蔭城南，空館秋風久駐驂。萬里雲山鄉夢杳，九堦冠珮教聲單。得逢客使締新好，歸與邦人作艷談。重覯幸酬吟思渴，譬從亢旱灑霖甘。(《星槎紀行》，頁 239)

"得逢客使締新好，歸與邦人作艷談"，對與徐浩修的唱和交好，潘輝益非常欣慰，足可爲邦人稱道。朝鮮使臣校理李百亨亦有和詩：

附録李校理和詩

天涯落落限東南，邂逅漁陽駐兩驂。鄉月扈奎侯度謹，需雲開席寵光單。彬彬已喜同文物，默默難堪展筆談。所貴真情言外在，論交端合不求甘。(《星槎紀行》，頁 240)

潘輝益再和：

朝鮮李校和詩再贈前韻

扶搖健翮直圖南，周道逶遲未解驂。咫尺雲光天闕曉，古今文教海邦單。使華前輩曾歡晤，御苑初筵更暢談。次第詩筒留雅好，香言投贈想同甘。(《星槎紀行》，頁 239—240)

兩國使臣皆是久經文壇的老手，作詩不在話下，用典雅致，情義滿懷，"使華前輩曾歡晤，御苑初筵更暢談"，能够延續前輩使臣友誼佳話，潘輝益特別欣慰。朝鮮使團中多有子弟軍官隨行，不乏才智高絶之人，安南使臣即收到一首詩，段浚題"附朝鮮解元作"，潘輝益題"附録朴齊家詩"：

同文徵海繳，異話説炎州。筒布輕蟬翼，香煙起蜃樓。征衫梅子雨，歸魯荔枝秋。我欲傳書信，難逢萬里舟。(《星槎紀行》，頁 241—242)

朴齊家曾四次使華，與清代文人多有交流①。因出身庶子不能參加科舉考試，段浚稱其爲"朝鮮解元"可能爲臆測。段浚和詩：

鴨水鋪晴練，龜文裕正傳。土豐魚龍夢，香波雁安眠。弊旅賓筵葦，宸衣御鼎煙。相看無語話，此會復何年。山川連赤白，風物異滄

---

①金柄珉《朝鮮詩人朴齊家與清代文壇》，《社會科學戰線》2002 年第 6 期。

洲。槎泛天津路,筵陪御苑樓。復先梅驛信,左右桂宮秋。最是朝東方,開情促去舟。(《海煙詩集》,頁 31)

段浚和詩中規中矩。與徐浩修等三使的官樣文章相比,朴齊家詩顯示出對安南更多了解,"筒布""香煙""梅子雨"和"荔枝秋",均是三使詩中未見意象,朴齊家應與安南使臣進行了相當的交流,"同文徵海繳,異話説炎州",對物産有所了解方能入詩,表達了對雙方友誼的珍惜之情,"我欲傳書信,難逢萬里舟"。潘輝益亦將此詩錄入自己的使華文集中。武輝瑨有詩:

又和朝鮮使行人内閣檢書模序家詩韻

信然文獻地,片楮總堪傳。好禮知非俗,觀詩喜不眠。秋高松嶺月,日晚鴨江煙。金礐歸來好,遭逢記此年。(《華程後集》,頁 372)

"模序家"當爲"朴齊家",這顯示武輝瑨與朴齊家就兩國的情況作了交流,詩中流露出發自内心的喜悦。堪稱奇遇的當屬武輝瑨:

四柬朝鮮副使李校理

辛卯使部家尊逢貴國副使李公諱致中,以詩贈答。李詩有曰:肝膽豈輪覲舌裏,精神虚注路班中,爲本國傳誦,於此來又逢台駕,詢之爲前李公堂親,亦一奇邂逅也。

我世南那君世東,生前契合似相通。兩家親上遭逢舊,二十年前把握同。異日班聯親雅臭,連篇酬和挹清風。歸村若與家賢語,好把奇逢使譜中。(《華程後集》,頁 371—372)

乾隆三十六年(1771)武輝珽奉命出使清朝,遇見朝鮮副使李致中,互相和詩,李詩爲安南所傳頌。武輝珽之子武輝瑨遇見李致中親眷李百亨,延續了兩代使臣的友誼。朝鮮使臣贈送禮物,安南使臣欣然接受,并以之贈送中國伴送官:

寫朝鮮扇留贈張伴送

相將華驛閲三時,縞紵風情未足奇。鄭重臨岐無以贈,朝鮮扇寫日南詩。(《華程後集》,頁 394—395)

朝鮮使臣因對安南君臣衣冠之事心存芥蒂,對唱和實在不甚積極,段浚記錄自己贈李百亨詩:

次關柬朝鮮判書徐翰林李

箕子賓周大史東,淵源千古古條通。波澄海香游槎泛,雲集山莊旅路同。復東竊窺鸞鳳彩,筵還隔滿馬牛風。假教虚氣成相應,試調新弦皎月中。

從倚衡茅桂海南，偶□征節上征驂。天垣秋淨星辰共，聖世春多雨露潭。自是殊方逢好會，子無半席挹高談。日來新館淹久臥，咀嚼佳詩食始甘。(《海煙詩集》，頁 29)

結果對方不以爲意："朝鮮看詩云，甚好，甚好詩，好詩。數日，奉和竟不見動靜，復詩催之。"(《海煙詩集》，頁 30—31)武輝瑨和潘輝益亦再次唱和。段浚染疾，病骨支離，雖勉强再和，卻已由使臣轉爲詩人心境：

翼軫之南箕尾東，銀江此度一槎通。篇章虛有精神注，咫尺無端步武同。孚使連朝酣玉液，外間孤館臥金風。陽春如不嫌巴里，一放回音慰旅中。

鄉心遥逐雁投南，客館那堪久繫驂。冷露落來蘆欲老，清風啼去葛應潭。支持病骨憑欄望，邂逅文人紙□談。蘭臭早聞如見晚，一杯何處話辛甘。(《海煙詩集》，頁 30)

滿紙蕭瑟，雖有使途相遇之欣喜，却有羈旅天涯之感觸，獨訴衷懷，發出"一杯何處話辛甘"的感歎。

## 四　朝鮮使臣與安南國王君臣的談話

安南國王親自入覲是歷代所無之事。朝鮮使臣亦得見傳聞中之安南國王，并記録雙方談話，透漏了巨大的歷史信息。

安南國王阮光平問於正使曰：貴國亦有親朝天朝之例乎？

正使對曰：我東開國以來，元無此例。

爾王曰：安南亦自古無此例，而寡人受皇上天高地厚之恩造，誠切觀光，不憚萬餘里涉險，荷非常之數，安得無非常之報。

又問於余曰：貴國與倭爲隣道里幾許？

余曰：自我國京都從旱路南至我界釜山一千餘里，自釜山從海路至倭對馬島七百七十里，自對馬島從海路至赤間關一千七十里，自赤間關從海路至淀浦一千四百五十里，自淀浦從旱路至關白所居之江户一千三百一十里。

王曰：萬曆間，平秀吉搆兵以後，何爲修隣好？

余曰：今之關白即源家康之後，非秀吉之種也。(《熱河紀遊》，頁

444—445)

　　阮光平先問朝鮮是否有國王親朝制度,朝鮮使臣回答没有,阮光平因本國亦無此制度,特地對徐浩修解釋了一番。阮光平又問豐臣秀吉侵略朝鮮後與日本的關係,徐浩修回答日本現爲德川家康後裔主政,與秀吉無關。萬曆時影響明朝、日本、朝鮮三國歷史的戰爭在安南也留下了深刻印象。徐浩修與潘輝益交談:

　　　　從臣吏部尚書潘輝益又問於余曰:萬曆丁酉間,馮、李玉河館唱酬真是千古奇遇! 李有詩文集否?

　　　　余曰:芝峯(自注:我國使李睟光號)有集而多載馮詩及問答矣。毅齋(自注:安南使馮克寬號)亦有詩文集否?

　　　　潘曰:有集,而其萬壽聖節慶賀詩則又載芝峯序文矣。

　　　　余曰:"山出異形饒象骨,地蒸靈氣産龍香。"爲芝峯之得意語。而"極判洪濛氣,區分上下埦"亦毅齋之佳句也。

　　　　潘曰:芝峯詞致醇雅,毅齋意匠遒健,要可爲伯仲爾,乾隆庚辰間,貴國書狀李公徽中與我國使多有唱酬,尚傳佳句,不知今做何官?

　　　　余曰:李公文詞在東方亦爲翹楚,已作古人,而官止侍郎矣。史稱貴國交愛二州多倡儻,驩演二州多文學,今如何?

　　　　潘曰:不如古也!

　　　　余曰:貴國疆域東距海,西接老撾,南通占城,北連廣西、雲南,國内省府爲幾許?

　　　　潘曰:東西一千七百餘里,南北二千八百餘里,今分爲十六道。

　　　　余曰:貴國北極出地爲幾度?

　　　　潘曰:素不習曆象矣。

　　　　余曰:貴國天頂近赤道,氣候恒熱,穀歲二稔,云然否?

　　　　潘曰:然。

　　　　余曰:藿香、肉桂,貴國所産爲佳品,云然否?

　　　　潘曰:藿香,廣西所産乃爲佳品。肉桂,我國所産果是佳品,然採桂必于清化地方。而近來屢經戎馬,境内桂林皆成蹂躪之場,絶難得佳品矣。(《熱河紀遊》,頁445—448)

　　潘、徐二人就李睟光和馮克寬唱和及在本國的詩文流傳做了交流。潘輝益又問乾隆二十五年曾與安南黎貴惇唱和的朝鮮使臣李徽中情況,黎貴悼既是安南名儒,亦是潘輝益岳父吳時仕的好友。徐浩修所記中規中矩,引"史稱貴國交、愛兩州多倜儻,驩、演二州多文學"讚譽。徐浩修對安南國王君臣印象極壞,并將阮光平來華前因後果寫入《燕行記》,與真實史事頗有出入,逐節分析如下:

　　　A. 安南王阮光平,初名惠,安南世族也,居廣南爲田舍生。因黎氏衰弱嘯聚亂民,攻陷王都,遂弒其王而篡位。世子黎維祈(祁)與其母逃難至廣西告急請援。

徐浩修所言當根據阮光平受封安南國王後的謝恩表所言而來,"臣廣南之田舍子爾,天造草昧於黎,强臣構亂,淪胥以敗,交南無主"①。此表被帶回並編入《朝鮮王朝實錄》,但所録缺少原文"阮鄭二强,構兵滋亂"②,去掉了鄭阮相争背景,變成阮光平奪國於黎朝,這嚴重影響徐浩修對安南事務及清朝決策的判斷。

阮惠扶持昭統帝即位後南歸。黎維祈與新立的晏都王鄭棕争權,招阮有整入昇龍逐走鄭棕。阮惠又遣武文任和吳文楚擊殺阮有整。昭統帝播遷於外,遣人扶持其母至廣西求援。

　　　B. 該省總督福康安以聞,皇帝命該省將軍孫士毅發兵討之,收復王都,阮惠敗走廣南。(自注:李鼎元和孫中丞南征詩注曰:匪惠既敗。奉牛酒犒師。公却之。)乃封黎維祈(祁)爲安南國王,詔士毅班師。惠聞官兵既撤,復大舉圍王都,維祈(祁)棄宗社出奔匿於民間。

真實情況是孫士毅上奏,乾隆帝以存亡繼絶名義進軍擊敗西山將吳文楚,扶持黎維祈佔據昇龍。阮惠在順化稱帝,進攻昇龍,清軍戰敗退回鎮南關,孫士毅與黎維祈一同北歸。非如徐浩修所言清軍主動撤退後阮惠佔據昇龍。

　　　C. 惠入據王都,改名光平,輦金銀珠貝以啗福康安,於是康安奏廣(光)平誠心歸附,維祈(祁)怯懦不堪。皇帝覽奏,赦光平罪詔曰:安南雖僻處海隅,然其興廢亦關氣運。黎維祈(祁)優柔廢弛,天已厭棄,朕辦理庶務,無不順天而行。阮光平悔罪投誠,情詞盹切,稱明年親自來京恭祝萬壽,而又爲陣亡天朝將仕筑壇奠祭,尤見小心恭順。黎維祈

①《正祖實録》卷二九,正祖十四年三月二十七日甲辰,1790 年,清乾隆五十五年。
②《明清史料》庚編上册,中華書局,1987 年,頁 318。

（祁）已棄印潛逃，自無復令立國之理。即遣官勅封阮光平爲安南國王，又召舊王黎維祈（祁）授參領（注：三品武職），并親屬從員九十户隸漢軍旗下，治第安定門外以處之，其實爲光平錮其君臣也。

此處誤記"維祁"爲"維祈"。福康安作爲乾隆朝第一等名將，辦事素得皇帝之心，在孫士毅戰敗後接手安南事務，已經知曉乾隆帝心思，即迅速結束安南戰事，保證明年皇帝八十歲萬壽慶典順利進行。福康安得到阮惠請罪書後，即著手措置相關事宜。兩國交戰後，求和方送上金銀寶器實屬正常之舉①。阮光平親自入覲參加萬壽慶典，即福康安一力促成，深得乾隆帝之心意②。乾隆帝遂放棄支持黎維祁，封授官職，將其安插在中國。

　　　　D. 黎民自永樂受封三百餘年，君臨交趾惠澤之入人厥惟久矣。維祈（祁）之失國，不過萎靡不振而已，光平弑逆之罪王法所必誅。而一朝變置宗社太容易，彼交南數千里亦安知無忠義慷慨之士。盍復黎民如萬曆間，黎維潭之除去莫茂洽也。

徐浩修認爲阮惠篡逆黎氏，王法必誅，安南竟無忠義慷慨之士，不能效萬曆年間黎氏中興之事，誠可嘆也。

　　　　E. 今年三月，光平自安南起程，四月到光（廣）西。皇帝遣禮部侍郎德明迎之，又命内閣議定，安南王上京時，沿途官員相見儀注。七月光平率臣僚騶從一百八十四人到熱河，貢獻純金鶴一雙，純金麒麟一雙，明犀五對，象牙十對，馴象一雙，肉桂一百斤，沉香一千斤，他餘奇玩不可殫記，又進安南樂工數十人以助劇演，皇帝大加褒美，待以殊禮。命光平及從臣縱觀行宮七十二景（自注：聖祖所定原爲三十六景，皇上人續定三十六景）御製七言律一首，御書"拱極歸誠"四大字，并御製集二十函賜光平，又以親王車服賜光平，以五品官朝服賜從臣，封光平長子光纘爲世子（自注：黎氏以維字傳世，故阮氏亦以光字傳世）。駕還圓明園，皇帝召見光平，則福康安必於門外附耳語，移時指導奏對，及陞殿陛，又牽衣指導坐立跪叩之節，或私接於朝房，則康安立語

①張明富《〈欽定越史通鑑綱目〉福康安得厚賂奏請罷兵安南説辨正——以文獻形成的立場差異爲視角》，《文獻》2010 年第 1 期。《欽定越史通鑑綱目》爲阮朝修成，對西山阮朝極盡詆毁，鄙視西山朝君臣輸送金銀的行爲。
②張明富《福康安與乾隆末中安宗藩關係的修復》，《西南大學學報》2010 年第 4 期。

而光平跪答，諂鄙之態無所不爲。

　　徐浩修身爲朝鮮正使，記載阮光平進京恭賀乾隆八十大壽禮單，及其帶安南樂工祝壽得到皇帝嘉獎。阮光平以外藩國王首次來京，福康安出力甚多，作爲乾隆朝干臣，福康安對阮光平在整個祝壽過程中的行爲多加提點，充分執行了乾隆帝"相機辦理，以此完局"的指示①。乾隆帝一系列對阮光平的褒獎足證其事，安南國王與清朝鞏固了朝貢關係，乾隆帝八十大壽也功德圓滿，實是兩者得益的完美之局。朝鮮使臣并不明白或者不願承認福康安是根據乾隆帝指示負責處理安南事務，對阮光平的指點亦是奉旨而爲，以完成乾隆帝"臨御五十五年，海宇升平，太和翔洽，幅員廣拓，夷裔咸賓"之願，要求"屬國藩封，或親赴闕廷，或遣使叩觀，無不竟趨王會，抒悃祝釐"②。徐浩修對安南本次受到優厚待遇本就不忿，故眼中所見皆是不堪之舉。安南國王爲王爵，當不會跪叩福康安，"諂鄙之態無所不爲"更無足説起。

　　　　D. 余於宴筵與安南王及從臣吏部尚書潘輝益，工部尚書武輝瑨等每日聯班或有酬酢。和珅之子爲皇上第十一額駙者，輒謂余曰：安南人決不可深交。又聞檢書等所傳，形（刑）部郎中某在朝房指安南從臣之過去者而罵曰：阮光平真逆賊，此輩皆黨與也。可見士大夫之拂鬱，亦可揣和、福之間不能相協也。

　　與安南重建朝貢關係是乾隆帝確定的政策，和珅作爲心腹大臣，自然要忠實執行，其子如何會對外藩使臣説出這樣的話？所言清朝大臣視阮光平君臣爲逆賊，純屬以己度人，安南國王受如此禮遇，朝此言豈非否定乾隆帝寵異之舉？徐浩修心中對安南國王君臣的不滿已達到極點，以至於没有仔細揣摩清朝君臣的意圖和行爲。

　　　　E. 光平骨格頗清秀，儀容亦沉重，似是交南之傑。然者從臣則雖稍解文字，而軀材短小殘劣，言動狡詐輕佻，屢言於余曰：新王本爲廣南布衣，於黎氏無君臣之義，又言新王宮室皆仍黎氏之舊，歸國後不可不改其扁額。又言渠輩亦不仕黎朝，今之爵秩皆親王所賜，語刺刺不

①《清實錄》第 25 册《高宗實錄》（一七）卷一三二一，中華書局，1986 年，頁 873。

②《欽定大清會典事例》卷二九八，《續修四庫全書》第 802 册，上海古籍出版社，2002年，頁 728—729。

休,蓋中有所忸怩也。(《燕行記》頁 39—44)

徐浩修認爲阮光平儀容沉重,但曾與之酬唱的潘輝益等人則相貌詭異,舉止輕佻。安南使臣所言"新王本爲廣南布衣,於黎氏無君臣之義",確實是阮光平所稱之事。阮光平原爲廣南阮主轄下之民,南北分裂已久,最後定都阮氏都城順化,並非黎朝都城昇龍,潘輝益、武輝瑨爲黎朝進士,彼時士人參加黎朝科舉,卻入鄭王之府,若言"不仕黎朝",鄭王秉政之事更加難爲外人道。徐浩修所記之事難明,至於"蓋中有所忸怩"必是臆測,阮惠武功鼎盛,結束數百年亂局,潘輝益等人作爲從龍功臣,如何會有忸怩?

徐浩修《燕行記》中安南國王入覲一事,代入了强烈個人情感,其對安南之事本就不明,對乾隆帝君臣行爲也有大量猜測,有失朝鮮正使作爲政治家的水準。

## 五 朝鮮官方對安南國王入覲的記載

對安南改朝換代、國王親朝這樣的大事,《正祖實錄》録入數道安南國王國書,也對安南之變進行分析,與徐浩修在燕行録中所記頗有不同,逐節分析①:

> A. 安南國在廣西省之南,即古之交趾也。安南之東,又有廣南,殆若安南之屬國,而亦不臣事。再昨年,廣南人阮惠糾合人衆,攻破安南,戕害其王而自立。安南王之子黎維祈(祁),與其母逃難,浮海至廣西省請援。

這部分記載與徐浩修一致,據阮光平謝恩表文所言。朝鮮史臣對廣南的描述大致與事實接近,即廣南阮主政權割據自立,但奉黎氏正朔。阮惠破安南之事同於徐浩修所記。

> B. 該省總督福康安以聞,皇帝命該省將軍孫士毅,發兵討之,未及一日,收復黎城,黎城即安南都城也。阮惠敗走廣南,而官兵亦多折傷。封黎維祈(祁)爲安南國王,官兵纔撤回,而阮惠復悉衆來戰,維祈長怯,走匿民間,黎城失守。

這與徐浩修記載一致,即孫士毅率軍送黎維祁回昇龍後撤回,阮惠見

---

① 《正祖實録》卷二九,正祖十四年三月二十七日甲辰,1790 年,乾隆五十五年。

此再戰,昇龍失守,均迴避了清軍實爲戰敗退走的事實。

　　C.士毅又進兵,阮惠大懼,遣人請降,康安、士毅等却而不納。阮惠改名光平,將被擒官兵厚資以送,遣其親姪,厚遺康安,懇請賫表進京。康安條奏光平誠心內附,且陳維祈(祁)怯懦不堪狀。皇帝覽奏,赦光平罪,特許來使進京,仍下旨曰:"安南雖僻處海隅,然其國興廢,亦關氣運。黎維祈(祁)優柔廢弛,是天心已厭棄黎氏。朕辦理庶務,無不順天而行,阮光平悔罪投誠,匝月之間,屢勤乞降。情詞肫切,出於至誠,且稱明年親自來京,恭祝萬壽,又爲陣亡天朝將士,築壇奠祭,尤見小心恭順。黎維祈(祁)已棄印潛逃,自無復令立國之理。即遣官賫勅,封阮光平爲安南國王。"光平感激不已,遣其家臣六人,一修賞貢,一謝封典,請於今年三月日,自該國起程,趁八月上京,皇帝大加褒美,特賜帶。又令內閣,議定該國王上京時,沿途官員相見儀注,來使六人,亦皆厚賜,而每於宴班,許令參坐。其人雖解文字,而貌甚屑劣,俱著戲子蟒袍,與該國舊制大異云。

　此記阮惠請降受封、進京祝壽,與清朝安排過程相同。徐浩修等人對安南政局變亂十分鄙視,認定阮光平爲叛逆之人,在《燕行記》中對其衣冠多有嘲諷,并報告國內。如此論安南國王相貌服飾並記入史書,顯然是個人感情影響了理智判斷。"俱著戲子蟒袍,與該國舊制大異云",實爲無事生非,安南本就服明朝衣冠,被其譏笑爲"戲子蟒袍",那朝鮮所服明朝衣冠又爲何物?前文述及徐浩修等對安南君臣服清朝衣冠不忿,記阮光平所服"袍文駁雜,詭恠類倡優,服與安南古制判異",史書在此基礎上擴展嘲諷。

　　D.黎維祈(祁)失國之後,來住廣西省,其徒屬之隨到者,爲九十户。皇帝賜維祈四品爵,治第於安定門外。將并致燕京,而館穀之,此出於爲光平絕後患之意,蓋安南內訌,厥由光平而始,既興師問罪,旋又奪此與彼者,殊非討有罪,繼絕國之道。故燕京之人,顯有不平之論。

　安南國內的北鄭、南阮、黎朝三方勢力交錯,最終爲西山阮光平平定,但徐浩修認定是阮光平纂黎,即爲逆臣,而臣民忠義盡喪,招致清朝出兵。他寫乾隆帝封阮光平爲安南國王,安置黎維祁君臣,但京師之人甚不平。夫馬進先生指出:"對乾隆皇帝來說,最重要的是'安南國王'能夠前來參加他八十歲的'萬壽盛典',至於參加者是'最稱恭順'的黎維祁,還是'纂奪'

上台的阮惠似乎並不那麼重要。"①

　　朝鮮人的評論實際是朝貢體制的一個死結,前朝求救,宗主國以存亡繼絕名義出兵,但孱弱不能扶持,宗主國又不能長期駐兵,最終在新朝攻擊和求封之後,順勢承認新朝政權,并從亂局中抽身。乾隆帝因道義而出兵,以現實而承認阮光平,是對形勢的判斷,卻將清朝置於尷尬境地,也有損宗主國權威。嘉慶皇帝在西山朝滅亡、阮光纘求救時不予理會,待形勢穩定後,直接承認阮福映政權。

　　徐浩修逐日報告在北京觀見參加皇帝大壽禮儀相關事宜,在安南事務中不忘凸顯朝鮮存在感,"又以表咨示安南國王阮光平曰:"字畫整齊,紙品精潔。朝鮮事大之節,敬謹如此,可作他藩之法。"②此即乾隆帝誇讚朝鮮事大有禮,要求安南效法。朝鮮的文化優越在自己筆下再次得到了滿足。

# 六　結論

　　在普天王權的朝貢秩序中,乾隆皇帝八十大壽,諸國來朝,是朝貢制度最璀璨的光華,安南國王親率群臣入觀又增加一道異彩。安南方面獲賜清朝衣冠,參加朝會,成功化解了之前清越戰爭產生的危機和裂痕,乾隆帝與安南國王親同父子,情如一家,清越關係再上新台階。安南君臣服大清衣冠的行為在朝鮮使臣心中掀起波瀾,心中極不認可,但仍與其進行詩文唱和。對安南君臣而言,服大清衣冠不過一時權宜之計,乾隆帝也沒有讓安南國君臣徹底改換衣冠的打算。作為成熟的政治家,安南君臣對此並無多少心理障礙,成功完成此次邦交任務,至鎮南關即改換本國衣冠。

　　安南之變是清朝建國以來,三藩之亂後南疆最嚴重的政治和軍事變動之一,引起朝鮮高度關注,儘管使臣不斷將各類情報匯報回國,但安南局勢變化太快,且長久無事也降低了對安南的關注,阮光平起家以及鄭阮紛爭過程幾乎難以知曉。朝鮮使臣認定阮光平篡逆,對安南國王君臣處處鄙視。使臣通過各種形式所獲情報被整理進《朝鮮王朝實錄》,朝鮮官方對清朝出兵扶持黎氏卻又封阮光平的行為表示不解和憤慨。

─────────────

①夫馬進著,伍躍、凌鵬譯《朝鮮燕行使與朝鮮通信使》,商務印書館,2020 年,頁 572。
②《正祖實錄》卷三一,正祖十四年九月二十七日甲辰,1790 年,清乾隆五十五年。

　　安南對内稱帝、對中國稱王的政治傳統也讓忠順事大的朝鮮國王難以理解。相比朝鮮對莫氏之亂和黎莫相争形勢的掌握,對此次安南之變的情報明顯掌握不足,且低估了乾隆帝作爲超一流政治家的手段。在安南之役承受巨大損失後,清朝轉向實際,承認阮光平政權。乾隆帝和安南國王阮光平合力將因戰争關係跑偏的清越關係重新拉回賜封—朝貢的固有道路,難明就裏的朝鮮使臣因安南所受超高政治待遇而矚目於其所服清朝衣冠,對政治形勢分析因此走偏。

　　歷史舞台上的政治家們終究要面對更加複雜的現實問題,1802年西山阮朝二世而亡,阮福映將阮惠掘墳戮尸。嘉慶帝吸取乾隆安南之役的巨大教訓,坐視阮光纘敗亡,承認阮福映政權,中越關係沿著賜封和朝貢的老路繼續奔馳。乾隆五十五年安南國王入覲大清皇帝的榮光和華彩亦隨之破滅盡散。天子、國王、使臣在名號與位次、古制與今服、道義與現實中反復權衡,以達到本國的政治利益,但無論如何行事,均未超出皇帝—國王朝貢秩序的范疇。

(作者單位:紅河學院人文學院)

東亞漢文學研究

# 歐陽脩《憎蒼蠅賦》在東亞漢文化圈的傳播與仿擬<sup>*</sup>

薛瑞豐

  中國文學中的動物描寫,往往有政治諷喻的意涵。《詩經》中已有大量鳥獸蟲魚等動物形象,《豳風·鴟鴞》採用比興之手法,以雌鳥口吻控訴鴟鴞的欺侮、修巢的辛勞、處境的困苦,托物喻人,毛序謂"周公救亂也。成王未知周公之志,公乃爲詩以遺王"①。而不同的動物意象代表不同的諷喻意義,正如王逸《離騷序》所云"善鳥香草,以配忠貞;惡禽臭物,以比讒佞"②,鼠喻貪婪重斂之君(《魏風·碩鼠》),鶉、鵲諷刺國君不倫(《鄘風·鶉之奔奔》),馬則是威儀之美的象徵(《鄭風·大叔於田》)等等,不一而足。

  蠅者,《説文解字》釋爲:"蟲之大腹者,從黽從蟲。"③蠅也早在《詩經》中便作爲獨立的文學意象出現了,最著名的是《小雅·青蠅》篇:

    營營青蠅,止於樊。豈弟君子,無信讒言。
    營營青蠅,止於棘。讒人罔極,交亂四國。
    營營青蠅,止於榛。讒人罔極,構我二人。④

* 本文爲國家社科基金重大項目"東亞古代漢文學史"(19ZDA260)階段性成果。本文在寫作和修改過程中,得到鄭墡謨教授和兩位匿名評審專家提出的寶貴意見,特致謝忱。
① 毛亨傳,鄭玄箋,陸德明音義,孔祥軍點校《毛詩傳箋》,中華書局,2018年,頁196。
② 洪興祖撰,白化文等點校《楚辭補注》,中華書局,1983年,頁2。
③ 許慎撰,陶生魁點校《説文解字》,中華書局,2020年,頁448。
④ 《毛詩傳箋》,頁326。

　　毛序云："《青蠅》,大夫刺幽王也。"①鄭玄箋曰："興者,蠅之爲蟲,汙白使黑,汙黑使白,喻佞人變亂善惡也。言止於藩,欲外之令遠物也。"②以青蠅比喻讒人,批評青蠅混淆黑白的惡劣品質。因而"蠅"作爲文學意象,從誕生之初就有著强烈的諷刺寄託色彩③。這一意涵的創作綿延不絶,如劉向《九歎·怨思》:"若青蠅之僞質兮,晋驪姬之反情。"④而從晋代傅咸《青蠅賦》始,蠅又成爲賦的主體鋪陳對象,北魏元順繼有《蠅賦》。《北史·拓跋順傳》載:"順疾徽等間之,遂爲《蒼蠅賦》。"⑤可見南北朝蠅賦的創作依然有强烈的政治動因。唐人詩文也延續了"蠅"象徵小人的隱喻傳統,李白《鞠歌行》云"楚國青蠅何太多,連城白璧遭讒毀"⑥,韓愈《送窮文》"蠅營狗苟,驅去復還"⑦句是對《小雅·青蠅》的呼應⑧。到了宋代,蒼蠅文學的創作迎來高潮,數量質量都頗爲可觀。其中,最著名的莫過於歐陽脩《憎蒼蠅賦》一文。

## 一　歐陽脩《憎蒼蠅賦》的創作背景與宋代擬作

　　歐陽脩《憎蒼蠅賦》駢散相間,風格平易流暢;全文鋪陳蒼蠅擾人清夢、破壞宴會、污染食物等種種害處,説明蒼蠅身小害大之理:"其在物也雖微,其爲害也至要。"卒章顯志,落到對小人的批判上:"宜乎以爾刺讒人之亂

---

① 《毛詩傳箋》,頁 326。

② 《毛詩傳箋》,頁 326。

③ 《齊風·雞鳴》寫到"蒼蠅":"匪雞則鳴,蒼蠅之聲。"(《毛詩傳箋》,頁 127—128)作爲早起或蒼蠅亂聲的典故,論對後世文學影響之深廣,不如青蠅之典。宋代陸佃《埤雅》曾道:"蠅好交其前足,有絞繩之象……青蠅善亂色,蒼蠅善亂聲。故詩以青蠅刺讒。"(陸佃著,王敏紅校注《埤雅》卷一〇,浙江大學出版社,2008 年,頁 93)但比起區分青蠅和蒼蠅的細微差別,後人更多地把二者作爲"蠅"的同義詞使用。

④ 《楚辭補注》,頁 290。

⑤ 李延壽《北史》,中華書局,1974 年,頁 664。

⑥ 李白著,郁賢皓校注《李太白全集校注》,鳳凰出版社,2015 年,頁 387。

⑦ 韓愈撰,劉真倫、岳珍校注《韓愈文集彙校箋注》,中華書局,2010 年,頁 2743。

⑧ 唐人文章中蟲獸描寫的朋黨隱喻,可參見許東海《李德裕袁州辭賦的動物鋪陳與人生沉思》一文,《南京大學學報》(哲學·人文科學·社會科學版)2011 年第 3 期。

國,誠可嫉而可憎。"①本文把蒼蠅作爲小人的化身來批判,蒼蠅爲害即讒人爲害,憎蒼蠅即憎讒人。

《憎蒼蠅賦》的誕生,存在鮮明的黨爭背景:宋仁宗慶曆年間,以范仲淹和呂夷簡爲首的新舊黨爭。范、呂二人間的政見分歧,實質上是改革强邦與因循寬忍兩種士風的衝突②,這深刻地影響了有宋一代的政治與文學。慶曆新政時,歐陽脩尚不在核心權力層,但積極上疏建言,旗幟鮮明地擁護范仲淹、富弼,還創作了著名的《朋黨論》,聲稱"君子與君子以同道爲朋,小人與小人以同利爲朋"③,遂爲舊黨所恨,最終因牽扯進盜甥案,貶官外放。《憎蒼蠅賦》作於治平三年(1066),歐陽脩時年 59 歲,自他慶曆五年(1047)八月貶滁州,已過去將近二十年,而嫉"小人"如仇的情感一以貫之。無獨有偶,黨爭刺激了不止一篇動物諷喻賦的創作:范仲淹被貶後,梅堯臣曾作《靈烏賦》寄之,把對方比作能告吉凶而被人責難的靈烏,末言"結爾舌兮鈐爾喙"④,委婉地勸他明哲保身。范仲淹作《靈烏賦》回寄,表達了自己"寧鳴而死,不默而生"⑤的決意。

在宋代,這類動物題材的諷刺小賦層出不窮。宋人格外鍾愛寫作"惡禽臭物"賦,以曲筆委婉地展現對"小人"的憎惡,顯露出强烈的諷刺意味和現實性。葉夢得《避暑錄話》載:

> 晏元獻爲參知政事……一日,遊渦水,見蛙有躍而登木捕蟬者,既得之,口不能容,乃相與墜地,遂作《蜩蛙賦》……歐陽文忠滁州之貶,作《憎蠅賦》,晚以濮廟事,亦厭言者屢困不已,又作《憎蚊賦》。蘇子瞻揚州題詩之謗,作《黠鼠賦》。皆不能無芥蒂於中,而發於言,欲茹之不可,故惟知道者爲能忘心。⑥

---

①《歐陽脩詩文集校箋》,上海古籍出版社,2009 年,頁 483。

②鞏本棟《北宋黨爭與梅堯臣的詩歌創作》,載鞏本棟《思想與文學:中國文學史及其周邊》,北京大學出版社,2021 年,頁 206。

③《歐陽脩詩文集校箋》,頁 520。

④曾棗莊、劉琳主編《全宋文》第 28 册,上海辭書出版社、安徽教育出版社,2006 年,頁 144。

⑤范仲淹撰、李勇先等點校《范仲淹全集》,中華書局,2020 年,頁 8。

⑥葉夢得撰,徐時儀整理《避暑錄話》卷下,《全宋筆記》第 2 編第 10 册,大象出版社,2019 年,頁 128。

　　和《憎蒼蠅賦》趣味類似，北宋初還有宋祁《僦驢賦》、梅堯臣《針口魚賦》等文章，目光集中到前人所忽視的醜俗之物，這些文壇巨擘用實際創作導引、推動了宋人"以醜爲美"審美旨趣的形成。以蠅意象爲例，宋代第一篇以"蠅"爲題的諷刺文章是張詠所作《罵青蠅文》，他還寫有《放盆池魚賦》《鰍鯢魚賦》等文，這些文章共同的主題即抨擊小人①。類似的作品，南宋仍不乏後繼者，如薛季宣《蛆賦》、洪咨夔《烘蚤賦》等等。

　　歐陽脩《憎蒼蠅賦》在宋代便頗有影響。積極回應歐公詩文革新的孔武仲寫有《憎蠅賦》《鳴蟲賦》等作品。孔氏《憎蠅賦》②內容、結構都與歐賦甚爲相似，只在開頭多了一段對蒼蠅形態的描寫；最後也有一個玄言的尾巴，歸結到莊子"齊萬物"的思想上。蘇過《秋蠅篇》③一詩寫"得意何曾念寒暑"的蒼蠅在秋天被消滅，"糜身槁死不足憐，耳目所憎欣且去"，慶幸小人被消滅。南宋洪适作有一篇《惡蠅賦》④，斥責蒼蠅髒汙天性、玷污食物，以爲"此歐陽公所以切齒而疾憎，遂援毫而成賦者也"，比起歐賦，洪适更具體地把蒼蠅比作漢代宦官弘恭、石顯，以及唐代權臣李林甫等聲名狼藉的"讒人"；結尾感慨秋來肅殺、蒼蠅絕跡，發出"終飄零於何處"的疑問，暗示讒人不得善終的下場。

　　總之，經過宋人的發揮，尤其以歐陽脩《憎蒼蠅賦》爲代表，蠅賦這一題材與黨爭、黨爭中君子小人的政治分野緊密地聯繫在一起。這種文學創作上的慣性，在後來的蠅賦寫作中，很長時間都保持著相當強勢的統治力。

　　《憎蒼蠅賦》的影響輻射後世，在東亞漢文學史上生成陣陣漣漪：在中國明清時代，同時在東亞漢文化圈的朝鮮半島、日本等國湧現了多篇以"憎蠅"爲題的詩賦。《憎蒼蠅賦》因此超越了國界，成爲"世界文學"⑤的經典

①論者認爲，宋初開始湧現出大量斥責小人的作品，是宋代士人中君子與小人對立的時
　代風氣使然。見劉培《兩宋辭賦史》（增訂本），齊魯書社，2019年，頁43。
②《全宋文》第100册，頁157。
③蘇過撰，舒星校補，蔣宗許、舒大剛校注《蘇過詩文編年箋注》，中華書局，2012年，頁584。
④《全宋文》第212册，頁184。
⑤1827年，歌德（Johann Wolfgang von Goethe）提出"世界文學"（Weltliteratur）的概念。
　近些年，以哈佛大學丹穆若什（David Damrosch）教授爲代表的學者在世界文學的研究
　上頗有建樹，丹穆若什的《什麽是世界文學》《如何閱讀世界文學》等書已在國內出版。

傑作。比較文學學者丹穆若什主張"一個作品進入世界文學,會通過兩重步驟:首先,被當作'文學'來閱讀;其次,從原有的語言和文化流通進入到更寬廣的世界之中"①。《憎蒼蠅賦》在中日韓等國從閱讀、闡釋,到摹擬、變形,產生了深久的迴響,是研究東亞世界文學的絕佳材料。下文擬對其閱讀和仿擬做一初步探究。

## 二　《憎蒼蠅賦》的評價與東傳

歐陽脩《憎蒼蠅賦》在後世褒貶不一。讚揚者認爲此賦摹寫生動、諷喻深刻,如宋末元初劉壎稱此賦"用事寫情,俱無遺憾"②。明人認爲:"小人亂國,先輩已有定論,故往往於詩賦中托物示憎,如《蒼蠅賦》是也。形容刻畫,讀是賦者能不惕然?"③康熙帝也重視這篇賦:"歐陽脩《憎蒼蠅賦》題雖小,喻讒人亂國,意極深長,每喜讀之。"④

批評的一方則認爲此賦格調不高,太"俗"。茅坤云:"《憎蒼蠅賦》極力摹寫,已屬透矣,但有俗韻。"⑤清代儲欣認爲此賦"俗不可耐"⑥,直接刪除不收。王若虛詳細地分析了此賦藝術上的不足:

> 《憎蒼蠅賦》非無好處,乃若"蒼頭丫髻,巨扇揮颺,咸頭垂而腕脱,每立寐而顛僵",殆不滿人意。至於"孔子何由見周公於髣髴,莊生安得與蝴蝶而飛揚",已爲勉强;而又云"王衍何暇於清談,賈誼堪爲之太息",可以一笑也。議者反謂非永叔不能賦此等語邪?⑦

王若虛認爲《憎蒼蠅賦》被過譽了,他的不滿主要在於歐陽脩鋪寫蒼蠅

---

① 丹穆若什《什麽是世界文學》,北京大學出版社,2014年,頁7。
② 《隱居通議》卷五,《叢書集成初編》第212冊,中華書局,1985年,頁44。
③ 歸有光選輯《宋大家歐陽文忠公文選》卷一〇引李九我語,明崇禎四年(1631)刻本。
④ 玄燁《康熙御制文集》卷二六《講筵緒論》,劉野主編《四庫提要著錄叢書》第281冊,北京出版社,2010年,頁338。
⑤ 茅坤《唐宋八大家文鈔·歐陽文忠公文鈔》卷三二,黃山書社,2010年,頁2337。
⑥ 儲欣編《唐宋十大家全集錄·六一居士集》卷一,《四庫存目叢書》集部第405冊,齊魯書社,1997年,頁9。
⑦ 王若虛著,馬振軍點校《王若虛集》卷三六,中華書局,2017年,頁436。

和寫人之間不够渾融,尤其在用孔子、莊子等典故時,顯得較爲生硬。總體上,他對此賦的評價偏低。

《憎蒼蠅賦》的諷喻手法同樣受到了質疑。清代胡敬曰:"歐公作《憎蒼蠅賦》,既而曰:'蠅可憎矣,尤不堪蟁子嚶喝來齕人也。'之二蟲又何知,公蓋以比當時小人爾。雖然,蠅蟁其小者也,至於螟特(按:'特',疑爲'螣'之誤)蟊賊,害我田穉,惡有甚焉,孰不思鋤而去之乎?"①以爲蟲豸蒙昧,比附不公;但這種觀點似乎一道否定了"惡禽臭物,以比讒佞"的詩騷傳統;質疑爲何不批判作惡更甚的害蟲,顯得有些苛刻。

從欣賞詠物賦的角度來看,歐陽脩這篇《憎蒼蠅賦》生動地描摹了蒼蠅群聚飛行、污染食物的種種情態,但没有鋪叙蒼蠅與讒人的相似處;不過,這篇作品主要意圖在諷刺,文中的蒼蠅不是生活中、自然界的蒼蠅,而是讒人的化身,寫蒼蠅的種種醜態,其實就是在譏諷讒人的不堪。學者認爲,寫蒼蠅貪婪,就是在嘲笑小人失德;寫蒼蠅嗡嗡擾人清夢,其實是嘲諷小人造謠生事;寫蒼蠅玷污食物,也就是諷刺小人亂政②。

目光投向東亞漢文化圈,朝鮮學者也有微詞。李瀷《蒼蠅賦》云:

> 研墨握管,凝神聚思。羣蠅忽至,掠毫集硯。驅去復還,咂墨便盡。此蒼蠅之最可憎處,歐公作賦,漏此一端,何也? 沿眶妨睡也,非害事也。人怠爲過,警覺何妨? 余嘗欲删補此意,歐公而在亦必爲之莞爾矣。又有極好笑者,蠅非夜飛者也,彼卻云:"孔子安得見,周公於彷彿。"豈有晝寢之聖人? 朽木土墻,比倫太顚,可謂爲宰予立幟,誣謗於聖門。③

李瀷,字子新,號星湖,驪州人,著名實學家,"專用力於六經及程朱之書""生平論著,經國濟民之策極多"④。他批評歐賦之失,但"人怠爲過,警覺何妨"云云有强辯之嫌,"豈有晝寢之聖人"等語,也犯了在諷刺文學中過

①《西清劄記》卷二,見胡敬撰,劉英點校《胡氏書畫考三種》,浙江人民美術出版社,2019年,頁305。

②《兩宋辭賦史》(增訂本),頁202。

③《星湖先生僿說》卷二九,約朝鮮英祖三十六年(1760)寫本。

④李秉休《墓誌》,見《星湖先生全集·附録》卷一,《韓國文集叢刊》第200册,民族文化推進會,1997年,頁192。

分求實的毛病。

　　日本也頗關注《憎蒼蠅賦》，江户時德島藩十代藩主蜂須賀重喜曾手書全文，今仍收藏於日本德島縣寶嚴寺史料館①。由此可見，《憎蒼蠅賦》是東亞漢文化圈中比較受重視的宋賦。

　　這首先與歐陽脩在宋代乃至東亞文化史上的廣泛影響有密切關係。高麗王朝時期，歐陽脩的文集已傳到朝鮮半島，16 世紀翻刻②。日本有寶曆十四年（1764）有嶋定國刊本③，日本文人同樣認可歐陽脩的貢獻與地位：

　　　　宋文繼修而起者，有三蘇、王安石及曾鞏，文質彬彬，並稱後世，亦由修振之也。④

　　　　公以道德文章爲海内宗師，又洞達軍國之政，可謂全才矣……公道德文章，與夫吏事之美，固當千萬世不泯。⑤

　　歐陽脩繼韓愈後振起文風，領有宋一代文章風氣之先，文學和政治上的建樹都得到了日本文人的肯定。

　　《憎蒼蠅賦》在東亞得到廣泛的閱讀，另一重要途徑是通過近世東亞最爲流行的文學總集《古文真寶》。《古文真寶》約在宋末元初問世，元代已傳入高麗，大致在室町時代（1338—1573），已傳入東瀛；可以説是在日韓流傳最久、影響最深廣的詩文總集之一。初編者一般認爲是黄堅，問世後很快產生了陳櫟的改編本；日本流傳的魁本大字本比較接近初編本原貌，朝鮮流傳的詳説大全本的後集部分收録作品更多⑥。元末，林楨曾補注魁本大字本；詳説大全本則有明代宋伯貞所作音釋。日韓文人極喜《古文真寶》

---

①須藤茂樹《蜂須賀重喜筆『憎蒼蠅賦』について》，《四國大學紀要》（人文・社會）第 42期，2014 年。

②黄一權《歐陽脩散文研究》，華東師範大學出版社，2003 年，頁 199、206。

③皆川淇園《刻歐陽脩文集序》記述："余嘗暇日與君錦共校讎其二本，頗多所是正。而定國則復獨爲歐集，病我邦未有刊本也，遂捐資募工，經二年而刻成。"《淇園文集》初編卷一，王焱編《日本漢文學百家集》第 197 册，北京燕山出版社，2019 年，頁 40—41。

④皆川淇園《刻歐陽脩文集序》，《日本漢文學百家集》第 197 册，頁 40。

⑤清田澹叟《刻歐陽文忠公文集》，《孔雀樓文集》卷三，《日本漢文學百家集》第 170 册，頁 151、158。

⑥鞏本棟《略論〈古文真寶〉的東傳》，《域外漢籍研究集刊》第 21 輯，中華書局，2021 年。

後集：

> 世所刊之《古文真寶》前後集，簡而文，正而葩，所以不離道也。雖有一二之不可爲道者，又足以涉筆者之爲助矣。爰本朝之學者專好後集，講説之。是故或鼇頭，或諺解，有便於後集者不爲不多。至於前集，則讀之者鮮矣，是以幼學之士不能知其義。①

《古文真寶》後集收録屈原《離騒》起到南宋末的詩文，尤其以唐和北宋作品爲主。《憎蒼蠅賦》一文見收於魁本大字《諸儒箋解古文真寶後集》卷一、《詳説古文真寶大全後集》卷六。隨著《古文真寶》在日韓的不斷翻刻，《憎蒼蠅賦》也得以廣爲流傳，成爲域外文人的學習對象。

朝鮮柳致明《奮窩金公行狀》記載了一則軼事：

> 嘗於夏夜，方睡攬起，命張燭，授歐陽子《蒼蠅賦》一過。翊夜又攬起，令背誦。蓋不但試其才，欲觀其氣魄也。公沉思良久，誦之不差。②

金虎燦，字炳如，號奮窩，新羅敬順王五子金錫的後人。此處記述了金炳如的叔祖世銤教他誦習《憎蒼蠅賦》的日常一幕。通過背誦，叔祖不僅在測試他的記憶，也在觀察他的氣魄品格。可見朝鮮文人視此賦爲涵養心性的佳作，學習、誦讀此賦已是他們的日常功課。

在日本江户時代，湧現了多種《古文真寶》的注本，它們在繼承中國刻本原注的基礎上，又新增了許多極詳細的注釋，舉凡字詞名物、語典事典、繫年背景、段落大意、作者生平、版本對校等等，一一出注，不厭其煩；形式上則出現了日本特有的“首書”、漢文訓讀、和漢混合等文體。

細密的注釋既是因爲面向的是有語言隔閡的異國讀者，也跟《古文真寶》在當時作爲啟蒙教育讀本的性質有關。江户幕府“大學頭”林家所藏南北朝覆刊元刻本《魁本大字諸儒箋解古文真寶》（現藏於日本國立公文書館）後集卷一《憎蒼蠅賦》眉批云：“前段獨處之害，此段賓舍之害。”解釋段意，串通脈絡。又延寶八年（1680）本《新增評注古文真寶後集十卷》首書引黄震之言解釋行文之法：“歐陽公《憎蚊》詩始以乾坤廣大之語，終以麟鳳不

---

① 宇都宮遯庵《鼇頭評注古文真寶前集》跋，寬文五年（1665）武村三郎兵衛刊本。
② 柳致明《定齋集》續集卷一二，《韓國文集叢刊》第 298 册，民族文化推進會，2002 年，頁 472。

見之語。詠微物,而先以大者言之,文法也。"①增田春耕所撰《古文後集余師》(文化八年[1811]刊本)一書,還爲《憎蒼蠅賦》附上了蒼蠅和蜜蜂、蠶的對比圖像。朝鮮有一些注釋可查,也多字詞釋義。如李德弘(1541—1596)在《憎蒼蠅賦》"腕脱"句注云:"腕即掌後節也。脱,解弛也。言長執巨扇而揮揚故也。"②

　　朝鮮和日本的《古文真寶》後集中《憎蒼蠅賦》注釋,服務於本國讀者的啟蒙,長於名物典故的釋讀科普,間或有文意的疏通,有良好的通識作用,因此至今對理解和釋讀本文依然有一定幫助。

## 三　《憎蒼蠅賦》的東亞擬作

　　《憎蒼蠅賦》在中國、朝鮮、日本皆有數量可觀的擬效作品。據不完全統計,以"憎蠅"爲題,或作者明確表示受到歐賦啟發的詩賦作品,明代有賦4篇,清人賦5篇,朝鮮詩8首、賦5篇,日本詩1首、賦1篇。此外還有一些有明顯政治寄託的蒼蠅詩賦,同樣延續了歐賦以來的傳統。

| 作者 | 題目 | 文體 | 備注 |
| --- | --- | --- | --- |
| 明·唐之淳(1350—1401) | 《續蒼蠅賦》 | 賦 | "起而續歌歐陽子之賦。" |
| 朝·成侃(1439—1504) | 《憎蠅》 | 詩 | |
| *朝·李荇(1478—1534) | 《驥尾蠅》 | 賦 | 經歷戊午士禍 |
| 朝·金正國(1485—1541) | 《憎蠅》 | 詩 | 經歷己卯士禍 |
| 明·駱文盛(1496—1554) | 《憐寒蠅賦》 | 賦 | |
| 明·周復俊(1496—1574) | 《蒼蠅賦》 | 賦 | 作於嘉靖三十五年(1556) |

①舊題黃堅編,山崎保春注,生駒登增注,見卞東波、石立善主編《中國文集日本古注本叢刊》第4輯第3册,上海社會科學院出版社,2021年,頁89。引文出自黃震《黃氏日鈔》卷六一。
②李德弘《艮齋集》續集卷四《古文後集質疑》,《韓國文集叢刊》第51册,民族文化推進會,1990年,頁212。

續表

| 作者 | 題目 | 文體 | 備注 |
|---|---|---|---|
| 明・趙時春(1509—1567) | 《續憎蒼蠅賦》 | 賦 | |
| 朝・金麟厚(1510—1560) | 《憎蠅》 | 詩 | 經歷乙巳士禍 |
| ＊朝・李珥(1536—1584) | 《青蠅賦》 | 賦 | 西人黨 |
| 明・王樂善(？—1630) | 《後憎蒼蠅賦》 | 賦 | "引六一之遺篇,恨厥奸之未悉。重有感於頽風,用少紓於愊臆。" |
| 日・人見林塘(1599—1670) | 《讀〈憎蒼蠅賦〉文》 | 賦 | 作於1649年。"偶讀歐陽公《憎蒼蠅賦》,喟然歎曰……" |
| 明末清初陳之遴(1605—1666) | 《憎蠅賦》 | 賦 | 經歷南北黨爭 |
| 朝・鄭昌冑(1608—1664) | 《憎蠅》 | 詩 | |
| 明末清初文德翼(約生活到順治年間) | 《憎蒼蠅賦》 | 賦 | 明遺民 |
| 日・木下順庵(1621—1699) | 《讀〈憎蒼蠅賦〉》 | 詩 | |
| 朝・李瑞雨(1633—1709) | 《己卯之夏,蒼蠅極多。食則滿案,卧則滿面。不得眠湌,苦惱之甚。遂作〈憎蒼蠅賦〉,次歐陽公韻》 | 賦 | 南人黨 |
| ＊清・陳夢雷(1650—1741) | 《蠅賦》 | 賦 | |
| 朝・沈銷(1685—1753) | 《憎蠅》 | 詩 | |
| 清・霍燦(約生活在康熙年間) | 《廣憎蒼蠅賦》 | 賦 | "歐陽子憎之,作《憎蒼蠅賦》。僕讀其文而有感,因廣其說。" |
| 朝・李志容(1753—1831) | 《憎蠅》 | 詩 | |
| 朝・申錫愚(1805—1865) | 《反玉垂憎蠅》 | 賦 | "歐公一賦文墨戲,從此嫉惡百倍增。" |

續表

| 作者 | 題目 | 文體 | 備注 |
|---|---|---|---|
| 朝·張之琬(1806—1858) | 《反蒼蠅賦》 | 賦 | "山齋夏日,余閑無事,偶閱歐陽集,取《蒼蠅賦》讀之數四。歎其托喻深切,文瀾宏肆。" |
| 朝·姜溍(1807—1858) | 《讀〈蒼蠅賦〉,戲成五古》 | 詩 | |
| 清·施補華(1835—1890) | 《憎蒼蠅賦》 | 賦 | 托言武元衡斥元稹 |
| 清·王慶善(約生活在光緒年間) | 《嫉蠅賦》《蠅詰賦》 | 賦 | "昔張詠有《罵蠅文》,歐公有《憎蒼蠅賦》……師二公意,作賦以嫉之。" |
| 朝·田珪鎮(生卒年不詳) | 《憎蒼蠅賦》 | 賦 | |

＊表示題序不直接與歐賦有關,但在諷喻寄託等方面接近的作品。

　　從數量上看,朝鮮"憎蠅"題材創作最多;從時間上看,15 到 17 世紀是憎蠅題材的創作高峰期,中、朝集中湧現了多篇詩賦作品;17 世紀之後斷續有創作。

### (一)明清擬作的情況

　　中國明清時代"憎蠅"擬作的一個突出特點,是出現了多篇以"續""後""廣"爲題的賦作。總體來看,這些作品在思想情感和内容上都沒有太多超出原作的地方。藝術上,唐之淳《續蒼蠅賦》①和霍燏《廣憎蒼蠅賦》②都採用了主客問答體:將蒼蠅擬人化,蒼蠅作爲客體與作爲主體的作者對話。唐賦的蒼蠅童子主動剖析"吾輩"所以誕生是因爲社會環境惡劣,表示天氣蕭殺後自己就會消失,雖然設置了蒼蠅的擬人形象,實際上卻是人對蒼蠅的厭惡以及蒼蠅全部滅亡的願望的代言;寄託比較模糊。霍賦題"廣",從

---

①馬積高、曹大中主編,常書智副主編《歷代詞賦總匯·明代卷》第 6 册,湖南文藝出版社,2014 年,頁 4953。

②宋子質修,王繼文纂《馬邑縣誌》卷四,蕭泰芳、吕曉莊、王曉楓點校《朔州志·附馬邑縣誌》,三晋出版社,2017 年,頁 853—854。

内容看，就是在歐賦基礎上添油加醋地鋪陳；作者塑造擬人化的蒼蠅爲自己辯白，再由主人（作者）駁斥，突出蒼蠅的狡猾、詭辯。王樂善《後憎蒼蠅賦》①詳細歸納了蒼蠅和小人的七點相似處。但耽於對蒼蠅本身（習性、形貌等）的鋪陳，描述蒼蠅外貌"壯偉"、形容其"含靈"，結構上有點前後割裂。

　　能很好地把鋪陳和寄託結合在一起的是趙時春的《續憎蒼蠅賦》②一文。趙時春在嘉靖九年（1530）因上書抨擊獻瑞、請禁諛佞，觸怒皇帝，被貶爲庶民。《續憎蒼蠅賦》作於被貶的兩年前，正值"大禮議"之後嘉靖扶持的新貴們把權之時，趙時春作此賦，似正是針對大禮新貴們而發。趙賦斥責蒼蠅不知進退："明故衾戢紛披，反復營營，退不爲辱，進詫其榮，進退之節，可庸驚乎？"抱團爲害："揮之即去，遽然來縈。"最終發出"天地有終極，憎汝當奈何"的無可奈何的慨歎，言辭激烈，對小人憎惡已極。

　　由此引申到"憎蠅"創作的第二個特點：繼承了歐陽脩《憎蒼蠅賦》的政治寄託傳統。不僅在中國，朝鮮也有類似的情況，即諷刺性質的蒼蠅詩賦的創作者中，相當一部分人曾陷入過黨爭。其中有兩個時段值得注意：一是明代嘉靖年間；二是朝鮮"士禍"時期。

　　上文所述趙時春《續憎蒼蠅賦》之外，嘉靖間還有駱文盛《憐寒蠅賦》③、周復俊《蒼蠅賦》④兩篇作品，雖然不以"憎蠅"命名，但在題材選擇、政治諷喻兩個維度上仍是《小雅·青蠅》到歐陽脩《憎蒼蠅賦》的延續。駱文盛，四庫館臣説他"胸次本高"，"官翰林時，以不附嚴嵩，遂移疾不出"⑤。當代學者對他的《憐寒蠅賦》評價很高，"此賦則曲折多姿，逸趣橫生，在諸賦中當爲第一"⑥，"與歐、孔之作相比，當遠勝倍蓰"⑦。此文從寒冷的秋天時蒼蠅的慘狀入手，由今憶昔，對比夏季蒼蠅的肆虐和天冷後的凄慘，自然

---

① 黄宗羲編《明文海》卷四一，中華書局，1987 年，頁 297—298。
② 趙時春撰，杜志强校箋《趙時春文集校箋》，天津古籍出版社，2012 年，頁 44—46。
③《明文海》卷三九，頁 285—286。
④《明文海》卷四〇，頁 290—291。
⑤ 永瑢等《四庫全書總目》卷一七七"《駱兩溪集》提要"，中華書局，1965 年，頁 1589。
⑥ 馬積高《賦史》，上海古籍出版社，1987 年，頁 551。
⑦ 王茂福《蒲松齡的〈討青蠅文〉與賦史上的詠蠅賦》，《蒲松齡研究》2005 年第 4 期。

引出"有所肆,尚有所避",審時度勢,方是長久之道的道理;最後以鋪陳蒼蠅絕跡後的消殺工作收尾。駢賦短小精悍,結構嚴謹,説理渾融,藝術、思想都有新意,是一篇佳作。

　　周復俊因不賄賂嚴嵩而不得賞功,"撫臺上公功最相,臣子用事,銜其無賄也,賞格不行"①。約在此後不久,於嘉靖丙辰(1556)六月"祗事皇邑"時作《蒼蠅賦》。本文思想和藝術上都比較傳統,末云:"今雖涼凜,俄焉煩燠,糞壤之中,載生載育。其種滋蕃,其禍彌伏。"即便秋天蒼蠅暫時没了,來年夏天又會捲土重來,隱含了深切的憂患意識,思想深度上有一定拓展。

　　嘉靖間還有兩篇蒼蠅賦:一是王立道《憐寒蠅賦》②,二是胡直《感蒼蠅賦》③。王立道賦很可能是模擬駱文盛《憐寒蠅賦》而作,也從鋪陳秋冬蒼蠅凍餒狀入手,最後綴了個玄言的尾巴,又接近歐陽脩《憎蒼蠅賦》的結構。胡直的《感蒼蠅賦》是一篇很特別的文章,作者幫助一只快死了的蒼蠅逃脱,心有所感,發了一通"放身太虛,飲露餐風"的悲憫慨歎。胡直曾從王守仁弟子歐陽德問學,本文的議論可能和他的心學體悟有關。這兩篇賦作内容雖然没有特別明顯的政治寄託,但在嘉靖朝的環境中,選擇蒼蠅賦這一題材,或許本身就是一種隱晦的表達。

　　中國明清時的憎蠅續作,試圖探索更深廣的内容和情感表達,出現了一些藝術上有創新的佳作,但大體仍在歐賦的框架之内。

**(二)朝鮮的擬作④**

　　朝鮮的憎蠅創作和貫穿李氏王朝後期政治史的黨争有密切關係。朝鮮成宗即位後,士族内部争權愈演愈烈,先是士林派和勳舊派鬥争,士林派掌權後,繼續就各種瑣碎禮議争吵、分裂。宣祖八年(1575),"金省庵孝元,

---

① 于慎行《南京太僕寺卿周公復俊墓誌》,焦竑《國朝獻征録》卷七二,廣陵書社,2013年,頁92—93。

② 《歷代詞賦總匯・明代卷》第7册,頁6434。

③ 《歷代詞賦總匯・明代卷》第8册,頁6613。

④ 關於朝鮮擬作的研究,可參考韓國學者論文:김진경,「한국 사부에 나타나는 우언적 성격에 관한 연구」,『한자한문교육』제16집,2006。구봉곤,「17세기 부의 현실비판의식 연구 – 동물우언을 중심으로」,『동아시아고대학』제83집,2018。

謂沈義謙弟忠謙乃戚里，不可擬銓郎，而義謙亦詆毀孝元。由是，右孝元者，謂之東人；右義謙者，謂之西人，東西之目始此"①。東西分黨後，東人內部又裂爲"南人""北人"，北人繼續分化爲"大北""小北"，肅宗時"清南""濁南""老論""少論"相繼爭訟②，諸朋黨勢力此消彼長，互相軋轢，朝廷政局動蕩不已。

《青蠅賦》作者李珥即西人黨黨首。李珥，號栗谷，師從性理學者白仁傑和大儒李滉。李栗谷在政治和學術上都成就斐然，歷任户曹佐郎、户曹判書、大提學等職；同時也是一名碩學名儒，主張"性者，理氣之合"③，是畿湖學派的宗主，與退溪李滉並尊爲朝鮮朱子學的雙璧。當時東人黨支持退溪的主理説，西人黨服膺栗谷的主氣説；栗谷作爲士林領袖，"陰主西論，外托調停"④，生前勉强維持兩黨的平衡，他去世後，兩派鬥争蔓延至政壇，星火燎原，獄事不斷。

《青蠅賦》⑤開篇鋪陳"無用而害物，誠可嫉而可憎"的蠅的罪惡，接著寫道"人與物其雖殊，諒所爲之符合"，即與蠅相似的讒人之罪；最後通過給蠅講道理，"見幾格上逐臭之一物，乃呼而告之"，從而消滅了蠅："言已，天清氣肅，商飆橫吹。群蠅屏跡，不知所之。"頗有理學家講學論道的意味。

成宗起用儒士金宗直後，原本在野的士林派迅速崛起，與扶持世祖登基的功臣集團即勳舊派矛盾尖鋭，終於在燕山君到明宗的短短幾十年間，釀成了"四大士禍"的慘案：戊午士禍（1498）、甲子士禍（1504）、己卯士禍（1519）、乙巳士禍（1545）。

《驪尾蠅》的作者李荇，字擇之，號容齋。他曾參與戊午士禍的導火索——《成宗實録》的修撰工作，雖然幸免於難，但數年後任職弘文館時，

①丁範祖《東園金公行狀》，見《東園先生文集》卷四附録，《韓國文集叢刊》第 37 册，民族文化推進會，1989 年，頁 463。

②參見林泰輔著，陳清泉譯《朝鮮通史》，商務印書館，1934 年，頁 198—199。

③《栗谷先生全書》卷一〇《答成浩原》，《韓國文集叢刊》第 44 册，民族文化推進會，1989年，頁 208。

④丁範祖《東園金公行狀》，見《東園先生文集》卷四附録，《韓國文集叢刊》第 37 册，頁 463。

⑤《栗谷先生全書》拾遺卷一，《韓國文集叢刊》第 45 册，民族文化推進會，1990 年，頁 465。

"燕山主荒亂，深憾母妃尹氏之廢死，殺先朝舊臣殆盡"①，又遇上甲子士禍
爆發。這一次，容齋因反對燕山君"欲追崇尹氏，極其徽號"②，被下獄問
罪，"杖流於忠州"③。

　　李容齋是海東江西詩派的代表詩人之一④，《驥尾蠅》⑤一文正是他學
宋的一例。"蠅附驥尾"的典故源於《史記》："顔淵雖篤學，附驥尾而行益
顯。"⑥司馬貞解釋道："蒼蠅附驥尾而致千里，以喻顔回因孔子而名彰。"⑦
本文新穎地表達了對這一典故的不滿，認爲："取喻必以其類。蠅，邪物也，
豈可以顔子爲比哉?"以蒼蠅之鄙陋，不可拿來比附賢人。並進一步引申，
"士多失於奔馳，各高攀爲得所""滔滔者皆若是兮，又何微蟲之足嗤"，嘲諷
狐假虎威、汲汲爲營的攀附之風，寄託深喻其中。

　　1699 年，李瑞雨所作《己卯之夏，蒼蠅極多，食則滿案，卧則滿面，不得
眠飡，苦惱之甚。遂作憎蒼蠅賦，次歐陽公韻》⑧一文，是暫見唯一一篇歐
賦次韻之作，但李賦篇幅稍短，韻腳也不盡相同。此賦講述閑居讀書時，被
"在國太多，在室亦盈。所求唯食，不計芳腥。其腹至小，其欲難勝"的蒼蠅
打擾的苦惱，發出了"甚矣內訌之爲罪"的感慨，結尾以秋來蒼蠅命不久矣、
"吾何必積恨而過憎也"自我排解。

　　李瑞雨，本貫羽溪李氏，號松坡，"明於儷律"⑨；師從南人黨⑩領袖尹鑴
及成員許穆。在許穆、尹鑴帶頭的與西人黨爭權的禮訟事件中，李瑞雨也

---

① 周世鵬《行狀》，見《容齋先生集》，《韓國文集叢刊》第 20 册，民族文化推進會，1988
　　年，頁 291。
② 周世鵬《行狀》，《韓國文集叢刊》第 20 册，頁 291。
③ 周世鵬《行狀》，《韓國文集叢刊》第 20 册，頁 291。
④ 馬金科《黃庭堅與朝鮮古代漢詩的發展》，人民出版社，2018 年，頁 233。海東江西詩
　　派的界定與藝術，參見韓國學者李鍾默《海東江西詩派研究》，太學社，1995 年。
⑤ 《容齋先生外集》，《韓國文集叢刊》第 20 册，民族文化推進會，1996 年，頁 580—581。
⑥ 司馬遷撰，裴駰集解，司馬貞索隱，張守節正義《史記》卷六一《伯夷列傳》，中華書局，
　　2014 年，頁 2588。
⑦ 《史記》卷六一《伯夷列傳》，頁 2590。
⑧ 李瑞雨《松坡集》卷一一，《韓國文集叢刊續》第 41 册，韓國古典翻譯院，2007 年，頁 214。
⑨ 丁若鏞《與猶堂全書補遺·餛飩録》四，景仁文化社，1938 年，頁 188。
⑩ 1589 年己丑獄事後，東人黨內部分裂爲北人與南人。

加入論戰。甲戌換局(1694)①後,南人黨失勢,李瑞雨被罷黜②。五年後他所作的《憎蒼蠅賦》,仍可窺見政鬥遺留下的憤懣,同時也有對朋黨内訌的反思和無奈。

　　憎蠅賦外,朝鮮文人還創作了不少憎蠅詩。這是朝鮮漢文學家所開創的題材。限於篇幅,憎蠅詩的鋪陳容量不及賦,但結構、情感一脈相承。

　　金正國在中宗十六年己卯(1519)時,"士林禍作,瞿然草疏欲救,旋聞勢已不可爲而止,時救者皆被重斥,吾弟疏雖未上,而竟爲臺諫所駮罷廢"③,1532年再啟用。他寫有《憎蠅》④一詩:

> 受形汝最微,徒衆不勝揮。依日張聲勢,乘炎築壘圍。
>
> 侵陵破好夢,變亂滅真機。秋後霜風勁,能逃肅掃威。

　　此詩採用白描手法,行文結構和賦類似:先描寫蒼蠅成群結隊、虛張聲勢、擾人清夢,結尾落到秋後掃除蒼蠅。傳達了對小人的憎惡和肅清的願望,情感和藝術表現中規中矩。

　　金麟厚是當時著名理學家,仁宗爲太子時,"得先生大悦,恩遇日隆"⑤,不幸仁宗即位後數月病亡。時支持仁宗的"大尹"尹任一派,與支持明宗的"小尹"尹元衡等人爭奪皇位繼承權,明宗登基後,尹任、柳灌等大臣被賜死,史稱"乙巳士禍"。金麟厚得知仁宗死訊,大慟,"棄官歸,遂不復仕"⑥。他的《憎蠅》⑦詩云:

> 營營止棘詠周章,厥類蕃滋不可當。
>
> 點染幾多迷皂白,淋漓容易敗饘饎。
>
> 韓吟苦待秋風到,歐賦偏愁夏日長。

---

①《肅宗實録》二十年四月一日,"命南九萬叙用,乃拜領議政",西人黨起復。《朝鮮王朝實録》第39册,國史編纂委員會,1984年,頁296。

②《肅宗實録》二十年四月十六日,《朝鮮王朝實録》第39册,頁301。

③金安國《思齋先生墓誌》,《韓國文集叢刊》第23册,民族文化推進會,1988年,頁90。本次事件即"己卯士禍",因勳舊派南衮、沈貞、洪景舟的讒言,趙光祖等士林派遭清洗。

④金正國《思齋集》卷一,《韓國文集叢刊》第23册,頁6。

⑤宋時烈《神道碑銘》,《河西先生全集》附録卷一,《韓國文集叢刊》第33册,民族文化推進會,1989年,頁274。

⑥金壽恒《墓表》,《河西先生全集》附録卷一,《韓國文集叢刊》第33册,頁277—278。

⑦金麟厚《河西先生全集》卷一〇,《韓國文集叢刊》第33册,頁199。

　　千里未應隨驥尾，投羹没酎罪難償。

　　本詩長於用典。首聯用《小雅·青蠅》"營營止棘"句，次聯指責蠅混淆黑白、敗壞食物；接著取韓愈《秋懷》詩"秋風一拂披，策策鳴不已""羲和驅日月，疾急不可恃"①之意，和歐賦對舉；尾聯用驥尾蠅之典作結，情感深婉含蓄。

　　朝鮮的憎蠅創作，烙印著李氏王朝後期殘酷的朋黨政治的痕跡，讀朝鮮文人的作品，不能脱離當時的政治背景。

　　（三）日本的擬作

　　相較於中國、朝鮮半島，日本憎蠅詩賦的諷喻意味較爲淡漠。人見林塘《讀憎蒼蠅賦文》②模擬歐賦，開頭慨歎蒼蠅"有可惡之性，而無可好之德"，認爲造成這種情況的原因是"想是奸魂之所變乎，佞魄之所化"，難怪爲詩人所不齒，"宜乎歐公可嫉而憎之也"。但緊接著又切回對蒼蠅習性的描寫，結構稍顯淩亂。最後仍是以消殺蒼蠅作結。木下順庵《讀憎蒼蠅賦》③詩云："蚊雷欺暗須並按，果日青天如爾何。"傳達了一種無可奈何的心境。

　　江戸前期的高僧元政上人作《蠅》，表達了區別於《憎蒼蠅賦》的情感：

　　　　殘暑蠅多，法喜堂中特爲尤甚。司香積者乃計收之，遠放山外。既而工成，予偶見之，謂："雖曰網之，猶恐多害者，是不可也。"因爲説韓氏"朝蠅不須驅"之詩，以勞爲工者，而遂令破其具，又從而歌曰：

　　　　八月尚殘暑，蠅飛滿屋宇。鉢盂揮不去，几格逐亦聚。因懷費智謀，盡籠放遠浦。歐陽作賦憎，王思拔劍怒。又憶韓昌黎，唊咋與不苦。却憐得時短，善哉吾與愈。④

　　管齋堂的僧人（司香積者）見堂中蠅多，設網捕捉。元政吟誦韓愈《雜詩》，韓詩道："得時能幾時？與汝恣唊咋。涼風九月到，掃不見蹤跡。"⑤認

────────────

① 韓愈著，方世舉編年箋注，郝潤華、丁俊麗整理《韓昌黎詩集編年箋注》，中華書局，2012 年，頁 430。

② 人見林塘《林塘集》卷上，《日本漢文學百家集》第 33 册，頁 117—120。

③ 木下順庵《錦里文集》卷八，《日本漢文學百家集》第 65 册，頁 270。

④ 日政《草山集》宿之卷，《日本漢文學百家集》第 69 册，頁 133—134。

⑤ 韓愈著，方世舉編年箋注，郝潤華、丁俊麗整理《韓昌黎詩集編年箋注》，頁 123—124。

爲即便任由蒼蠅恣肆，秋風一起，蒼蠅便會被消滅。元政以僧人的慈悲之心憐憫蒼蠅"得時短"，命令解網放生，委婉地表達了對歐陽脩作賦"憎"蠅的不讚同。

　　日本文人頗有些蒼蠅題材的創作，如學習"清新"宋詩的江湖派詩人大窪詩佛《十月苦蠅》①一詩純寫蒼蠅，"營營日相求""如何造物意，長使此物留""但願霜雪至，一且掃除休"等語句，殘留著歐陽脩賦的影子。梁川星岩宗唐詩，同時與江湖詩人過從甚密，他的《蠅》詩云："鼓翅薨薨奈赤頭，奸魂佞魄足朋儔。集來散去何其忽，把我鬚眉嬲不休。"②用"奸魂佞魄"借代蒼蠅，但並沒有借物喻人的意思③。

### （四）東亞三國"憎蠅"創作的動因與翻案

　　綜合來看，首先，中日朝三國的蒼蠅尤其是以"憎蠅"爲題的作品，創作動機約可分爲三種：

　　第一，親歷的朋黨鬥爭，喚起了文人的創作欲望。這種情況下誕生的詩賦，繼承了《小雅·青蠅》到歐陽脩《憎蒼蠅賦》的抒情傳統。

　　第二，讀賦起興。江户時木下順庵、人見林塘的《讀憎蒼蠅賦》，朝鮮姜溍《讀蒼蠅賦，戲成五古》④都是明顯的因歐賦起興的作品。朝鮮張之琬《反蒼蠅賦》⑤開頭寫道：

　　　　山齋夏日，余閑無事，偶閱歐陽集，取《蒼蠅賦》讀之數四。歎其托喻深切，文瀾宏肆。已而細簾動清風至，神情思倦，隱几小睡。忽有二

①大窪詩佛《詩聖堂詩集》二編卷一〇，《日本漢文學百家集》第 235 册，頁 452。

②梁川星岩《星岩先生遺稿》前編卷八，《日本漢文學百家集》第 256 册，頁 180。

③《憎蒼蠅賦》似也影響到了日語文學的創作。江户時代著名俳諧詩人、被稱作"俳聖"的松尾芭蕉的《烏賦》一文，有"且數汝罪時，其德小而其害大""釋氏憎之"等語句，有研究者推測屬於摹仿《憎蒼蠅賦》的産物。《烏賦》見《芭蕉全集》（前篇），日本古典全集刊行會，1928 年，頁 135—136。原文分別作"また汝が罪を數ふる時は，其德小にして書また大なり""釋氏もこを憎み"。參見縷片真王《『烏之賦』私解：芭蕉と蕉門の俳文を讀む》，《上智大學國文學論集》第 24 號，1991 年。

④此詩見姜溍《對山集》卷四，《韓國文集叢刊續》第 128 册，韓國古典翻譯院，2011 年，頁 352。

⑤張之琬賦爲蒼蠅代言，展現其狡詐；詩見《枕雨堂集》卷一，《韓國文集叢刊續》第 128 册，韓國古典翻譯院，2011 年，頁 183。

蠅，雙鳴而集。斂翼乎筆之架，叩頭乎硯之合。將飛還聚，攢足如揖。若有所告，如問如答。以意逆之，其言若曰。

這種模擬的傳統，有時甚至演變成一種文學焦慮。朝鮮申錫愚《反玉垂憎蠅》①叙述，在模擬《憎蠅》時，感受到的是前人對蒼蠅的苛刻："古人心窄肯容爾，至比宵小褊生憎。"和文學經典的強勢："歐公一賦文墨戲，從此嫉惡百倍增。莫近山谷香一瓣，點汙詩卷被嚴懲。"於是，雖然他對蒼蠅本身的行徑無可無不可，"吾性素懦物無競，變亂黑白姑且仍"，但迫於傳統和同儕的壓力，勉力敷衍成文。

第三，現實環境起興。文人因切身體會到了被蒼蠅煩擾的不快，從而產生了文思。如鄭昌冑《憎蠅》首聯道："飛蟲滿院鬧薨薨，曉夢醒來最可憎。"②清人陳夢雷《蠅賦》③開篇：

> 半圃野人，居東四載。閉戶休鋤，下帷勿怠。時值夏仲，溽暑炎蒸。羲皇入夢，隱几曲肱。么麼何物，轟轟噴噴。鑽袖入裳，飄忽蕩擲。

文人向文學傳統訴求表達話語，也有兼具第二、第三種創作動因的情況。光緒年間王慶善《嫉蠅賦》④便是一例：

> 昔張詠有《罵蠅文》，歐公有《憎蠅賦》。誠以營營逐逐，其行卑，其類鄙，不特無用，抑且害也。壬申秋，予從長沙來衡山，舟中群聚，集耳集首，驅之不去，殺之不忍。嗚呼！蠅豈有仇予耶？師二公意，作賦以嫉之。

從創作內容而言，歐陽脩之後的蒼蠅詩賦創作總體上呈現出諷刺色彩逐漸淡化、文學技巧逐漸增強的趨勢。文人由純粹地把蒼蠅作爲小人的化身來斥責（孔武仲），到注重蒼蠅和人相似點的鋪陳強調（王樂善），到爲蒼

---

① 申錫愚《海藏集》卷六，《韓國文集叢刊續》第 127 册，韓國古典翻譯院，2011 年，頁262。玉垂指趙冕鎬，字藻卿，號玉垂。

② 鄭昌冑《晚洲先生集》卷二，《韓國文集叢刊續》第 30 册，韓國古典翻譯院，2006 年，頁 232。

③ 陳夢雷曾侍奉康熙三皇子胤祉讀書，雍正元年（1723），胤祉被發配守皇陵，陳夢雷也被流放至黑龍江。《蠅賦》見《松鶴山房文集》卷二〇，《清代詩文集彙編》第 179 册，上海古籍出版社，2010 年，頁 532。

④ 見《也儂遺稿》卷二，《清代詩文集彙編》第 770 册，頁 713。

蠅代言（霍熠）。縱向來看，17 世紀後，蒼蠅賦越來越多地作爲一種文學題材而被創作，19 世紀更出現了數篇翻案之作。

朝鮮李志容《憎蠅》①詩云：

蠅若於吾有所親，營營日夜共爲鄰。

侵虐老人無顧忌，歐翁憎賦寫情真。

前兩句翻案，詩人不以嗡嗡的蒼蠅爲煩，反以爲蒼蠅是親近、陪伴著人類。但後兩句又回到憎蠅母題，把對蒼蠅的態度不同解釋爲老人感受的差別。

清代王慶善《蠅詰賦》②是一篇徹底的、站在蒼蠅角度的翻案文章。作者以“蒼蠅童子”的口吻，稱“予罪多矣，而功亦足録”，辯解玷污食物是“以身而試毒”，蒼蠅搓手是“交足偏恭”，嗡嗡不停是“揚聲表異”，盛讚蒼蠅的美德：

致冰不近，何其智也；鼓翼呼群，何其義也；傳金雞之赦，隨魚炙而前，何其仁與禮也……其廉也，飽餘瀝而無求；其捷也，附驥尾而遠致。其學也，時集文士之筆端；其閑雅也，或遊美人之衣袂。其不畏彊禦也，拔劍而益肆紛紜；其時露幾微也，集鼻而偶然遊戲。

如此種種，是對以往憎蠅賦所陳蒼蠅之可憎處的全面反駁。蒼蠅童子又舉出蚊、虱、蚤、蠍等危害更大的蟲類，指責文士們“徒費詞章”“奮匹夫之怒，拘腐儒之説”，自信地表示“予德無慚，爾責乃備”。

用擬人化的蒼蠅口吻作自我辯護，明代唐之淳、朝鮮張之琬等已經嘗試過這種形式。但他們寫想象中的蒼蠅，是爲了突出它的狡詐，爲下文的駁斥做鋪墊；但《蠅詰賦》中，作爲作者化身的“主人”聽了蒼蠅的説辭後，感到“嗒然惘然，靜味所語，默無一言”，“揖而謝，是本予愆”，爲前作《嫉蠅賦》而道歉。

清末還出現了女性作家寫作的蠅賦：江淑則《醉蠅賦》③。江淑則，字

①李志容《小松遺稿》卷四，《韓國文集叢刊續》第 137 册，韓國古典翻譯院，2012 年，頁 714。

②《也儂遺稿》卷二，《清代詩文集彙編》第 770 册，頁 714。

③賦云：“是以詩人之戒，用比讒人；歐陽之賦，命題曰憎。”足見此文也受《憎蒼蠅賦》影響。見《獨清閣詩詞鈔》卷五，胡曉明《江南女性别集二編》，黄山書社，2010 年，頁 1251。

閻仙,江蘇常熟人。夫俞鍾綸。父江之升,字樹叔,嘉慶二十三年(1818)舉人。江淑則《醉蠅賦》同樣是翻案之作:主人公目的是消滅蠅,但因爲"好生而惡殺",沒有直接撲殺,而選擇"因去水煙,唯酒雜糖。置之盆盎,仍留中堂",盡力滿足它們飽腹的欲望,蠅享用後載歌而去。

丹穆若什認爲,"'經典'是具有超驗性甚至奠基性價值的作品"①。歐陽脩《憎蒼蠅賦》正是這樣具有生命力的經典作品。在此賦之後,蒼蠅,尤其題名"憎蠅"的題材也代表了政治上君子與小人的立場分野,創作此題材,暗含自詡爲君子、受到小人譭謗的文化語境。正如趙孟頫所言:"歐陽公有意而作,余書此亦不能無意寓焉。"②後來的擬作即使沒有現實的刺激,也會受到傳統的裹挾。

縱觀中日韓三國的蒼蠅文學,歐陽脩的影響鮮明而深刻。明清和朝鮮的作品有著與歐賦相似的基於政治鬥爭的創作動因,日本人多次爲《憎蒼蠅賦》做注釋,衍生的憎蚊等題目的創作也頗爲可觀。在帝制行將覆滅之際,數篇憎蠅的翻案作品相繼出現,似乎也預示著新風氣即將到來。

## 四　餘論

歐陽脩在《憎蒼蠅賦》外,還有《憎蚊》《和聖俞聚蚊》等藝術和主題類似的作品,二詩在清代選入吳之振《宋詩鈔》。雖然不及"憎蠅"之盛,憎蚊之題在後世也不乏繼承者:南宋初虞允文《誅蚊賦》,明代徐師曾《蚊賦》、陳繼儒《憎蚊賦》、張時徹《憎蚊賦》,清人呂留良《憎蚊》;域外則有江戶漢詩人林鳳岡《憎聚蚊賦》,明治時菅野白華《驅蚊文》、北村方義《詈蚊文》,朝鮮南九明、金建銖都作有《憎蚊賦》,金在洪《逐蚊賦》、趙鏞憲《驅蚊賦》等等。

歐公蚊詩的知名度和影響力遠遜於《憎蒼蠅賦》,因此,後人的一些寫蚊詩賦仍是受歐陽脩《憎蒼蠅賦》的影響。林鳳岡《憎聚蚊賦》云:"余性甚憎蚊,每當酷暑之夕,則自忿怒而拂之、罵之,歐陽永叔《憎蒼蠅》、柳宗元《憎王孫》同日之談也。因作之賦。"③

---

① 《什麼是世界文學》,頁18。
② 趙孟頫撰,錢偉彊點校《趙孟頫集》補遺《書憎蠅賦跋》,浙江古籍出版社,2012年,頁400。
③ 林鳳岡《鳳岡林先生全集》卷一,《日本漢文學百家集》第98冊,頁1—3。

　　此外，朝鮮還有諸世禧《蟣虱賦》、尹泰老《螳螂賦》等趣味類似的作品。朴准源詩《蜚蠊》五、六句云："可憎莫如彼撲回，聲罪奚翅蒼蠅賦。"①顯然也是歐賦流變的産物。由這些作品，可略見在歐陽脩《憎蒼蠅賦》的推動下，"以醜爲美"之文學審美觀在東亞的彬彬之盛。

　　　　　　　　　　　　　　　（作者單位：南京大學文學院）

---

① 朴准源《錦石集》卷四，《韓國文集叢刊》第 255 册，民族文化推進會，2000 年，頁 82—83。

# 從文學閱讀到儒學對話:東亞學者對蘇軾《范增論》的回應 <sup>*</sup>

靳曉岳

  "論"是表達思想觀點的一種文體。劉勰《文心雕龍·論説》稱:"論也者,彌綸群言,而研精一理者也。"①又稱:"原夫論之爲體,所以辨正然否,窮於有數,究於無形,鑽堅求通,鉤深取極;乃百慮之筌蹄,萬事之權衡也。"②"彌綸群言""辨正然否"指出了辨正他人言論是非是廣義論體文的應有之義,"論"的文體屬性也就爲其他作者提供了回應原作者而與之展開對話的空間③。蘇軾的《范增論》④作爲史論中的名作,即因其在東亞範圍内的廣泛傳播得到了不同時期多國士人的關注,而可以作爲一個典型案例,藉以窺見此類作品在不同文化空間所引發的回應。

---

 * 本文爲國家社科基金重大項目"東亞古代漢文學史"(19ZDA260)階段性成果。本文在寫作與修改過程中,得到楊曦博士以及兩位匿名評審專家的指教,特此致謝。
① 周勛初《文心雕龍解析》,鳳凰出版社,2015年,頁299。
② 周勛初《文心雕龍解析》,頁305。
③ 關於"論"體文的溯源與性質,可參劉寧《"論"體文與中國思想的闡述形式》,載《北京大學學報》(哲學社會科學版)2010年第1期。
④ 此篇原載《志林》而並無題目,《志林》後來被作爲一系列單篇論文而分別添加了題目。鑒於此篇在東亞流行的幾種文章選本中幾乎均題作《范增論》,且東亞學者同一主題的寫作亦多以《范增論》爲題,爲了叙述上的統一,本文對蘇軾此文亦稱《范增論》,且在整體論述時將東亞學者就這一主題的寫作亦統稱《范增論》。

# 一　文傳海外：作爲文學閱讀對象的《范增論》

　　南宋以來編纂的流行於東亞的幾種文章選本，如呂祖謙《古文關鍵》、樓昉《崇古文訣》、謝枋得《文章軌範》、陳櫟改編《詳説古文真寶大全》①、茅坤《唐宋八大家文鈔》、徐師曾《文體明辨》、沈德潛《唐宋八家文讀本》等均收録了蘇軾的《范增論》。通過考察寫作《范增論》的東亞學者別集中的其他篇目，可以發現在很多情況下，其直接的寫作動因更有可能單純就是閱讀了蘇軾的《范增論》，而並不是爲了探究歷史事實本身而需要回應曾對此進行過論説的蘇軾。如朝鮮學者李獻慶《艮翁集》中論體文有《春秋論》《范增論》《留侯論》《封建論》等②，均是唐宋古文大家曾寫作過的題目，且在流傳過程中成爲經典名篇被收入多種文章選本。閱讀古文選本是引發其寫作這一系列論體文的直接動因或許是一種較合理的推測。又如日本學者圓山溟北《溟北文集》中在《范增論》之前還有《管仲論》和《伍子胥論》各一篇③，這三篇文章，東坡貶海南時均有同一主題論作，在蘇軾別集中也處於同一卷，圓山溟北很可能就是在閱讀蘇軾文集的過程中以同樣的形式對其進行回應的。

　　或許正是出於上述原因，東亞學者大多數都將蘇軾視作回應的對象，"蘇子曰""蘇氏曰""蘇氏以爲"一類的字眼反復出現，有些作品在篇名中即明確表示是針對蘇軾之作而發，如洪良浩《范增論辨》、河仁壽《續范增論》、尹禹學《書范增論後》、赤田卧牛《駁范增論》等。針對蘇軾文章中"增不去，項羽不亡"④這一觀點的《增不去羽不亡論》甚至成爲了朝鮮時代科舉考試

---

①日本更流行的《古文真寶》另一版本《諸儒箋解古文真寶》則未收此篇。關於《古文真寶》流傳中的兩大系統及其各自在東亞的流傳情況可參鞏本棟《略論〈古文真寶〉的東傳》，載《域外漢籍研究集刊》第 21 輯，2021 年。

②參李獻慶《艮翁集》卷二二，《韓國歷代文集叢書》第 941 册，景仁文化社，1999 年，頁 249—287。

③參圓山溟北《溟北文稿》卷一，王焱編《日本漢文學百家集》第 304 册，北京燕山出版社，2019 年，頁 45—54。

④蘇軾《論項羽范增》，張志烈、馬德富、周裕鍇主編《蘇軾全集校注》第 10 册，河北人民出版社，2010 年，頁 540。

的題目。相反的，司馬遷在對話中則遠不如蘇軾受到關注，從史學角度叙述事件原委、展現人物形象的《史記》多數情況下未被提及，即使出現也多是作爲用以"辨正"蘇軾觀點的材料，單純從《史記》的記述本身出發而對范增這一人物展開史學論述的作品是很少的。

　　透過這樣一種《范增論》寫作情況，可以看到蘇軾的《范增論》，而非《史記·項羽本紀》，直接引發了後世東亞學者對范增行事的探討。換言之，正是蘇軾的寫作及其作品的廣泛流傳，使得對范增這一人物的論說在整個東亞成爲學者關注並予以回應的一個焦點。蘇軾《范增論》雖以歷史爲基礎，但又以文學的"論"的形式在其流傳中爲東亞學者構築了一個更廣闊的對話空間。這也決定了其對話並非史學的，而更偏向於思想層面。

## 二　尚義修仁：中國本土《范增論》寫作的道德主義傾向

　　蘇軾《范增論》先簡述范增因陳平離間離開項羽，歸途中疽發身亡這一悲劇性的人生結局，隨後，提出了此文最主要的觀點："增之去善矣，不去，羽必殺增。獨恨其不早耳。"並認爲范增離開的合適時機應是項羽矯殺宋義之時。進而對此加以説明，其邏輯在於范增是擁立義帝的謀主，二人禍福相連，項羽鏟除義帝拔擢的宋義即已顯露出弑殺義帝的先兆，也即懷疑范增的開端。進一步，蘇軾又以後人的假設爲范增謀劃，認爲其當在項羽矯殺宋義後，趁項、范二人君臣關係未定之時誅殺項羽，不能如此則應盡早離開。最後，在對范增的惋惜與批評之餘，稱"增不去，項羽不亡"，承認其亦堪稱"人傑"，也回應了《史記》中記載的劉邦對項羽敗亡原因的分析[①]，即："夫運籌策帷帳之中，決勝於千里之外，吾不如子房。鎮國家，撫百姓，給餽饟，不絕糧道，吾不如蕭何。連百萬之軍，戰必勝，攻必取，吾不如韓信。此三者，皆人傑也，吾能用之，此吾所以取天下也。項羽有一范增而不能用，此其所以爲我擒也。"[②]

　　從《史記》本身的記載來看，蘇文中最核心的"（增）不去，羽必殺增"這一觀點及其背後項羽矯殺宋義是疑心范增之開端的論説邏輯，均無充足的

---

① 參蘇軾《論項羽范增》，《蘇軾全集校注》第 10 册，頁 538—540。
② 司馬遷《史記》卷八《高祖本紀》，中華書局，2014 年，頁 480。

史實可作爲確切的依據。或者説，這些都不過是蘇軾基於其個人對歷史，甚至僅僅是人心的一種推測；至於其爲范增的"計劃"則更是文學意味蓋過史學分析的虚擬想象。蘇軾在論述中其實是先給出了一個結果，事件的起因和發展過程則幾乎是純以己意架空的。葉適謂"蘇軾用一語，立一意，架虚行危，縱横倏忽，數千百言，讀者皆如其所欲出，推者莫知其所自來，雖理有未精，而詞之所至莫或過焉，蓋古今論議之傑也"①即指出了東坡論體文的這一特徵。采用這樣一種文學化的史論寫作模式，作者在寫作過程中可以盡量少地受到史實的約束，而恣意揮灑，翻新出奇，同時也就遺留了可供探討的空間。因此宋代以來，中國本土即不乏學者針對蘇軾原作申發個人的見解，洪邁、黄震、王世貞、袁宗道、王懋竑等數十位學者皆有相關論説。

　　綜合考察這些論説，可大致歸納出討論比較集中的幾個話題：一、范增是否應該在項羽矯殺宋義之時離去，或者范增應該在何時離去。二、范增是否堪稱"人傑"。三、范增不離去，項羽最終是否會敗亡。中國本土的《范增論》對上述三個話題或就其中之一而論，或兼論兩者、三者。

　　第一個話題是蘇軾原作論説的核心，也特別受到後世關注，王世貞、袁宗道、黄淳耀、管同、馮桂芬等人均就此作出了回應。如明人王世貞《書蘇子范增論後》即就此而論，認爲宋義並不智勇，殺掉他是形勢所迫的必然之舉，不殺宋義則"趙必下，楚必潰"。范增若於此時離去，項羽敗，則其必然作爲"亡楚之末將"被秦國所殺；項羽勝，則其又將作爲"宋義之黨"先被殺掉。故范增非但不當於此時離去，反而"當與籍謀而殺義"。王世貞進一步提出范增離開項羽的正當時機，即："坑秦卒二十萬人，失仁；失仁，法不足以取天下。一當諫也。違義帝之約而王漢、王楚，失信；失信，法不足以取天下。二當諫也。弑義帝，失義；失義，法不足以取天下。三當諫也。諫不從則去之，去之而無怨懟之跡，以完其身可耳。"②王氏否定蘇軾的主要論點，説明理由，並提出自己的觀點，完全是就同一問題回應蘇軾的。但其判斷去留時機的思路和蘇軾不同，他提出仁、信、義三個方面作爲奪取天下的必要條件，項羽不具備這三方面條件，范增作爲謀士就當進諫，不從則去。

①葉適《習學記言序目》卷五〇，中華書局，1977年，頁744。

②參王世貞《讀書後》卷一，《景印文淵閣四庫全書》第1285册，臺灣商務印書館，1986年，頁15—16。

蘇軾提出范增應在項羽矯殺宋義時離去,是站在范增的立場上基於其個人安危的考量,雖然觀點新奇,但其實仍是一種趨利避害的相對常人化的思路。而王世貞對此問題的判斷指向的則是個人安危之上關乎天下興亡的道德層次要求。實際上,依循王世貞這種思路看待此問題正是後世學者的主流。如明人黃淳耀稱:"夫增之宜去亦多矣。坑秦降卒二十萬人也,屠咸陽也,殺子嬰也,王三秦降將也,分封不均也。數者無一不足以失天下,而增不去。吾故曰:增非能以仁義事君者。"①以仁義作爲去留的標准。又如清人張廷璐以"天下之心"爲著眼點,提出"項氏之失天下在新安之坑,而范增之去亦當決於此時"②。與王世貞一樣,其所秉持的也是以儒家傳統道德爲內核的政治邏輯,而不太關注范增在什麼時機離去才能更好地保全自身。從這一角度來看,不得不承認後世學者的立場與眼光相較於蘇軾可能要高遠一些。

　　范增是否爲"人傑"的話題也是後世學者關注的焦點之一,這一類論說中較早的應該是洪邁《容齋隨筆》中《范增非人傑》一篇,其主要觀點是范增勸立懷王又奪其地而殺之,違背約定欲殺沛公,且坐視項羽坑殺秦兵,但自身遭陳平反間就發怒而去,故並非"人傑",而是"見利而不知義"的"戰國縱橫之餘"。結尾云"東坡公論此事偉甚,猶未盡也",點出所言針對的正是蘇軾的《范增論》③。雖明確表示針對蘇軾,但洪邁回避了其主要論點,就蘇文篇末對范增的總體評價而論。正如上文已經說明的,"范增亦人傑"並非蘇軾創建性的言論,他不過是回應了一下劉邦的觀點,且態度是認同而未加反駁的。所以就此來批評蘇軾其實並不恰當,但這也恰恰表明蘇軾此文所產生的影響。暫且拋開這一點不談,可以看到洪邁認爲"范增非人傑"所給出的理由仍是以"義"爲標准的,這與前面論述過的後世學者對范增離去時機的判斷標准在邏輯上是一致的。這種論說思路在范增是否爲"人傑"的問題上也同樣具有普遍性。如清人蔣湘南《駁蘇子范增論》認爲懷王是"智勇仁義之主",而項羽的"暴戾"不能折服天下,"增果人傑,則必忠懷王

①黃淳耀《陶菴全集》卷三《范增論》,《景印文淵閣四庫全書》第 1297 册,頁 668。

②參張廷璐《張思齋示孫編》卷三《范增論下》,《四庫未收書輯刊》第 9 輯第 21 册,北京出版社,1998 年,頁 737—738。

③參洪邁撰,孔凡禮點校《容齋隨筆》卷九,中華書局,2005 年,頁 122—123。

而棄項羽"①。又如清人范方認爲范增"險賊狠戾""當戰國之餘,習申韓之術,自以爲一代人傑,不知刻薄殘忍適足以速項籍之亡"②。也否定范增爲"人傑",且認爲他加速了項羽的敗亡。

　　至於"增不去",項羽亡不亡的問題,論者比較一致的觀點就是"增不去",羽亦亡。清人周篆《范增論上》就此提出了多個原因:"羽之失天下非坑秦卒、失沛公、棄關中與弒義帝乎? 有一於此,足以亡國。"③大致包含了諸家所論的主要幾個方面,在此不作更多贅述。

　　可以發現,蘇軾之後的中國本土《范增論》寫作中透顯出一條比較明晰而相對一致的邏輯路徑,即遵循仁、義、信等儒家核心觀念,呈現出超越功利結果的道德主義傾向。而且這在其面對不同問題的論説中往往是貫穿始終的。一個比較典型的例子就是清人馮景的兩篇《范增論》,這兩篇文章都是直接回應蘇軾《范增論》,馮氏認爲范增離項羽而去的時機"當在新安阬卒二十萬人時",理由在於:"羽逆天道、失人心,垓下之亡職此矣。寧有嗜殺如羽而能一海内者乎?"④其論范增非"人傑"又云"且夫心不可負,而取天下必以義,天下斷無負心不義之人傑也"⑤。以儒家道德爲判斷標准批駁了蘇軾之論,針對的問題是多方面的,但所秉持的原則是一以貫之的。

　　朱子論歐陽脩、曾鞏、蘇軾三家文字云:"歐公文字敷腴温潤。曾南豐文字又更峻潔,雖議論有淺近處,然卻平正好。到得東坡,便傷於巧,議論有不正當處。"⑥所謂"不正當",其内涵的一方面或許可理解爲立論追求新巧,但卻少了儒者之論的温潤平正。平心而論,蘇軾此文立論確實不夠正當,也絕對算不上"温潤"。孫立堯先生曾指出南宋中期以後史論發展中的理學化傾向,認爲這種理學化的史論"多不探討史事的來龍去脈,亦不將歷

---

①參蔣湘南《七經樓文鈔》卷四,《續修四庫全書》第 1541 册,上海古籍出版社,2002 年,頁 302。

②參范方《默鏡居文集》卷二《范增論》,清乾隆刻本,頁 34a—35b。

③周篆《草亭先生集·文集》卷一,《續修四庫全書》第 1416 册,頁 452。

④參馮景《解春集詩文鈔》卷三《范增論》,《續修四庫全書》第 1418 册,頁 404。

⑤馮景《解春集詩文鈔》卷三《范增論二》,《續修四庫全書》第 1418 册,頁 404。

⑥黎靖德編《朱子語類》卷一三九,中華書局,1986 年,頁 3309。

史作一整體研究,只從歷史的點滴出發,純是一種心地工夫"①,其相較於北宋的轉變則在於"北宋以來士大夫所熱心的制度建設不再成爲這些知識分子最關心的部分,他們轉而相信重建道德是惟一的出路,從而成爲道德保守主義者……歷史人物的政治功業不再是史論家興趣的焦點,他們轉而探討歷史人物的心術,如'正心、誠意'等自我修養在歷史中的表現,並以此來斷其優劣或吸取歷史經驗"②。藉此就可以解釋爲什麼南宋以後,尤其是理學成爲官方主導思想後諸多學者對蘇子之論的駁斥呈現出明顯的道德主義傾向。

## 三　萬古綱常:朝鮮《范增論》對君臣之倫的張揚

中國本土《范增論》寫作中體現出的道德主義傾向及更深層的史論發展的理學化傾向在朝鮮半島也有所體現,高麗末期李齊賢的《范增論》即提出項羽不信、不仁、不義,其敗亡具有必然性;因而范增追隨項羽也是不智之舉,不能與"三傑"相比③。其論述的焦點與秉持的觀念與中國本土學者幾無二致。李齊賢之後的朝鮮作者所作《范增論》,就其具體内容來看,所探討的核心話題與中國本土學者也並無根本差異,但其看待問題的視角與具體論説則逐漸顯示出更爲明晰的自身特徵。其中一個具有代表性的例子就是崔有淵的《范增論》,爲了説明其論説邏輯與具體表述,節録其文如下:

> 蘇子瞻《范增論》云:"增,高帝之所畏也。增不去,項羽不亡。嗚呼! 增亦人傑也。"人以此知子瞻非爲純正君子……自有天地以來,忠君孝親、三綱五常之道,棟梁乎宇宙,日月乎長夜。人而無此,冠裳而禽犢,中國而夷狄。而增也不知天尊地卑、忠君孝親之道。增固是窮凶極惡之人,與草木禽獸奚擇! 而子瞻以人傑論之,何哉!

> ……列國之後,王侯將相皆推懷王爲宗國之君而聽命焉……增也

---

①孫立堯《宋代史論研究》,中華書局,2009 年,頁 64。
②孫立堯《宋代史論研究》,頁 52—54。
③參李齊賢《益齋亂藁》卷九,《韓國文集叢刊》第 2 册,民族文化推進會,1990 年,頁 601。

以天下爲項籍之天下，則將置懷王於何地耶？……然則增也不先縱橫發口，而籍豈敢醞釀其凶逆哉？……夫不討賊，尚以弑逆罪之，而況與同謀議而躬行之者哉！使夫子生於秦漢之間，討弑逆義帝之罪，則舍增其誰哉！

……增乃懷王之臣，非籍之臣也。增也不顧君臣大義萬古公議……不隨義帝之郴，而主張凶逆之謀。其時三老董公未知何許人，而其扶綱常、明大義，言論凜烈，日月爭光……後世之人，皆不知增爲窮凶極惡首倡弑逆之謀。愚實恥之……誠以顧大義而明人倫也。增可謂顧大義而明人倫者乎？

……則使增開張古今綱常、忠臣孝子、禮義廉恥之道，以口舌代斧鉞，陳人倫之大義……苟有四端七情之得於太極，則豈不動聽於增之所懃懇！而若終不能動聽，則羽翼義帝，鞠躬盡瘁，死生以之而止矣。豈不有辭於天下萬古哉！……①

此文極力抨擊蘇軾《范增論》結尾“增不去，項羽不亡”及“增亦人傑”的觀點，甚至連帶批評持此觀點的蘇軾也非“純正君子”。崔氏首先提出一個否定范增的總體邏輯，即“忠君孝親、三綱五常之道”是一種本質性的存在，不具備者連人都算不上，更無論“人傑”了。隨後展開具體論述，以懷王爲“宗國之君”，則追隨項羽且將其視爲天下之主的范增就難逃“弑逆”“篡奪”的罪名。崔氏揣測其行爲的動因在於欲擁項羽代義帝爲君，從而使自己得到榮華富貴並傳之子孫。故范增不討伐弑君之賊項羽，反而與之共謀，罪莫大焉。崔氏進而再次重申范增應盡忠於懷王，列舉張良、高漸離、田橫之客、睢陽之衆“顧大義而明人倫”的行爲作爲對比。最後提出范增的正當做法是“開張古今綱常、忠臣孝子、禮義廉恥之道”，向項羽“陳人倫之大義”，不能説服項羽則竭盡智謀輔佐義帝，死而後已。其論述中“天尊地卑”“忠君孝親”“三綱五常”“扶綱常、明大義”“古今綱常”“忠臣孝子”一類的話語充溢全篇，顯示出極爲濃厚的道學氣息。

特別值得注意的是崔氏的論説使用了“四端七情”這一概念，崔有淵生活的時代，學宗李滉的嶺南學派與追隨李珥的畿湖學派正就此進行激烈論

---

① 崔有淵《玄巖遺稿》卷四，《韓國文集叢刊續》第 22 册，韓國古典翻譯院，2006 年，頁544—545。

辯，而直接影響了其對相關問題展開論說的邏輯與話語。"四端"與"七情"分別出自《孟子·公孫丑》與《禮記·禮運》，《孟子》云："惻隱之心，仁之端也；羞惡之心，義之端也；辭讓之心，禮之端也；是非之心，智之端也。"朱子釋此云："惻隱、羞惡、辭讓、是非，情也。仁、義、禮、智，性也。"①而其《中庸章句》又云："喜、怒、哀、樂，情也。其未發，則性也。"②在朱子這裏，四端是情，"喜、怒、哀、樂"也是情。《禮記》云："何謂人情？喜、怒、哀、懼、愛、惡、欲。"③四端是情之善的一面，而七情中則包含不善。朝鮮學者針對朱子哲學中未得到充分闡釋的四端與七情問題，"根據性、情、心在理氣論的規定下如何展開，及其與理氣概念之間的關係如何設定而提出不同的理論系統"④，使之成爲了朝鮮儒學中極具代表性的一大焦點問題。在論爭開始之前，麗末鮮初學者權近所作《入學圖說》在第一篇"天人心性合一之圖"中即述及四端七情學説。《入學圖說》是朝鮮半島首部以圖像形式向年幼學生傳授儒家性理的著作，在朝鮮時代產生了深入而廣泛的影響。另外，朱子的《小學》也在高麗末期傳入朝鮮半島，隨即流行開來，金宗直、李滉、李珥等學者均對其推崇備至，李珥奉仁祖之命制定的《學校規範》即將《小學》置於必讀書目的首位⑤。金宗直的門生金宏弼跟從其學習《小學》，至中年仍思索不輟，自謂"《小學》童子"，而金宏弼的門生中就有被學界視作朝鮮時代性理學先驅的趙光祖，其後延續的朝鮮性理學道統也形成並發展了"以《小學》爲基礎的儒學實踐教育"而成爲朝鮮時代"道學教育中最獨特的要素"⑥。《小學》的一個核心觀念即在於"明倫"，明人薛瑄稱："《小學》一書，不出乎父子、君臣、夫婦、長幼、朋友之五倫；五倫不出乎仁、義、禮、知、

①朱熹《四書章句集注》，中華書局，2012 年，頁 239。

②朱熹《四書章句集注》，頁 18。

③《禮記正義》卷二二，《十三經注疏》本，中華書局，2009 年，頁 3080。

④尹絲淳《四端七情論·序言》，民族與思想研究會編，姜日天等譯《四端七情論》，"中研院"中國文史哲研究所，2019 年，頁 IX。

⑤參趙勇淑《朱熹〈小學〉在朝鮮半島的傳播及朝譯本探究》，載《民族翻譯》2020 年第6 期。

⑥關於這一道統的形成及《小學》在其中的地位，可參琴章泰著，韓梅譯《韓國儒學思想史》第四章《道學紮根的過程（朝鮮王朝初期：太祖—中宗）》，中國社會科學出版社，2011 年，頁 53—92。

信之性。是則性也者，其《小學》之樞紐也歟。"①指出了《小學》對"明倫"的
重視及"五倫"與"性"的關係。在這一意義上，五倫與四端七情可以在性理
學的同一層面上探討，這又强化了其基礎與核心的性質。崔氏稱"四端七
情之得於太極"，將四端七情視爲一種根本性質的存在，且認爲具備四端七
情就必然會爲范增的勸説所動而放棄弑君之舉，四端七情在這裏正是與五
倫聯結在一起的。尹絲淳先生分析四端七情的倫理性格，稱"擴充四德的
五常與作爲五倫原理的'親義别信序'相通，故認爲四端的理發説，藴含著
將十六世紀的五倫道德體系合理化的含義"②，即指出了四端七情論在五
倫道德體系中的作用。可以説四端七情和五倫對於朝鮮時代的士人而言，
是其幼年入學時即已熟悉且終身求索的重要儒學命題，是其知識譜系中極
爲重要的基礎性構成，也勢必影響其對於相關問題的認識。崔氏此文基本
代表了四端七情的論争開始後朝鮮《范增論》寫作的主流，其他學者的論説
角度可能不同，但在上述的整體知識背景下，他們面對蘇軾《范增論》及其
背後的歷史事件，往往會關注到其中存在的君臣之倫的問題，而使之成爲
朝鮮《范增論》寫作中的一大焦點。如李滉弟子尹根壽的《范增論》認爲"其
立楚懷王實出於增之謀，既已委質爲懷王之臣，則當終始無貳，以事其君"，
范增之心卻"固知有羽而不知有懷王"，與項羽陰謀弑君，"至論臣節，則掃
地矣"③。再如李獻慶《范增論》開篇即云："《易》曰：'履霜堅冰至。'夫子釋
之曰：'臣弑其君，子弑其父，非一朝一夕之故，所由來者漸矣。'其范增之謂
乎？項羽之弑義帝、殺冠軍，皆增之謀也。"引朱子《周易本義》之語，將弑殺
義帝之罪歸於范增，進而就此展開説明，斥責范增的行徑爲"篡弑之謀"，認
爲項羽與范增悲劇性的結局非但不可憐，反而應痛斥其弑君之舉"以爲亂
臣之懼焉"④。也都是由君臣之倫出發將范增視爲行弑逆之謀的亂臣，從
人倫大本而非智謀的層面上根本否定"增亦人傑"的觀點，同時也推翻了蘇

---

① 薛瑄撰，孫浦桓點校《讀書續録》卷二，鳳凰出版社，2017 年，頁 252。
② 尹絲淳《四端七情論的倫理性格之省察》，《四端七情論》，頁 500。
③ 參尹根壽《月汀集》卷四，《韓國文集叢刊》第 47 册，民族文化推進會，1996 年，頁
　235—237。
④ 參李獻慶《艮翁集》卷二二，《韓國歷代文集叢書》第 941 册，景仁文化社，1999 年，頁
　269—275。

軾提出范增離去時機所依據的前提①。

　　再來看朝鮮學者對“增不去，項羽不亡”這一觀點的認識，《韓國歷代文集叢書》和《韓國文集叢刊》中共保留了三篇以此爲題的作品，其中申靖夏的《增不去項羽不亡論》題下標示爲“科作”，金湛與金正漢亦各有一篇《增不去羽不亡論》，根據人物生卒年判斷，這兩篇作品與申氏所作並非同時，蓋非“科作”。依寫作的時間先後，最早的是金湛的一篇，此篇提出“不忍人之心”是得天下之道，“無是心而欲以得天下”則必然敗亡，范增“以是教君”，造成了項羽最終的敗亡，范增也難辭其咎。金湛還認爲項羽“固有不忍人之資矣，誠爲增之害之也”，最後，金湛雖否定范增是可使項羽避免敗亡的“人傑”，但也承認其並非庸人，其錯誤的根源在於不知“學聖人之道而知乎道之所在”②。金湛以“不忍人之心”爲核心論說天下得失，上文論述過的四端，就其總體而論正是“不忍人之心”。《孟子·公孫丑》云：“人皆有不忍人之心……所以謂人皆有不忍人之心者，今人乍見孺子將入於井，有怵惕惻隱之心。非所以内交於孺子之父母也，非所以要譽於鄉黨朋友也，非惡其聲而然也。由是觀之，無惻隱之心，非人也；無羞惡之心，非人也；無辭讓之心，非人也；無是非之心，非人也。”朱子釋此云：“人之所以爲心，不外乎是四者，故因論惻隱而悉數之。”③説明四端是“不忍人之心”的四個方面。金湛藉助“不忍人之心”透視“得天下之道”及歷史人物的行爲與心性，也透顯出以四端七情爲代表的性理思想在朝鮮士人思想層面發揮的作用。再從另外兩篇來看，申靖夏的一篇指出天下得失所係之人是以仁與義感化、引導君主的仁義之士，而非智謀之士。全篇論説亦以仁、義爲眼目，認

①卞東波先生亦曾論及崔氏此文，並結合李元培《讀書管窺》中相關論述説明了朝鮮性理學及其對朱子學的研習影響到士人對蘇文的判斷，指出由此形成的朝鮮時代相較於高麗時代對蘇文的差異化評價，可稱確論。參卞東波《在東亞發現中國文章——唐宋古文在韓國漢文學中的“生存”》，2021 年 10 月復旦大學“第五屆中國古代文章學研討會”論文集，頁 33—35。
②參金湛《汲古齋文集》卷一，《韓國歷代文集叢書》第 2299 冊，景仁文化社，1997 年，頁 332—340。
③朱熹《四書章句集注》，頁 238—239。

爲范增以詐力助長項羽的殘暴行徑,反而促使了楚的滅亡①。金正漢之作則否定了常人往往將不遇之士離去與君主敗亡關聯在一起卻不深究此人才德智略的固化思路,認爲范增不能匡正項羽的惡行,所謂"奇計"不過是"戰國謀士之餘習","其實非天下之士"②。這三篇同一主題的作品都否定了蘇軾的觀點,將天下得失與人物賢愚的評判標准歸結到以仁、義等爲核心的道德層面,這與中國頗具相似性;其特殊性則在於相較於戰爭的客觀形勢,其關注點更集中於人的主觀因素,以范增爲切入點,探討的實質上是君臣關係,且主要側重在人臣何以"教君"。這與上文論述過的朝鮮學者駁斥蘇軾《范增論》中其他觀點時特別關注君臣之倫的傾向自有其相通之處。

從時間上來看,朝鮮的《范增論》寫作在 16、17 世紀最爲集中,其觀點也更具鮮明性,這段時期也正是四端七情及相關性理學問題探討熱度較高的時期,而其政治與文化基礎則是秉持儒教價值觀的士林派在政壇上的崛起與朝鮮王朝儒教化進程的加速。

16 世紀初正是中宗李懌(1506—1544 在位)統治時期,爲了與即位之初把持政權的朴元宗、柳順汀、成希顔等勛舊派對抗,從而穩固自身地位,以趙光祖爲代表的一批儒士被吸納進統治中心,從而也獲得了利用自身職務時常向中宗宣揚儒家性理的機會,並試圖對其在具體施政方面作出引導。以《中宗實錄》所載中宗十一年(1516)趙光祖進講《大學衍義》的場景爲例:

> 檢討官趙光祖因誠明致曲之説極論帝王爲學之道。韓忠曰:"前已進講《庸》《學》,今而又進講《衍義》,何有不體實者乎? 然於進讀之際,或以文字,或以言語啓之者……"光祖曰:"父子有親,君臣有義,夫婦有別,長幼有序,朋友有信,其理一也……行一事,當盡一事之理……人主之學,當務其大,而一法堯舜。學若高明,則他事自不勞而理矣。爲學之術固難,不可徒看文字而已……體認切至,可以言學矣……只學文字,而不識其理,故學不如古,而治道亦卑,可勝嘆

---

① 參申靖夏《恕菴集》卷一二,《韓國文集叢刊》第 197 册,民族文化推進會,1999 年,頁 394—395。

② 參金正漢《芝穀先生文集》卷二,《韓國歷代文集叢書》第 429 册,景仁文化社,1999 年,頁 139—144。

哉！……須以古昔聖王相傳之意體念不忘，動静造次，必皆於是。所
操至約，而所施至廣，其於振作士氣、轉移風俗何有？大亂之後，至治
之機，正在今日！今若不力，後豈可必？願於機會，極力爲之。"①
趙光祖此前已經向中宗講授過"誠明致曲之説""誠明謂之性"，"曲"謂"善
端發見"，實際就是儒家性理。此次又以父子、君臣、夫婦、長幼、朋友五倫
發端，引導中宗在體認性理基礎上推擴施行。這也就是韓忠所説的"體
實"，反復申言"極力擴之""行一事，當盡一事之理""一法堯舜""治道"即表
明進講性理的目的還是要落實到現實政治層面，"大亂之後，至治之機，正
在今日！今若不力，後豈可必？願於機會，極力爲之"更是相當急切地希望
中宗採取行動。用"大亂之後"這種表述，其傾向已經非常明顯，所指的即
是中宗上一代君主燕山君李㦕（1494—1506 在位）統治時期，勛舊派對士林
派施以殘酷迫害，戊午士禍、甲子士禍相繼發生。在戊午士禍中甚至將已
經去世的金宗直"剖棺斬尸"，其門人李宗準、崔溥、金宏弼、任熙載、康伯
珍、李繼孟等也受到不同程度的牽連，其中金宏弼得到了"決杖八十，遠方
付處"的處分②。這對於作爲金宏弼弟子、金宗直再傳弟子的趙光祖，無疑
會造成極大的心理衝擊，利用進講的機會向君主進行政治引導以期肅清禍
亂，甚至壓制勛舊派勢力而爲士林派爭取生存空間幾乎成爲了一種必然的
選擇。有些情況下，趙光祖在進講中甚至會更直白地進行政治諫言，使進
講幾乎成爲進諫，如中宗十四年一月二十三日"御夕講"，趙光祖藉著崔淑
生的例子向中宗進諫：

> 靖國遑遑之中，朝廷識見不高，爵賞功臣太濫。小臣近在臺官，思
> 欲一補國事，而利源一開，莫知救之之策……不去此弊，則社稷不能支
> 持矣。我國此事，如病大腫，當晝度夜思，快去利源也。國家之勢如
> 此，故或有告變者，則人心摇動，如朴耕之被告也。持兵佩刀之人，盈
> 於光化門外矣。成希顔，功則重矣，但無識見，奚望其事得其宜乎？頃
> 者幺麽匹夫欲害大臣指柳聃年事。臣在侍從見之，可勝痛哉！③

---

① 《中宗實録》十一年十二月十二日，《朝鮮王朝實録》第 15 册，國史編纂委員會，1970
年，頁 243。
② 參《燕山君日記》四年七月二十七日，《朝鮮王朝實録》第 13 册，頁 325。
③ 《中宗實録》十四年一月二十三日，《朝鮮王朝實録》第 15 册，頁 504。

趙光祖直接指出朝廷"爵賞功臣太濫",卻使一些儒士出身的台諫小臣受到不公待遇而難以盡忠國事。他甚至將矛頭直指勛舊成希顔,稱其"功則重矣,但無識見,奚望其事得其宜乎",成希顔是"中宗反正"中擁立其奪取政權的"三勛"之一,中宗即位後深受倚重,直至去世。趙光祖對於勛舊勢力的批判無疑是非常直露而嚴厲的,但這樣的行爲能夠被容忍,也恰恰説明其迎合了中宗親政後藉助士林力量滌蕩勛舊勢力而加強個人威權的需要。事實上,以趙光祖爲代表的士林派勢力在中宗的支持下不斷壯大,一系列推進朝鮮儒教化的改革也因此得以施行。

　　在趙光祖等人推進朝鮮儒教化的政治目的下,遵從儒教倫理就成爲了一種政治立場,一批儒士進入權力中心,也勢必會在更密切且更具政治現實性的交流中引發探討,稍後而來的大範圍性理學探討或自有其政治淵源。正是在這樣的政治與學術背景下,蘇軾《范增論》中的某些觀點恰好契合了朝鮮士人的關注點而激發其以同樣的形式作出回應,並在其中融入了相當分量的儒學內涵。

　　順便可以提及的是,金宗直在戊午士禍中被"剖棺斬尸"的直接起因就是其弟子金馹孫所修史草中載有金宗直的《弔義帝文》。《弔義帝文》哀悼流放郴縣(在今湖南郴州)途中被項羽派人殺害的義帝,文章本身看不出直接的現實所指,但在後來的政治鬥爭中被解釋爲以義帝比附文宗獨子端宗李弘暐,而影射世祖李瑈作爲叔父篡奪王位,將李弘暐貶封爲魯山君流放寧越(今江南道寧越郡),又在途中逼迫其自縊的行徑。文章結尾明確稱"循紫陽之老筆,思墮帣以欽欽",被解釋爲"以朱子自處,其心作此賦,以擬《綱目》之筆",確實也基本没有偏離作者原意①。但這在實際中很可能就會加深勛舊派對士林派的厭惡,刺激其反感情緒而將迫害範圍擴大化,反過來也強化了雙方的對立。可以想見,戊午士禍之後的儒士面對范增、項羽和義帝三者的關係問題,很可能自然地聯想到這次事件,在蘇軾原作中相對被忽視的義帝在朝鮮學者這裏也重新成爲一個關注點。前面論述中提到的崔有淵認爲范增應該"隨義帝之郴",尹根壽提出范增"既已委質爲懷王之臣,則當終始無貳,以事其君",李獻慶將項羽與范增都作爲"篡弑"

---

① 金宗直《弔義帝文》原文及此文在戊午士禍中得到的闡釋,詳參《燕山君日記》四年七月十七日,《朝鮮王朝實錄》第 13 册,頁 318。

的亂臣，乃至朝鮮學者《范增論》寫作中對君臣之倫具有普遍性的關注與張揚，其中或許也潛藏著批判李琿篡位並造成士禍的微意。

另外，也正是金宗直所編的《東文粹》，其中收錄了李齊賢的《范增論》；鑒於此書的影響力，或許可以認爲《東文粹》選錄李齊賢《范增論》本身也可謂沿流揚波，是促使朝鮮時代學者廣泛關注這一論題的又一重要觸發點。

## 四　無所專主：日本《范增論》的多元表達

在中國和朝鮮之外，同處於東亞漢文化圈内的日本也出現了多篇同一論題的創作。僅據《日本漢文學百家集》所載，其中即有前田道伯《范增論》、赤田臥牛《駁范增論》、齋藤竹堂《范增論》、圓山溟北《范增論》四篇相關作品，亦可與中國和朝鮮半島的《范增論》形成對話。

前田道伯的一篇，開篇即提出論說的核心觀點"羽許增之歸善矣。不許，增必反"。范增之前"隱忍於剽悍猾賊之下而不去"的理由是"使羽負弑逆之名，觸天下之怒，然後己舉天下誅之"，其誅殺項羽的時機就在除去沛公之後①。其論說太過求奇，幾乎完全出於臆想，且對於人心靈與行爲的揣測是相當陰暗險毒的，其程度遠超中國與朝鮮對范增這一形象的認識。前田道伯師從荻生徂徠弟子服部南郭，徂徠是蘐園學派的創始人，其學術觀念本就帶有反撥程朱之學的意味。單就"性"這一問題而言，他更認同荀子的觀點，稱："至於孟子性善，亦子思之流也……其實惻隱不足以盡仁，而羞惡有未必義者也。立言一偏，毫釐千里。後世心學，胚胎於此，荀子非之者是矣。"②承認人性中不合仁與義的成分。溝口雄三先生曾根據陳淳《北溪字義》、戴震《孟子字義疏證》都找不到"勇"，而荻生徂徠《辨名》則關注"勇、武、剛、强、毅"等項目，指出"在思想與倫理傳統中，日本具有容易接受弱肉强食原理的根基"，而中國"勿寧説具有與此相反的原理基礎"③。前田道伯的推想中確實也隱含著"弱肉强食原理"，可見自有其思想淵源。且

---

① 參前田道伯《純陽遺稿》卷二，《日本漢文學百家集》第 158 册，頁 596—599。
② 荻生徂徠《辨道》，《日本思想大系》第 36 卷，岩波書店，1973 年，頁 200。
③ 參溝口雄三《日本現階段的中國研究及 21 世紀的課題》，載《國際儒學研究》第 2 輯，中國社會科學出版社，1996 年，頁 129。

其師服部南郭在思想上也不固守於儒家,其名作《寐隱辯》借夢寐而忘世,俞樾即認爲"其爲人,殆有得於蒙莊之學者"①。由於這樣的學術師承,前田道伯的思想異於程朱之學而頗爲自由,故能發此異論。

　　與前田道伯相應的,圓山溟北的《范增論》認同蘇軾"誅義即弑帝之兆,弑帝即疑增之本"的觀點,又稱"楚之存亡,待增之去就而決,則增絕非庸之人矣",也認同蘇軾"增不去,項羽不亡。增亦人傑"的觀點。隨後展開自己的論説,探究范增行爲的動因,提出其對於歷史規律的認識:

　　　　夫然,必有所以然矣。予因反覆推考之,然後知其當日事情,大有不如後人之見者也。何則? 戰國擾攘之世,人尚詐力。其所爲者,雖有曲直邪正,要皆權變詭譎,務以籠絡人心爲先。故其事有可喜者,有可怪者,有可畏者,有可愕者……而昧者不知,徒就名以議實,據跡而論情。

因此他認爲對項羽、范增合謀弑殺義帝之舉不必過分譴責,使劉、項異地以處,則二人的行爲並無本質區別,又提出"亂世英雄,不可繩以常檢",甚至肯定項羽矯殺宋義的行爲,認爲"有此權,有此斷,然後可以任大事而決大難"。文末又附帶著爲張良、陳平開脱,稱"二子非不知倍約失信之爲不義,但以機會不可失,小信不足守也"②。其論説以實際結果爲導向,推崇權斷,亦不排斥曲邪詐力,突破了道德與倫理的約束。這與前田道伯的論説有相通之處,二者對人性至少是一定歷史條件下的人性的理解都是惡的,在此前提下,"曲直邪正"可以不顧,"君臣之分"可以打破,而人們警惕的應該是這會給自己帶來怎樣的災禍或在此條件下應當如何行事,而不是道德倫理的淪喪本身。這與中國和朝鮮強調道德倫理的總體論説邏輯可謂大異其趣。值得注意的是,和前田道伯一樣,圓山溟北也非朱子學者,他師從折衷學派的龜田綾瀬,此派雖無特定學術主張,但與蘐園學派淵源甚深,在反朱子學方面具有共通性。圓山溟北在《與芳野金陵書》中即表達了類似觀點,稱:"但國家取士之法專主宋學,學苟不宗程朱者概不許充之學官。今先生之學無所專主,出入古今,折衷諸家,別樹赤幟於藝苑焉。"③可以認

①俞樾編,曹昇之、歸青點校《東瀛詩選》卷三,中華書局,2016 年,頁 67。
②參圓山溟北《溟北文稿》卷一,《日本漢文學百家集》第 304 册,頁 55—61。
③參圓山溟北《溟北文稿》卷二,《日本漢文學百家集》第 304 册,頁 180。

爲,前田道伯與圓山溟北的觀點與其學術背景不無關係,這也是日本儒學在東亞漢文化圈内,尤其是相較於朝鮮具有更高自由度的一方面表現。

　　日本的《范增論》寫作也並非完全忽視道德,齋藤竹堂的《范增論》就提出:"天下之事必有本矣。苟不務其本而唯其成功之是求,終爲白圭壑鄰之歸而已,安望禹之功哉!"通篇就此"本"而論,而其所謂"本"正是仁義①。齋藤竹堂早年曾師從仙台藩儒者大槻平泉,天保十年(1839)又進入幕府昌平黌學習,而大槻平泉也曾進入昌平黌師從柴野栗山與古賀精里。此二人,尤其是柴野栗山在寬政年間幕府獨尊朱子學而打壓異學的"寬政異學之禁"中發揮了重要作用。齋藤竹堂的學術觀點也相對貼近朱子學,其《讀春申君傳》批評荀子稱:"吾讀《春申君傳》,而有以知荀卿之學之不正也⋯⋯蓋荀卿以性爲惡,以堯舜爲僞,春申君聞之,以謂名可以僞求,國可以僞奪,是其學致之也。荀卿之學,一行於春申君,而禍楚國;再行於李斯,而禍天下。甚矣!學之不可不正也。"②其批駁的正是荻生徂徠認同的荀子的性惡論。或許也正是這種學術派別的不同使其在探討同一問題時流露出的思想迥異於前田道伯與圓山溟北。此外,赤田臥牛的《駁范增論》反駁蘇軾"增不去,項羽不亡"的觀點稱:"增之於羽,去亦亡,不去亦亡,一范增則其如漢之天授何?"進而解釋稱:"遣漢王西入關者,諸老將許之,獨許漢王長者耳,是漢之天授者也。"將漢王在某些方面表現出的仁厚寬大作爲獲得"天授"的條件③。雖帶有天命論的意味,但也是肯定道德的。

　　渡邊浩先生對比江户時代儒者與同時代中國讀書人及朝鮮兩班,認爲在不實行科舉的武家社會,統治體制並不與特定的教養和學派聯結,儒者"只是一種持有技藝的師傅",也就"没有必要固執於特定的'正統'",儒者"不會因爲成了完美的朱子學者就當然地受到社會的尊敬,反而可能會招致排斥或嘲笑"④。正是由於日本儒學自身的存在形態與原理基礎,其學術面貌相對多樣化,日本學者的《范增論》創作亦未形成中國與朝鮮那樣各

①參齋藤竹堂《續竹堂文鈔》卷上,《日本漢文學百家集》第 294 册,頁 200—202。

②參齋藤竹堂《續竹堂文鈔》卷下,《日本漢文學百家集》第 294 册,頁 538—539。

③參赤田臥牛《臥牛山人集》卷八,《日本漢文學百家集》第 218 册,頁 263—267。

④參渡邊浩《儒者·讀書人·兩班——儒學"教養人"的存在形態》,載渡邊浩著,區建英譯《東亞的王權與思想》,上海古籍出版社,2020 年,頁 86—105。

自具有一定普遍性的論説邏輯。

# 餘　論

　　通過考察東亞學者對蘇軾《范增論》的回應,大致可以窺見針對同一歷史人物展開對話時,中國、朝鮮、日本三方各具面貌的邏輯路徑及其實際表達。總體來看,朝鮮學者的論説思路與表達方式相較於日本要更接近中國,其張揚的君臣之倫也是道德的一個面向,只不過朝鮮士人特別重視這一面。就其原理基礎而論,二者仍有較高程度的共通性。另外,無論是以道德還是倫理作爲言説的核心,其本身在中國和朝鮮學者看來都是作爲本質性的存在而恒常不變的,崔有淵的論説中"古今綱常""天下萬古"這樣的表述即驗證了這一點。故其論説往往並不對范增或項羽彼時某些違背仁義或君臣之倫的行爲施以理解與同情,這與圓山溟北以"當日事情"而論的態度截然不同。同樣也因爲這樣一種對本質與恒常的最高原則的堅守,其論説體現出的思想多元性就相對遜色,甚至帶有一定的封閉性,這一方面又以朝鮮學者表現得更爲明顯。三國學者的《范增論》寫作雖各具面貌,但也可以很明顯地看出相關論説與其各自的思想背景存在千絲萬縷的關聯。因而從某種意義上來説,這場東亞漢文學的對話,又因其内蘊的學術肌理而同時帶有了儒學對話的意味。這也表明東亞世界内部因爲共享包括漢字與儒學在内的文明構成要素而存在著非常深厚的對話基礎,其中也蘊藏著諸多問題可供我們持續探索。另外,筆者也願意相信相關研究同時也有助於我們窺見東亞各國士人就同一問題所展開的對話中顯示出的認知及表達的異同,而在交流中更能以一種平和的心態理解各自的核心關切與普遍訴求。

（作者單位:南京大學文學院）

# 辭賦選録與麗末鮮初儒學道統建構

## ——以《牧隱稿》《東文選》《東文粹》李穡辭賦編選爲中心 *

### 陳彝秋

忠烈王十五年(1289)儒學提舉司的設立,是高麗官方接納程朱理學的開始。安珦(1243—1306)、禹倬(1263—1342)、權溥(1262—1346)等高麗學者相繼入元問學並訪求程朱性理之書,特別是權溥,因將《四書集注》鏤板刊行,以致有"東方性理之學,自溥倡"①的史評。受益於《四書集注》的廣佈,麗末"學者駸駸入性理之域。益齋(李齊賢)而下,稼亭(李穀)、牧隱(李穡)、圃隱(鄭夢周)、三峰(鄭道傳)、陽村(權近)諸先生相繼而作,唱明道學,文章氣習庶幾近古,而詩、賦、四六,亦自有優劣矣"②。不過,細審程朱理學在麗末鮮初根基日深的進程,《四書集注》之外,朱熹《楚辭集注》的深度受容與支撐也應得到與之相匹的重視。

朱熹《楚辭集注》由《楚辭集注》八卷、《楚辭辯證》兩卷、《楚辭後語》六卷構成,融注疏、辯證、選本於一體,反映著朱熹的哲學思想、倫理意識和文學觀念。朱熹意在弘揚這些作品中的"忠君、愛國之誠心",以感發"天性民彝之善",以"增夫三綱五典之重"③,其中,以晁補之《續楚辭》《變離騷》爲底本改纂的《楚辭後語》,選録荀子《成相》至張載《鞨歌》、吕大臨《擬招》29

---

* 本文爲國家社科基金重大項目"東亞古代漢文學史"(19ZDA260)階段性成果。

① 鄭麟趾《高麗史》(下),卷一〇七,文史哲出版社,2012 年,頁 282。

② 徐居正《東人詩話》卷下,趙鍾業編《修正增補韓國詩話叢編》第 1 册,太學社,1996
年,頁 467。

③ 朱熹《楚辭集注序》,朱熹撰,黄靈庚點校《楚辭集注》,上海古籍出版社,2015 年,頁 4。

位作家的 52 篇辭賦,既是對前代騷體辭賦創作的總結,也承載了他認可的程朱性理學統。《鞠歌》小序中,朱熹彰明張載受學於二程,《擬招》小序中,朱熹又直言吕大臨出於程、張之門,學統純正,"其爲此詞,蓋以寓夫求放心、復常性之微意,非特爲詞賦之流也。故附張子之言,以爲是書之卒章,使遊藝者知有所歸宿焉"①。朱熹借道《楚辭後語》的編選,"用程、朱道統取代晁氏構建的文統"②,以羽翼他在《中庸章句序》中明言的道統,用心可謂明矣。

　　與理性濃郁的學術專著相比,偏於感性的文學作品與藝術形象在性靈的感發、觀念的傳遞上更爲直觀高效,朱熹的良苦用心得到了朝鮮半島士人的理解。隨著《楚辭集注》的東傳與流佈,研讀《楚辭集注》並擬效其中作品成爲麗末鮮初不容忽視的文學、文化現象。《楚辭集注》東傳雖略晚於《四書集注》,但至遲在李齊賢(1287—1367)東歸時,此書已傳入高麗③。在李齊賢、李穀(1298—1351)等曾經入元儒臣的弘揚下,李穡(1328—1396)、鄭夢周(1337—1392)、李崇仁(1347—1392)、鄭道傳(1340—1398)等麗末儒冠文人各有祖騷辭、宗朱子的辭賦傳世。朝鮮立國後,推尊程朱理學,並著意培養忠君愛國且精於辭章的人才,《楚辭集注》得到官方推崇。世宗十一年(1429)庚子字本《楚辭集注》印出,不僅"集賢殿官及東班軍器副正以上"④皆獲頒賜,而且受當時科舉考試尊尚古賦的影響,《楚辭集注》成爲朝

---

①《擬招》小序,《楚辭集注》,頁 355。

②劉真倫《晁補之〈續楚辭〉〈變離騷〉與朱熹〈楚辭後語〉比較研究》,載《文學遺產》2012 年第 2 期。

③李齊賢撰成於元至正壬午(高麗忠惠王三年,1342)的《櫟翁稗説》中,有論曰:"屈原有《天問》,子厚隨而答之,曰《天對》,俱險澀難讀。吾家有朱晦庵注,讀之,所謂涣然冰釋,怡然理順者也。近於閔學士相義家見楊誠齋亦有此注,尤令人易曉。有能將兩先生及王逸三家之説纂爲《集解》,亦學者之一幸也。"(《櫟翁稗説後編》,《修正增補韓國詩話叢編》第 1 册,頁 141)楊誠齋注即《天問大對解》,"朱晦庵注"即朱熹《楚辭集注》。李齊賢侍從忠宣王在元多年,忠肅王時(1314—1329,1332—1339)又多次往返元、麗之間,其家藏《楚辭集注》應爲居元時所得,故《楚辭集注》之東傳,應不晚於李齊賢之東歸。

④《世宗實録》卷四三,十一年三月甲子,《朝鮮王朝實録》第 3 册,國史編纂委員會,1973 年,頁 171。

鮮士人必讀之書，該書覆刻本及各類抄本因之紛出不絶①，擬效《楚辭集注》成爲朝鮮中前期文人士子群體性的創作潮流。雖然這些作品的擬效方式與對象各有不同，但其意涵均與朱熹《楚辭集注》所倡揚的忠義、憂時、樂道、弘道等理學精神一脈相承。不僅如此，對《楚辭後語》編纂用意心會神融的朝鮮前期文人還模仿朱熹的做法，通過相關辭賦的選録，既梳理《楚辭集注》影響下本國前賢祖騷、宗朱之作的史性線索，也借以建構各自理想中的本國程朱理學道統。

　　徐居正（1420—1488）主纂的《東文選》（1478）、金宗直（1431—1492）據成三問（1418—1456）《東人文寶》增删而成的《東文粹》（1488）是朝鮮前期影響最著的選本。這兩部選本在對麗末鮮初騷體辭賦進行總結時，都選録了李穀《吊黨錮文并序》、鄭夢周《思美人辭》、李崇仁《哀秋夕辭》、鄭道傳《江之水辭》等作品，但其相異處更引人注目：《東文選》選録了李穡本集《牧隱稿》除了“操”之外的全部辭賦，而《東文粹》於李穡辭賦卻一篇未收。悉數收録與一篇不取，都是非常極端的態度，個中原因並不難細究，因爲它們映射出選家徐居正、金宗直不同的道統觀。如果再一並考察《牧隱稿》中李穡本人對其辭賦作品選文定篇的苦心孤詣，則可更清晰深入地認識朱熹《楚辭後語》寓思想觀念於作品編選這一用心的異域回響，以及程朱理學東國學統認同之路的重要過程與成果。

---

① 據全寅初《韓國所藏中國漢籍總目》（學古房，2005 年，頁 14—15）、藤本幸夫《日本現存朝鮮本研究·集部》（京都大學出版會，2006 年，頁 67）著録，韓國學中央研究院、延世大學、高麗大學晚松文庫、日本宮内廳書陵部等處，皆藏有朝鮮端宗二年（明景泰五年，1454）刊本《楚辭集注》，此本刊板於慶尚道密陽府，爲世宗十一年（1429）庚子字本的覆刻本，而庚子字本《楚辭集注》則是元至治元年（1321）以宋端平本爲底本的“建安虞信亨宅重刊本”的覆刻本。가智《韓國楚辭文獻研究》（延世大學博士學位論文，2017 年）考察出韓國現存楚辭文獻 148 種，包括中國印本 28 種、日本印本 7 種、朝鮮刊本 12 種及朝鮮筆寫本 101 種，頗爲全面，可以參看。此文以世宗十一年庚子字本《楚辭集注》爲據，認爲元至治元年建安虞信亨宅木版本傳入朝鮮的時間最遲在 1428 年，可備一説。不過，考慮到建安虞信亨宅刊本印出時，適值李齊賢在元期間，他東歸所持《楚辭集注》大概率亦爲虞本，庚子字本《楚辭集注》與李齊賢家藏《楚辭集注》是同一版本的可能性極大。

# 一

　　程朱理學東方道統的討論發端于李穡。李穡讚許鄭夢周"續道緒於濂洛之源,引諸生於詩書之囿"①,對他的文才、學問服膺不已,認爲"達可(鄭夢周字)論理,橫説豎説,無非當理,推爲東方理學之祖"②。真誠的欣賞多源於才學上的惺惺相惜,李穡與鄭夢周齊名當時且稍長於後者。因父親李穀仕元之便,李穡曾在大都國子監求學三年,受知於歐陽玄、吳當等人,門人權近即稱其"受中國淵源之學,切磨涵漬,益大以進,尤邃於性理之書"③。歸國後,李穡以儒學提舉兼任成均大司成,弘揚程朱之學、誨育東國人才,可稱一代儒宗。讓人好奇的是,在推許鄭夢周爲東方理學之祖的同時,李穡又是如何看待自己的呢? 從《牧隱稿》中的辭賦作品及編纂方式,是可以探其端緒的。

　　今本《牧隱稿》由李穡十代孫李德洙重刊於仁祖四年(明天啟六年,1626),基本維持了太宗四年(明永樂二年,1402)初刊本的原貌。初刊本雖在李穡身後印出,卻由李穡生前編定,特別是辭賦作品,更是經過了李穡本人的刪汰。《牧隱稿》收錄李穡辭賦14篇,分別爲辭6首、賦2篇與操6首,《牧隱詩稿》在6首辭、2篇賦之後,附有一段李穡自陳,其言曰:"予年十七歲,赴東堂,賦《和氏璧》。二十一歲,入燕都國學,月課,吳伯尚先生賞予賦,每曰'可教'。既歸,赴癸巳東堂,賦《黃河》;鄉試,賦《琬圭》;會試,賦《九章》。今皆不錄,非古文也,非吾志也,非吾志而出身於此,非此無階於榮養耳。嗚呼悲哉!"④可見精擇而出的這8篇辭賦,都是李穡願意示諸後人之作。這些作品不僅深蘊身處逆境但仍堅守理想的意涵,更重要的是,還寄寓著東國理學承傳體系中李穡的自我評價與定位。

---

①李穡《圃隱齋記》,《牧隱文稿》卷五,《韓國文集叢刊》第5册,民族文化推進會,1996年,頁39。

②咸傳霖《圃隱先生集·行狀》,《韓國文集叢刊》第5册,頁632。

③權近《朝鮮牧隱先生李文靖公行狀》,《韓國文集叢刊》第3册,民族文化推進會,1996年,頁506。

④《韓國文集叢刊》第3册,頁521。

　　《觀魚臺賦》是李穡最有影響的辭賦作品。賦中，他把自己的思治之情及所追求的"道"借魚遊海中、歡快自得的畫面形象化。站在"丹陽東岸，日本西涯"的觀魚臺上，李穡"俯見群魚，有同有異。圉圉洋洋，各得其志"，因"物我一心，古今一理"而生感，於是"慨文王之既歿，想'於牣'而難跂。使夫子而乘桴，亦必有樂於此"。此賦將比興手法與對《詩·大雅·靈台》"於牣魚躍"的化用融爲一體：臺下波伏不起的海域、洋洋自得的各種海魚，象徵著君愛其民、民附其君、各得其所的治世圖景，而這樣的圖景正是感慨"道不行，乘桴浮於海"①的孔夫子所求之"道"的形象化。基於此，李穡才會不無自得地在賦前小序中説要將此賦"傳之中原"。而"惟'魚躍'之斷章，迺中庸之大旨。庶沉潛以終身，幸摳衣於子思子"②的曲終奏雅，則是李穡對自身的期許，期盼自己能初心如一，在外物與内心間找到相合、相安的平衡，以更好地弘揚此"道"，尤其不容忽視的是"摳衣於子思子"的表白，明言所業實爲儒學嫡傳，故而列於東國儒學道統之中，當無愧色。

　　理想雖然十分美好，現實卻很難盡如人意。身逢麗末，李穡的思治之情屢屢落空，自身也陷於政爭，屢遭質疑。在《永慨辭》《閔志辭》《自訟辭》等作品中，李穡雖時時流露世不我知、年華已老而功業未成的自傷之意，但這樣的傷感之情往往很快被自堅初心的決然所取代，特別是《自訟辭》，雖云"自訟"，主旨卻歸於自身無咎可懲，因此不管遇與不遇，都會執中守一，不易初心。《山中辭》是李穡面對現實的心聲自述。此辭先以奇麗的想象，鋪寫出"山"之高、邃、荒涼，可即便如此，依然阻擋不了李穡尋幽探勝的決心，因爲此辭所言之"山"，實際上是"道"的象徵。辭曰："羨盤谷之可沿兮，矧其文爲我之指南。續道緒於千載兮，乃命其溪曰'濂'。惟山中之無偶兮，尚摳衣於丈函。聞一言以悟道兮，洗利欲之貪婪。開心源之瑩净兮，惟太極之泳涵。若有遇於介然之頃兮，諒天地其可三。胡唐虞之遺墟蔓草寒煙兮，吾道被于南炎。胡泓渟之而不需兮，朔雪越嶺之交粘。信餘緒可以理天下兮，魯齋獨騁其征驂。"李穡直接表明他所承傳的是上承自唐虞，下接於周敦頤（號濂溪）、二程、朱熹、許衡（號魯齋）以來性理學的道統，而"幸其道之揭日月兮，吾依光兮心焉甘"，既是心志的剖白，也是自許爲此道統

―――――――――

① 朱熹《四書章句集注·論語集注》卷三，中華書局，1983 年，頁 77。
② 以上《觀魚臺賦》原文，皆本《牧隱詩稿》卷一，《韓國文集叢刊》第 3 册，頁 520—521。

的東方傳人。與此同時,此辭還借"蔓草寒煙"之喻,憂嘆聖人之道不行於當世,而自己也"將忘勢而内樂兮,日嘯倚於南櫺"①,隱然效法宋儒,以陶淵明的樂道、順命精神自比、自遣。宋儒在精神修養上主張"尋孔顔樂處",並以此爲基點,重新闡釋陶淵明②,李穡對陶淵明的理解就深受宋儒之影響,所以他在《讀〈歸去來辭〉》中説:"樂夫天命復奚疑,此老悠然歸去時。一點何曾恨枯槁,我今三嘆杜陵詩。乾坤蕩蕩山河改,門巷寥寥日月遲。長嘯白頭吾已矣,閉門空讀《去來辭》。"③李穡讚美陶淵明的忠義,羨慕其懷道而歸時的悠然自得,並將一己忠心爲國的"枯槁"之心與陶淵明、杜甫進行類比,思慕古人的樂道自遣之意甚明。在表達憂時、樂道之志外,《山中辭》也有彰明自己實爲儒學道統中一員的深意。

　　但是,李穡苦心孤詣的自我評價與自我定位,並未獲得來自他人的普遍認可。因爲政治上傾向辛禑、辛昌,言行上又有佞佛之舉,無法與儒學提舉之位的儒宗表率相匹配,所以在麗末就受到諫臣吴思忠等人針針見血的彈劾。朝鮮初期的士林,也對李穡頗多疵議。如《高麗史》的纂修官雖充分肯定李穡的詩文成就,但也下了"然志節不固,無大建白;學問不純,崇信佛法,爲世所譏"④的史評,並載録了吴思忠等人彈劾李穡的奏疏全文,對李穡從才干、人品、學術多方面的缺失加以記録、指摘。《高麗史》本傳中的史臣書寫,映照出的正是朝鮮以儒立國,崇尚程朱理學以來對李穡漸趨固化的輿評。

二

　　《東文選》的作品選録雖有"類聚"傾向,但將 45 篇辭賦與《東文選》全書 4500 餘篇的容量對比以觀,可以認爲辭賦的選録去取,經過了主纂者的

---

① 以上《山中辭》原文,皆本《牧隱詩稿》卷一,《韓國文集叢刊》第 3 册,頁 518。
② 詳參曹虹《陶淵明〈歸去來辭〉與海東漢文學》,載曹虹《中國辭賦源流綜論》,中華書局,2005 年,頁 227—243;曹虹《陶淵明與洙泗遺音——兼及海東文家對陶淵明的儒學想象》,載《江西師範大學學報》2016 年第 4 期。
③ 《牧隱詩稿》卷二四,《韓國文集叢刊》第 4 册,民族文化推進會,1996 年,頁 336。
④ 《高麗史》卷一一五《李穡傳》,頁 420。

精心考量。《東文選》共選録李穡作品313篇,其中辭賦8篇,詩歌76首,各體文229篇①,於中可見徐居正推重李穡東國文宗地位的一個側面,而將李穡的6首辭與2篇賦全部按類收録於《東文選》,也反映出徐居正較爲寬宏的道統觀。

　　與朝鮮初期的輿評一致,徐居正並未虛美李穡的政品、人品與學術。身爲長居翰院的一代文衡,徐居正有更多的便利可以閲讀到館閣所藏,其所撰《筆苑雜記》關於李穡的條目,有四條内容與《高麗史》所載基本一致。例如“李文靖公朝京師”條,即記李穡使明期間,其漢語語音受到明太祖質疑,李穡歸國後,憤而有言曰:“今皇帝,中無所主之主也。”②徐居正據此諷刺李穡身爲一代儒宗卻不明華夷之辨,不能充分認識到大明代元而立、承祧漢宗的意義。尊王攘夷是朱熹“正統説”的理論核心,李穡理學修爲之不純可見一斑。《筆苑雜記》又記有李穡於麗季議立辛昌事。因辛禑、辛昌父子並非高麗恭愍王血脈,恭讓王即位之後,辛氏父子被定性爲國之叛逆,政治上親近辛氏父子,在辛禑身後主張“當立前王之子(指辛昌)”③的李穡也就成爲依附權奸、出賣高麗王氏五百年江山的罪人,時議及後世皆認爲李穡以私情害公義的政治選擇,已失麗臣之格。徐居正所記將程朱理學的“正統論”思想落實到與高麗國祚傳承有關的大是大非上,可見徐居正對李穡的人臣忠義亦頗不以爲然。

　　既然對李穡的忠義大節與學術造詣均未予以充分肯定,爲何徐居正主纂《東文選》時,還會類聚由李穡本人精選、藴含深意的8篇辭賦,將李穡也列入東方儒學道統中呢? 這與多重因素影響下,徐居正較爲寬宏的道統意識有關。

　　一般認爲,只有理學造詣高深,學問精純,且能踐履所學,言行合一,才有資格置身道統之中。徐居正雖不推重李穡的學問、政品,但卻將李穡自居程朱道統東國傳人的辭賦作品全部選入《東文選》,這在相當程度上表明徐居正理解,甚至認可了李穡編纂《牧隱集》辭賦作品的用意,並且想要借

①按,實爲228篇,《東文選》卷八六《近思齋逸稿後序》與卷一〇二《近思齋逸稿跋》篇題小異,但實爲同一篇作品。

②《筆苑雜記》卷一,《大東野乘》卷三,朝鮮古書刊行會,1909年,頁264。

③《筆苑雜記》卷一,《大東野乘》卷三,朝鮮古書刊行會,1909年,頁296。

助《東文選》的選本之力,既倡揚李穡應當進入本國道統譜系中的觀念,也曲折地表達自己對道體與道統的理解。

一方面,從學脈淵源的角度看,徐居正外祖權近(1352—1409)對李穡在東國性理學承傳體系中地位的肯定,多少影響到了徐居正。權近是李穡門人,在其《牧隱先生文集序》《朝鮮牧隱先生李文靖公行狀》等作品中,權近強調李穡理學直接淵源於中國,且李穡東歸後又以儒學提舉兼任成均大司成,“辨析折衷,必務合於程朱之旨,竟夕忘倦,於是東方性理之學大興。學者袪其記誦詞章之習,而窮身心性命之理,知宗斯道而不惑於異端,欲正其義而不謀於功利。儒風、學術,煥然一新,皆先生教誨之力也”①。與外祖一樣,徐居正也充分肯定李穡育人傳道的實際貢獻,視李穡爲東方道統不可或缺的一員。況且,當李穡進入本國儒學道統中,身爲李穡門人且對理學頗有發明的權近,自也更有位列東國儒學道統的資格。篇首所引徐居正列述的自李齊賢、李穀、李穡、鄭夢周、鄭道傳、權近這一“唱明道學”的名儒傳承,實際上也是徐居正認可的麗末儒學道統。

另一方面,在世祖(1455—1468)取代侄子端宗(1453—1455)的政治風波中,早依世祖的徐居正持贊從世祖篡位的政治立場,頗失儒者忠義。自身的經歷也會促使徐居正在編選李穡辭賦時,有意識地忽略李穡的言行未能充分踐履人臣忠義之道的事實,而是著重關注這些辭賦作品憂時、傳道、弘道、樂道等方面的意涵,從而呈現出較爲寬宏的道統意識。

徐居正寬宏的儒學道統觀集中體現在他的《後觀魚臺賦》中。《東文選》纂成的同年冬天,徐居正受命出京,與判中樞府事李克培往慶尚、全羅二道巡點兵馬。途經李穡故鄉寧海時,徐居正與幾位儒生登上觀魚臺眺賞風光,作有《後觀魚臺賦》。賦作開篇,在抒發觀滄海豪情的同時,徐居正也效仿李穡,詠及“雲開日晶,風恬浪帖,水清可鑑,而可數游魚,圉圉洋洋,相忘江湖。夫既得其所哉,復何芳餌之足虞也哉”,極寫魚游海中的自得之樂。然後又轉而寫及此時的觀魚之樂,並將之轉化爲悟道之樂、傳道之樂。徐居正闡發曰:

　　　　子不見夫穹壤之間,洪纖巨細,萬物職職者乎? 自形自色,自鳴自
　　　　走,自飛自躍者,何莫非物也。唯“魚躍”二字,詠於《雅》章,子思子取

---

① 權近《朝鮮牧隱先生李文靖公行狀》,《韓國文集叢刊》第 3 册,頁 507。

之爲道之費,伊川論之爲"活潑潑地"。蓋形容道體之昭著,莫斯言之爲至。韓山子著賦以見其志,其曰"傳之中原"者,亦必以傳道而自冀介。然則觀魚之樂,乃古人之樂,非予之所獨也。噫!古人不可復作今,惟斯道亘萬古而如一。嗟予生之眇末兮聞道晚,而然既樂古人之樂兮,當與古人而同歸。

首先,徐居正的闡發著眼于儒者的明道與涵養問題。敬是宋儒道學觀念中非常關鍵的涵養功夫,以誠、敬之心涵養性情是明道、弘道的必由之路,如此,"會得時,活潑潑地;不會得時,只是弄精神"。循理悟道的過程中,人欲盡處則天理昭彰、道體自明,而人的精神因爲達到一定的高度,活潑潑的心靈狀態也隨之萌生,這種境界超越了萬物職職之累,身心生出愉悦,自然樂在其中;反之則不能悟道,就只是徒耗心神了。觀魚臺上的徐居正心與境會,更能理解韓山子李穡《觀魚臺賦》中的明道之喜與弘道理想。其次,徐居正不僅深體李穡以傳道自許,以樂道自得,自居於道統之中的賦意,也明確表達了自己"與古人同歸"的願望,並建立起一條符合自己意願的理想化的道統。他在賦中直言"游魚之樂"所蘊的道、"觀魚之樂"所悟的道,是"萬古而如一"的,既是古人之樂,也非今日"予之所獨"。如果説"繼往聖,開來學"是包括程、朱在内的道學家們的共同追求,那麼在這篇賦作中,古人之樂、李穡之樂,予之"樂古人之樂",與古人同歸的獨得之樂,便很自然地構建起一條徐居正理想中的萬古如一的道統,那便是:任何慕道之人,只要能體察"游魚之樂",體悟"觀魚之樂",且能"樂古人之樂",並"心以傳道而自冀",就已在此道統之中。因爲衆多個體的道德完善與明道努力,涓滴成流,會外化爲太平治世、王道政治的重要支撐,在此過程中,内聖與外王也就得以統一。這是徐居正道統觀念之寬宏處,與其性格中寬和的一面是彼此融通的。徐居正與衆不同的闡道之言,不過分執著於最終的理學成就,而是明確肯定每一位尋道、弘道個體付出的努力,所以在聽聞徐居正的發表之後,"鄭子(指同行的鄭錫堅)髯分燕尾,喜深雀躍,洗盞更酌,浮我以白,相與援北斗而夷猶兮,待東方之月出"①。成功激發每位慕道者的主體意識與使命擔當,這樣的道統觀無疑具備更有效、更深廣的弘道意義。基

①以上《後觀魚臺賦》原文,皆出《四佳詩集》卷一,《韓國文集叢刊》第 10 册,民族文化推進會,1996 年,頁 233—234。

於這樣的思想觀念，《東文選》以類聚李穡辭賦的方式，將李穡置於東國的理學道統之中，便是順理成章的選擇。

　　不妨再回望《東文選》中居於"辭"類編首的《和歸去來辭》。此辭爲高麗中葉李仁老（1152—1220）所作，其時程朱理學尚未有系統地傳入朝鮮半島，但李仁老此辭所昭明的"身將老於菟裘，樂不減於商顔。遊於物而無忤，在所寓以皆安"①的追求，與宋儒"尋孔顔樂處"的内修主張是暗通精神的，也許是因爲這一因素的加持，尤爲崇尚樂道、順命精神的徐居正，才會將這首追和之作也編入《東文選》"辭"類之中，並與《東文選》所選李穡、鄭夢周、李崇仁、鄭道傳等人的辭賦一起，構建起徐居正以慕道、明道、樂道、弘道爲旨歸的，寬宏而通達的道統觀。

# 三

　　《東文粹》的編者金宗直十分看重李穡作爲本國文章大家的地位，對李穡的文學成就不吝推美。世祖十一年（明成化元年，1465），金宗直作《亨齋先生詩集序》，即歷數了高麗朝"金文烈公、李文順公、李大諫、金員外、益齋、稼亭、牧隱"這一文章"表表名於世"②的東國文統。《東文粹》按作家年代先後爲序，精擇自新羅崔致遠（857—?）至朝鮮初期李承召（1422—1484）共 29 位作家的 130 餘篇辭賦文章，其中選録李穡各體文 14 篇（《元巖譙集唱和詩序》有目而無文），僅次於入選作品 18 篇的李奎報，但對李穡的辭賦，《東文粹》卻視若未見，一篇未録。

　　《東文粹》不録李穡辭賦，並非因爲金宗直不喜李穡辭賦，更不是對李穡辭賦意旨缺乏深刻的理解。恰恰相反，金宗直十分推重李穡深心苦意的《觀魚臺賦》。世祖十二年（明成化二年，1466），金宗直因公途經寧海，與教授林惟性、進士朴致康一同尋訪李穀、李穡舊居，同遊觀魚臺，"是日風恬浪静，俯見群魚游泳於崖下，遂和牧隱"，亦作《觀魚臺賦》。因爲李穡《觀魚臺賦》既有的文學魅力與文化寄託，很自然地，金宗直也對臺下"群魚撥剌以悦志"的歡悦景象有所感悟，賦曰："攀虬枝而太息兮，感物類之咸寧。並

---

①《東文選》卷一，《東文選》第 1 册，太學社，1975 年，頁 119。
②《佔畢齋文集》卷一，《韓國文集叢刊》第 12 册，民族文化推進會，1996 年，頁 405。

'鳶飛'以取譬兮,孰聽瑩於至理。斯太極之參於前兮,矢佩服而勿棄。眷二客之修騫兮,忽有得於'瞻跂'。崇羽觴以相屬兮,悟一本之在此。酹牧翁而詠娉辭兮,若飽飫於珍旨。肝膽非楚越之遥兮,願同歸於明誠之君子。"①對當年李穡登臺觀魚遊海中,因而悟道的喜悦,金宗直心會神融,"曰明誠其兩進,抑敬義其偕立"是朱熹在《白鹿洞書院賦》中所揭明的進德修業、情性涵養之法,取益前賢,可以更好地體悟、堅守、弘揚聖人之道,金宗直以"肝膽非楚越之遥兮,願同歸於明誠之君子"爲終章,表達了對朱熹理學的追慕,對李穡修養的認可,也寄寓著對自身道德人格養成的期許。此種情懷也是金宗直同時所作《寧海府懷牧隱》詩意的所自由來,詩曰:"師友淵源絶後前,青丘人物盡陶甄。如今謾過軒渠地,恨不同時一執鞭。"②走過前賢所行之路,感悟前賢所悟之理,"若飽飫於珍旨",樂道之情、弘道之志溢於言表。

　　但二十多年後,金宗直纂成《東文粹》,不僅棄録《觀魚臺賦》,而且也未選録李穡任何一篇辭賦,這明顯是有所寄寓的刻意而爲。受世祖纂位,六臣玉碎這一家國變亂的餘波鼓蕩,成宗(1470—1494)後期的朝鮮士林已經走向分裂。金宗直耿耿於世祖得位不正,在《楚辭集注》的影響下,也選擇以騷賦創作表達一己悲憤之情、憂世之意,傷感者寄諸《擬登樓賦》,忠憤者泄於《吊義帝文》。特別是後者,因被其門徒金馹孫收入《世祖實録》初稿,直接引發戊午史禍。《吊義帝文》中,金宗直把世祖比作篡位竊國的無道項羽,把失位端宗比作被項羽所弑並沉之於江的義帝熊心,賦末云:"余之心貫於金石兮,王忽臨乎夢想。循紫陽之老筆兮,思蹲蹲以欽欽。"③直承朱熹"正統論",以世祖爲僭越,"循紫陽之老筆"云云,更隱隱然視自己爲朱熹道學在東國的繼承者、傳承人。因此,以道學自命的金宗直既然不認可李穡的政治德行與操守,自然也就不會承認李穡在東方性理學傳承中的地位。

　　《東文粹》並不吝惜李穡作品之收録,卻僅對李穡自彰道統地位的辭賦作品黜而不録,是因爲金宗直要取法朱熹編選《楚辭後語》以寓道統的方式,通過對李穡祖騷、宗朱辭賦的有意"默殺",進而達到徹底剔除李穡在本

①《佔畢齋文集》卷一,《韓國文集叢刊》第 12 册,頁 398。
②《佔畢齋詩集》卷三,《韓國文集叢刊》第 12 册,頁 232。
③《佔畢齋集・戊午史禍事蹟》,《韓國文集叢刊》第 12 册,頁 496。

國儒學道統中地位的目的。

　　如所周知，金宗直《東文粹》是在成三問《東人文寶》基礎上增删而成。成三問生前仕於集賢殿多年，編《東人文寶》未成而罹"死六臣"之禍。金宗直見到《東人文寶》未完稿後，"得而可之，然於其中不無病焉，故稍加增削之，又續以近時之作"①。金宗直如何對《東人文寶》未完稿"稍加增削"，因《東人文寶》原貌已被《東文粹》覆蓋而不可確知。所以，金宗直棄録李穡所有辭賦作品的極端行爲，究竟是維持了成三問未完稿的原貌，還是全部出於金宗直本人的裁奪，似也不可遽斷。不過，可以確知的是申從濩既有"得而可之"之語，説明《東人文寶》的作品編選頗當金宗直之意，其中應也包括成三問對辭賦作品的處理。

　　成三問是朱熹楚辭學的堅定擁護者②，在處理《東人文寶》的辭賦作品時，成三問也仿效了朱熹以《楚辭後語》構建性理學統的編選思路。生逢麗季，鄭夢周以一生許國的赤誠踐行他身爲性理學者的學術理念與政治理想，尊明攘虜，謹守禮義，以身殉麗，朝鮮立國者尊其爲士林榜樣，贈謚"文忠"，以倡其忠義之節。爲了突出鄭夢周在本國儒學道統中不可輕忽的"東方理學之祖"③的地位，成三問將鄭夢周《寄浙東佩玉齋郯士安》改創爲《思美人辭》④，並編入《東人文寶》。經成三問改創爲《思美人辭》後，《寄浙東

①申從濩《東文粹跋》，《續東文選》，太學社，1975年，頁342。

②成三問推許朱熹《楚辭集注》曰："詩之體有古今之變，而學者所共業，萬世不可易者，其體有四焉：雅頌、騷些、古詩、律詩是也。所謂《雅》《頌》者，出於聖人之手，所以垂世而立教者也。騷些則朱子之《楚辭》，古詩則劉履之《選詩》，世之學者，亦知宗而尊之矣。""《楚辭》《選詩》之作，皆能興衛《雅》《頌》，而大有功於聖教。"（《謹甫集》卷二《八家詩選序》，《韓國文集叢刊》第10册，頁193）

③咸傅霖《圃隱先生集行狀》，《韓國文集叢刊》第5册，頁632。

④鄭夢周《圃隱集》中，《寄浙東佩玉齋郯士安》編於卷三"雜著"類，原文曰："思佳人兮如玉，隔滄海兮共明月。顧茫茫兮九州，犲狼當途兮龍野戰。緤余馬兮扶桑，恨何時兮與游燕。進以禮兮退以義，紳搢笏兮戴華簪。願一見兮道予意，君何爲兮江之南。"（《韓國文集叢刊》第5册，頁599）《東文粹》中，《寄浙東佩玉齋郯士安》改題爲《思美人辭》，文辭也略有改易，曰："思美人兮如玉，隔滄海兮共明月。顧茫茫兮九州，犲狼當道兮龍野戰。緤余馬兮扶桑，恨何時兮與游燕。進以禮兮退以義，搢紳笏兮戴華簪。願一見兮道余意，君何爲兮江之南。"（《東文粹》卷五，民昌文化社，（轉下頁注）

佩玉齋郊士安》的祖騷之意更顯。首先,篇名的修改與對鄭夢周原作的重新辨體是同時完成的。在朱子楚辭學的話語系統中,《離騷》被尊爲"離騷經",屈原其他辭作稱"離騷",他人之作皆爲"楚辭"。成三問参照《楚辭集注》,修改鄭氏原作篇名爲《思美人辭》,與屈原《九章·思美人》同題,既提升了原作的文體地位,也與鄭夢周"自家還是屈原醒"①的感慨、自評遥相呼應。其次,成三問將鄭夢周原作中的"佳人"改易爲"美人",淡化了送別的本事與情緒,而"豺狼當道兮龍野戰"改"途"爲"道"的一字之易,使音韻更爲鏗鏘有力,"豺狼"喻指北元及高麗的親元勢力,"龍"喻指大明政權,此句暗寫明與北元相抗的現狀,憂時傷亂、堅守理想、深明大義等情懷於中清晰可辨。如此改創,使此辭所蘊騷人感性、儒者理性更爲特出醒目,一如鄭夢周在東方理學道統中超群拔俗的地位。這篇重新創作的《思美人辭》,與李穀《吊黨錮文并序》、李崇仁《哀秋夕辭》、鄭道傳《江之水詞》等作品一起選編進《東人文寶》(這些作品也得到《東文選》《東文粹》編者的贊從),不僅展現了麗末的祖騷傳統,也助力了東國性理學道統的建構。

　　金宗直之學"私淑於家,獨推圃隱先生"②,自然也極爲激賞《東人文寶》改創、選録《思美人辭》以彰明鄭夢周在東國道統中地位的做法。不過,以道學自任,熱衷營構道統的金宗直,推尊鄭夢周,保留成三問改創的《思美人辭》,而刻意忽略李穀,棄其辭賦於不顧,也與他本人一力營建的道學統系有關。不妨留意朝鮮仁宗元年(明嘉靖二十五年,1545)成均館儒生們爲申雪趙光祖冤屈所上的一封疏文,這篇疏文梳理了朝鮮中前期居於興論主流的東國道統源流。疏曰:

　　　　趙光祖之學之正,其所傳者有自來矣。自少慨然有求道之志,受業於金宏弼,宏弼學於金宗直,宗直之學,傳於其父司藝叔滋,叔滋之學,傳於高麗臣吉再,吉再之學,得於鄭夢周之門,夢周之學,實爲吾東

---

① (接上頁注)1996年,頁278—279)因《東文粹》所録《思美人辭》與徐居正《東文選》所録此辭之題、文完全一致,且《東人文寶》也是《東文選》的文獻來源之一,故而,成三問應是鄭夢周《思美人辭》的改創者。

① 《端午日戲題》,《圃隱集》卷一,《韓國文集叢刊》第5册,頁574。

② 《佔畢齋年譜》,《韓國文集叢刊》第12册,頁486。

　　方之祖。①

這條始自鄭夢周、吉再，傳至金叔滋、金宗直、金宏弼等人的儒學道統，當然
與金宗直的大力揄揚關係極大。金宗直推尊鄭夢周，並建立這條以師承關
係爲主線的道統，雖有弘揚東國儒學道統的公心，但也摻入了他身爲人子
極爲濃烈的盡孝之情②。因爲父親金叔滋一生沉淪，飲恨以終，所以，極重
孝行的金宗直特意編纂了《彝尊録》，昭揚父親的文章經濟、師友淵源，特別
强調父親曾得冶隱吉再之親炙，而吉再之學恰是承自鄭夢周，金宗直强調
鄭夢周東方理學之祖的地位與影響，實際上也是爲其父爭取本國道統中的
位置。《東文粹》雖未如《青丘風雅》那樣直接選録其父作品，但金宗直卻通
過鄭夢周《思美人辭》、權近《吉再先生詩卷後序》等作品的選録，爲自己所
倡揚的本國道統增勢。中宗十二年（明正德十二年，1517），鄭夢周得以從
祀文廟，其“東方理學之祖”的地位得到官方正式認可，而“鄭夢周—吉再—
金叔滋—金宗直—金宏弼—趙光祖”這一學脈發展而來的儒學道統在較長
時内也被普遍接受、認可，離不開金宗直及其追隨者堅持不懈的鼓與呼。
而金宗直本人，也因其昭揚的師友淵源，順勢進入本國性理學道統之中。

　　儒家建構道統的意識由來已久，在程朱理學確立其在朝鮮半島地位的
過程中，東國儒學道統論的建構也貫穿始終。忠肅王六年（元仁宗六年，
1319），將朱子學引入高麗的第一任儒學提舉安珦得以從祀文廟，就已略具
性理學道統方面的考量，但直到李穡視鄭夢周爲東方理學之祖的言辭出
現，東國性理學道統源流的討論才正式開啓。建構儒學道統，重新闡釋儒
學經典、著書立説、開展學術論辯是直接而明晰的方式，16 世紀中葉以後，
朝鮮性理學全面繁榮，嶺南、畿湖等學派紛起，對程朱理學道統本國源流、
學統的熱議不絶如縷，採取的多爲上述常規途徑。在此之前，認同並擬效
朱熹編選《楚辭後語》用心的東國士人，則嘗試藉助選本中特定作品的選録
去取，寄寓自己對本國道統的思考。

---

① 《太學生疏語》，《冶隱集》卷中，《韓國文集叢刊》第 7 册，民族文化推進會，1996 年，頁 402。
② 金宗直的文獻編纂活動與其盡人子孝道之間的關聯，可參陳彝秋《徐居正、金宗直的
　文衡之争與〈東文選〉早期評價芻議》，載《域外漢籍研究集刊》第 21 輯，中華書局，
　2021 年。

　　不同的文體，在文學批評與思想文化建設中的地位、意義是不一樣的。因爲朱子楚辭學在麗末鮮初的獨特地位與深遠影響，李穡在推許鄭夢周之餘，選擇通過辭賦創作，明言自己亦爲程朱理學的東方傳人，並將這些辭賦作品編入《牧隱稿》，自列於本國道統的用心十分明確。徐居正立足自身寬宏通透的道統觀，將學術、人品、政品都頗多疵議的李穡辭賦全部編入《東文選》，意在弘揚"以傳道而自冀"的明道、弘道精神，在徐居正看來，任何慕道、樂道之人，都有進入道統的資格。相較於徐居正的寬宏，金宗直的道統觀是嚴厲的，既注重學脈淵源與學術成就，亦嚴守德性、操行等禮義大節，因此續纂成三問《東人文寶》而成《東文粹》時，金宗直選擇以一篇辭賦不録的決然態度將李穡排除在東國道統之外，與此同時，金宗直還藉助自己在朝鮮前期道學派士林中的影響力，努力營構符合自己學緣、私意及理學修養認可度的道統，使之成爲朝鮮前期較長時段東國道統的輿論主流。直到朝鮮中後期李滉（1501—1570）、李珥（1536—1584）等大儒的質疑之聲出現，其影響方才漸漸減弱。

　　走入文學發展、思想觀念形成的具體過程，可以更清晰地理解一些文學與文化現象。而在觀察這一過程時，尤其不能忽視一些有獨特意義的文獻編纂活動，因爲在作品的選録與删汰間，傳達出的不僅是文學批評、文人心態，甚至某些編纂活動還會助長某種思想觀念、文化意識乃至傳統的産生。如果説許多文學的問題最後都要在思想文化的層面才能得到解答，那麼，一些思想文化層面的問題，也會落實爲具體的、感性的、有潛移默化之力的文學活動。本文的寫作，即爲考察文本編纂與思想觀念建構關係的一次具體實踐。

（作者單位：南京曉莊學院文學院）

# 中國詩學南傳視野下的《倉山詩話》考論 *

劉玉珺

根據目前已公開的越南漢喃古籍資料,越南阮朝皇室詩人阮福綿審的《倉山詩話》是目前越南現存唯一以"詩話"命名的詩學典籍。王小盾、何仟年 2002 年發表了《越南詩學述略》一文,首次在"筆記"一體中向中國學術界介紹了這部著作,後又於 2004 年在《中國詩學》上公布了《倉山詩話》的全文①。不過,這部碩果僅存的越南詩學著作,仍未得到更爲充分的關注。有鑒於此,本文以越南漢喃研究院所藏的《倉山詩話》(VHv. 105)抄本爲基礎文本,擬對這部書的性質、内容、詩學觀等作一番較爲全面的探討。

## 一　成書背景:綿審的詩學教育

阮福綿審(1819—1870),字仲淵,又字慎明,號椒園、倉山居士,因"初生時,右眉有一長白毫"②,亦自號白毫子,謚文雅。他是阮朝第二位君主明命帝的第十子,爲淑嬪阮克氏所生,明命十六年(1835)被册封爲從國公。

* 本文爲國家社科基金重大項目"中越書籍交流研究(多卷本)"(20&ZD333)階段性成果。

① 參見王小盾、何仟年《越南古代詩學述略》,《文學評論》2002 年第 5 期;王小盾、何仟年《越南古代詩學的碩果:〈倉山詩話〉》,蔣寅、張伯偉主編《中國詩學》第 9 輯,人民文學出版社,2004 年。

② 《大南正編列傳二集》卷五,《大南實録》二十,日本慶應義塾大學言語文化研究所,1981 年,頁 7664。"時"原文因避嗣德帝諱而作"辰",今回改,下文同。

綿審去世之後,分別於嗣德三十一年(1878)、保大十一年(1936)被追封爲從善郡王、從善王。綿審是越南阮朝詩人中的佼佼者,陳子敏《哭倉山公》一詩稱其爲"天上文星第一星"①。《大南實錄》綿審本傳記載曰:

> 生平著述十四集:《衲被集》《倉山詩集》《倉山詩話》《倉山詞集》《淨衣記》《式穀編》《老生常談》《學稼誌》《精騎集》《歷代帝統系圖》《詩經國音歌》《讀我書抄》《南琴譜》《歷代詩選》。②

綿審的嫡孫,即阮朝學部侍郎、協佐大學士兼宗人府大臣膺脛則云:

> 從善王好詩,七歲能詩,十二歲工詩,作詩近兩千首,其中長者達百六十二韻,作文亦各體俱備。平生著作共十四部,已刊刻者爲《倉山詩集》《衲被集》《倉山文遺》等三部,其餘十一部目前均藏於保大書院之內。③

已刊刻的《衲被集》有十九卷,《倉山文遺》兩卷,以《倉山外集》的名義合刊,收錄了綿審的奏表、序跋、碑記、祭文等文章。《倉山詩集》則一共有五十四卷,包括《爾馨詩集》四卷、《北行詩集》二卷、《晤言詩集》十四卷、《河上詩集》三卷、《謨觴詩集》七卷、《白賁詩集》八卷、《明命宮詞》二卷、《白賁續集》七卷、《買田詩集》七卷,收錄了綿審從明命十一年(1830)至嗣德二十三年(1870)間創作的兩千多首詩歌。

　　對綿審詩學教育的探討,可從他的父兄開始追溯。綿審的父親明命帝阮福晈從小即接受了完整的儒家教育,不僅勤於政事,在政治上有所作爲——阮朝的官制和科舉制度的設立,內閣、樞密院、宗人府、史館等機構的設置,都是在他的手裏完成的,而且還聰穎好學,善於作詩,留下數量可觀的詩集,如《御製勦平北圻逆匪詩集》《御製勦平南圻賊寇詩集》《御製北巡詩集》等。《大南實錄》記載了他對詩歌的一些見解,如明命二十一年(1840)冬十一月:

> 帝御文明殿,命侍臣張登桂讀御製詩,謂之曰:"詩所以陶淑性靈,賢於他好,但帝王之學與書生異。雖吟詠之中,亦當寓君國、子民底意,不然亦一文士之耳,何足尚哉? 朕觀古帝王詩,惟唐文皇爲最好,

①陳子敏《陳子敏詩集》,《南風雜誌》第 17 期,1918 年。
②《大南正編列傳二集》卷五,《大南實錄》二十,頁 7667。
③膺脛《從善王:小史與詩文》,越南南定南越出版社,1944 年,頁 22。

其詞意工麗,格調新奇,非人所能及。然就中多是林泉意味,非帝王廟堂氣象,殆與文士爭奇競巧者流也。清乾隆詩多牽彊鄙陋,無足道者,而當日侍從曾無一人匡正,至今讀之,遂爲笑柄。是以朕每有著作,悉以示卿等者,蓋欲參之衆見也。而卿等曾無異説,不知朕詩果已典雅,可傳之後世否耶? 古人行文以一字不可增,一字不可減爲貴。如古詩云:'細雨魚兒出,微風燕子斜。'後人稱之爲傑作,自朕觀之,'出'字不如用'上'字,'兒''子'二字亦是補足,豈非猶可删減乎?"①

明命帝對中國古代詩歌有著廣泛涉獵,不但對中國古代帝王之詩熟悉到信口拈來的地步,對中國名家之詩也頗有自己的看法。

明命帝對於詩歌的喜愛,直接影響到了他對皇子們的教育。《大南實録》記載,明命十八年(1837)冬,明命帝詔諭諸皇子曰:

爾等所職惟在視膳問安。至如作詩,則兄弟相與談論。此亦賢於他好,但事上使下之義,須日講磨,方爲有所進益。②

在這樣的教育主張之下,皇子們紛紛效仿,以作詩爲自己的興趣愛好。張登桂《寧靜詩集序》云:

皇帝雅好文學,遊神古典,凡修己治人之所寓,愛民親政之所存,萬機餘暇,多發於詩,諸皇子皆慕效之。③

因此,明命帝的兒女中涌現了諸多詩人。除綿審之外,與綿審齊名的,被並稱爲"詩到從綏失盛唐"的阮綿寊亦是越南皇室詩人的代表,有詩文别集《葦野合集》,其餘兄弟也多有詩集行世④,甚至連明命帝的女兒們也不遜風騷,被譽爲"阮朝三卿"的公主永禎、貞慎、静和,其詩作也分別被結集爲《月亭詩集》《妙蓮集》《蕙圃詩集》,《妙蓮集》流傳到中國後,還贏得了中國

①《大南實録正編第二紀》卷二一九,《大南實録》十二,日本慶應義塾大學言語文化研究所,1976 年,頁 4703。

②《大南實録正編第二紀》卷一八五,《大南實録》十一,日本慶應義塾大學言語文化研究所,1975 年,頁 4158。

③張登桂《廣溪文集》,越南漢喃研究院所藏 A.3045 號抄本。

④筆者知見的有:綿定《静明愛芳詩集》、綿宜《菖莆詩集》、綿宏《寧靜詩集》、綿寶《謙齋詩集》、綿宓《欣然集》、綿寬《栗園詩集》、綿家《約亭詩抄》、綿官《遺琴詩集》、綿宿《貢草園詩草》、綿言《漫園詩集》、綿案《新安郡公遺草》等。

文人極高的贊譽①。所以,《倉山詩話》多處涉及綿審與兄弟姐妹的詩歌交流。明命帝的嫡長子紹治帝,儘管在位的時間只有短短的七年,但是他在國家的文化政策和皇子的漢詩文教育上,均沿襲了他父親的做法,而且特別重視韻書的考訂、編撰。他曾命内閣翰林院將歷代韻書參究字典,詳加考訂,增補爲《紹治文規》一書②,且云:"音韻者,詩之管轄;輯韻者,詩之藻飾。"③他敕撰《紹治文規》的根本目的,仍是服務於詩歌的創作。

在濃郁的文學氛圍之下成長,綿審不可避免地會受到薰陶。綿審的母親阮氏寶出身名門,乃司空阮克紹的獨生女,阮克紹則是嘉定著名文士武長纘的學生。因此,他的母親是一位受過儒家文化浸潤的知識女性,而母親又是綿審幼年教育最直接的監護人。綿審有《明命宫詞》曰:"温期半月兩童生,阿母雙雙校對精。一字不教輕錯過,從頭綿審到綿寅。"又有自注云:"家慈與黎婕好庶母甚相親,綿審、綿寅幼日同學於養正堂,每温期兩母會坐,召至收期書册,命各以净本一一暗寫而校讐之。"④可見其母對他幼年教育的影響頗深。《大南實録》還記載了綿審在母親房間讀到唐詩而有擬作之事:

　　　　七歲,就傅於養正堂,劬學,不事遊戲,每背讀期至百餘紙。一日,入侍淑嬪,見案上有一扇書唐人五絶句,中有數字未甚曉,而讀之頗悦於口,乃固請之。明日,以問講習曰:"此何詩也?"講習各以所見復之,因請其義,又請教之平昃律法,由此有所擬作,暗合詩法。其早慧如此。八年春郊,公從之,有《南郊詩》,時方九歲也。⑤

綿審自幼就展現出超於常人的文學天賦,這也是成就一代詩歌名家的重要條件。

通過《倉山詩話》的記載可以瞭解到,綿審曾向兩位老師學詩。一是杜

────────────

①如清人王應孚云:"荷亭侍郎以《妙蓮集》見示。展讀一過,風華掩照,秀韻天成,香茗風流,不得專美於前矣。集中如'遥知楊柳是門處'諸好句,已選入《篤静堂詩話》中。"
②《大南實録正編第三紀》卷五九,《大南實録》十四,日本慶應義塾大學言語文化研究所,1977年,頁5501。
③《大南實録正編第三紀》卷六五,《大南實録》十四,頁5583。
④阮福綿審《倉山詩集》卷四〇《明命宫詞》,越南嗣德二十五年(1872)刻本。
⑤《大南正編列傳二集》卷五,《大南實録》二十,頁7665。

文獻,《倉山詩話》云:

> 杜翰林足徵,字文獻,是余少時講習。有《覲省留別詩》云:"南來一片白雲飛,千里令人動遠思。只爲慈闈舒倚望,豈緣畫錦促歸期。玉金堂馬恩偏重,香水屏山夢屢馳……"忘其落句。平生亦少著作,而爲詩儘有可觀,惜殘闕不存。聊識於此。

綿審《爾馨集》收有他於明命十五年(1834)所作的《夜坐有懷杜文獻》,其時綿審僅十五歲,因此杜文獻當是在他十五歲之前就成爲了他的老師。綿審還有作於明命二十年(1839)的《醉歌行送杜文獻學使之嘉定》一詩,曰:"故人詩名動海内,字字鋒鋩吐光怪……論詩與我如夙期,虚堂燈火漏遲遲。"①可知杜文獻是當時一位聲名顯著的詩人,二人還論詩曾到了忘記時間的地步,足見杜文獻在詩學上對綿審有過非常深刻的影響。

綿審的另外一位老師則是中國人,相關記載亦出自《倉山詩話》:

> 潘梁溪云:"天地間相感,無根枝端緒而深。"此理甚不可解。憶少時從松齋先生學詩,一日往見書案上有新詞一闋云:……松齋不可復見,而伊一別如雨,迄今幾五十年。每公餘獨坐,矢口狂吟,不覺秋意寒香,穆然神遇矣。松齋姓蘇,名奮揚,東粵人。

蘇奮揚生平待考。綿審卒時享年五十二歲,這段文字説他與蘇奮揚分别近五十年,以四十餘年來估算,一則説明這位來自中國廣東的文人,是在綿審學詩的早期就介入到了他的教育中,二則表明《倉山詩話》的成書當在綿審晚年。

綿審對於詩歌的酷愛,以及深厚詩學功底的積澱,有來自於父母、兄長營造的良好家庭氛圍和生活環境,同時還有來自中越兩國之良師的悉心教導,加之自身天賦過人,最終成就了這位"千首詩聲振盛南""詩冠冕一代"②的詩人。

## 二　越南"詩話"的體製:從《金華詩話記》到《倉山詩話》

衆所周知,"詩話"這種中國古代文學的批評形式創始並流行於宋代,

---

①阮福綿審《倉山詩集·爾馨集》卷三,曲阜師範大學圖書館影印《泰山叢書》本,1989年。
②阮福綿寊《追哭十兄倉山先生》,《葦野合集》,越南嗣德乙亥年(1875)刻本。

第一部以"詩話"命名的詩文評著作是北宋歐陽脩的《六一詩話》。雖然目前僅發現《倉山詩話》這一部碩果僅存的同類作品,不過這部書籍的産生並非是橫空出世。筆者知見的以"詩話"命名的其他文學著作,還有收録於阮嶼《傳奇漫録》卷四的《金華詩話記》。

　　《傳奇漫録》爲阮嶼模仿明瞿佑《剪燈新話》所作,是越南現存最早的傳奇小説,約成書於16世紀中期。《金華詩話記》講述越南後黎朝端慶末年,士子毛子編途經金華,聽見符教授和夫人吳氏的鬼魂鑒賞詩歌、點評詩人之事。這篇傳奇小説在"詩話"名後又加一"記"字,實乃模仿自《剪燈新話》,作品皆以"傳""録""記"名篇。換而言之,這篇作品題目的關鍵詞仍是"詩話"二字。從内容來看,其本質是用一個虚構的故事連綴起了作者對後黎朝詩人的品評和部分作品的鑒賞。這類鬼魅論詩、作詩的故事,原型可追溯到唐代李玫《纂異記》中張生、蔣琛、許生等篇,以及裴鉶《傳奇》薛昭傳、嚴子休《桂苑叢談》的望江亭客等①。如果拋開荒誕離奇的故事情節,《金華詩話記》關於詩歌品鑒、詩歌紀事的内容,與詩話是一致的。例如,小説借符教授之口曰:

　　　　拙齋之詩奇而騷,樗寮之詩峻而激。松川之詩如健兒赴敵,頗涉麄豪;菊坡之詩如時女步春,終傷婉弱。他如金華之杜、玉塞之陳、翁墨之譚、唐安之武,非不橫鶩遠駕。然求其言融理到,上該《風雅》,惟阮抑齋諸篇之忠愛,念不忘君,真可遡少陵門户。②

這段評論用了中國文學批評中常見的比較批評和意象批評的方法,直觀而形象地總結了越南後黎朝裴慕、阮直、阮夢荀等詩人的作品風格。又如,小説有一段符夫人自述云:

　　　　又一日,上御青陽門,命阮侍書製《駕鴦詞》,曲成,玉音未允,顧謂妾曰:"汝亦佳作綺詞藻句,豈有限禁耶?"妾遂一揮立就,末聯有曰:"凝碧陶成金殿瓦,皺紅織就錦江羅。"上獎嘆移時,賜黄金五錠,又以"符家女學士"呼之。自是顯名當時,取重墨客,大抵皆先皇之力也。③

_____

① 蔣寅《清詩話與小説文獻》,蔣寅《清代文學論稿》,鳳凰出版社,2009年,頁159。
② 阮嶼《傳奇漫録》卷四,孫遜、鄭克孟、陳益源主編《越南漢文小説集成》第4冊,上海古籍出版社,2010年,頁165。
③ 阮嶼《傳奇漫録》卷四,頁162—163。

這一段文字如果改爲第三人稱叙述,那麼在内容上與詩話記録的詩歌本事和詩人逸事,並無實質性的差别。

上述情況表明,越南漢文學也跟中國的情況一樣,存在著小説與詩話共生、書籍體製密切相關的現象①。魏晋時期的志怪小説《世説新語》就有不少詩人軼事、詩歌賞析等通常被視作詩話一體的内容。唐代的筆記小説論詩的比重有所加强,如劉肅《大唐新語》的《文學》《諧謔》二門,多有論詩的内容,晚唐五代范攄《雲溪友議》、何光遠《鑒誡録》等書,論詩的比重已超過全書的一半。宋代的筆記小説,如王得臣《麈史》、吴曾《能改齋漫録》等還專門設有"詩話"一目。在書籍分類上,《宋秘書省續編到四庫闕書目》、晁公武《郡齋讀書志》等目録書則將詩話歸入小説一類,而陳振孫《直齋書録解題》在卷二二"文史類"著録了歐陽脩等人的十八種詩話,又在"小説類"著録了《烏台詩話》十三卷、《冷齋夜話》十卷。後《宋史·藝文志》的文史、小説二類皆録詩話。對此,郭紹虞先生評論到:

> 宋人詩話之與説部既難以牣别,所以《宋史·藝文志》之著録詩話,有入集部文史類者,有入子部小説類者。這不能全怪《宋志》之進退失據,體例不純,也是宋人詩話之内容性質本可兩屬之故,其足考當時詩人之遺聞軼事者,體固近於小説;即足資昔人詩句之辨證考訂者,亦何嘗不可闌入子部呢!②

由於歷史記録和書籍實物的闕如,我們無法得知在《倉山詩話》之前越南有無在體製上真正成熟的詩話。從《金華詩話記》的文本内容來看,至少可以判斷越南"詩話"這一著述體裁,其早期的發展軌跡與中國是相同的——脱胎於小説這一母體。《倉山詩話》的文本流傳形態則表明,越南文人在對"詩話"一體的認識上,跟宋代的目録學家有著相近的觀念。

我們現在能看到的唯一一個《倉山詩話》古籍傳本,並非是以獨立的形式流傳,而是與《世説新語補》一書合抄在一起。越南漢喃研究院編爲VHv.105號的《倉山詩話》抄本,原爲越南高春育(1842—1923)龍崗書院的

---

① 關於詩話與小説密切關係的論述,可參見郭紹虞《中國文學批評史》,百花文藝出版社,1999 年,頁 330—341;張伯偉《中國古代文學批評方法研究》第五章《詩話論》,中華書局,2002 年,頁 461—466。

② 郭紹虞《中國文學批評史》,頁 331。

藏書,扉頁題《世説附倉山詩話》,是書前半部分抄録《世説新語補》①,後半部分抄録的才是《倉山詩話》。對此,王小盾先生認爲:"越南古籍多把幾種内容不同但相聯繫的文字合訂爲一書。據此書的合訂情況,可知在古代越南人看來,詩話像《世説新語》一樣,是'小説家'言,屬子部的一種體裁。"②儘管也有一部分合抄的越南古籍,其内容單元没有必然的關聯。不過《倉山詩話》爲龍崗書院抄本,且抄録在龍崗書院的專用紙張上,版心刻有"龍崗"二字,不同於其他從民間搜集的、具有隨意性的雜抄本,二者的合抄確能表明抄録者將它們視爲性質相近的書籍。

　　當然,不管《倉山詩話》文本流傳形態如何,從體製看,《倉山詩話》仍是一部非常典型的、符合學術界最嚴格"詩話"定義的著述,而非小説。對於詩話的基本特徵,張伯偉先生云:

　　　　典型的詩話,其文體如同筆記,風格輕鬆隨意,歐陽脩説是"以資閑談",實際上便是開創了一種近似於爐邊談話的親切的説詩方式(清人吴喬就有《圍爐詩話》)。談的内容固然以詩爲主,但又不限於詩,實可以"駁雜"二字括之。這些可以説是詩話體的基本特色。③

對此,我們也可以從編纂目的、寫作風格、内容形式等方面來看《倉山詩話》。

　　首先,《倉山詩話》是一部内容豐富的論詩專著,並非單篇零札。書籍内容分爲五十九則,内容包括作品本事和詩壇掌故的記述、詩歌藝術的品評、詩歌理論的闡發、用事造語的考釋、中越詩歌淵源的考訂等,共涉及到中國和越南的詩人六十餘位,記載的詩作超過百首。有記詩人逸事者:

　　　　坤章嘗欲與余共買拙園十七史。兄戲索高價,一日笑謂之曰:"余苦被文名特甚,今謀避之,將有事於西疇,爲子孫計耳。"余輒應曰:"休

①劉春銀、王小盾、陳義《越南漢喃文獻目録提要》("中研院"中國文哲研究所,2002年)一書認爲VHv.105前半部分所抄爲《世説新語》。筆者曾於2003年春,在越南漢喃研究院借閲過此抄本,其間抄録有宋朝人軼事,當是王世貞據劉宋劉義慶《世説新語》與明代何良俊《語林》兩書删定而成的《世説新語補》,可參見拙作《越南漢喃古籍的文獻學研究》,中華書局,2007年,頁481—482。

②王小盾、何仟年《越南古代詩學述略》,《文學評論》2002年第5期。

③張伯偉《中國古代文學批評方法研究》,中華書局,2002年,頁466—467。

將此事久逡巡，千古文章幾療貧。君自歸耕余苦讀，四民俱是太平人。"兄亦首肯。

有論和韻同音者：

> 和韻有取同音者。向某友以《寒食舟中書事》詩投余索和，是炊、宜、思、旗、詩五韻，余以吹、疑、絲、奇、晚和之。弟子請所本，曰：東坡和陶《田舍始春懷古》"覠"韻，注云淵明本用"緬"字，今聊取其同音字。又子由《和讁居三适》"猴"亦爲"侯"。俱見本集。

典型詩話常見的内容，《倉山詩話》多有所體現，不擬一一列舉。

其次，《倉山詩話》表現出明顯的"以資閑談"的編纂宗旨和隨意靈活的書寫風格。歐陽脩《六一詩話》開篇即云："居士退居汝陰，而集以資閑談也。"①作爲可供文人茶餘飯後談笑的内容，所以其中便有"聞者傳以爲笑""人皆以爲笑也""坐客皆爲之笑也"的記載②。《倉山詩話》同樣也有一些讓人發笑的記載。例如：

> 月夜過潘梁溪公署，命小童先入報之，與夫人方共食，童出。戒無驚，立待於門外，食竟，乃入。案前適有筆墨，戲書云："率性相思命駕行，忘先投刺謁先生。可憐立雪多時了，只待如賓禮未成。"公捧腹大笑，即命烹茗相勞苦。

潘梁溪乃越南歷仕明命、紹治、嗣德三朝四十餘年的著名文臣潘清簡（1796—1867），這則描述的是綿審在門外久候潘清簡的逸事，因綿審戲作一詩而引發了潘清簡的大笑。又有作者聽聞而來的可笑之事，如：

> 國朝使部之燕京，正使一，甲乙副使各一。或六部院館正在需人，雖例在廷舉，以重專對，而未免有時備員。有某預選，聞清帝例索詩賀萬壽節，先向親朋求借擬，都下傳以爲笑。

還有從中國筆記小説中輯録出來的笑料：

> 《唐摭言》：長安有僧善病人文章，尤能捉語意相合處。張籍頗恚之，冥搜愈切。因得句云："長因送人處，憶得别家時。"徑往誇揚。僧笑曰："此有人道了也。"吟曰："見他桃花樹，思憶後園春。"籍撫手大笑。以新異自詡，如子才、耘菘輩，特未遭此僧棒喝耳。

---

① 歐陽脩《六一詩話》，人民文學出版社，1962年，頁5。
② 張伯偉《中國古代文學批評方法研究》一書已有所揭示，頁467。

此外,還有"余方晚餐,讀之不覺噴飯滿案""一坐大噱"之類的描寫,並記錄了多首"戲作"。

　　從語言表達來説,《倉山詩話》的文字有長有短,短不過二十餘字,長則多達四百餘字。又採用了漫談式的隨筆寫法,没有嚴謹的邏輯結構、鮮明的中心主題、專門的開頭結尾,起筆就是"或舉施尚白'四海倦遊後,始知泛愛非'之句",五十九則内容相互獨立,一則一事,以事繫詩,排列順序没有前後關聯,莊言諧語,信手寫來。間隔幾則可以談論同一個話題,關於同一人的論述也可分散在全書的不同位置。書中對人物的稱謂呈現出極大的隨意性,同一詩人的稱謂前後不一致,如對王維時而稱"右丞",時而稱"王摩詰";對顧炎武有時稱其姓名,有時又稱其號。此外還有"拙園""坤章""張廣溪先生""黎桂堂貴惇""杜翰林足徵""阮祠部素如"等或以號,或以名,或以字,或以職官稱,或稱兄道弟,或有敬稱等不拘一格的各式稱謂。隨意靈活的行文方式自然也決定了《倉山詩話》呈現出平易自然、輕鬆活潑,類似於閑聊的説話風格。

## 三　內容特色:自載其詩和宮廷文人圖景

　　《倉山詩話》雖然繼承了宋代詩話"體兼説部""以資閑談"的特點,但是相對於《六一詩話》等宋代詩話來説,它有兩點比較突出:一是論詩的片段更爲生活化,多取材於作者自己的親身經歷。二是記錄作者本人的多首詩歌和相關逸事。這兩種情況在宋代詩話中並不多見,宋代早期記事類詩話雖也有涉及作者親身經歷的記載,但在整部著作中不佔據主體地位。歐陽脩《六一詩話》就有關於他本人經歷的記述,如:"未幾,聖俞病卒。余爲序其詩爲《宛陵集》,而今日但謂之'梅都官詩'""余天聖、景祐間已聞此句,時去陶公尚未遠,人皆莫曉其義"①之類,僅三言兩語,筆墨不多,只停留在簡單陳述的層面,作者的活動僅起補充説明作用而已。《倉山詩話》對作者自己親身經歷的描寫卻達到了以此爲主的地位和篇幅。例如,第二則記作者與弟綿窅、兄綿定夏季夜游棗園,相酬爲樂;第六則記作者與弟綿寯在饗祀諸節,夜食素饌、戲詩唱和;第十四則記作者同衆兄弟扈從駕幸翠雲山,乘

────────────

①歐陽脩《六一詩話》,頁 7、13。

月招集賦詩,第三十二則記上元夜作者同諸皇子、大臣在幾暇園觀燈賞節,恭和御製詩等,不一一縷述。試舉第二十則以觀之:

> 安憑山勢聯絡,多怪樹。居民構小祠神事之,常年清明及值班,恭檢孝陵神御物項。余兄弟皆艤舟其下。默甫幼年美姿容,性怯弱,有如婦人。每往侍者,輒攜一雞,拜祝而放於此。坤章一日至自安憑,摘其樹一葉把擬,同人相顧駭愕。余因戲吟云:"神樹陰沉望欲迷,行人若個不頭低。坤章浪子輕攀折,曾費寧公十萬雞。"一坐大噱。

宋代詩話的類似記載,往往是以見證者的口吻來講述他人的事件。這則記錄的是綿審日常生活經歷的真實事件,且文字叙述的重點落在綿審用詩歌打趣自己的兄弟。

詩話較多地展現作者經歷和詩作,宋代張表臣的《珊瑚鉤詩話》就有體現。對此,四庫館臣批評曰:

> 是編名曰"珊瑚鉤"者,取杜甫詩"文采珊瑚鉤"句也。其書雖以"詩話"爲名而多及他文,間涉雜事,不盡論詩之語。又好自載其詩,務表所長,器量亦殊淺狹。①

四庫館臣又云:"喜自載其詩,如《冷齋夜話》、《珊瑚鉤詩話》之例。"②詩話收錄自己的作品,在明代詩話中就較爲常見了,而且明人詩話常常大肆張揚自我個性,對自然情感的欲望不加掩飾,"自矜自炫"色彩十分明顯③。例如,李東陽《麓堂詩話》記載了諸多自己的詩歌以及同僚的稱譽,被俞弁《逸老堂詩話》指責:

> 《麓堂詩話》載同官獻諛之辭,如西涯專在虚字上用力,如何得到?又云西涯最有功於聯句。又云西涯所造,一至此乎?又云莫太洩漏天機。至若與吴文定公和殷斑韻,西涯公詩警聯,具載於内,文定和章,不錄一句。文定未第時,有《贈西涯》詩,全篇俱載。古人詩話未必如此。噫! 涯翁天下士也,何必亦著此語? 雖非自矜,亦未免起後人

---

① 永瑢《四庫全書總目》卷一九五,中華書局,1965年,頁1783。

② 永瑢《四庫全書總目》卷一九七,頁1801。

③ 孫小力《明代"詩話"概念述論》,陳廣宏、侯榮川編《古典詩話新詮論》,中華書局,2018年,頁40。

議論。①

在批評家眼中,自載其詩不免有自我炫耀之嫌,並不符合中國知識分子推崇的謙謙君子之風。與宋明詩話不同的是,《倉山詩話》雖然記載作者的詩歌較多,但更多的是作者對生活的如實記錄,自我標榜的意味並不是那麼濃厚。全書有三處寫到他人對綿審詩歌的稱贊,一處是拙園先生稱贊綿審的詠橘詩"境地要非餘子夢到"。另外兩處分列如下:

> 余《秋懷和元遺山韻》五六曰:"賓客病多黃葉散,江湖計晚白鷗驚。"勞辛階先生評之曰:"遺山復起,當引爲同調。"後余投以小詩,索其題扇。次韻報之,詩云:"夜闌人静燭花殘,把卷披吟釋手難。誦到白鷗黃葉句,古懷蕭瑟帶秋寒。"至作集序,猶津津言之。不勝天涯知己之感,然不意與前賢偶合如此。

> 歲乙巳季夏,同兄弟扈從駕翠雲山,坤章、泊美、亞潭乘月招集賦詩。余詩曰:"君子惜良夜,開筵招客過……"坤章曰:此詩或以詢時輩,應多有以爲未佳者。然一搦管試爲之,則窘迫拙累,幾不能讀。三折肱知爲良醫,豈虛語哉?此詩所以佳也。其後《風雅統編》收之,以質之辛階,亦評之饒有古意。

拙園爲綿審的四兄寧順郡王綿宜之號,坤章是與他年齡最接近、相伴成長的弟弟綿寊。他們皆是與綿審才華相當的詩人,《倉山詩話》記載了綿審及他人對綿宜、綿寊詩歌的贊賞:

> 拙園兄《送人詩》有云:"遠水孤帆投暮靄,空山疲馬立斜暉。"洵佳句也。

> 坤章少歲有句云:"解歌侍婢名樊素,高捧瓊杯唱羽衣。"梅川愛之,每向人矜其風調。

這兩位兄弟是他所欣賞之人,並且除去這幾處相關的記載,《倉山詩話》還多處寫到綿審與這二位兄弟的密切交往,綿宜甚至與綿審的姬妾也有詩歌唱和,如:

> 姬人張氏《次韻鸂鶒晚坐》云:"細雨斜風一片秋,無邊落木水東流。天寒日暮蕭蕭竹,並作佳人字字愁。"拙園、端齋見之,稱賞不置。

> 拙園一日朝罷,阻雨不得歸,戲次其韻寄內云:"深閉妝樓懶賞秋,平湖

---

① 丁福保輯《歷代詩話續編》,中華書局,1983 年,頁 1313。

散漫繞階流。寒山淡宕長戀遠,孫壽眉兒故作愁。"
綿寶則與他從年幼時期就開始一同接受教育,成年後二人所住的王府也彼此相鄰,得以經常以詩相和①。顯然他們的贊賞並非有意的阿諛吹捧,而是來往最密切的親人之間普通平常的一種交流方式。於綿審而言,借此肯定自我的鼓勵當多於炫耀自我的虛榮。

前文兩次提到的勞辛階是最後一位越南國王册封使勞崇光。《清史稿·安南傳》記載:"道光二十八年(1848),(阮福暶)薨,子福時嗣……阮福時嗣位年幼,奏乞天使至其國都,由是廣西按察使勞崇光至富春封焉。"②勞崇光出使越南的過程中,曾與綿審有過詩文交往。《大南實録》綿審本傳記載曰:

> 帝即位之元年,清國欽使勞崇光,清朝二甲進士也。來京行邦交禮,公與之遊,以詩唱酬,崇光深爲嘆賞。因索公以所著詩草觀之。公乃以《倉山詩集》徵序,崇光爲之序,有云:"倉山一老,天殆以之。式是南邦,豈得以詩人目之邪!"又爲飛白書蒼霞白露堂,八分書松雲書屋扁額贈之。③

勞崇光對綿審之詩"深爲嘆賞"當是實情。綿審在越南國内是名重一時的大家,如果説兄弟的贊賞還不足以讓他有自誇之心,那麽來自天朝上國欽使的誇贊,不免讓人覺得綿審難脱如明代文人一般的"自矜"之嫌。不過,相比較於勞崇光《倉山詩鈔》"倉山一老,天殆以之。式是南邦,豈得以詩人目之邪"的誇贊程度明顯更高的評價來説,《倉山詩話》所記仍不出以詩論詩,據實所録的範圍。

儘管筆者認爲《倉山詩話》記載的作者詩歌和他人的稱賞,尚未達到明人詩話"自矜自炫"的程度。但不可否認,《倉山詩話》在内容上顯然是受到了中國詩話的深刻影響。《倉山詩話》提及的中越詩人各有 30 餘人,採録詩歌超過百首,對這些詩人及其詩作的描述,繪就了一幅幅鮮活生動的文人圖景,尤其是當中的越南詩人,還體現了以詩歌爲紐帶的越南宮廷文人交遊圈和文人雅集。從綿審交遊對象來看,主要有如下幾類:一是他的兄

---

① 《大南正編列傳二集》卷五綿審本傳曰:"帝嘉獎之,封從國公,賜出府於廉能坊。坊之旁與静圃接,綏理王府也。日與欣賞唱和。"《大南實録》二〇,頁 7665。

② 《清史稿》卷五二七,中華書局,1977 年,頁 14644—14645。

③ 《大南正編列傳二集》卷五,《大南實録》二〇,頁 7667。

弟姊妹、侄兒和姻親。例如,兄長有綿定(東池、壽春兄)、綿宜(拙園、寧順
兄),弟弟有綿寊(葦野、坤章、静圃、綏理公)、綿寀(襄安公)、綿宓(默甫、廣
寧郡公)、綿寬(子裕、樂邊郡公)、綿曾(海寧郡公)等,君博則是綿審的侄
兒。第八則和第十則提到的月亭、月妹即綿審的同母妹,范述乃其妹夫。
《大南正編列傳二集》有記載曰:

> 歸德公主永禎,別號月亭。聖祖仁皇帝第十八女,從善郡王綿審
> 之同母妹也。明命五年生,幼而聰慧,至性純一。初從女史受教於宫
> 中,稍長好吟詠。其兄綿審授之律唐,頗能涉獵。嗣德三年,下嫁駙馬
> 都尉范述爲配。述字繼之,號蕉林,嘉定新和人,顧命良臣勤政殿大學
> 士、太傅、德國公興之子,儀天章皇后之季弟也。①

二是綿審的老師。前文已提過的杜文獻、蘇奮揚均是他的授業老師。三是
張登桂、潘清簡、阮仲合等阮朝重要文臣。他們的傳記均可見於《大南正編
列傳二集》。潘清簡(1796—1867)字靖伯,又字淡如,號梁溪,別號梅川。
他是越南明鄉人,祖籍中國福建漳州。明命七年(1826),擢進士第,爲南圻
的第一位進士,曾出使過中國,有《梁溪詩文集》行於世,並主持編修了越南
官修史書《欽定越史通鑒綱目》。張登桂(1793—1865)字延芳,號端齋,別
號廣溪,嘉隆十八年(1819)領鄉薦爲義省科唱,是權傾明命、紹治、嗣德三
朝的重臣,曾歷任兵部尚書、協辦大學士等職,嗣德朝陞爲勤政殿大學士兼
輔政大臣,晋綏盛郡公,謚號文良,有《張廣溪先生集》《學餘文集》等行世。
關於他與綿審的詩文交往,他在《學文餘集自序》云:

> 先朝皇十子從善公,好學能詩,無書不讀,尤有志於風雅。余嘗與
> 之論詩,除梅川外,鮮有識者,惟於公若深契焉。自此乘暇過從,商榷
> 古今,評論得失,體裁風趣,無不洞徹玄微,加以學博才高,精彩焕出,
> 關開門面,成一大家。②

在張登桂心目中,綿審是一位難得的在詩學修養上水平相當的詩友。阮仲
合(1834—1902)初名瑄,後以字行,官至文明殿大學士,主持編修了《大南
實録》第四紀和《大南正編列傳初集》。他們均是越南阮朝傑出的詩人和
學者。

---

① 《大南正編列傳二集》卷九,《大南實録》二〇,頁 7709。
② 張登桂《廣溪文集》,越南漢喃研究院所藏 A.3045 號抄本。

　　《倉山詩話》即便是記録前朝詩人，或是已經故去的越南詩人，關注的也是聲名顯赫的帝王詩人或宮廷文臣，如陳仁宗、黎聖宗，黎朝開國元臣阮廌、大學士申仁忠，第一部越南詩歌總集《越音詩集》的編者潘孚先，被越南文人推崇備至的陳朝如元使臣莫挺之等。《倉山詩話》對本土詩人的關注視野始終未能脱離宮廷的狹小範圍，所涉及文人雅集，也都發生在他的宮廷交遊圈。在清代，出現了像《隨園詩話》這樣的社交類詩話，所記録的交遊對象則往往流品雜陳，前輩後進、尊者卑者、死者生者，凡有交遊者，莫不兼收並蓄，尤以生者爲重，有著服務於現實的社交功能，以此加重在現實交遊中作者的身價①。相較於這類詩話來説，《倉山詩話》雖然也有近半篇幅記録交遊，所記録對象卻多爲聲名較高的師長親朋，更類似於前代在主要功能上具有紀念性而非傳播性的舊體詩話。

## 四　中國詩學的回應：《倉山詩話》的唐宋詩觀

　　范廷琥《雨中隨筆·詩體》曾如此評價越南詩風的變化：

　　　　我國李詩古奥，陳詩精艷清遠，各極其長，殆猶中國之有漢、唐者也。若夫二胡以降，大寶以前，則猶得陳之緒餘，而體裁氣魄，日趨於下。及光順至於延成，則趨步宋人，李陳之詩，至此爲之一變。中興拘於衡尺，流於卑鄙，又無足言。永佑、景興之間，前輩名公始多留意詩律。②

這段文字指出，越南漢詩的發展經歷過從崇尚唐音到學習宋調的過程，後黎光順至延成年間，越南詩壇逐漸形成了學習宋詩的風气。唐詩與宋詩分別代表了抒情和知識兩個傳統，宋代理學家將詩歌義理化，逐漸走向抒情的對立面。對於生活在 19 世紀中期的綿審來説，唐詩的抒情傳統更符合他的詩學主張。

　　《倉山詩話》除《詩經》外，一共談論了 30 多位中國詩人的相關作品，從句法、聲律、格調、音韻等方面對中國歷代詩歌進行了討論。具體詩人名字

---

① 劉奕《〈隨園詩話〉與袁枚的文人網絡——兼論清代社交類詩話》，陳廣宏、侯榮川編《古典詩話新詮論》，頁 236。
② 范廷琥《雨中隨筆》卷下，《越南漢文小説集成》第 16 册，上海古籍出版社，2010 年，頁 246。

列表如下①：

| 朝代 | 人數 | 人名 |
|---|---|---|
| 南北朝 | 4 | 陸凱、沈約、蕭綱、江總 |
| 唐　朝 | 8 | 李白、杜甫、王維、張謂、陸龜蒙、劉禹錫、杜牧、崔道融 |
| 宋　朝 | 6 | 葉適、徐俯、蘇軾、黄庭堅、黄庶、謝翱 |
| 元　朝 | 1 | 楊維禎 |
| 明　朝 | 4 | 敖英、楊慎、袁凱、許宗魯 |
| 清　朝 | 10 | 汪琬、吳偉業、施潤章、錢錦城、勞崇光、陳廷敬、袁枚、顧炎武、王士禎、趙翼 |

從人數來看，時代最近的清朝詩人數量最多，就內容來看，綿審卻有著宗唐抑宋的態度。

《倉山詩話》第一則就批評了宋詩不注重音律的情況：

　　宋以下日趨流易，謂不犯失粘、失律之禁，隨意做去。不知詩者樂也，吟之滯於喉，即不合於樂也。猶之摘阮琵琶格上，原有四上工六等聲，然攏撚不工，深淺或戾，則音律爲之不調。爲詩者豈可略之乎哉？

隨後又引楊慎語，列舉了數首唐詩讀長安語音叶韻的情況：

　　升庵曰：唐詩“三十六所春宫殿，一一香風透管弦”，又“綠澗東西南北水，紅欄三百九十橋”，又“春城三百九十橋，夾岸朱樓隔柳條”，又“煩君一日殷勤意，示我十年感遇詩”。陳郁云：“十”音當爲“諶”也，謂之長安語音。律詩不如此，則不叶矣，觀此可見。

這表明唐詩符合綿審心目中的詩歌聲律規範。

最能説明綿審對待宋詩態度的莫過於第四十二則，茲列如下：

　　嗣德甲寅奉敕評閲進覽，電勉一過，摘録千首餘，有句無篇者，惜而載之此，云“齋堂講後僧歸院，江館更初月上橋”，陳仁宗皇帝句也；《壺公洞》“世上功名都是夢，壺中日月不勝閑”，黎聖宗皇帝句也；“竹籬有菊秋垂晚，野戍無人月自明”，阮介軒忠彥句也；“修己但知爲善

---

①不含詩歌遊戲中的作品。

樂，致身未必讀書多"，黎抑齋廌句也。雖宋調，然自清，便可喜。

這裏列舉了四聯具有哲理性的越南漢詩，它們均帶有明顯的宋詩特點，所以綿審説這是"宋調"，接下來轉筆即説"然自清，便可喜"，表面上是在肯定，潛台詞卻是不自清的宋調是不可喜的。從綿審其他的詩歌點評中，也能看得出綿審在總體上不喜宋詩。例如，他在《歷代詩選》中評價李覯《佛跡峰》一詩曰："説理不落理障，所以妙。"①這也從反面表明了他對那些落入理障的詩歌有所批評。

綿審對於宋詩的某些句法明確表示出了不喜。第五十一則曰：

> 謝皋羽《晞髮集》，實南渡之錚錚者。其遺集《無題》云："可與語人少，不成眠夜多。"若此句法縱佳，切不可學。

謝翺《無題》一詩因展露了遺民詩人的愛國情懷而受到關注。此聯佳在對仗工整，且又是流水對，但是句意淺露，採用了散文化的句式，這是宋詩常見的弊病，亦是綿審認爲"切不可學"的地方。另一方面，綿審卻又對唐詩的一些句法情有獨鍾，第三十一則曰：

> "天山三丈雪，豈是遠行時"，太白詩也。升庵亟稱其妙。余嘗有詩送外妹往嘉定，云："故園春色好，豈是客遊長。"蓋仿其句法而翻其意。然沈休文詩："及爾同衰暮，非復別離時。"太白亦從此出。

沈詩云年衰垂暮之際，不要再離別，李詩則説天山雪厚之時，不要遠行，均是從反面切入。綿審在句式上模仿了李白的寫法，卻是從正面落筆——現在故園的春色正好，不要走遠了。二者句式相同卻另有新意。綿審不僅指出李白這聯詩歌源自沈約《別范安成》，還特別贊賞沈約的這一整首詩已接近他所偏愛的唐音："沈約《別范安成》詩，頗近唐人氣調，而風骨筆力不在建安下。"沈詩全文曰：

> 生平少年日，分手易前期。及爾同衰暮，非復別離時。勿言一樽酒，明日難重持。夢中不識路，何以慰相思。

這是一首非常好的抒情之作，也是綿審特別鍾愛的詩歌。沈約與范岫少年相識，久別之後在晚年重逢，卻又再度分手，詩歌將人生的離合幻變與深沉凝重的友情表現得非常真摯。最後兩句用了《韓非子》中張敏夢中訪高惠，

---

① 阮福綿審編選《歷代詩選》卷一一，越南胡志明市社科圖書館所藏 HNV. 240—242 號抄本。

行至中途迷失了道路的典故。這個典故用得不著痕跡，仿佛是作者直抒胸臆之語。全詩體現了沈約詩"長於清怨"的特點，卻又不失慷慨悲涼之氣。

當自身的創作受到批評時，綿審還曾以唐詩爲自己加持。如第九則曰：

> 余於甲寅冬晚卧病，呻吟之際，枕上得中一聯云："南天不冷頭仍雪，朔氣非春眼自花。"人或以爲纖巧。偶讀陸龜蒙《村中晚望》詩云："短鬢堪成雪，雙眸舊有花。"始知無論佳惡，要前此有人道了也。

綿審的詩歌被人批評爲"纖巧"，因陸龜蒙有類似之作，綿審借此爲自己作了有力的辯護。這從另一面表明，綿審以唐詩爲自己創作的標杆。

《倉山詩話》在一則之內同時涉及到唐詩和宋詩的情形不多，第十五則是一例：

> 東坡詩"聊亦記吾曾"，人亟稱其押韻之妙。殊不知右丞《韋給事山居》詩"幽尋得此地，詎有一人曾"，已導夫先路矣。

蘇軾詩以"曾"字爲韻脚，用的是平水韻中的蒸韻，屬於窄韻。黃徹《䂬溪詩話》云："'聊亦記吾曾'，餘人敢罕用。"[1]綿審卻指出在蘇軾之前，王維早已用過"曾"字爲韻脚。言下之意是珠玉在前，蘇軾不值得誇贊。在第二十一則中，對於所佩服的唐代詩人，他毫不吝嗇贊美之辭：

> 明許魯，字伯誠，《詠班婕妤》："妾命由來薄，君恩豈異同。自憐團扇冷，不敢怨秋風。"其詩甚佳，然不及崔道融之作。崔云："寵極辭同輦，恩深棄後宮。自題秋扇後，不敢怨秋風。"雖俱從《怨歌行》化出，然崔更翻一層，意新而辭婉，怨深而情正，蓋不得不服唐人高手。

許詩和崔詩均以秋扇見捐來喻女性終遭遺棄的命運，不過崔詩抒發怨情更爲婉轉，以"不敢怨"來説怨，含蓄蘊藉。許詩後兩句雖然也云"不怨"，但從起句開始就直接説怨，直露無致。綿審的這番評價當是受到中國詩評的影響。明郎瑛《七修類稿》卷三二曰：

> 唐崔道融《題班婕妤》曰："寵極辭同輦，恩深棄後宮。自題秋扇後，不敢怨春風。"曹鄴《題庭草》曰："庭草根自淺，造化無遺功。低回一寸心，不敢怨春風。"元陳自堂《題春風》曰："著柳成新緑，吹桃作故紅。衰顏與華髮，不敢怨春風。"三詩句意相似，而工拙自異。首詩婉轉含蘊，著題説到不怨處；第二詩婉轉亦工，似無蘊藉矣；第三詩直致，

---

①黃徹《䂬溪詩話》卷五，人民文學出版社，1989年，頁74。

全無唐人氣味。若曰元詩巧而成唐晚風。信乎哉！①

綿審不過是將比較的對象，從曹鄴《題庭草》和陳自堂《題春風》換成了許魯《詠班婕妤》，二者評價的著眼點是一致的。

從上面的分析可見，相較宋詩來說，綿審明顯更偏愛唐詩，他標舉清音，喜歡的是嚴守格律、清新淡遠、婉轉含蓄的作品。從詩歌的美學風格來看，綿審偏愛的是王、孟一脈的盛唐之音。詩話中屢屢可見他對平淡自然之風的看重。例如：

"風來扇自閑"，逸莊兄句也，張廣溪先生亟稱之。按韓魏公罷相後，新進多陵慢之，亦有句云："花去曉叢蜂蝶亂，雨勻春圃桔橰閑。"時人稱其微婉，溫公採入《詩話》。使舉兄句較之，不知誰近自然。

黎梧亭《花香》詩："衣裳多仿佛，蹤跡大清奇。淡淡尋難見，飄飄静始知。"亦復平淡可喜。

他鮮明地標舉自然平淡的審美旨趣，其實是受到了王士禛神韻詩學的影響②，儘管《倉山詩話》徵引最多的是楊慎《升庵詩話》。綿審對王維的贊賞，不僅在前文所列舉的引文中有所體現，且他有《題〈唐賢三昧集〉》詩云："絕貌去朱鉛，芳心迴自然。神樓表聖論，精揀盛唐賢。水月初無跡，天花不著禪。欲知弦外妙，摩詰合居先。"把王維詩視爲"弦外妙"的典範。王維甚至還是他與兄弟們日常閑聊的一個話題，《倉山詩話》記載他"與默甫、子裕對床之夜，談王摩詰事"。

綜上，綿審從小接受了中國傳統的詩學教育，於漢語詩歌興趣濃厚、天賦過人，在晚年仿照中國舊體詩話的形式，創作了《倉山詩話》這部獨一無二的越南詩文評著作。它是中國古代詩學南傳之後，與越南本土詩人藝術實踐相結合而結出的碩果。所以，《倉山詩話》無論是性質、體製，還是内容、觀念，始終置於中國傳統詩學語境之下，體現出了越南文人對中國詩歌傳統的種種反應和深層次的接受。

（作者單位：西南交通大學人文學院）

---

① 郎瑛《七修類稿》卷三二，上海書店出版社，2009 年，頁 343。

② 參見阮庭復《阮綿審與神韻詩學》，《域外漢籍研究集刊》第 2 輯，中華書局，2006 年，頁 265—287。

東亞漢文小説研究

# 內閣文庫與中國小説研究的近代轉型

## ——以明版白話小説的收藏與發現爲中心 *

周健强

日本國立公文書館内閣文庫(下簡稱"内閣文庫")是享譽學界的俗文學文獻收藏重地,近代學術史上董康、孫楷第、傅惜華、王古魯均曾前往訪查小説文獻,内閣文庫藏本的發現、整理與研究多次刷新了小説史的書寫。《古本小説集成》《古本小説叢刊》都大量影印其中的小説珍本以惠學林,很多白話小説整理本都以内閣文庫藏本爲底本,由此可見其在小説研究中的地位。儘管小説研究中經常提及内閣文庫藏本,魯迅、馬廉等學術大家也曾根據内閣文庫所藏白話小説目録從事研究,但除了個别珍稀小説的版本價值之外,尚未有人系統調查過白話小説整體,尤其是明代珍本的入藏時間與閲覽經歷。隨著内閣文庫從幕府官藏轉變爲學術公器,近代白話小説研究範式發生了明顯的轉變,從基於趣味的鑒賞發展爲以文獻爲基礎的實證,内閣文庫對這一學術轉型的推動過程,也尚未得到清晰的梳理。

## 一 江户初期入藏紅葉山文庫的明版白話小説

内閣文庫藏書主要由五部分組成,即江户時期幕府的紅葉山文庫本、官學昌平坂學問所本、江户後期創立的和學講談所本、幕府醫學館本、明治

* 本文爲國家社科基金青年項目"中國古典小説在近代日本的流播與研究(1868—1945)"(22CZW034)階段性成果。

以後購入的高野山釋迦文院本①，其中白話小説主要見於紅葉山文庫與昌平坂學問所藏書。白話小説向來難登大雅之堂，明清兩代雖有部分文人耽於俗趣、矚目稗史，但很少將其納入私人藏書，公私書目罕見著録。而易代之際戰火頻仍，大量典籍散佚焚毀，同時明代“四大奇書”“三言二拍”、各種歷史演義等大多經後世文人或書坊主增删，而近代早期中日兩國保存的明版白話小説爲數有限，通行的多爲清代評改重刻本，失去了本來面目，導致小説史的書寫缺乏可靠的文獻支持，正是内閣文庫藏本的發現，打破了這一格局。

　　筆者查考書目文獻，發現《熊龍峰四種小説》《有夏志傳》《承運傳》《遼海丹忠録》《古今律條公案》《明鏡公案》《封神演義》《孫龐鬥志演義》《飛劍記》《咒棗記》《唐鍾馗全傳》《二十四尊得道羅漢傳》《醋葫蘆》等白話小説的明刊本僅以孤本形式見於内閣文庫架藏，此外《清平山堂話本》、《古今小説》天許齋初印本、《喻世明言》衍慶堂刊本、《醒世恒言》金閶葉敬池原刊本、《二刻拍案驚奇》尚友堂後修本全四十卷、元刊《全相平話》五種、《三國水滸全傳》明崇禎雄飛館刊插圖本、《唐傳演義》明萬曆四十七年序刊本、《三遂平妖傳》天許齋批點泰昌元年序刊本、《大宋中興通俗演義》明嘉靖三十一年楊氏清白堂刊本、《皇明開運英武傳》明萬曆十九年楊明峰刊本、《濟顛禪師語録》明隆慶三年四香高齋平石監刊本等也只有孤本藏於内閣文庫。

　　僅從上面的孤本清單，便可看出内閣文庫在白話小説研究中的價值所在。此外尚有很多雖非孤本，但除内閣文庫之外，僅藏於其他有限數處的稀見明刊本。這些明刊本大部分是紅葉山文庫舊藏，與内閣文庫另一主體昌平坂學問所主要收藏清刻本形成鮮明對比。《改訂内閣文庫漢籍分類目録》“通俗小説”子目中，注明來源於“楓山官庫”（紅葉山文庫）的白話小説共計 42 部，其中 39 部爲明刻本（另有元刊《全相平話》一部），清刻本僅有 2 部。而“昌平坂學問所”收藏的白話小説 54 部中，清刻本多達 50 部，明刻本僅有 4 部，其中還包括明刊後印本②。可以説紅葉山文庫是内閣文庫白話小説珍本的主要來源，正是其豐富的收藏，成就了内閣文庫在小説研究

①參見國立公文書館編《内閣文庫百年史》（增補版），汲古書院，1986 年，頁 27—33。
②參見《改訂内閣文庫漢籍分類目録》，内閣文庫，1971 年，頁 436—440。

中的地位。

　　紅葉山文庫是江户時期幕府將軍的藏書機構,始於首代將軍德川家康的收藏。慶長十年(1605)德川家康令三子秀忠承襲將軍之職,自己移居毗鄰江户的駿府,餘生致力於文事,建立駿府文庫以搜集和漢典籍。江户後期書物奉行近藤正齋開始整理文庫史事與書籍由來,其《右文故事》稱"慶長七年六月於江户城南富士見亭建立御文庫,廿四日收儲金澤文庫藏書等典籍,是爲江户御文庫之始"①,富士見亭文庫長期與駿府文庫並存,寬永十六年(1639)移至江户城楓山,後世又稱爲"楓山官庫"。元和二年(1616)德川家康在駿府病逝,由林羅山主持駿府藏書的分配,林羅山詩集所附年譜稱"配分官庫御書以附義直卿(按:即尾張藩主)、賴宣卿(按:即紀伊藩主)、賴房卿(按:即水户藩主)之家臣,而獻日本舊記並希世官本於江户"②,按照德川家康意願,以駿府藏書分賜御三家,並將貴重典籍送歸江户。紅葉山文庫承繼了德川家康的江户富士見亭與駿府兩處藏書,其早期典藏形態具有顯著的德川家康痕跡。

　　日本東北大學狩野文庫藏有一部《御文庫目録》抄本,按書名日文讀音的伊吕波順序逐年著録紅葉山文庫新增典籍,起自江户御文庫自富士見亭移至楓山的寬永十六年(1639),終至享保七年(1722),寬永十六年以前的典籍據日文讀音分置於每項之前,並未逐年分録。該目録個別年份典籍數量有所缺失,但大體完整③,時間上涵蓋紅葉山文庫早期階段,與明清兩代均有重疊,又帶有編年性質,正是考察白話小説明刊本傳播樣態的最佳資料。

　　《御文庫目録》共記載典籍 3500 餘部,大多數只著録書名且時見筆誤,少量注明册數,但均無作者、卷數等信息。筆者從中檢出白話小説 35 部,按照入藏時間與原伊吕波順序整理,如果該小説現存於內閣文庫,則按照《改訂內閣文庫漢籍分類目録》注明版本。

---

①《近藤正齋全集》第 3 卷,國書刊行會,1906 年,頁 260。
②京都史蹟會編《羅山先生詩集》下卷附録一,平安考古會,1921 年,頁 17。
③缺失的具體數額詳見大庭脩《東北大學狩野文庫架藏の御文庫目録》,載《關西大學東西學術研究所紀要》第 3 輯,1970 年。

**寬永十六年(1639)前 12 部：**

(一)《六國平話》(元至治建安虞氏刊《全相平話》第三册《新刊全相秦併六國平話》)

(二)《唐書演義》(明嘉靖三十二年楊氏清江堂刊《新刊參采史鑑唐書志傳通俗演義》八卷)

(三)《唐傳》(明萬曆四十七年序刊本《新刊徐文長先生評唐傳演義》八卷)

(四)《列國傳》(明龔韶山刊《新鐫陳眉公先生批評春秋列國志傳》十二卷)

(五)《武穆演義》(明嘉靖三十一年楊氏清白堂刊《新刊大宋中興通俗演義》八卷)

(六)《孔淑芳傳》(明熊龍峰刊《孔淑芳雙魚扇墜傳》)

(七)《章台柳傳》(明熊龍峰刊《蘇長公章台柳傳》)

(八)《英武傳》(明萬曆十九年楊明峰刊《皇明開運英武傳》八卷)

(九)《清平山堂》(明嘉靖年間《清平山堂刊小説十五種》)

(十)《西洋記》(明羅懋登刊《新刻全像三寶太監西洋記通俗演義》二十卷一百回)

(十一)《全像西遊記》(明楊閩齋刊《鼎鐫京本全像西遊記》二十卷一百回)

(十二)《羅漢傳》(明萬曆三十二年清白堂刊《新刻全像廿四尊得道羅漢傳》六卷)

**寬永十六年(1639)1 部：**

(十三)《水滸全傳》(内閣文庫目録中楓山舊藏並無《水滸傳》，但昌平坂學問所藏有明郁郁堂刊後修本《忠義水滸全書》一百二十回，或爲同版，亦或是幕府以紅葉山文庫藏本賜予昌平學)

**寬永十九年(1642)1 部：**

(十四)《皇明公案傳》(此本不見於内閣文庫目録中的楓山舊藏，内閣文庫現存林羅山藏書中有其手校抄本《新刊皇明諸司廉明奇判公案》四卷，很可能是據楓山舊藏明刊本抄録)

**寬永二十年(1643)2 部：**

(十五)《平妖傳》(明嘉會堂刊《墨憨齋批點北宋三遂平妖傳》四十

回。按:《改訂内閣文庫漢籍分類目録》將其標注爲"清初刊",由此觀之當爲明刊本)

(十六)《人物演義》(明刊《七十二朝人物演義》四十卷)

**正保元年(1644)5 部:**

(十七)《孫龐演義》(明崇禎九年序刊《新鐫全像孫龐鬥志演義》二十卷)

(十八)《皇明英烈傳》(明三台館刊《新刻皇明開運輯略武功名世英烈傳》六卷)

(十九)《鼓掌絶塵》(明崇禎刊《新鐫出像批評通俗演義鼓掌絶塵》四集四十回)

(二十)《金瓶梅》(明刊《新刻繡像批評金瓶梅》二十卷一百回)

(二十一)《隋唐傳》(此本不見於内閣文庫目録,或與尊經閣所藏明金閶龔韶山刊《鐫楊升庵批評隋唐兩朝志傳》十二卷一百二十二回爲同版)

**正保二年(1645)5 部:**

(二十二)《拍案驚奇》(明尚友堂刊《二刻拍案驚奇》四十卷)

(二十三)《盤古志傳》(明余季岳刊《按鑑演義帝王御世盤古至唐虞傳》二卷)

(二十四)《封神演義》(明舒文淵刊《新刻鍾伯敬先生批評封神演義》二十卷一百回)

(二十五)《剿闖小説》(明刊《新編剿闖小説》一百回)

(二十六)《艷史》(此本不見於内閣文庫目録中的楓山舊藏,當已佚失,但昌平坂學問所藏有明崇禎四年序刊清印本《新鐫全像通俗演義隋煬帝艷史》四十回,此本或爲該書初印本)

**正保三年(1646)2 部:**

(二十七)《有夏志傳》(明刊《按鑑演義帝王御世有夏志傳》四卷)

(二十八)《英雄譜》(明崇禎雄飛館刊《精鐫合刻三國水滸全傳》)

**慶安三年(1650)1 部:**

(二十九)《陽明出身録》(此本不見於内閣文庫目録中的楓山舊藏,昌平坂學問所藏有江户時期翻刻的《皇明大儒王陽明先生出身靖亂録》三卷,但在目録中歸入"子部小説家類"而非"通俗小説",石昌渝

主編《中國古代小說總目》白話卷收録該書）

承應元年（1652）1 部：

　　　（三十）《醒世恒言》（明葉敬池刊《醒世恒言》四十卷）

承應二年（1653）1 部：

　　　（三十一）《岳王志傳》（此本不見於内閣文庫目録中的楓山舊藏，但林家藏本中有明萬曆三台館刊《新刻按鑑演義全像大宋中興岳王傳》八卷，或是幕府以紅葉山文庫藏本賜予林家）

萬治元年（1658）1 部：

　　　（三十二）《醋葫蘆小説》（明刊《新撰醋葫蘆小説》四卷二十回）

萬治三年（1660）1 部：

　　　（三十三）《玉嬌梨集》（或爲清康熙刊《新鐫批評繡像玉嬌梨小傳》二十回，刊年存疑）

寬文二年（1662）1 部：

　　　（三十四）《西遊記》（明刊《李卓吾先生批評西遊記》一百回）

寬文八年（1668）1 部：

　　　（三十五）《喻世明言》（明衍慶堂刊《喻世明言》二十四卷，別題“重刻增補古今小説”）

　　《御文庫目録》中著録的 35 部白話小説，只有一部《六國平話》爲元刊本、一部《玉嬌梨集》爲清康熙刻本（存疑），其他 33 部均爲明刊本。而如前所述，内閣文庫現存的紅葉山文庫舊藏典籍中，明版白話小説共有 39 部，其中大多見於《御文庫目録》。未載於該目録者，或許緣於該目録傳抄過程中的遺漏或缺損，如現存元刊《全相平話》五種很可能是同時購入，而《御文庫目録》只著録《六國平話》一種；由於五部小説分別抄録，且日文讀音的伊吕波順序各不相同，筆録者不易發現其他四種的缺漏。與此類似，熊龍峰刊行的四種小説也當同時入藏，但《御文庫目録》只著録《孔淑芳傳》與《章台柳傳》，而遺漏《張生彩鸞燈傳》與《馮伯玉風月相思小説》兩種。即便存在這些缺失，仍可看出内閣文庫收藏的明版白話小説，正是奠基於江户初期。

　　根據《御文庫目録》的記載，紅葉山文庫白話小説的選購集中在正保四年（1647）之前，此前共入藏 28 部，而此後雖然其他典籍仍大量增藏，但白話小説的收藏明顯下降。比如慶安元年（1648）、二年（1649）、四年（1651）、

承應三年(1654)分別新增典籍 31 部、33 部、188 部、64 部,但其中並無一部
白話小説;萬治三年(1660)新增典籍 111 部,其中僅有一部《玉嬌梨集》。
而寬文九年(1669)直至最後的享保七年(1722),長達半個多世紀的時間
裏,紅葉山文庫並未選購任何一部白話小説。這並非由於中國商船運載到
日本的白話小説數量鋭減,而是紅葉山文庫自主選擇的結果。

　　日本宮内廳書陵部所藏的《舶載書目》根據長崎港的原始記録,逐年著
録自元禄七年(1694)至寶曆四年(1754)商舶載入日本的漢籍目録,時間上
恰與《御文庫目録》有 29 年的重疊,這段時間先後有《隋史遺文》《平妖傳》
《醉春風》《留人眼》《移繡譜》《照世杯》《玉樓春》《西湖佳話》《連城璧》等二
十餘種白話小説通過長崎傳入日本①,而紅葉山文庫向來對舶載漢籍享有
優先購買權。此外,水户彰考館文庫藏有唐本書肆田中清兵衛元禄元年
(1688)售書目録,時值《御文庫目録》末次著録白話小説之後二十年,其中
便有《拍案驚奇》《五鼠鬧東京》《賽紅絲》《畫圖緣傳》《濟顛全傳》《繡屏緣》
《催曉夢》《金粉惜》《平虜傳》等 26 部白話小説②。由此可見,當時仍有大量
白話小説輸入日本,紅葉山文庫不再選購此類漢籍,只是出於閲讀趣味與
藏書傾向的改變。

## 二　明版白話小説收藏緣起:德川家康、林羅山與德川義直

　　正保四年(1647)之前紅葉山文庫之所以頻繁購藏白話小説,很可能因
爲當時尚且保留著德川家康、林羅山等先驅者博學開放的知識訴求,並未
如江户中後期官學那樣過於強調正統、排斥異學。由於文獻缺乏,德川家
康富士見亭文庫與駿府文庫藏書的詳情難以查考,但元和二年(1616)德川
家康去世時,由林羅山主持分賜尾張、紀伊、水户御三家的駿府藏書便不乏
明版白話小説,如水户彰考館中推定爲駿河御讓本的便有《三國志通俗演
義》明萬曆刊插圖本③。御三家藏書現存最完整者爲尾張藩,目前完整保

---

① 參見周健強《中國古典小説在日本江户時期的流播》,中國社會科學出版社,2021 年,
　　頁 411—420。
② 大庭脩《元禄元年の唐本目録》(翻刻附解説),載《史泉》第 35、36 合併號,1967 年。
③ 參見川瀨一馬《日本書誌學之研究》,大日本雄辯會講談社,1943 年,頁 613。

留了江戶時期該藩先後編纂的多種藏書目録,寬永年間編纂的書目還包括德川家康駿府文庫御讓本目録的抄本,末尾落款爲"元和三丁巳年正月七日請取了",元和三年即德川家康去世後第二年,該目録中便有《兩漢傳志》《全漢志傳》《三國志傳》(兩部)、《列國志》四種五部明版白話小説①,均爲德川家康舊藏,完整保留至今,見於《名古屋市蓬左文庫漢籍分類目録》的著録,其中兩部還是存世孤本:

　　　　萬曆三十四年潭陽余象斗重刊《新刊京本春秋五霸七雄全像列國志傳》八卷

　　　　萬曆三十三年書林詹秀閩刊《京板全像按鑑音釋兩漢開國中興傳志》六卷(按:現存孤本)

　　　　萬曆十六年余世騰刊《京本通俗演義按鑑全漢志傳》十二卷(按:現存孤本)

　　　　明覆萬曆十九年金陵周曰校刊《新刊校正古本出像大字音釋三國志傳通俗演義》十二卷

　　　　明萬曆三十三年閩建書林鄭少垣刊《新鋟京本校正通俗演義淮按鑑全像三國志傳》二十卷②

　　由於德川家康地位之隆,身邊的子女侍從均受其影響,其中不乏矚目白話小説者,甚至能據其藏書還原紅葉山文庫小説藏書的入藏時間與部分原貌,尤以林羅山最爲明顯,而德川家康的藏書趣味很可能也由其促成。自慶長十年(1605)謁見德川家康,林羅山常年伴其左右,雖也曾與聞軍政大事,但更重要的是整理藏書、執筆文案、主持典籍刊刻。二人均體現出不同於後世的知識廣度,以及博覽群書的開放態度,可謂趣味相投。林鵞峰撰寫的年譜中稱乃父林羅山"十二歲既通國字,讀演史小説,粗窺見中華之書,記憶不忘"③,早年讀書便不限於經史,對白話小説也頗多關注,因博學多聞而爲人推重。慶長十年(1605)德川家康召見林羅山,此後林羅山成爲德川家康侍從,第二年便入家康的伏見書庫閲覽《南軒集》《象山集》《吳草

①《尾張德川家藏書目録》第1卷,ゆまに書房,1999年,頁96—97。
②《名古屋市蓬左文庫漢籍分類目録》,名古屋市教育委員會,1975年,頁138。
③京都史蹟會編《羅山先生詩集》下卷附録一,頁2。

盧集》《吕氏鄉約》等未見典籍①。會面後不久德川家康隱退駿府，林羅山
也隨之西遷，代其掌管駿府文庫，其中藏書的選擇、整理都曾經林羅山之
手。元和二年(1616)德川家康去世、駿府文庫藏書又由林羅山主持分配御
三家，此後他回到江户，似乎與弟信澄一起參與富士見亭文庫的管理，直至
寬永初年②。寬永十年(1633)，紅葉山文庫設立專門的書物奉行管理藏
書③，雖專事典籍管理，但位卑秩薄，且大多數並無文獻類專門知識④，從事
的往往是出納、記録、修繕之類日常維護工作，藏書的選購、編目非其所長。
而林羅山長年侍奉德川家康左右，整理藏書、講讀經史；在家康去世後繼續
爲二代、三代將軍執掌文事，直至明曆三年(1657)去世。有理由相信且有
證據顯示，紅葉山文庫早期的藏書亦體現出林羅山的學問風格。

　　林羅山年譜"慶長九年"條下列出四百四十餘部既讀書目，撰譜的林鵞
峰稱其爲"先生親筆目録，見在怒也文庫"⑤，即該目録以林羅山自筆文稿
爲底本，當較可信。林羅山整部年譜僅有這一種"既讀書目"，似是對過往
閱讀經歷的總結，而慶長九年(1604)正值林氏謁見德川家康前一年。該目
録中有《通俗演義三國志》與《全相圖書》兩種⑥，其中《全相圖書》尤其值得
注意，該書夾在《陣法》《全浙兵制》《武經樞要》之後，内容當與軍陣征戰相
關，筆者推測是《全相平話》系列中的一種或數種。

　　這並非孤證，林羅山的《梅村載筆》中另載有分類編纂的知見書目，
"雜"類著録有《八仙傳》《西遊記》《列國傳》《三國志演義》《全相漢書》五種
白話小説⑦，其中的《全相漢書》當便是《全相平話》中的《前漢書續集》，或
是現已不存的《前漢書正集》。此外，林羅山還在《本朝神社考》卷六"玉藻

①京都史蹟會編《羅山先生文集》下卷，頁 399—400。
②參見福井保《紅葉山文庫：江户幕府の參考圖書館》，鄉學舍，1980 年，頁 18—19。
③《御文庫始末記》："至寬永十年，始命星合太郎兵衛、西尾加右兵衛、三雲平左衛門、關
　兵三郎爲御書物奉行，是爲司籍官吏設置之權輿。"見《幕府書物方日記》第 3 册，東京
　大學出版會，1966 年，頁 384。
④參見福井保《紅葉山文庫：江户幕府の參考圖書館》，頁 23。
⑤京都史蹟會編《羅山先生詩集》下卷附録一，頁 12。
⑥京都史蹟會編《羅山先生詩集》下卷附録一，頁 7—8。
⑦《日本隨筆大成》第 1 期第 1 卷，吉川弘文館，1975 年，頁 38。

前”條目中提到：“余嘗見《全相平話武王伐紂書》，云紂王死時，妲己化爲九尾狐，上飛入天。太公望持符咒之，狐乃降。”①由此觀之，林羅山至少讀過《全相平話》中的兩種，也可證明慶長九年（1604）既讀書目中的《全相圖書》，當爲《全相平話》，只是原文未注明册數，不知爲全套還是部分内容。此外，内閣文庫白話小説藏書中注明爲林羅山舊藏者另有：

        明龔韶山刊《新鐫陳眉公先生批評春秋列國志傳》（紅葉山文庫藏有同版）

        抄本《新刊皇明諸司廉明奇判公案》（紅葉山文庫藏有該書明刊本）

        明王氏三槐堂刊《新刻名公神斷明鏡公案》

        明余文台刊《新刊八仙出處東遊記》（紅葉山文庫藏有同版）

四部白話小説中，三部與紅葉山文庫相關，林羅山或收藏同版，或據文庫藏本抄録。林羅山文集中另有讀《剿闖小説》的記載②，紅葉山文庫藏有該書明刊本，而林家藏有同書抄本③。總之，林羅山與德川家康，與駿府文庫、紅葉山文庫的明版白話小説存在著密切的關聯。承襲駿府文庫與富士見亭文庫的紅葉山文庫，其《御文庫目録》中列爲“寬永十六年前”收藏的 12 部白話小説中，究竟還有多少原屬德川家康舊藏？内閣文庫現存明版小説珍本，究竟有多少經林羅山之手才入藏楓山並保存至今？

　　德川家康與林羅山對明版白話小説藏書的價值尚不止此，日本另一漢籍重地蓬左文庫的白話小説也與其相關。蓬左文庫原爲尾張藩御文庫，由首代藩主、德川家康第九子德川義直所創，川瀨一馬稱“江户初期敬公的藏書事業令人歎爲觀止，當時在諸侯中可稱第一。家康晚年隱退駿府，手自撫育，文政方面均受其影響；在駿府時亦由林道春（羅山）授業發蒙，受其化育”④，或許受德川家康、林羅山熏陶，德川義直也流露出對白話小説的收藏趣味，而駿河御讓本中賜予尾張藩的 5 部白話小説，抑或是德川家康視其所好預作安排，或德川義直自選。尾張藩藏書現存於蓬左文庫，《名古屋

---

①《大日本風教叢書》第 7 輯，大日本風教叢書刊行會，1920 年，頁 22。

②京都史蹟會編《羅山先生詩集》上卷，頁 360。

③《改訂内閣文庫漢籍分類目録》，頁 437。

④川瀨一馬《日本における書籍蒐藏の歷史》，ぺりかん社，1999 年，頁 74。

市蓬左文庫漢籍分類目録》著録的白話小説共有 14 部,除前述駿河御讓本中的 5 部之外,其他 9 種中只有兩部爲清代刻本,其他 7 部均爲明刊本,7 部中又有 3 部爲寬永十年(1633)買本、1 部爲寬永十一年(1634)買本①,正值德川義直任職藩主期間:

　　　　金陵李潮聚奎樓刊《輪迴醒世》十八卷(寬永十一年買本,存世孤本)

　　　　明建邑陳氏存仁堂刊《新鐫國朝名公神斷詳情公案》五卷(寬永十年買本)

　　　　萬曆二十二年書林朱氏與畊堂刊《新刊京本通俗演義全像百家公案全傳》十卷(寬永十年買本)

　　　　明潭邑書林余氏雙峰堂刊《皇明諸司廉明奇判公案傳》二卷(寬永十年買本)

此外另有天啓四年(1624)豫章無礙居士序刊本《警世通言》一部四十卷誤歸"子部小説家類"②,亦屬寬永十年買本,存世僅有兩部。

　　總之,以德川家康爲中心,包含林羅山、德川義直在内的交往圈均熱衷於收藏白話小説,時值明清之際,舶載東瀛的漢籍絕大多數均爲明版。在普遍重視經史詩文的江户初期,德川家康等人未必意識到白話小説的文體特征與文學價值,他們收藏的歷史演義、公案靈怪類小説尚有較强的文言色彩,與雜史筆記不乏相似之處,在其閲讀視野中缺乏"左國史漢"之重,很少見於引用評論,但這種博學多聞的傾向使白話小説得以納入庫藏,其身份地位又保證了紅葉山文庫、尾張藩御文庫與林家藏書的有序傳承③。雖然整個江户時代很少見到這些明版小説的閲讀記録,但仍能將其保存延續到近代,並隨著時代變遷,封閉的幕藩官藏變爲公共文庫,舊有藏書爲學術

①《名古屋市蓬左文庫漢籍分類目録》,頁 139。

②《名古屋市蓬左文庫漢籍分類目録》,頁 102。

③江户初期除德川家康、林羅山與德川義直外,另有建仁寺、僧正天海等處藏有白話小説,此外寬文十年(1670)刊行的《爲人抄》曾引用《三國演義》,天龍寺僧曾翻譯《三國演義》,白話小説的收藏與閲讀似乎頗爲盛行,只是由於現存資料有限,僅可依據藏書目録以及引用與翻譯間接推測,參見周健强《中國古典小説在日本江户時期的流播》,頁 151、470—483。

轉型之際的小説研究提供了文獻基礎與新的可能性。

## 三　內閣文庫的設立與白話小説實證研究范式的形成

明治維新之後百事更張,制度與機構變遷頻繁,紅葉山文庫先後從屬於大學、大史局、式部寮、歷史課、修史局修史館。明治十七年(1884)設立太政官文庫,集中管理各官廳藏書,修史館執掌的紅葉山文庫與宮内省、内務省、外務省等機構藏書均轉入太政官文庫。第二年改太政官制爲内閣制,紅葉山文庫轉由記録局圖書課管理①。此後又迭經變遷,明治四十四年(1911)藏書轉移到皇居大手門的新建文庫中,直到二戰結束。爲便於官廳閱覽,内閣制確立當年,内閣文庫便著手編纂藏書目録,1891年編纂完成漢籍的伊吕波(假名别)目録,兩年後出版漢籍分類目録。二者都整理著録了白話小説,《全相平話》《清平山堂》《古今小説》《拍案驚奇》等現存明版小説基本都著録在册。1914年又編纂完成《内閣文庫圖書第二部漢書目録》,一改此前兩種目録雜糅的分類方式,聲稱"本編分類體例主要依照清代《四庫全書總目》與《重訂御書目録》"②,將白話小説列入子部小説家的"傳奇演義、雜記"類。三部目録的編纂逐次完善,已用近代目録方式將舊藏明版白話小説整理成册,爲研究者提供了足可藉鑒的文獻導引,似乎學術史的躍進觸手可及,實則第三部漢籍目録編纂後又過了十餘年,内閣文庫所藏明版小説的價值才爲學術界所發掘。

紅葉山文庫帶有明顯的傳統色彩,重保管而輕利用。内閣文庫建立初期也只是官廳内部的藏書機構,閱覽資格僅限於少數官員,且手續複雜,並非開放閱覽的現代圖書館,以至於文庫成立多年之後,中日學者才得入庫閱覽、發現庫中藏書的價值。明治十四年(1881)的《公文雜籍借覽規則定稿》第四條規定:"借覽者若爲各部局官吏私借,則需選定保證人,與本人同在本處出納簿簽名蓋章。"③官吏借閱尚需保證人,並非官員的學者入覽幾乎不可能。即便官吏入庫閱讀,難度也日漸增加,明治二十三年(1890)的

① 參見森潤三郎《紅葉山文庫と書物奉行》,昭和書房,1933年,頁193—197。
② 《内閣文庫圖書第二部漢書目録》,帝國地方行政學會,1914年,頁1。
③ 國立公文書館編《内閣文庫百年史》(增補版),頁240。

《內閣圖書出納規程》第五條又規定"官吏欲至文庫閱覽圖書,倘無記錄局長許可,不予允准"①,普通讀者更被拒之門外。直到 1921 年,身爲同志社大學文學部教授的青木正兒研究《水滸傳》時,雖然得知內閣文庫藏有明版,仍無奈地稱"以上得之於內閣文庫目錄,然以我等野人,無此榮幸得以拜觀"②。直到 1926 年鹽谷溫以最高學府東京大學教授的身份到內閣文庫調查文獻,其中的明版白話小說才正式進入學術視野。

　　1926 年《斯文》雜誌第 8 編第 5、6、7 號以連載方式刊登了鹽谷溫的《關於明代小說三言》,文章以斯文會的演講稿爲基礎撰寫而成,演講時還在現場展覽涉及的小說珍本。作者詳細調查了內閣文庫、宮内省圖書寮等文庫的藏書,精心梳理出《三國演義》、三言二拍、《今古奇觀》的版本源流,製作出清晰的版本年代表,並詳細介紹了內閣文庫收藏的《全相平話》以及《全像古今小說》《喻世明言》《二刻拍案驚奇》《三國演義》《西遊記》等各種明刊小說。現場展覽了 15 部注明藏處的白話小說刻本,僅內閣文庫就佔據 9 種,可見內閣文庫在白話小說版本研究中的價值所在。他自稱"以前著有《宋元戲曲史》的王國維、北京大學近來撰寫《中國小說史》的魯迅(周樹人)均未能目睹的典籍,卻傳存於日本,聞此且驚且喜,同時想將我國存有這些貴重文獻之事公諸於世"③。文章內容以版本考辨爲主,在"三言二拍"研究史上具有標誌性意義,而該文對小說研究範式的貢獻,更大於幾部話本小說的版本考辨。

　　兩年後,鹽谷溫又在狩野直喜的還曆紀念文集中發表《關於全相平話三國志》一文,依據內閣文庫收藏的元刊《全相平話》五種、明萬曆版《三國志演義》三種、文求堂的經廠本《三國志通俗演義》,詳細分析了《三國演義》的故事源流與版本形態,描述出從《全相平話三國志》到明代《三國志演義》再到毛宗崗評《第一才子書》的演進過程,最後稱"羅貫中的原本究竟面貌如何,如今

---

①國立公文書館編《內閣文庫百年史》(增補版),頁 309。
②青木正兒《水滸傳が日本文學史上に布いてゐる影》,載《青木正兒著作集》第 2 卷,春秋社,1970 年,頁 266。
③鹽谷溫《明の小説三言に就て》(一),載《斯文》第 8 編第 5 號,1926 年。

已難以得知。到文化爛熟的明代中葉,羅氏原本無疑已大加潤色"①。文章以文獻爲基礎,打破了以往對《三國演義》籠統的文本分析與年代歸屬,在話本小説之後,又爲長篇章回小説的實證研究提供了典範。

在鹽谷温之前,筆者並未看到他人以如此篇幅考證白話小説的版本源流,僅有各種中國文學史或小説史問世,重要的如笹川種郎 1898 年出版的《中國小説戲曲小史》、兒島獻吉郎 1912 年出版的《中國文學史綱》、宮崎繁吉的《中國近世文學史》、以狩野直喜 1916 年到 1917 年講稿爲基礎整理而成的《中國小説戲曲史》以及鹽谷温本人 1919 年出版的《中國文學概論講話》。《關於明代小説三言》全文長達 45 頁,相當於笹川種郎整部《中國小説戲曲史》篇幅的四分之一。《關於全相平話三國志》篇幅略短,但也達 11 頁。

由於當時元明兩代的話本小説少爲人知,而明代長篇小説常見的又多是清代刻本,最多也不過是《水滸傳》李卓吾評點百二十回本等極少數明代版本,因此上述文學史或小説史論到白話小説往往只涉及《水滸傳》《三國演義》,至多延伸到"四大奇書"、《紅樓夢》。同時,在毫無版本依據的前提下,絕大多數文學史作者都認爲當時見到的《水滸傳》《三國演義》寫於元代,並以金聖歎、毛宗崗等清代評點本論述"元代白話小説的發展",評論時也帶有濃厚的評點氣息,甚至直接襲用金聖歎術語。如笹川種郎的《中國小説戲曲小史》將《水滸傳》及《三國演義》作爲"第二篇元朝"下第三章,稱《水滸傳》有百二十回本與七十回本,"七十回本爲金聖歎評本,即第五才子書。七十回本非真《水滸傳》,金聖歎無疑已憑一己私見執筆删削。欲讀真《水滸》,若非依李卓吾百二十回本,難解其妙"②,對《水滸傳》龐大的版本系統幾無所知。而兒島獻吉郎在《中國文學史綱》中也把白話小説的興起追溯到元代,並將《水滸傳》《三國演義》均視爲元代作品,稱"通篇百二十回,以雄健之筆描繪三十六人,一一躍然紙上,令讀者想望紙上人物面目風采。金聖歎稱天下至文,無出《水滸傳》之右。蓋《水滸傳》爲天下奇書,千

---

① 鹽谷温《全相平話三國志に就て》,載鈴木虎雄編《支那學論叢:狩野教授還曆記念》,弘文堂書店,1928 年,頁 629。

② 笹川種郎《支那小説戲曲小史》,博文館,1898 年,頁 37—38。

古靈筆"①，與笹川種郎別無二致。類似的還有宮崎繁吉，他的《中國近世文學史》第四章爲《元朝小説及戲曲》，其中第二節是"《水滸傳》及《三國志》"，論及《水滸傳》時稱"作者平生飽暖無事，又值心閑，伸紙弄筆，尋個好題目，寫出自家錦心繡口。故其筆墨八面玲瓏，不偏不駁"②，一望可知連用詞都襲自金聖歎。上述每部著作，提到白話小説之所以發展遲緩，無一例外均籠統地歸因於南北地域差異，認爲儒家主導的北方重實用、詩文興，南方道家重想象、小説盛，所謂"南方思潮今若爲中國文學中心，則其思想產物之戲曲小説，未必待元代而興，固早已促其發展"③。

　　狩野直喜往往被視爲近代學術轉型的代表學者，鹽谷温在《關於全相平話三國志》中也將其從事戲曲研究，歸因於來華留學之際狩野直喜的勸告，稱"顧禹域遊學途次，赴洛北訪君山博士辭行，博士勸余致力元曲研究"④，然而以版本爲基礎的實證研究並未體現在狩野直喜的小説史講授中。

　　狩野直禎稱祖父狩野直喜1916年9月開始講授中國小説史，1917年9月開始講授中國戲曲史，講稿後來以"支那小説戲曲史"之名出版⑤。該書不再以南北地域與思想差異論述小説的興起，而是將通俗文學溯及宋代説書與敦煌變文，還談到《五代平話》《京本通俗小説》《大唐三藏取經詩話》等新近發現的説話文獻，但所述頗簡。談到話本小説，只是在"京本通俗小説"小節中以"其體裁與後世所出《醒世恒言》《拍案驚奇》《今古奇觀》全同"，"比較《京本通俗小説》與《醒世恒言》，後世所興者，體裁較宋元並無發展。其中所收故事，又爲後世小説襲取"⑥。當時内閣文庫、蓬左文庫的小説藏書尚未進入學術視野，自然難以涉及完整的"三言二拍"，但對明清之際繁興的白話短篇小説如此評價，實在引人深思。

①兒島獻吉郎《支那文學史綱》，富山房，1912年，頁291。
②宮崎繁吉《支那近世文學史》，早稻田大學出版社，1905年，頁61。
③宮崎繁吉《支那近世文學史》，頁61。
④鹽谷温《全相平話三國志に就て》，載鈴木虎雄編《支那學論叢：狩野教授還曆記念》，頁619。
⑤狩野直喜《支那小説戲曲史》，みすず書房，1992年，頁276。
⑥狩野直喜《支那小説戲曲史》，頁58—59。

　　涉及《水滸傳》時，狩野直喜引用《宋史》《宣和遺事》《元曲選》《少室山房筆叢》等，論證其成書於明初，而非通行的元代説。所論考證精審，已與笹川種郎、宮崎繁吉等籠統的行文大不相同。但涉及版本，僅稱“今日所傳，有明李卓吾與清金聖歎兩種，二者頗有差異。卓吾本百二十回，又名百二十回本……金聖歎本七十回，亦名七十回本”①，其時内閣文庫藏書目録已編成並出版，容與堂刊百回本已爲人所知，但狩野直喜顯然未曾寓目。論及《水滸傳》藝術手法，狩野直喜與笹川種郎、宮崎繁吉等類似，均深受評點影響，稱“如金聖歎所言”②，《水滸》人各一面，魯智深、武松、李逵等殺人放火之事相近，寫出來卻各具生面。狩野直喜在講述《水滸傳》《西遊記》時，引用巴賛法譯序言與巴黎國家圖書館敦煌遺書中的唐太宗遊地府片段，此類資料在其《中國俗文學研究的材料》③中所論更詳。他因矚目歐洲漢學與敦煌文書，成爲改變小説史研究理路的先驅者，在學術史上頗受推重，但很少論及版本，對内閣文庫、蓬左文庫等處收録的明版小説，顯然並不知曉。

　　即便鹽谷温本人，在發現内閣文庫的小説藏書之前，對小説史的認識也與狩野直喜相近，甚至略有不及。由於狩野直喜的《中國小説戲曲史》遲至 1992 年才出版，鹽谷温 1919 年出版的《中國文學概論講話》因其對小説戲曲論述之精，已是破天荒之作。但論話本僅涉《宣和遺事》《五代史平話》與《京本通俗小説》，無一字提及“三言二拍”，論述也比狩野直喜更簡略。提到《水滸傳》，也只説“有百二十回本與七十回本傳世。前者即李卓吾《忠義水滸傳》（另有百回本），後者即金聖歎第五才子書”④；關於成書年代，籠統地稱“《水滸傳》與《演義三國志》並稱元代小説雙璧，配以《西廂記》《琵琶記》，爲元代四大奇書”，並未詳細剖析《水滸傳》與《三國演義》究竟作於何時。其時鹽谷温尚未發現内閣文庫所藏《三國志平話》，論述《三國演義》也並未對通行觀念加以較大推進。

　　鹽谷温《關於明代小説三言》《關於全相平話三國志》兩篇論文通過對

①狩野直喜《支那小説戲曲史》，頁 68。
②狩野直喜《支那小説戲曲史》，頁 84。
③狩野直喜《支那俗文學研究の材料》，載狩野直喜《支那學文藪》，みすず書房，1973年，頁 254—266。
④鹽谷温《支那文學概論講話》，大日本雄辯會，1919 年，頁 466—467。

內閣文庫所藏白話小説元明刊本的調查與研究,證實小説研究要立足於清晰、明確的版本基礎之上。元明小説大多經過後世的增删評改,不同版本間差異極大,從此以後像笹川種郎、兒島獻吉郎等人那樣以清代刊刻的《水滸傳》《三國演義》證明元代白話小説的興盛,已經不再有説服力,遑論以金聖歎、張竹坡批本評騭元明通俗文學手法之優劣。鹽谷溫在詳考版本後,便頗爲謹慎地稱:"元代小説中,《水滸傳》《三國演義》堪稱雙璧,但今日已極難考見其本來面目。流傳既久,每經人手,多少總會改頭換面,看各種傳本便可了然。"①具體到《水滸傳》版本,此前包括他本人在内,都認爲主要是李卓吾評百二十回本與金聖歎評七十回本,該文卻稱:

> 《水滸傳》有百回、百十回、百十五回、百二十回等多種版本;最近刊行新式標點本,前有胡適詳細考證其來歷。內閣文庫藏本中,李卓吾評百回及百廿回兩種,又有《英雄譜》百六回本,均爲珍本,難以確證何爲《水滸傳》原本。實則元代雖有施耐庵、羅貫中等人編纂《水滸》《三國志》,但究竟何爲施耐庵、羅貫中原本,今已無從知曉。②

談論"四大奇書""三言二拍",甚至任何一部白話小説之前,首先需要明確面對的是哪種刻本、刊於何時、全本還是殘本。爲了調查內閣文庫藏書的來源,鹽谷溫除查考《四庫全書總目提要》《也是園書目》《書林清話》等中國文獻之外,還利用了《舶載書目》《佐伯文庫藏書目録》《慶長以來書賈集覽》《畫引小説字彙》《尾張藩藏書目録》等江户時期的書目資料,極大擴展了白話小説版本調查的範圍,此後這些書目逐漸成爲白話小説研究的重要參考。

　　由於鹽谷溫的學術地位與先行示範,此後以版本實證方式研究白話小説逐漸成爲近代學術主流,並一直延續至今,其弟子長澤規矩也與辛島驍首先投入其中。就在鹽谷溫《關於明代小説三言》發表後一年,同一雜誌《斯文》又在第 9 卷第 1 號發表了辛島驍的《警世通言三種》③,將版本調查的視野轉向尾張的蓬左文庫與大連圖書館的大谷光瑞藏書。同一年橋川時雄在北京主持的《文字同盟》第 7 號發表了長澤規矩也的版本調查成果《日本現存戲曲小説類目録》,開篇稱其"由日本宮内省圖書寮、內閣文庫、

---

① 鹽谷溫《明の小説三言に就て》(二),《斯文》第 8 編第 6 號,1926 年。
② 鹽谷溫《明の小説三言に就て》(二),《斯文》第 8 編第 6 號,1926 年。
③ 辛島生《警世通言三種》,載《斯文》第 9 編第 1 號,1927 年。

尾州藩德川氏蓬左文庫及岩崎氏静嘉堂文庫所藏之戲曲小説,實觀其書,以輯其目録者也”①。1928 年長澤規矩也又在《東洋學報》第 17 卷第 2 號發表《京本通俗小説與清平山堂》②,《斯文》雜誌也分兩次推出長澤規矩也的《關於三言二拍》③。兩篇文章繼續發掘内閣文庫收藏的明版小説《清平山堂話本》《熊龍峰小説四種》以及“三言二拍”各處藏本,幾乎是當時中日兩國學界版本考辨與本事源流研究的集中總結。同時,東京大學文學部陸續出現多種以白話小説爲題的學位論文,如 1930 年熊木啟作的《明代白話短篇小説文化史的系統》、石田正信的《紅樓夢考察》,1931 年伊能源太郎的《三言研究》、早川光二郎的《〈水滸傳〉研究》,1932 年高原四郎的《中國小説對日本江户時代文學的影響》,1933 年津久井信也《關於〈宣和遺事〉》④。這些論文大都由鹽谷温或其弟子竹田復指導,作者將來未必以白話小説研究爲業,卻通過課堂傳授與論文寫作傳遞了文獻實證的學術風氣。

　　從鹽谷温發表《關於明代小説三言》與《關於全相平話三國志》開始直到二戰以後,日本學者(而非作家或普通讀者)發表的白話小説研究論文與專著大都以文獻、版本爲基礎,數量上遠超評論類論著。即便以小説評論爲主的文章,也多以明確的文獻版本爲依託,很少出現笹川種郎、兒島獻吉郎、宮崎繁吉等人那種空泛籠統的論述。同時,赴内閣文庫查閱明版小説,成爲很多研究者實現學術突破的重要契機。

# 餘　論

　　江户初期入藏紅葉山文庫、尾張御文庫等幕藩藏書機構的明版小説,

①長澤規矩也《日本現存戲曲小説類目録》,載橋川時雄主編《文字同盟》(影印本)第 1 卷,汲古書院,1990 年,頁 461。

②長澤規矩也《京本通俗小説と清平山堂》,載《東洋學報》第 17 卷第 2 號,1927 年。修訂後以《清平山堂、熊龍峰刊行の話本に就いて》之名收入《長澤規矩也著作集》第 1 卷,汲古書院,1982 年,頁 141—156。

③長澤規矩也《三言二拍について》,《斯文》第 10 編第 9 號,1928 年;第 11 編第 5 號,1929 年。修訂後以同名收入《長澤規矩也著作集》第 5 卷,汲古書院,1985 年,頁 39—68。

④參見王古魯《最近日人研究中國學術之一斑》,1936 年自印,頁 2—10。

經由鹽谷温、長澤規矩也等人的重新發掘，深刻改變了白話小説研究的格局。這些明版小説不止在日本極爲罕見，中國本土也少見流傳，而近代中日學術界聯繫緊密，人員往來與文獻回流均頗爲頻繁。精於小説版本的學者潘建國指出：“海外存藏漢籍的學術意義，經史子集各不相同，且與其在中國本土的存藏情況成反比……對於小説戲曲（特別是明代及清代前期版本）而言，由於國内藏本的不足，海外漢籍的意義可能是整體性的，有時甚至是決定性的。”①明版白話小説之發現，其輻射力並未止於日本，中國學術界也深受影響。

　　鹽谷温的《關於明代小説三言》、辛島驍的《警世通言三種》發表之後，很快便由汪馥泉譯爲中文，收入北新書局 1930 年出版的《中國文學研究譯叢》中。而長澤規矩也的《日本現存戲曲小説類目録》，也由於刊登的雜誌《文字同盟》地處北平且爲中日雙語，很快便爲中國學者所見，馬廉還在通信中與長澤規矩也商榷部分小説究竟爲明版還是清刻②。内閣文庫廣儲漢籍珍本之事傳到中國，遂先後有董康、孫楷第、傅芸子等人赴内閣文庫查訪小説戲曲。由於内閣文庫查驗較嚴、手續繁雜，三次均有鹽谷温、長澤規矩也師徒引導，孫楷第在日訪書期間，長澤規矩也還親筆撰寫孫氏簡歷並予擔保③。若無鹽谷温、長澤規矩也的先行研究與居間關照，《日本東京所見小説書目》與《中國通俗小説書目》的問世恐怕會有更多波折，不過這已是另外的話題。

（作者單位：北京外國語大學中國語言文學學院）

---

①潘建國《“俗文學文獻學”若干問題芻議》，載《北京大學學報》（哲學社會科學版）2022年第 4 期。

②馬廉《與長澤規矩也關於〈警世通言〉的通信》，載劉倩編《馬隅卿小説戲曲論集》，中華書局，2006 年，頁 113。

③參見稻森雅子《開戰前夜の日中學術交流：民國北京の大學人と日本人留學生》，九州大學出版社，2021 年，頁 178。

# 日本明治文言體漢文小説的史傳表現 *

## ——以菊池三溪、依田學海爲例

柯混瀚

## 一　前言

　　中國古典小説自古有"稗史"之稱,深受史傳文學的直接影響,如韓進廉指出:"先秦兩漢歷史散文,特別是以《史記》爲代表的史傳散文,上承神話,下啓小説,是中國叙事文學的藝術寶庫。歷史散文孕育了小説,小説自成一體後,在其成長過程中依然師法歷史散文的結構模式、叙事方法、修辭傳統,編制出五光十色、百態千姿的小説文本。"①關於中國古典小説叙事與史傳叙事間的淵源與變異,學界已進行了相當的探究。相較之下,日本漢文小説往往是古代日本文人對中國古典小説的"名爲創造的模仿"②,借用他者的形式書寫自我的故事,而與中國古典小説間形成了大同小異的現

＊ 本文係福建省社科基金西部扶持項目(FJ2022X006)階段性成果。

① 韓進廉《中國小説美學史》,河北大學出版社,2004 年,頁 16。

② 倉石武四郎指出日本漢文學的發展正是日本爲中國這個先進國家所傾倒,進而學習其文學,並具有模仿的特色,且此種模仿是"名爲創造的模仿"(倉石武四郎講述,杜軼文譯《日本中國學之發展》,北京大學出版社,2013 年,頁 229—231)。另有户田浩曉也持相近之見,提及:"日本漢文學所留下的文學形式,畢竟僅是中國文學形式的模仿,並未產生獨自的文學形式,而内容上則是由模仿到自主的轉換。"(户田浩曉《日本漢文學通史》,武藏野書院,1957 年,《序説》,頁 2)

象。今學者在整理、研究日本漢文小説時,也曾論及日本漢文小説對於中國古典小説文體形式,乃至對於史傳形式的借鑒,但專題式研究頗爲罕見,深度上仍存在著不足。

在此,本文聚焦於明治時期,並以菊池三溪(1819—1891)、依田學海(1834—1909)二人爲例,主要有以下考慮:其一,明治時期是日本漢文小説的"爛熟期"①,相關體式、類型趨於完備,且此時流行"集評",從日人的序跋、例言(或凡例)與評點(自評或他評),更可印證中國史傳傳統的影響力。其二,兩人被認定爲明治漢文小説家的代表②,前者著有《消夏雜誌》《西京傳新記》《本朝虞初新誌》《譯準綺語》,後者著有《當世新話》《譚海》《談叢》③,其中不乏"記述近古文豪武傑、佳人吉士之傳,與夫俳優名妓俠客武夫之事行"(菊池三溪《談海序》)④。因此,今以二人作品爲例,探究其對中國史傳模式的模仿、借鑒,闡析其對中國史傳精神的追蹤,進而論證日本漢文小説與中國古典小説間的深刻聯繫。

## 二　史傳體例的模仿

所謂"史傳體例",自然是指以司馬遷《史記》所創立的以人物爲中心的

---

① "爛熟"原有果實熟透之意,在日語中可指稱事物發展成熟,而隱含衰兆於其中的狀態,故借以表述明治漢文小説於文壇上的最終榮景。

② 牧野謙次郎曾謂:"菊池三溪好作漢文小説之事,與依田學海相似,然比之依田學海,菊池三溪學問淺薄,文章亦浮靡纖麗,有女子之口吻,爲輕薄之人所喜。"(牧野謙次郎著,張真譯《日本漢學史》,學苑出版社,2020 年,頁 196)

③ 《本朝虞初新誌·凡例》第二則曰:"此編原稿十卷,題曰:'消夏雜誌';今又補近作諸篇,抄爲三卷,改名曰《本朝虞初新誌》,蓋從書估所好也。"可知《本朝虞初新誌》乃自舊稿《消夏雜誌》選汰、修訂並增添新作而成。因《消夏雜誌》僅有抄本而流傳未廣,且成書於幕末,故本文並未論及。又《當世新話》原題爲"藤井淑編、依田百川評",但據楊爽考證爲依田學海自作自評(楊爽《漢文白話體小説の書き手「秋風道人」とは誰か:依田學海の創作活動の一面》,載《二松學舍大學人文論叢》第 99 輯,2017 年)。

④ 王三慶等主編《日本漢文小説叢刊》第 1 輯,臺灣學生書局,2003 年,第 2 册,頁 45。又以下所引漢文小説原文,皆據此版本,僅於文末注明,不另贅注。

"紀傳體"叙事體例,不僅於歷史叙事上樹立典範,更對後世小説,尤其是文言小説的結構模式,産生深遠的影響。大抵而言,日本漢文小説也承襲此種結構模式,於開篇往往先介紹傳主的姓名、籍貫、身世等,甚至簡要帶出主人公形貌、性格與才能,爾後按照時間先後叙述其生平經歷,展開故事情節。如:

　　享保中,有義偷焉,曰長吉。以其軀幹輕捷,若如鼯鼠遷樹,人字之曰"木鼠"。木鼠,則鼯鼠別名也。(第1册,《本朝虞初新誌·木鼠長吉傳》,頁281)

　　幡隨院長兵衛,本性(姓)塚本,實幡隨白導之母弟也。白導嘗住於京都知恩院,後赴於江門,創建幡隨院於下谷。長兵衛以其同胞,人呼曰幡隨長兵衛。爲人快闊,重然諾,尚氣義,視死如歸,以任俠自任。(第1册,《譯準綺語·幡隨院長兵衛傳》,頁535)

　　其角榎本氏,本姓竹下,冒母姓,近江堅田人。父曰東順,以醫仕某侯。其角初名順哲,繼父業,又善書,師佐佐木文山。後喜米南宫,別出機軸,自號寶晉齋。其俳歌則師芭蕉翁,爲世所推十弟子之首也。(第2册,《譚海·其角》,頁89)

此種以寫人爲主的篇章,多以"某某者,某某也"的固定句式介紹主人公後,才進入相關事件的記述。其中較特殊者,當屬《木鼠長吉傳》。此篇寫江户中期義賊長吉,而"木鼠"爲鼯鼠別名,用以形容主人公的身手矯健,並以此鮮明特性命篇。據學者考證,此人物原型雖源自《大岡政談》,作者煞有其事爲之作傳,但已有所改編並美化,極力凸顯其仁義形象,並傳達善惡有報的思想内涵。

　　其次,"史傳模式"也體現於結尾部分,在叙述完主人公的事蹟後,多明確交代其歸宿或後人,甚至記載其死亡,有頭有尾,始末必具。如:

　　多見藏有三男:長曰和市,次曰市藏,又次曰梅朝,並皆藝業優長,不愧爲克家子也。和市、市藏先歿。多見藏今年齡八十二,以俳優中一耆宿,而光芒氣焰不減少壯漢,舉世推獎,以爲劇部魯靈光。(第1册,《本朝虞初新誌·俳優尾上多見藏傳》,頁369)

　　元禄七年十月在浪華,將遊九州,偶感痢疾,門人其角、丈艸、正秀、去來等皆視病……十三日歿,時年五十三。其門人後世稱爲十哲者,曰其角、曰嵐雪、曰杉風、曰桃鄰、曰園女、曰去來、曰丈艸、曰支考、

曰許六、曰正秀。（第 2 册,《譚海・芭蕉》,頁 88）①

　　　天保二年七月,疾稍劇,公手書問之,極懇篤,有追憶往事,不禁墜
淚語。九月廿五日,歿江户邸舍,享年六十。子名正忠,號全齊,以武
技教授一藩,與武田耕雲、神谷友鷥友善。孫正誠,號乾堂,有學識,初
爲藩少參事,入仕於朝,歷諸職,遷小笠原島司,有政績,與余善。（第 3
册,《談叢・北澤蘭墅傳》,頁 185）

上舉諸例,除歌舞伎俳優尾上多見藏（二代目,1800—1886）於三溪寫作時,
仍然在世,因而僅記述其子孫外,其餘均叙及主人公之死,展現出史傳實録
精神。不過,其中也有變通之例,如有"俳聖"之稱的松尾芭蕉（1644—
1694）以文學家身份名列《譚海》,而學海羅列其門下高弟（即"蕉門十哲"）,
呼應篇首"翁歿,其門人相繼益盛,殘香剩馥,二百餘年不衰,是豈偶然也
哉"（第 2 册,頁 87）云云,凸顯芭蕉於文學史上的重要地位。

　　其實,中國此種"傳記模式",以西方叙事學理論分析,正是採用第三人
稱全知視角的客觀叙述,即所謂叙事者並不充當小説中人物,而是以旁觀
者身份叙述事件。叙述者無所不知,無所不在,可以超越時空,知曉歷史發
展的來龍去脈,描述事件的所有細節,洞悉相關人物的内心世界。即使叙
事者有時會插入對人物事件的褒貶評價,但更多是將意見隱含於叙述之
中,使讀者不會感覺到叙事者的存在②。上舉諸例,可見日本作家也採用
第三人稱全知視角的客觀叙述（或稱爲"史官式"叙述者③）,而日本漢文小
説會有如此特徵,自然是學習自中國史傳傳統,且一如中國文言小説,繼承

---

① 按:引文"與去來商榷舊作"的"榷"字,《日本漢文小説叢刊》第 1 輯誤作"確"字,今據
　筆者所藏明治博文館本改。

② 參照西方叙事學理論分析中國史傳文學叙事模式,以及其與文言小説的關係,學界對
　此研究已頗爲深入。可參石昌渝《中國小説源流論》,生活・讀書・新知三聯書店,
　1994 年;王平《中國古代小説叙事研究》,河北人民出版社,2001 年;陳平原《中國小説
　叙事模式的轉變》,北京大學出版社,2003 年;羅書華《中國叙事之學:結構、歷史與比
　較的維度》,中國社會科學出版社,2008 年;董乃斌主編《中國文學叙事傳統研究》,中
　華書局,2012 年。

③ 今有學者針對中國古代小説的創作情況,參照西方叙事學理論,歸納出四種類型的叙
　述者,分别爲"史官式""傳奇式""説話式""個性化",並分析其叙事特徵,詳參王平《中
　國古代小説叙事研究》。

此叙事典範。

再次，司馬遷《史記》以"七十列傳"記述古今各階層特殊人物事蹟以及邊疆各國概況，除了《太史公自序》性質特殊外，大致可分爲"專傳"（或稱"單傳"）、"合傳""類傳""附傳"（或稱"寄傳"）四種類型。明治漢文小説家不僅承襲由太史公創立的"傳記模式"，也可見採用"合傳"體例，創作出記述兩人或兩人以上事蹟的作品。尤其，評點者亦從中國史傳文學的立場，以其源自史公筆法的觀點，加以品評。如：

　　　　三溪氏曰：予嘗作《瑞軒》《紀文》二傳，有客見評曰："此《遷史·列傳》合叙法耳，雖區而別之，來龍去脈，隱然具其間，有前峰迎而後嶺送之之趣。老杜有句曰：'齊魯青未了。'惟此五字可以評此文也。"予笑而不答。今録以充此傳論贊矣。（第 1 册，《本朝虞初新誌·河村瑞軒傳》，頁 310）

《河村瑞軒傳》雖是專傳，但與其後《紀文傳》皆是寫江户時代商人發跡變泰的傳奇，兩篇相互呼應。因此，"三溪氏曰"中有客所謂"此《遷史·列傳》合叙法耳"云云，雖然可能是避免作者自道的迂回手法，但既令作者笑而不答，更充當論贊，可見足以代表其心聲。針對此篇，學海評曰："風神飄逸，而著著實話，似讀《史記·貨殖傳》。"（第 1 册，頁 310）也是從相同角度，強調其題材與《貨殖列傳》的相似。

此外，甚至有在篇首開門見山，一語道破採用"合傳"體例者。如：

　　　　史有合傳之體，其例非一，有以其行事相類者，有以其出處相同者，又議論不合，性情殊異，反合傳者亦有之。蓋映帶襯托，足以見其人，亦史家之一法也。（第 2 册，《譚海·那珂梧樓　榊原琴洲》，頁 257）

　　　　向山黄村、栗本匏庵二先生者，德川氏遺老也，而並完其清節，且出處略相類，年壽亦相近，今爲之合傳云。（第 3 册，《談叢·向栗二先生傳》，頁 232）

此二例爲學海記述主人公生平前，置於篇首之文字，説明其"合傳"作意。針對首例，評點者有雙行夾批曰："先以史法爲冒頭，與諸傳異體。"（第 2 册，頁 258）即意識到此篇寫法，與一般傳記不同，足見其心中明顯存在著中國史學的尺度。再者，提及"史有合傳之體，其例非一""蓋映帶襯托，足以見其人，亦史家之一法也"之語，更是凸顯作者對於"合傳"體例與藝術效果的清楚認識。

　　不過,回顧中國文言小説雖然同樣受到史傳傳統影響,但不論是以單篇流傳的唐傳奇,還是集結成册的唐傳奇集,都少見此種以"某某合傳"或二人姓名命篇的作品,而在清代《虞初新誌》《虞初續誌》中可見部分作品。雖説"合傳"現象於日本漢文小説中也並非主流①,但極可能是受到中國"虞初體"文言小説集的啟發②。再者,此種具有"合傳"性質的日本漢文小説,從篇章安排而言,以有先後之分,段落區隔清晰者爲主,如《稗史小傳》《二丐》《林權助佐川官兵衛傳》等;但亦可見採取有分有合、交雜記述者,如《那珂梧樓　榊原琴洲》《森田節齋　藤井竹外》。

　　中國文言小説雖深受史傳影響,模仿史官口吻,採用第三人稱全知視角的客觀叙述,但"至唐人乃作意好奇,假小説以寄筆端"(明胡應麟《少室山房筆叢》語),造成作者、叙述者與小説中人物的不同關係,一定程度上突破了"史官式"叙述者傳統,也與六朝志怪、志人小説有所不同。據此對比,兩人之作多以第三人稱全知視角的客觀叙述爲主,但少部分作品因涉及作者周遭人事,致使作家現身故事中,成爲見證者。如:

　　　　藩廢,余罷職,散遣僕從,清吉竊誘家婢去,家人咎之。余笑曰:"老僕事余家二十餘年,豈可及今而責其微罪乎?"後余與柴浦君並移住東京,清吉年六十餘,老病衰憊,與婢居,久之貧益甚,婢惡其耄棄去。清吉饑將死,來見柴浦君,時先妣即世歲餘,君特憫之,養於家。未幾病,乃請官入養育院,未一歲死。(第2册,《譚海·老僕清吉》,頁191)

　　　　君善猿樂曲,人莫能及也。余娶君女,屢過君家,未嘗聞其唱曲焉。蓋謂一小技,雖巧不足以誇人也。余從學職,轉爲牧民吏,吏掌租

---

①據筆者至今管見,《本朝虞初新誌·稗史小傳》實爲江户時代著名通俗小説家山東京傳(1761—1816)、曲亭馬琴(1767—1848)的合傳,且兩人有師徒關係,但作者未於文中明言;而《譚海·二丐》記述江户時代天明年間(1781—1789)具有絶伎的二位乞丐,僅是未以"傳"字命名。此外,尚有《譚海·那珂梧樓　榊原琴洲》與《談叢》的《森田節齋　藤井竹外》《林權助佐川官兵衛合傳》《新田義宗脇谷義治二公逸事》《三才女傳》《向栗二先生傳》《向山黄村傳補正》。

②如《虞初新誌》有《孫文正、黄石齋兩逸事》《補張靈、崔瑩合傳》、《虞初續誌》有《侯方域、魏禧傳》《喬復生、再來二姬合傳》。

税,而余疏算數,屢爲同僚所窘,慚恨不已。乞君授算法,君布算排籌,指導甚勳,余屢作屢輟,遂不成而止。(第 3 册,《談叢·藤井喜一郎君逸事》,頁 220)

如第一則寫學海家之老僕,第二則寫學海的丈人,均與主人公有所關連。話雖如此,但基本上行文仍是以客觀方式進行叙述,遵循著史傳的紀實原則。

## 三　史家筆法之運用

中國史學强調"實録"原則,小説家既爲"稗史"之流,也以此標準自我要求,往往强調故事來源有所根據,即使如唐傳奇被視爲中國小説史上相對獨立、成熟的文體,仍舊無法完全擺脫史官文化的影響,顯示出對史家筆法與精神的看齊①。日本漢文小説家對此傳統亦有所呼應,學習史傳尊重史實、秉筆直書的精神,不論是寫人記事,或於文中標明時地,或説明故事出處,强調來源的真實性,如:

　　女婿川島忠之,客歲遊佛國,以明治十六年二月某日,觀戲於里昂府,郵書記其概略,事極奇,戲譯以示好事者。(第 2 册,《譚海·佛國演戲》,頁 184)

　　百川曰:"山人與余同甲子,今兹戊戌,年六十六,患胃癌在褥,然精神不少衰。病少間作畫,墨痕淋漓,如未病時也。頃爲余作夏山瀑布圖,余大喜,作之傳以贈,山人奇行甚多,今叙其大略。"(第 3 册,《談叢·白龍山人傳》,頁 225)

　　岩手縣陸中國閉伊郡附馬牛村有孝子,喚做新田時藏……明治六年,祖父八十二,祖母八十七,氣力未衰,蓋夫妻孝養之厚所致云。事聞縣廳,賞賜若干。(第 1 册,《當世新話·陸中孝子》,頁 111)

前兩則皆與依田學海的親友有關,不論是記録女婿所述法國戲劇的情節,還是爲其畫家友人白龍山人(菅原元道,1833—1898)作傳,均意在强調有

①學者曾總結:"總的看來,在中國小説史上,唐代小説作爲成熟初期的文體,它對史學處在一種依賴與擺脱依賴、擬史與非史的兩難境地之間。"(程國賦《唐代小説與中古文化》,文津出版社,2000 年,頁 156)

所根據。末則取自《當世新話》,此書乃學海據明治六、七年間的新聞時事,以筆記體形式改寫而成①。而文中亦點明孝子住處與祖父母年紀,表現出信而有徵,所傳不誣。

其實,此種記實手法,多見於日本漢文小説,而作者既好書寫歷史人事,自然留意時代年號的載明。其詳細者,猶如上文所引,明確交代主人公的生卒時間。然而,作家叙寫的不見得就是年代湮遠者,其目光也會關注當代"孝子貞婦義僕節婢之逸事,劇盗騙拐妓女俳優之情狀"(第 1 册,半醉居士《當世新話序》,頁 103)。對比之下,菊池三溪所寫主人公,似未涉及作者個人及親友,而依田學海則有所關連,其中以《談叢》最爲顯著,甚至附有《節母中村孺人望月氏傳》《依田家傳》《依田柴浦先生傳》等家族傳記以及《依田百川自傳》。對此,若依門人岡崎壯《凡例》第五則所言:"編末附以依田家傳,伯兄柴浦先生傳,及先生自傳,蓋依太史公自序例。"(第 3 册,頁 33)則如此編排,似有作者個人的深意,儼然以史官自居,更可見《史記》影響之一斑。

其次,中國史官叙事往往按照時間先後,以順叙爲主,其典型爲"編年體"史書《春秋》,而即使至《史記》創立"紀傳體",以人物爲核心,也基本上仍以順時叙述傳主的生平,進而影響後代小説的寫作。話雖如此,史官亦會運用"初""先是""昔"等語,進行倒叙、插叙或補叙等,有所變化。明治漢文小説中也可見此種技巧的運用,如:

> 初,馬琴之壯也,嘗屏居一室,潛思著述,意匠慘澹,沈唫久之。時正午下,偶家人令其下婢供茶,而馬琴一意攻苦,不知背後有人。獨語曰:"今夜必縊下婢,掠奪其衣物,投屍於井中,以滅其跡,可謂妙計矣。"因閣筆微笑。婢側耳於户外,聞之驚悸,謂主翁欲殺我。及昏而遁逃,赤跣歸家,泣告其父兄曰:"兒今日隔壁聞主翁獨語,命逼今夕,不速去,殆爲所魚肉。"父兄色然,舍匿其家,託疾乞暇。馬琴怪之,研詰一再,初首其所自。馬琴抵掌,喻之曰:"嚮者予著某稗史,命意沈唫,忽獲一奇趣,欣然不能自持,偶然上口,豈復有忮心邪?"(第 1 册,

---

① 受限於篇幅,有關《當世新話》的史傳表現,文中僅能略舉數例。對此,筆者已有專文論述。可參柯混瀚《世變下的史筆:〈當世新話〉初探》,載《興大中文學報》第 44 期,2018 年。

《本朝虞初新誌・稗史小傳》,頁 344、345)

此段爲《稗史小傳》敘述完曲亭馬琴之死,在所謂"嘉永元年戊申冬十一月六日病歿於家,年八十二。葬於小石川茗荷谷深光精舍先塋之次,釋謚曰'著作堂隱譽蓑笠居士'"(第 1 册,頁 344)云云後,按照常理,下文應做一收束,但叙事者卻以"初"字進行插叙,帶出主人公身爲小説家,全神貫注於創作時所造成的一場誤會,竟使家婢嚇得落荒而逃。在此,學海批云:"此一節絕妙奇話,留置末段,全篇皆振,譬諸小説卷末必下一駭人語,便能收結。"(第 1 册,頁 348)明確點出小説家對史傳結構及其順時叙事的調整,出人意表。

又《譚海・那珂梧樓　榊原琴洲》之例:

> 初,梧樓有兄曰通誠,以論藩事,忤權臣,下獄以死。訃至,梧樓悲憤不自禁,即日東歸,變姓名,棄其所學,出入下野、陸奧間數年,欲報之,久而不發,人疑其藉以哺啜,梧樓不較也。既而權臣敗,兄子復祿,乃釋去。來東京下帷教授,藩主聞之,召督藩學,時年三十五。(第 2 册,《譚海・那珂梧樓　榊原琴洲》,頁 257、258)

據篇末"百川曰":"余識二君於洋洋社有年矣,每有一疑必問之,而今則亡矣。"(第 2 册,頁 258)可知二人爲作者的舊識,之所以將二人合傳,乃基於"博覽多識"而"其性相反",梧樓有勇有謀,琴洲小心謹慎。其實,引文前已有分別介紹二人生平的段落,但此處又插入一段梧樓爲報兄仇而隱姓埋名之事,最後才分別交代二人之死。

上文所舉爲人物傳記之例,但《本朝虞初新誌》與《譚海》中共有三篇涉及明治政府外交事件之作,乃事關朝鮮乙未事變之《割雞刀》《使韓締約》,與臺灣牡丹社事件之《征蕃紀勳》。其中,《譚海・征蕃紀勳》明顯採用"編年體",自明治四年(1871)十月始,至明治七年(1874)十二月終,爲清楚交代前因後果,其間又以"先是""初"等語進行插叙,也是採用史傳筆法之例。

此外,《史記》作爲中國史傳文學的典範,對於後代小説重要的影響之一,即在於寫人藝術。司馬遷描寫人物,極少直接使用評論性語言,針對人物的褒貶,多透過相關事件或人物言行加以表現,即顧炎武(1613—1682)所謂"於序事中寓論斷"。有時以幾項事件,突出幾個情節,建構出各具特色的人物傳記。尤其,膾炙人口者是著重於情節安排與細節刻畫,使人物形象栩栩如生、性格鮮明。因此,後人看待《史記》部分篇章,有別於史筆著重政事紀要的傳統規範，寫法宛如小説（甚至是戲劇化，如"鴻門宴"），而被認定具有"小説"因素。

　　身爲幕末儒者且撰有漢文小説——《海外異傳》之齋藤正謙（1797—1865）《拙堂文話》卷五云："讀一部《史記》，如直接當時人，親睹其事，親聞其語，使人乍喜乍愕，乍懼乍泣，不能自止，是子長叙事入神處。"①針對《史記》寫人藝術的成就，多所推崇。明治漢文小説家也發揮史傳寫人筆法，著重於刻畫細節，突出人物形象，如：

　　　　時正夜半，四鄰闃寂，雞犬悉定。乃手綰布帕，約諸波生之頸，頓其膝下，極力縊之。波生絶叫，口角嘔血，兩手蜿轉握空拳而絶。乃加手其鼻孔，以試氣絲絶否。即被蒲團其死屍，以待天明。當是時，弦月如弓，倒窺户隙；朔風穿壁，燭光欲滅；霜氣凜烈，駸駸逼骨；寒犬長鳴，聲如玄豹。男傳鬢髮怒張，睛光射人。蓋色美者，面目一變，其猙獰猛惡，不唯天魔波旬，使人一矚股戰，不覺寒毛生也。（第 1 册，《本朝虞初新誌・臙脂虎傳》，頁 376、377）

《臙脂虎傳》取材自明治九年（1876）轟動一時的連續殺人事件，將毒婦男傳的惡行，以傳記形式改寫。上文所引爲描述女主人公趁丈夫波生（波之助）卧病在床而痛下殺手的文字。其實，男傳於行凶前早有規劃，起因於"資斧空匱，縈貧逼骨；又厭惡其皮膚敗爛，臭氣衝鼻孔也"（第 1 册，頁 376），而從"加手其鼻孔，以試氣絲絶否"一語，可知其心狠手辣，毫不心軟。在此，作者頗爲著力於營造陰寒恐怖的氛圍，筆法細膩，凸顯男傳雖是國色天香，而内心卻如天魔波旬的强烈對比，令人不寒而慄。

　　另可舉記載軼事之例，表現作者善於鋪叙，層層推進，引人入勝，如：

　　　　鶴開場於上野山下，畫地爲欄，與其徒作戲，始掬三弦，拙甚，觀者笑之。既而著單齒屐，闊步而出，手弄數球，向空一擲，未落，以一粒豆、一酒壺次之，俄而大小輕重紛紛雜下。且承且擲，抗墜疾徐，悉中鼓節，觀者始奇之。次以一磁碗、二劍高擲數百尺，承以左右二指，劍則柄，碗則底，不失毫釐，如梭之往來，如燕之頡頏，數刻不已。次含豆吐於空，劍迎斬之，斷爲兩。次擲球與豆於空，承以壺與碗，豆必壺，球必碗，無一錯互，觀者喝采如雷。既而左手提一巨石，右手弄一酒壺，

──────────

①王水照編《歷代文話》第 10 册，復旦大學出版社，2007 年，頁 9902。

石走壺飛，一擲一承，觀者目眩。俄向空擲其石，落下來去頭一尺，翻身避之，轟然一聲，地面爲陷，鶴雙手捧壺，吐舌曰：“嘻！危矣！”觀者瞠視，不寒而慄，遂賞以數錢。（第2册，《譚海·二丐》，頁193）

此則寫天明年間(1781—1789)於江户城以伎藝表演聞名之乞丐鶴吉，文中僅以鶴吉的表演活動，刻畫其人，並未涉及具體行事的叙述。叙事者從鶴吉先以拙劣之舉，吸引路人目光，接著逐漸加强表演的困難度，使觀衆出現“笑之”“奇之”“喝采如雷”“目眩”“瞠視”的情緒變化。如此叙述細節，更使讀者感受到主人公不僅技藝精湛，更是巧妙掌握顧客心理的絶頂藝人。

衆所皆知，《史記》與先前的史傳文學相比，所載人物涉及中下層階級，展示出寬闊的歷史人物畫卷，如《刺客列傳》《遊俠列傳》《滑稽列傳》等等。明治漢文小説家所描寫者，雖不乏上層社會人物（如將軍、大名、官吏、藩士），但更多的是民間底層人物，加以統整，包括文人、畫家、孝子、貞婦、農夫、工匠、商賈、俠盜、奴僕、俳優、名妓、僧尼、畸人、乞丐等等，不同於史書偏重於帝王將相的功業，而在描寫市井小民的言行與技能，實可視爲《史記》精神的東瀛接受，更具備小説題材世俗化的特徵。

## 四　史事議論之崇尚

中國古代史家雖然採用第三人稱客觀叙述，强調“實録”精神，但自古也有重視史論的傳統，藉此表現個人的史觀、思想與才識，而至司馬遷《史記》，繼承先秦史書(以《左傳》爲代表)“君子曰”的論贊形式，創立“太史公曰”，確立後代“論贊”體例的史學批評模式①。此種崇尚議論的風氣，連帶影響“史之餘”“子之餘”的中國文言小説，如唐傳奇中可見篇末模仿史傳論贊的形式，發表作者見解，猶如宋代趙彦衛《雲麓漫鈔》所謂“可以見史才、

---

① 關於論贊體創立的緣由，學者指出：“‘春秋筆法’‘一字定褒貶’的潛隱式的評價，實在限制了史家識見的充分發揮。‘直書’的要求，也使得史家無法在叙述歷史事件與人物時帶上太多的傾向性和個人好惡，所以史家不得不另闢蹊徑來拓展思維空間和表達方式。‘論贊’體的創立，給史家充分發表議論提供了機會和空間，成爲史學著作中不可忽略的一個重要組成部分。”（郭丹《史傳文學：文與史交融的時代畫卷》，廣西師範大學出版社，1999年，頁55）

詩筆、議論”云云；而清代蒲松齡《聊齋》“異史氏曰”，更是其中突出之例。

　　誠然，日本漢文小説家學習史書論贊的形式，有所自評，自然可納入史傳體例模擬的一部分。之所以在此提出，乃亟欲凸顯作家崇尚史事議論的寫作傾向，而繼承論贊形式的作者自評爲其重要手法①，但又非唯一方式。大體而言，此種沿襲自史傳論贊體例的作者自評，採用作者姓氏或字號爲主，如《本朝虞初新誌》《譯准綺語》爲“三溪氏曰”，《譚海》則是“野史氏曰”或“百川曰”，《談叢》採用“百川曰”“野史氏曰”“學海氏曰”“依田百川曰”“柳蔭子曰”等。不過，如依田學海《談叢》中兼用多種名號，形式並不齊一，且從内容上難以判斷有何差別，相較於中國文言小説，似乎未見。

　　此外，日本漢文小説家發揮史書“論贊”精神，不僅限於作者自評的形式②，或於篇首、篇末以客觀叙述方式爲之，熱衷於對相關歷史人事，進行議論或補充；甚至於闡述個人的叙事動機與寫作技巧，意在明確傳達給讀者。首先，舉作者評論史事之例：

　　　　三溪氏曰：衆藝百工，所以名於世者，皆精神至誠所貫，加以鍛鍊之功也。鍛工助弘，眇然一匹夫耳，特出其至誠，欲雪主家之辱，精神所注，竟獲無比三尺，以爲異日報讎之用。自非鐵心石腸人，安得鍛鍊此快刀乎哉！（第 1 册，《本朝虞初新誌・鍛工助弘傳》，頁 301、302）

此篇寫鍛工助弘因主公小野寺十内的佩刀遭人嘲哂，爲一雪恥辱，求師於有“神刀鍛治”美名的鍛工近江，在其門下，日夜精進，不敢懈怠。三年後，果鑄成名刀，一償宿願。三溪以助弘爲人“特出其至誠”，方能有所成就，深表欽佩，並引申出“衆藝百工，所以名於世者，皆精神至誠所貫”的結論。

　　再者，作者自評中亦不乏針對傳文有所補充者，如：

　　　　三溪氏曰：昔者寶永中，文左在八鳥溝，厦屋宏敞，每宴賓迎客，必

---

① 學者嘗言：“小説中的自評源於史著的篇末論贊，是小説家在情節叙述時或就史實、或就形式、或就人物而作出的某種説明和評説。”譚帆《中國小説評點研究》，華東師範大學出版社，2001 年，頁 83。

② 日本漢文小説的作者自評，多數是篇末總評。然而，菊池三溪之作有極少數“三溪氏曰”乃篇首、篇末均可見，如《本朝虞初新誌・稗史小傳》與《譯準綺語》之《幡隨院長兵衛傳》《雨夜赤繩》。雖説《史記》“太史公曰”大多位於篇末，但也有位於篇首者，可合稱爲“序贊”。今考三溪作意，亦未脱離此範疇。

新其筵。是以筵工七名,日出入其家。唯此一事,可以想見其豪富有素也。又聞之故老:寬延中,誹諧者流存義者,曾卜居於深川,其家原文左末路所營構。其曰天井者,皆白楮糊造之,不別施粉飾,後頗毀壞。使匠補修之,匠人熟視久之曰:"此非奴輩貧工可補者也。"曰:"何乎?"曰:"均是白楮耳,楮皆異產,糊又異年,有過百年者,有向五十年者,有出於支那者,有產於琉球朝鮮及呂宋印度者。今畜五十年糊者,絕不見其人,而況於海外各國產楮乎。此所以其爲不易補也。"嗟呼!文左當末路落托,不甚振之時,尚有如斯者。其盛時家道豐裕,揮霍萬金,見猶土苴,取快於一時,駭萬人耳目者,亦可以想見也。(第1冊,《本朝虞初新誌·紀文傳》,頁315、316)

上文中三溪以兩個例子補充江户中期富商紀文左衛門的豪奢,其一是好宴客迎賓,"必新其筵";其二則以工匠負責補修原爲主人公家業衰弱時所建宅院,竟發現所用楮、糊皆是海外異產,而"非奴輩貧工可補者也"。由此以小見大,襯托出紀文左衛門的富甲一方。

另有於文中以客觀叙述闡明之例:

幕府之盛,人材輩出,上自執政大臣、文武百僚,下至巧藝伎術、巨商、良賈、俳優、娼伎,莫不有曠世之英傑、絕代之奇才焉。其著於國史者,今不具論。膾炙人口,艷説江湖,如名妓瀬川,亦其一也。(第2冊,《譚海·名妓瀬川》,頁67)

嗚呼!元治、慶應之際,決死勤王者幾人?其存至今,陞大官,享榮爵者又幾人?而槐堂遂罷官以終,悲夫!(第3冊,《談叢·淡海槐堂》,頁47)

項聞備中國上房郡川西村有義牛救主事……牛見主翁父子無恙,如有喜色,一郡驚嘆,以爲義牛。世有看其主濱危,恬不之救,反乘機計利者。嗚呼!斯人乎!可以媿義牛矣。(第1冊,《當世新話·義牛救主》,頁118)

首則雖是客觀叙述方式,但其性質如同小序,開門見山地道出作意,自覺爲未著於國史的"曠世英傑""絕代奇才"作傳。次則寫幕末勤王志士淡海槐堂(1823—1879),篇末藉由"嗚呼"一詞,帶出對主人公不遇的同情。參照全文,可知槐堂於明治年間轉任多職,卻因爲人峭直孤介,且不滿新政府專仿外國制度,最終選擇致仕,而如此叙述透露出作者内心的共鳴。末則記農民家牛奮勇救主事,並於文末借題發揮,批評世上見主臨危而不救者,實不如牲畜，其中應是眼見幕末變局下的有感而發。

　　從上例可知，不論是作者自道或評者所言，均顯示出對史事議論的崇尚。此種模仿"論贊"形式的自評，大多篇幅不長，文字凝煉，點到爲止。然而，也有極少數篇章，作者自評篇幅頗長，甚至等同或超過傳文的情形。如《談叢·矢野五右衛門》傳文七百餘字，而"百川曰"六百餘字，其關鍵在所據文獻有別，故作者特記於後，相互參照，致使二者篇幅接近；另《譚海·俳優團十》傳文四百餘字，但"野史氏曰"近八百字，夾叙夾議，簡直是反客爲主①。於此，作者自評幾乎可以獨立爲一篇，而此現象集中出現在依田學海作品中，應該可以理解爲個人獨特的寫作傾向。

## 五　餘論

　　經過以上析論，可以證明日本漢文小說與中國文學的淵源，不僅限於中國古代小說，窮本極源，也深受中國史傳文學的沾溉，甚至可説是相關寫作特徵的源頭所在。中國小説家模仿史傳模式，而讀者讚譽作者具有"史才"，此種小説與史傳間的血緣承衍與文類交涉，也透過漢籍舶載的流播，影響東洋。如王三慶指出："就一人一事爲主體，以百千字文語的創作方式，或就傳説及史實進行誇飾及記録的短篇叙事，反而成爲近世日本漢文小説寫作構思取材的主要特色。"②其實，此特點可謂日本漢文小説的主流表現，且在明治漢文小説中確實地繼承下來。兩人之作雖存在著與中國史傳文學的淵源，但不同漢文小説集在題材選擇或寫作體例上的差異，自然影響著具體史傳色彩的濃淡，不宜一概而論。附帶一提，中國史傳文學的影響，自然不僅限於文言體漢文小説，也涉及白話體漢文小説，但受限於論

①此種作者自評長達數百字以上之情形，尚可見於《談叢·林權助佐川官兵衛合傳》。相對於此，另有評點者"以記代評"，於文後附記己作，與作者原作參照，如《本朝虞初新誌·俳優尾上多見藏傳》附有五弓久文之《書尾上多見藏傳後》，或《臙脂虎傳》附有依田學海所記阿傳之詐白（後收入其著《譚海》，題爲《阿傳僞供》）。
②王三慶《日本近世漢文小説之出版研究》，磯部彰編《東アジア出版文化研究：ほしづくよ》，日本學術振興會アジア・アフリカ學術基盤形成事業"東アジア出版文化國際研究據點形成及びアジア研究者育成事業"チーム，2010 年，頁 313。

文主題,只能留待後文另行探討。

　　至於,今習見明治文言體漢文小説爲何普遍顯示出對中國史傳傳統的模仿與追隨,可以試著從時代因素中探詢緣由。首先,如阪谷朗廬(1822—1881)《近世先哲叢談序》所言:“霸府末年,歐學大開,文物一轉,以入明治。而來人物學術,將有大異前代者矣。蓋自源君美(新井白石)啟其緒,以至明治之今日,變化亦大矣。”①實際上明治以來的變化,不僅限於人物學術,而是自政治、經濟、軍事、交通、宗教、生活、習俗等方方面面,均有天翻地覆的改弦更張。正所謂“文變染乎世情,興廢繫乎時序”(《文心雕龍·時序》),日人眼見幕末以來的風雲變色,其間忠臣幹吏、維新志士、女中豪傑、奇人異士蜂起,或身先士卒,或壯志未酬,或大起大落,或放浪形骸,自然引發其書寫動機。是以,明治文言體漢文小説中以人物傳記爲大宗,且大量集中於江戶時代以降,不論尊卑貴賤、在朝在野;或是記述文明開化下的世態人情,有所褒貶,積極發揮小説“補史之闕”功能所產生的結果。

　　其次,明治初年新政府推動正史編纂事業,菊池三溪、依田學海曾任職史官②,而此經歷想必多少影響其著述。如菊池三溪“仕陞幕府儒員,夙有修史之志,所著《國史略》《近事紀略》,既見其一斑”(第1册,依田學海《本朝虞初新誌序》,頁269),曾協助竹中邦香(1847—?)從事《大日本野史》的校訂;石川鴻齋《譚海叙》謂“學海依田君,博洽好古,尤長於史學”(第2册,頁176),且《談叢·凡例》第1則有言:“學海先生喜誦《史記》,其於文最用力叙事。”(第3册,頁33)可見其漢文小説的寫作,實有中國史學傳統的源頭活水,以及修史事業的連帶關係。甚至從某個層面上説,不少明治時期作家是在“備脩史之料”的價值追求上,儼然抱持著史家的精神寫人記事,並於其中寄託著個人的才學與情志。

(作者單位:三明學院文化傳播學院)

---

① 松村操《近世先哲叢談正編》,日本國立國會圖書館藏明治十三年(1880)巖巖堂刊本。
② 如《漢學者傳記集成·菊池三溪》稱:“三溪善詩,能文,最長於稗官野史。”(竹林貫一編《漢學者傳記集成》,《日本人物情報大系》第47卷,皓星社,2000年,頁680)又《談叢·依田百川自傳》載:“八年,詔開地方官會議於東京,以參議木户孝允爲議長,徵百川爲書記官,叙正七位。尋遷修史局三等修撰,改局爲館,爲四等編修,進三等。”(第3册,頁258)

# 越南漢文小説《安南一統志》的内容與思想 *

葉少飛

　　《越南漢文小説集成》收入越南古代衆多小説、傳奇、志怪、筆記作品，其中記述黎末紛争的章回體小説《安南一統志》（又名《皇黎一統志》）内容細緻，對當時的政治和社會環境分析和把握也十分到位，給人身臨其境的感覺。此書記述中興黎朝、鄭王、西山王、清帝、嘉隆帝阮福映多方政治勢力的起伏交錯，卻並未表現强烈的政治傾向和世俗説教。僅因作者進入新建的阮朝而根據皇朝政治習慣稱西山一方爲"逆賊"，記述阮福映時多有稱讚。抛開《安南一統志》章回體小説的形式而言，此書語言風格近似《國語》和《戰國策》，大有《史記》之風。《安南一統志》是越南古代章回小説作品中首屈一指的傑作，叙事之精詳則又超史書。《大南寔録》和《欽定越史通鑑綱目》修撰時采入了相關情節内容，顯然阮朝史官並不以虚構小説看待此書。

## 一　《安南一統志》的作者

　　陳慶浩確定此書爲吴時俒（1753—1788）著，吴時悠（1772—1841）續，吴時任（1746—1803）編輯，吴時俒爲吴時任弟，吴時悠爲二人叔父吴時纛之子。各種版本的題簽有《安南一統志》和《皇黎一統志》兩個名稱，陳先生

＊ 本文係 2018 年度國家社科基金重大項目"越南漢喃文獻整理與古代中越關係研究"（18ZDA208）階段性成果。

據原序確定正式名稱當爲《安南一統志》①。但此書下限已經超過嘉隆三年(1804),吳時任在嘉隆二年(1803)被杖死于北城文廟,因而吳時任與此書的關係比較複雜。吳時任曾孫吳甲豆(1853—?)在《皇越龍興志》"自叙"中説:

> 某曾祖叔簽書平章吳公學遜,著有《皇黎一統志》,叙西山滅鄭扶黎,以成一統之事,草未竟而卒;從弟海陽學政吳公徵甫續而成之,則言西山滅黎,至於黎皇歸葬之事終焉。而於我朝之滅西山,但概及之。②

"學遜"即吳時俶,"徵甫"即吳時悠,吳甲豆編《吳家世譜》記其"官歷海陽學政。生平爲學精苦,壽六十九,所著有詩文各集,及續編《安南一統志》七回行世"③,《皇黎一統志》即《安南一統志》。鄭克孟考訂吳時悠生年在1772年④,去世當在1841年(除引文外,下文簡稱《安南一統志》爲《志》)。

《志》現存十七回,前十回爲吳時俶所作,後七回爲吳時悠所作。吳時俶死於1788年,此時吳時悠十六歲,其父吳時熹(1732—1802)隨昭統帝流亡不及,隱居家鄉,拒絶西山高官陳文紀徵召,此刻正是吳時任在西山朝平步青雲之時。《志》所叙西山史事如同親見,吳時任身爲西山朝國史總裁,是否願意接續亡弟關於黎朝的寫作,意識觀念上存在很大的衝突。《志》關於阮惠和西山諸將的軍略多有述及,尤其對吳時任本人的謀劃筆墨甚重,這些很可能是身爲西山朝中樞的吳時任告知同宗弟吳時悠。吳時任出任西山官職,吳時熹拒絶西山徵召,這亦是古代大家族的生存策略。吳時任死後,吳家一落千丈,全憑其妻一力支撐。因吳氏宗族的支持,吳時任子孫皆能讀書,吳甲豆的父親吳時偕即先從家族中的叔、兄學習,吳時悠"提學

①陳慶浩《〈安南一統志〉提要》,《越南漢文小説集成》第8册,上海古籍出版社,2010年,頁3—7。陳先生提到A.883抄本寫"右山南青威月左青威簽書吳時倩撰共十七回",吳甲豆在《皇越龍興志》的"自叙"記"某曾祖叔簽書平章吳公學遜"即吳時俶(同書212),因"簽書"之職,"吳時倩"可能爲"吳時俶"的誤書,故陳先生不取其説。

②吳甲豆《皇越龍興志》,《越南漢文小説集成》第8册,上海古籍出版社,2010年,頁212。

③吳甲豆《吳家世譜》,《吳時任全集》第5册附録,(河内)社會科學出版社,2006年,頁660。下同。

④鄭克孟《越南漢喃作家人名字號詞典》,(河内)社會科學出版社,2012年,頁580。

海陽”，侄孫吳時偕即“命來侯教”，“淵源之學，多於庭家得之”①。吳時熹能够安然隱居，應該受到吳時任庇護，吳時悠亦得族兄教導，因而在《志》中對族兄的謀略有所展示，並且不言吳時任被杖死這件最令吳家悲痛之事。

筆者判斷《志》的作者當爲吳時俶和吳時悠兩位同族兄弟，因吳時任的經歷及與兩位作者的關係，應該提供了較多素材，最終促成了《志》的完成。

## 二　“黎皇鄭王”體制的崩潰

《越南漢文小説集成》收入的點校本《志》内容始於鄭森廢長立幼，終於嘉隆三年（1804）黎皇歸葬、貴妃殉國。點校本最後又有《椒宮殉節行》長詩叙貴妃殉國及嗣德十四年（1861）爲黎末忠義大臣立祠之事，稱“故黎節義臣”，終篇書“安南一統志終”②。點校本選用的 A. 22 底本與 VHv. 1542 乙本均有嗣德十四年建祠之事，而 VHv. 1534 則無。吳時悠已在紹治元年（1841）去世，吳甲豆 1853 年出生，此年不過 8 歲，此節當爲他人增補③。

《志》採用章回小説的叙述形式，十七回的標題皆用對偶句式，回末亦有一聯總結，並有“未知這事如何，且聽下回分解”等言辭。1593 年中興黎朝復國成功，大權握於鄭松之手，逐漸形成“黎皇鄭王”政治體制，即黎皇虚位，鄭主握實權，黎皇廢立皆操於其手，這一體制傳承二百年。黎皇亦有不甘而反抗者，1573 年黎英宗爲鄭松遣宋德位逼殺，1619 年黎敬宗聯結鄭松長子鄭椿圖謀殺害鄭松未遂，黎敬宗被殺，鄭椿被囚，鄭松之女所生的黎神宗即位，此後鄭王多養育黎皇於王府，成人後擁立爲君，又開科取士，士人獲黎朝功名，入職於鄭王之府，滿朝文武皆爲鄭王忠臣。至黎顯宗景興四十一年（1780）鄭森廢長子鄭棕（又名鄭楷）時，“黎皇鄭王”體制已經極爲羣

---

① 《吳家世譜》，頁 729。

② 《安南一統志》（下文簡稱《志》，隨文附注頁碼），《越南漢文小説集成》第 8 册，上海古籍出版社，2010 年，頁 199—200。

③ 陳慶浩在“提要”中列出的 A. 833 抄本卷末題“龍飛己亥年（1899）夏六月十五日翰林院侍讀充北圻統使府寔授第五項練事阮有常奉録”（《越南漢文小説集成》第 8 册，頁 3），此本並非點校本的底本與甲、乙參校本，不能確定貴妃殉國長詩和立祠之事爲何人增補。

固。1774 年鄭森趁南方阮主應對西山阮岳、阮惠之亂,遣大將黄五福攻佔順化,1776 年招安阮岳,1777 年末代阮主阮福淳被阮岳派軍殺死,鄭森在形式上完成對黎氏皇朝下轄地域的佔領,功績超越前代,《志》的内容即從此開始。

"黎皇鄭王"呈現的政治體制和思想與傳統定鼎一尊的情況有别,阮朝人編撰黎末歷史小説自然成王敗寇,貶斥鄭主和西山阮朝,褒揚阮主,但嚴謹的學者和史家却須謹慎,他們要呈現這段複雜的歷史,總結興亡教訓,《志》即是以章回小説的語言風格來呈現黎末史事的作品,運行二百年的"黎皇鄭王"體制在其筆下逐漸崩解。

### (一) 黎皇

1786 年,在位四十七年的黎顯宗去世。顯宗能够順利登基且穩坐皇位,全在不爭,皆由鄭王做主,"鄭靖王(森)失尊扶之禮,而帝處之泰然"①,即便太子被其所廢亦默然。《大越史記全書》關於中興黎朝的歷史基本以鄭王爲主,黎皇甘願雌伏於鄭王權威之下,必然對政治形勢有深刻理解,方能安然無恙。史書對黎皇事蹟記述簡略,《志》則充分展現了黎皇的認知和心理,與歷史走勢也密切吻合,言:"王(鄭楹)知帝福不淺,尊敬愈盡其禮,帝亦謙沖乎信於王。"王皇一體,相得益彰,對於現有政治體制,顯宗深知無力改變,遂"垂拱無爲,肆情遊樂",晚年爲鄭森壓制,"常人忿懣不堪,而帝戲樂自如,未嘗少沮",帝曰:"皇家於王,勢在相疑。朕若以失權憤悶,王家必陰見異圖。故托興自如,以遠害耳。"又曰:"及朕之身,必見一統之事,然非吾所樂。"此"一統"當是小説家言以契合於全書主題,但誰來主導一統都將引發争端,故顯宗言"非吾所樂"。顯宗是個明白人,他在宫中操演三國志爲戲,知道自己就是漢獻帝的角色。宫人慫恿振作對抗,"王家陵逼如是,王敗,皇家之幸也! 陛下何爲不樂?"顯宗知道滿朝文武皆鄭氏親信,自己依賴宫人不過如高貴鄉公以卵擊石而已。他意識到黎皇和鄭王的利益已結爲一體,榮損與共,"天命王家扶我,王當其憂,我享其樂。失王,憂反在我,我何樂焉?"對鄭森死後鄭氏内亂深爲憂慮(《志》,頁 65)。

黎皇二百年虚君,並無相應手段和實力控制複雜局勢,僅以大義空名相號召,實難奏效。大義空名亦可爲他人所用,故鄭氏棄將阮有整以"扶黎

---

① 陳荆和校合本《大越史記全書》續編,東京大學東洋文化研究所,1986 年,頁 1105。下文簡稱《全書》,隨文附注頁碼。

滅鄭”引阮惠入昇龍擊敗端南王鄭棕,顯宗籠絡阮惠,嫁公主黎玉忻,“平爲尊扶之舉,上外喜而内憂,凡所酬應,皆不得已”,彌留之際囑咐嗣君:“吾瞑目後,傳繼大事,須一一稟他,不可輕率。”(《志》,頁 65—66)這或可視爲顯宗懦弱之舉,但實爲其一生的政治領悟。繼立的昭統帝既無軍政才幹,又没有顯宗的政治智慧,在各路勢力中摇擺,黎朝最終亡於其手。

昭統帝原是顯宗太子黎維禕之子,其父與鄭森有隙,被其陷害殺死,改立黎維禮爲太子。黎維祁被拘禁獄中至十七歲,太子陰謀殺死黎維祁未成事發,鄭棕降黎維禮爲崇讓公,以黎維祁爲太子,稱皇嗣孫(《志》,頁 36—37)。黎玉忻不喜黎維祁,欲使阮惠改立崇讓公,經宗室旺郡公争取黎維祁方得即位,阮惠亦支持:“天道好還,先太子遇害,皇孫固宜享太平一統之福”,“上即位,慨然以一統自任,欲因南兵尊扶,自起威勢”,昭統知曉西山兵會南歸,因此並不完全依靠西山勢力,“南兵未歸,已陰蓄衛翼,使諸皇親各歸外貫,招集兵馬,以備調用”(《志》,頁 74),背棄了顯宗的臨終囑咐。

西山軍離開後,朝臣雖得大將之名,但並無軍力韜略。没有西山軍的壓制,鄭氏殘留勢力很快復起。張洵與楊仲濟擁立瑞郡公鄭棣,駐兵昇龍城(今河内)外。昭統帝召張洵:“卿將兵入城,朕隨事任之。”洵對曰:“四海之内,莫非帝臣。陛下垂拱無爲,何事兵衛?王家不幸爲蠻兵所戕,正急於兵衛也。”昭統大怒,命將追斬之,爲左右勸阻。張洵又曰:“從來王家傳繼,何曾先稟命皇家?往往事定然後奏聞。其敕諭與册封,亦皆夙成,進皇上御覽,遞歸王府宣行之,便是成命。何事紛紜祈請乎?”(《志》,頁 76)遂自行按舊制擁立鄭棣即位,召朝臣覲見鄭王。張洵道出了一個非常嚴重的問題,即黎皇不僅無兵衛禦,亦無治政之權,黎氏皇朝所有權力都被鄭王剥奪架空,故昭統面對張洵的强横,怒亦無用。昭統君臣無可奈何,只能在禮節上做文章,命鄭棣入覲受封,使者宣旨,楊仲濟看過之後撕碎,曰:“怪哉!吾不見何朝何代立王而帝敢牽阻如此?”欲提兵逼立,曰:“使者歸奏皇上,王還爲王,帝何所損?請且立之,後謹當拜。”朝臣震懼(《志》,頁 77)。

此時又有琨郡公鄭槰奪位,温言上表,昭統帝召之攻敗鄭棣等人,“信其恭順,將撫循而陰揉之”(《志》,頁 78),鄭槰欲歸故居重建王府,昭統不允,鄭槰雖軟語但毫不退讓,昭統怒:“若欲居府,便得爲王,瑞郡又不除矣!這既破之巢,彼去此來,囂塵污人,朕恨不及西山初去時,一炬以了之!”(《志》,頁 79)昭統君臣計劃不封鄭槰爲王而封國公,被擁護鄭氏的軍閥丁錫壤所阻,在宴會上脅迫朝臣,昭統曰:"必要王以脅制我,然後爲快耶? 若安於臣道,公與王何擇? 且命纔下而遽欲改之,天子不是兒戲!"(《志》,頁81)最終不得已從舊制,封鄭橪爲元帥輔國政、晏都王。

昭統與晏都王的矛盾已然不可調和,"黎皇鄭王"體制雖然重新確立,卻面臨王皇相鬥、分崩離析的境地。晏都王召楊仲濟,濟恨帝,曰:"從來帝委王以權,而王扶帝統,何嘗二? 皇家不與王家共難,反利王家之失守,泗川之徒,屈身虜廷,附帝而不知有王,此皆天理人事之所不容者。"遂與晏都王謀廢昭統另立新君(《志》頁88)。楊仲濟心術不正,所言卻是實情,皇王制度已成,王扶帝統,方能長久,今皇與王爭,禍端自生,其言泗川侯黎維藩附和昭統奪權乃是取死之道。昭統得知消息大怒,謀召阮有整入朝護衞。

鄭王建立了完整制度獲得黎氏皇朝軍政大權,並傳承有繼,黎皇僅有空名而已。昭統想有所作爲,卻不能獲得實際軍政權力,反倒是鄭王宗室在慘敗之後迅速整頓力量,得軍將和謀臣之力甚衆,步步緊逼,重建王權。昭統對鄭王力量沒有任何制約,所有謀劃都告失敗,顯示在"黎皇鄭王"制度下,顯宗所言"天命王家扶我"王皇一體才是至理。晏都王初立,以"尊扶"大義相召,延續舊制,並無廢立之心,昭統則視鄭氏爲仇敵,晏都王遂謀另立黎氏宗室爲帝。昭統沒有顯宗的政治城府和謀略,召阮有整行驅虎吞狼之計。阮有整率軍戰敗晏都王,史載"帝慮王再來,或言宜焚王府,可以杜王來路,帝然之。縱火焚府中,樓閣烟焰衝天,十餘日不滅"(《全書》,頁1204),昭統帝終於一逞其心,焚王府之事《志》亦載。

### (二)鄭王

景興二十八年(1767)鄭森受封爲靖都王,執掌王府。鄭森雅好典籍文學,亦有韜略,但氣量狹小,掌權不久即捕殺皇太子黎維褘,即昭統帝之父,史載:

> 一日太子與世子同入侍,恩王賜之膳,令子壻同坐。正妃曰:"王豈宜與帝並食。"乃命別之。世子變色而出。及襲位,與宦者韶郡公范輝錠謀廢太子而無辭,乃誣太子淫於恩王故宮人,以罪狀白帝,收捕繫獄,廢爲庶人。(《全書》,頁1169)

以王女嫁黎皇,是鄭王一直以來的策略,如此外孫即位爲帝,王皇一家。恩王鄭橪正妃以己女嫁太子而貶低世子鄭森,鄭森則視廢立黎氏爲易如反掌之事,二人均不及鄭橪深意。《志》據上述記載敷衍,主要情節語言基本一致。《大越史記全書》續編記述黎熙宗永治元年（1676）至昭統帝最後隨孫士毅逃亡清朝之事，爲後黎朝史官所撰，秘不示人，僅以抄本傳世，黎朝滅亡後當收入西山朝史館，《志》作者能够看到，與黎朝史官和西山朝史官當有密切關聯，吳時仕和吳時任父子正具備這一條件。史載景興三十二年（1771）十二月鄭森殺太子（《全書》，頁 1174），《志》記"時景興辛卯十二月二十日也"（《志》，頁 36），較前者更爲具體。

1780 年，鄭棕因鄭森病謀反失敗，被廢爲季子。《志》對鄭檊母鄧氏得寵、聯結大將黃素履爲黨援及廢立過程鋪陳甚詳。鄭棕之母楊太妃夜夢神人賜彩緞一匹，畫龍頭，遂有孕。鄭森認爲龍頭有君象，但畫龍非真龍，有頭無尾，非全吉之兆，且前朝鄭檜王弟鄭棣（非前文之瑞郡公鄭棣），亦龍福所出，謀逆而敗，因而心中不喜。鄭森不按舊制立東宮使其開府，群臣不敢言。鄧氏遂結黨謀立己子鄭檊爲世子（《志》，頁 12）。

《大越史記全書》續編記鄭棕爲鄭楷，1781 年立鄭檊爲世子，但體質羸弱，鄭森之母阮太妃亦勸諫。鄭檊此年不過四歲，又有重疾，太妃言俟其長成再立誠爲老成持國之言，但鄭森對鄭棕恨極，聲言寧願立旁支鄭槵亦不立鄭棕。長子强壯而被廢，幼子羸弱而登高位，明白人已經看出將生禍端。1782 年六月大臣武綿病篤，鄭森遣使探望，綿言："萬一變出無常，必有一番大禍。""伏望割衽席之愛，正長幼之序，天下幸甚。"（《全書》，頁 1194）鄭森怨念已成，自然不會聽從武綿將死之人的勸諫。同年九月，鄭森逝，鄭檊即位爲奠都王，黃素履輔政，威權大盛。十月，諸軍作亂，殺黃素履，擁立鄭棕爲端南王。

廢長立幼是傳統政治大忌，鄭氏滅亡的禍根由此種下，鄭森此舉也被後世認爲是黎末禍亂的根源。擁立鄭棕的諸軍是來自清化、乂安的京師宿衛軍隊，鄭王多有優待，常橫行不法。諸軍爲鄭王基業的根本力量，也有匡扶王業的覺悟，但之後尾大不掉，難以控制，後繼鄭王亦無力解決。

諸軍擁立成功，端南王卻難以約束。諸軍又湊巧救下皇嗣孫黎維祁，顯宗恩賜諸軍宴會，鄭棕以爲諸軍又要行尊扶之謀，聽從國師阮偍和楊國舅建議，遣霑武侯引兵擒獲七人殺死。諸軍大怒，圍攻楊國舅，殺死霑武侯。阮偍逃走，與鄭棕謀引四鎮兵制諸軍被發現，諸軍責曰："臣等翊扶，王始得立，今王以爲仇；清、乂兵二百年來爲王室爪牙心腹，今王起四鎮兵，將加害二處，信皮膚而疑心腹，張刀鋸而剪爪牙；爲王畫此計者，皆鴆毒王者也。"

(《志》,頁42)諸軍打算劫奪王府之後擁黎皇回清化,因四鎮罷兵而未行動。

鄭棕爲諸軍擁立卻無手段掌控,而諸軍作爲鄭王事業的根基,竟與鄭棕勢成水火。被諸軍所殺的黃素履部將阮有整逃亡西山,引阮惠入昇龍,諸軍戰敗,鄭棕逃亡自盡。鄭檊立爲晏都王,專與昭統争權,有人勸其南征滅阮有整,"則中興之功可立","今置整於度外,而日與帝争,萬一整軍再來,將何以禦之",不聽(《全書》,頁1204)。

昭統雖引阮有整攻敗晏都王,但二百年鄭王基業亦難一朝覆滅。晏都王多方奔走,圖謀興復,亦有響應者,但皆敗亡,逃入佛門被人認出,言:"天下誰王誰帝,自有真命。老僧只會一瓶一鉢,卓錫沙門,做如來徒弟耳。"勸其起兵,泣曰:"黍離麥秀,觸目傷心,我非木石,安得不悲!然盡吾之力,不可與天争,故隱忍以自存,敢妄圖以再誤?"再次起兵,但從者皆庸才,"王奔右隴,晦迹山林,一國之人,不復知王所在矣"(《志》,頁128)。《志》言自鄭檢開基,至此王祀斷絕,前後合二百四十二年。

"黎皇鄭王"體制的崩潰,根本在於皇權的唯一性和排他性。儘管鄭松、鄭梉、鄭柞三代雄主已經馴服皇權,並且建立了相應的王權制度將其徹底架空,確立了"王皇一體"和"尊扶"思想,黎皇與鄭王合則兩利,前提是鄭王有巨大的力量壓制黎皇。王皇相鬥時,因黎皇没有實權,鄭王廢立自如。昭統帝不甘心受鄭氏壓制,卻無軍政實權,只能依靠各種力量來與鄭王争鬥。端南王鄭棕與鄭氏根基即清、乂諸軍爆發衝突,喪失軍權,即便有各路雜牌勢力擁護,但根本已失,在阮惠的打擊下很快崩潰。鄭檊雖然聚攏了鄭氏殘餘勢力,但與昭統帝相鬥不休,失去尊扶黎氏的大義名分,敗亡也是早晚之事。

"黎皇鄭王"體制在鄭森遣軍攻佔順化、收服阮氏兄弟之後達到高峰,隨著鄭森廢長立幼,不過數年即土崩瓦解。傳統政治中的皇朝"正統"觀在《志》記載的"黎皇鄭王"體制崩潰過程中難以感受。《志》叙事極爲冷静,並未展示政治傾向,對各方興亡也不作評論,僅以生動的語言描述過程,情節可補史書之缺漏和疏略。

## 三　西山阮惠的崛起

阮岳、阮惠兄弟以布衣起兵,攻殺阮主,又以滅鄭扶黎爲名義,北上攻滅端南王鄭棕，歸政黎皇後率軍南歸。未曾想黎皇與繼起的鄭主相互傾軋，昭統召阮有整北上再次攻滅晏都王鄭橇。阮惠又遣軍攻殺阮有整，黎皇逃亡，向清朝求救，乾隆帝命孫士毅率軍入安南扶持黎氏，攻入昇龍，阮惠在富春稱帝，北上擊敗孫士毅，昭統逃亡清朝，乾隆帝封阮惠爲安南國王。1792 年阮惠去世，繼承人阮光纘才幹不足，朝臣傾軋，末代阮主之侄阮福映逐步反攻，在 1802 年攻滅西山阮朝，將阮惠、阮岳掘墳戮屍。1803 年清朝賜封"越南"國號，1806 年阮福映稱帝，此即阮氏皇朝。阮福映與阮惠爲生死仇敵，故而阮氏皇朝對西山朝史事大肆毀棄污蔑。

筆者發現嗣德年間編成的《大南正編列傳初集》卷三〇《僞西列傳》與《志》有相當部分的雷同，而後者的第二位作者吳時悠紹治元年（1841）去世，《志》成書要早於《僞西列傳》，即史官抄錄採用了《志》的資料。能入國史館法眼並採錄文獻，顯示《志》的內容精詳堪比史書，史官並未以小說類雜書視之。

黃素履被諸軍攻殺後，部將阮有整在外聞變，渡海逃走，投歸阮岳，後與阮惠同攻順化。阮有整慫惠阮惠繼續進攻北河昇龍城，阮惠問："四百年之國，吾一旦攘而取之，人之稱斯師也謂何？"整答：

> 臣國有帝有王，乃古今極變之事。鄭主名曰扶黎，其實脅制天子，國人素所不悅。從前英雄每舉事，未嘗不以尊黎爲名，但鄭數未終，故事不成。今徵之地記云：不王不伯，權傾天下。傳二百年，蕭牆起禍。計自太王至靖王，已周二百年之數。明公誠能以滅鄭扶黎爲名，天下莫不嚮服，此不世之功也。

阮惠又問："我受命征順化，非受命伐國，矯之如何？"即未得兄長阮岳之命攻昇龍，整答以"春秋傳云：矯小而功大，爲有功，何矯之有？"（《志》，頁 50）阮惠言"四百年之國"即 1428 年黎太祖建國至當時，不足四百年。阮有整言鄭氏自 1545 年鄭檢掌兵權至鄭森，其實已經超出二百年，二人皆取約數。《僞西列傳》幾乎是照抄了這段內容，只是做了壓縮調整。

阮有整強調"鄭王名曰扶黎，其實脅制天子"，這正是"黎皇鄭王"制度的死穴，勸阮惠以"滅鄭扶黎"爲名出兵，建不世之功。阮惠在阮主治下，雖是平民，但以其豪傑之資，知曉歷代阮主與鄭王征戰，亦以扶黎爲號召，但力有未逮，固守南河而已。如今大好機會在前，遂不再顧忌，大軍直出。

阮惠攻破端南王進入昇龍，拜見黎顯宗奏對，首先説自己"不曾衣陛下之衣，食陛下之禄”，即並非顯宗治下的國人，表明南河與安南別是一國，接著説“鄭氏不禮，陵逼君上，皇天假手於臣，滅鄭以伸陛下之威，幸而成功，實賴陛下洪福所致”（《志》，頁61）。阮惠表明“臣以尊扶來”，“誠天命陛下一統寰區”，即此來乃是滅鄭扶黎，“臣願從今陛下立綱陳紀，安内養外”。顯宗在位四十餘年，雖然没有機會實踐其韜略，話還是能聽出來的，言“公既有心尊扶，當留敝國，以助寡人，幸勿見棄”（《志》，頁62），即在接受阮惠尊扶的同時，亦認可二人分屬兩國之事。這些話是否出自阮惠真心已難知曉，但顯然取得了良好效果。《僞西列傳》將這段話略删减後收入，宗旨未變，史臣又增加了一句“自是人情大安”①

　　這段奏對的影響還不止於此。《大南寔録》關於阮惠的記載主要分佈在《世祖高皇帝紀》和《僞西列傳》中，前者修於明命年間，去西山朝未遠，對阮惠極盡詆毁。《僞西列傳》撰於嗣德年間，大量採録《志》的内容，阮惠儘管逆賊身份未變，但英豪之氣已顯。《志》記載阮惠在顯宗病危時不入宫謁見以免突然駕崩使自己蒙受不白之冤，又在顯宗喪禮時斬殺竊笑的執事，均見其尊扶之意，描述其是位很有政治主張的人，這些都被《僞西列傳》采入。

　　阮惠北上出自阮有整慫恿，意識到未稟阮岳而出兵得大功可能遭兄長猜忌，貿然取北河土地結果如何尚不得而知，故將“尊扶”效益利用到極致。顯宗病重，“惠欲及上在，受一統朝賀，顯示中外，以完己尊扶之功”，“禮畢，頒下一統詔書，揭於大興門外。天下臣民，咸稱皇上福禄壽考，可謂完美”（《志》，頁64），一天後顯宗即駕崩，昭統即位。阮惠尊扶大功已完，於阮岳和北河都有完美交待。阮岳得知阮惠進軍昇龍後大驚，隨即率軍趕來。昭統請割地以爲犒賞，岳答：“臣僻在南海，亦在太祖開拓宇内。臣憤强臣脅制，故爲尊扶之舉，若是鄭家土地，一寸不留；至如黎家土地，一寸不敢取。臣以中國初定，尚煩經理，故來相助，四方平定之後，臣兄弟復歸本國。惟願嗣皇奮發乾綱，保安宇宙，與臣國世睦鄰交，此乃兩國之福。”（《志》，頁72）阮岳所言與阮惠大致相同，自己雖仍在黎太祖開拓之宇内，但卻與鄭主之地分屬兩國，此來專爲尊扶以滅鄭。這段話亦被《僞西列傳》收入，又增

---

①《大南正編列傳初集》，慶應義塾大學言語文化研究所影印本，第4册，1962年，頁1341。下文簡稱《初集》，與頁碼插入正文。

補:"岳之初至昇隆也,中外疑懼,或有勸昭統帝上表乞降者,至是人情始安。"(《初集》,頁 1337)

岳、惠兄弟認爲阮有整狡黠,對其隱瞞南歸之事,欲北河人殺之,阮有整得知後大懼,立即追趕而去,阮惠念及舊情予以收留,使其鎮守乂安,又留阮睿和武文任監視。北河遂爲昭統所有,鄭氏捲土重來,二者相争不息。昭統爲除掉晏都王,召阮有整入昇龍攻滅鄭樺。阮有整把持朝政,威權大盛,昭統君臣被其侵陵,謀誅殺之,爲大臣武楨所阻,"後整知之,深怨帝厭薄"(《志》,頁 99)。

阮有整大權獨攬,策反監視自己的阮睿,又得知阮岳和阮惠構兵相攻,遂希望"修橫山舊壘,畫大靈江以爲界,如前黎故事"(《志》,頁 111),即如南阮北鄭一般分治,要求昭統派陳功燦向阮惠討要乂安之地。阮惠自不把阮有整放在眼裏,又已得武文任之報,恐洩露兄弟構亂的消息,扣押陳功燦,在送歸時鑿船沉海。阮惠與阮岳講和後,言:"阮整以既死之人,我再與之畫出眉目。今彼翱翔北河,挾黎主以號令一國,不思報我之德,又圖反噬,謀争乂安,設重鎮以效鄭南侵故事,此敵可殺。"(《志》,頁 129)即點兵北上會合武文任攻打阮有整。阮有整如何是阮惠對手,一戰即敗,匆匆拜見昭統後,各自逃亡。阮有整被武文任捉住殺死。武文任與吳文楚有隙,阮惠提兵繼來,聽信吳文楚之言殺武文任。

阮惠兩入昇龍,均不取黎氏之地,忌憚黎氏天命人心甚多。此次阮惠南歸,留吳文楚掌握兵權鎮守昇龍,置黎氏皇族崇讓公監國,但實已取北河之地,此招以監國空名套住崇讓公,牽制昭統,將問題抛給黎氏自己解決。黎氏對此心知肚明,又無可奈何,私語曰:"姑以甘言駕馭,其心非真。楚擁兵在此,崇讓公安得有國?動輒掣肘,又何能爲?"崇讓公歎曰:"我名爲監國,實則祠丁。廟社在此,去則安之?是以甘心無悔也。"(《志》,頁 144)

昭統遣阮輝宿扶太后至諒山投清求救,自己流亡復黎,最後僅有文臣數員跟隨,窮途末路時遣陳名案和黎惟亶向清朝求救。乾隆帝遣兩廣總督孫士毅出兵,引發了一系列變動,這是中越關係史的大事,另文再叙。

聽聞清軍襲來,吳時任大展其謀略,建議吳文楚退守並向阮惠求援。昭統至京北鎮拜見孫士毅,同返昇龍,事務一決於士毅。昭統受封安南國王,因孫士毅在側,文書一律使用乾隆年號,不敢用昭統紀年。有人譏諷:"我南國自有帝王以來,未見有如此卑屈者,名雖爲帝,而號紀乾隆,事關總督,其與内屬何異?"(《志》,頁169)此即與歷代"内帝外王"自建年號的舊制不符。

昭統方借助清軍之力回朝,即開始清算,大臣亦結党傾軋。史載:"帝初復國,天下翕然,一智一勇,爭詣闕請自効。""帝又好修恩怨,分設衆職,止授從亡及行在諸臣,故舊豪傑並不收録,於是人情解體,不樂爲用。成敗之機,一聽清人而已。"太后自高平還,恚曰:"國家能經幾番恩讐破壞,亡無日矣。"(《全書》,頁1210)《志》擴充此言:"我跋涉勞苦,請得兵來,國家能堪幾番恩仇破壞! 率此而行,何能治天下? 老婦還爲亡人矣!"(《志》,頁171)

阮惠接報後,群臣請"先正位號,覃不赦宥,以安反側,而繫人心,然後大舉北征,未爲晚也"(《志》,頁175),遂即皇帝位,建元光中,進軍昇龍攻破清軍,昭統奉太后隨孫士毅逃回清朝。阮惠向乾隆帝請罪,在福康安的操持下,重建朝貢關係。乾隆帝封阮惠爲安南國王,並命其入覲。吳時任以阮光植詐爲安南國王出使,"中外皆知其假,而不敢言。迨進京,清帝大喜,以爲真光中的"(《志》,頁182)。《僞西列傳》關於清軍入越及重建雙方關係的記述基本從《志》删削而來,但記載冒充阮惠入覲者爲范公治(《初集》,頁1350)。

阮惠的崛起在當時的社會環境中,無人能够理解,只能歸結爲玄異。黎貴惇考西山王起地讖記,言:"西山有天子之地,地到十二年,其强莫禦,順化大將恐非敵手,請王留意焉。"(《志》,頁49)十二年並無確指,但西山的運勢在1792年阮惠去世後即日薄西山,阮福映捲土重來,於1802年攻佔昇龍,"自此北南大定,海宇攸同,而大一統於萬世矣"(《志》,頁196),成爲新興的阮氏皇朝中興創業之主。

# 四 《安南一統志》中的政治思想

《志》叙述冷静,對黎皇、鄭王的興滅均不評論,對阮惠亦只是根據阮朝的要求稱其爲賊而已。《志》作者親歷這段歷史,在述而不論的語言中展示了黎末政治思想。

## (一)"一統"

《志》意在以"一統"貫穿全書内容,"序"云:

　　志以一統名者,蓋後黎之亂,始於鄭王森之寵鄧妃,廢嫡立少,以致三年爲變，卒有西山之亂，而鄭氏亡。黎顯宗以七襄耆年，倦勤在御，親見一統之事。而西人之據國，黎祚之告終，亦由於此。故此志因以一統爲名，方可該貫上下。其續志三回，又以西主就擒，黎君還葬終焉。(《志》，頁8)

隨後又叙述了中興黎朝十六帝世系以及鄭王十一代的世系。《志》講述中興黎朝末期黎氏和鄭氏的興亡，並未提及與鄭王世系同時存在的歷代阮主。故此書名"安南"所指僅是黎皇鄭王治下的越南北方地區，即書中所稱的"北河"，不包括阮主下轄的"南河"。"安南"即等於"北河"，這與慣知的黎朝大越安南國内涵不同。黎氏爲"安南國王"，阮主亦奉黎朝正朔，南河即爲安南轄地，何以能夠自外？

這實與阮福映繼承阮主事業嘉定中興後以北河爲安南有關。《大南寔録》記"安南黎主崩，謚顯尊永皇帝"；"黎主維祁以清兵復安南都城"，"西賊守將吳文楚退保清華，黎主遂復安南都城"；"黎主亦奔清，黎亡，惠遂復據安南地"①。阮朝建立，阮福映新建"越南"國號，"北河"同於"安南"的觀念流傳更廣，《志》書名即是這一觀念的體現。

與書名緊緊相扣，"一統"也是全書重要思想概念。阮惠提兵入昇龍，私謁黎顯宗後，阮有整言："公來此以尊扶一統爲名，天下莫不想望。然所以一統者，須軍國事權皆聽專決，方爲尊扶之實，公宜有以實之。"(《志》，頁63)遂另擇吉日拜見顯宗，使中外知曉。《僞西列傳》記拜見後，顯宗"頒一統詔書於大興門外"(《初集》，頁1342)，阮朝史臣也接受這一概念。《志》序中言顯宗"親見一統之事"和頒"一統詔書"是一回事，但此"一統"非一般意義上的空間一統，而是"天子正統"之義②，即安南國政法令出於黎朝天子，非奉黎朝正朔的南河之地盡歸皇朝。1784年諸軍欲作亂，枚允奎告密："僕聞他將共會，奏請皇上禪位於嗣孫，又有謀尊扶皇家一統。"(《全書》，頁1197)即其義也。黎維祁即位後，"慨然以一統自任，欲因南兵尊扶，自起威勢"(《志》，頁74)。《大越史記全書》記載前代"一統"兼有"天子正統"和"越地一統"的含義，與黎末和《志》記載的"一統"内涵不同。

《志》序中言"西人之據國，黎祚之告終，亦由於此"，即黎顯宗先得"一

①《大南寔録》正編第一紀，慶應義塾大學影印本，第2册，頁331、342、344—345。
②請參看饒宗頤《中國史上之正統觀》，中華書局，2015年，頁6—11。

統”,昭統繼失“一統”,黎祚遂亡。《志》所述即黎氏得失“一統”的過程。史書和《志》皆言黎氏“一統”,鄭王亦謀“一統”就有了其他含義。1771 年,“王既殺皇太子,頗有一統之志”(《志》,頁 36),暗示鄭森已有廢立之心,終未行動。鄭王基業卻也因阮惠助顯宗“一統”而消亡。至於黎末“一統”的功過是非,《志》保持緘默,不置一詞。

(二)“尊扶”

1676 年鄭柞命胡士揚編《大越黎朝帝王中興功業實録》,確立“鄭家功德”“聖帝明王”“尊扶黎氏”“王皇一體”的政治思想,宣示鄭王没有篡奪黎氏稱帝的野心,黎皇鄭王體制從制度到思想運行順暢①。此後黎皇鄭王相安無事,士人亦認可這一體制,至黎末王家“尊扶”皇家已是天經地義的思想。

鄭王能尊扶黎皇,他人自然也可以,阮有整即慫恿阮惠以“滅鄭扶黎”名義出兵昇龍,阮惠智慧深遠,驅逐鄭棕之後面見黎顯宗稱己“尊扶”,並强要顯宗“受一統朝賀,顯示中外,以完己尊扶之功”;阮有整脅迫陳功燦向阮惠討要乂安的國書言:“鄭氏專國,黎家已無天下,幸賴貴王尊扶。”(《志》,頁 116)晏都王整頓殘餘力量,欲重建王權,再行“尊扶”,昭統百般阻撓,楊仲濟曰:“一統之説,出於賊整,殊無義理。從來帝委王以權,而王扶帝統,何嘗二?”(《志》,頁 88)楊仲濟雖是怒言,卻與黎顯宗論皇王關係的本質是一致的,説“一統”觀念出於阮有整,即前文阮有整慫恿阮惠時所言具有新内涵的“一統”之説,楊仲濟嗤之以鼻。

阮有整實爲心懷叵測的小人,跟隨阮惠逼近昇龍時,舊友杜世龍窺得其心思,前來遊説:“公所行雖仁義,而其迹則殘賊也。”“公出身之始,典兵封侯,疇非王家之恩? 公此舉以滅鄭爲名,則甚矣! 倘以王家脅制皇家爲有過,何不念二百年尊扶之功?”指出其懷新而背舊,假他國之兵滅鄭實爲殘賊之舉。阮有整强辯:“封殖者一己之私恩,綱常者天下之大義。吾爲尊扶之舉,所以扶植綱常,自是至仁、大義。而君反以爲殘賊耶?”杜世龍曰:“君本自尊,何待公扶? 不過假此以遂其攘奪之謀耳!”(《志》,頁 60)提出阮有整此來不過是報諸軍作亂之仇,若阮惠離去,如之奈何,建議“還擇鄭家宗室之賢,别立爲主,而公自爲輔,此不世之功也”(《志》,頁 61)。阮有整不

①葉少飛《〈藍山實録〉與〈大越黎朝帝王中興功業實録〉的政治史觀》,載卞東波編《縞紵風雅:第二屆域外漢籍國際學術研討會論文集》,中華書局,2021 年,頁 479—494。

聽,遣人縛杜世龍沉於珥河。

　　杜世龍説出"尊扶"的堂皇與虛僞,道明"尊扶"的本質,即不過假此行攘奪之謀。鄭王尊扶實因阮主牽制無法廢立,阮惠則因阮岳之故尊扶。無論野心家如何利用,"尊扶"終歸是中興黎朝二百年特殊的政治思想。

### (三)"忠義"

　　"黎皇鄭王"體制雖然詭異,但士人習儒術試科舉,以黎朝進士之身入鄭王之府,形成對黎皇鄭王的雙重忠義,既忠黎又忠鄭,在王皇一體和睦時成爲常態。但黎末亂世王皇相争,士人即各自站隊,以顯忠義。

　　李陳瓛因門人出賣端南王鄭椑,遂掘土穴生坐棺中,使人閉棺封土,僅晚端南王兩天而死,可見鄭王二百年養士亦得其忠。楊仲濟爲晏都王多方謀劃,丁錫壤在阮惠退走後堅決要求昭統恢復鄭王之權,不惜以兵相逼,亦是忠於鄭王之類。阮有整被武文任捉拿,數之曰:"汝是鄭臣,叛而投我,以謀滅鄭;又叛我北還,欺黎主以取大位,擅作威福,陰謀僭竊,以與吾主争衡。究汝一生,皆亂賊之故志。"(《志》,頁134)在世人看來阮有整是鄭王之臣,引兵滅鄭,即杜世龍所言不忠不義之殘賊。《志》的作者與吳時任爲同族兄弟,對其事蹟多有隱晦,吳時任得罪鄭椑後逃亡五六年,陳文紀引其拜見阮惠,惠曰:"卿昨不爲鄭王所容,隻身去國,我不至此,安得復見天日?"(《志》,頁143)言吳時任乃是鄭臣而不得用,故歸阮惠。

　　《僞西列傳》雖多引用《志》的記載,但亦參考其他史料,記黎朝諸臣不願臣事阮惠,吳時任教惠逼致之,寧遜出逃,捉殺其弟以懼之,遜始出,不久病卒(《初集》,頁1345),如此行爲恐爲時人所議。

　　《志》記載跟從昭統帝流亡之人儘管忠義可嘉,跋涉請援,卻結党傾軋,於國無益,之後孫士毅兵敗,諸人護衛昭統入清,謀劃復國。馬童吳文涓因維護昭統尊嚴而爲清人毆死。乾隆五十八年(1793),昭統死於清,諭曰:"朕遭家不造,不能守社稷,播越他土,以圖興復;又爲權姦賣弄,鬱鬱至此,齎懼以没,天實爲之。他日卿等若得回本國,當負朕殘骸以歸附於列聖山陵,以明本志。"(《志》,頁190)嘉隆三年(1804)歸葬,啟殯時肌肉殆盡,"獨心苗不朽,而血色隱隱鮮紅"(《志》,頁196)。這些内容被寫入《欽定越史通鑑綱目》,嗣德帝御批"千古餘悲"①。

----

①《欽定越史通鑑綱目》卷四七,台北"中央"圖書館影印本,1969年,頁4145。

《志》頗爲鄙視追隨昭統的黎侗,"緣他稍識文學,故與北人問答,弄出許多大言,孫總督亦不之察,爲之題達,清帝準允,幸得復國,自以爲功,既還昇龍,便私報恩讐,公私貨賄",領兵而不臨陣,"冀己免於臨戎,而戰之勝敗、國之安危不恤也"(《志》,頁 174—175)。《志》對隨昭統流亡的其他臣屬亦甚不取①。世人所重之裴輝璧不能贊畫朝政,即不足稱(《志》,頁 106—107)。惟有陳功燦受命索要乂安,明知不可爲,毅然南行而死,忠烈令人慨然。

黎末王旗變換,士人忠義亦無處安放,有才如吳時任者成逆而辱死,無能如黎侗者播遷而得忠名,裴輝璧知亂而隱於山林,但於家國如何?《志》描寫的黎末忠義委實讓人沉思。

## 五　《安南一統志》的影響

陳慶浩評價:"本書爲越南漢文歷史演義小説中,最重要且最具特色之一。其書所叙之事,均見諸正史,而鋪叙之精詳則有過之。"②《志》作者親歷黎末亂世,又見到相關史籍,據以爲志,以章回小説的形式鋪陳其事,語言生動。因作者及家族成員爲黎鄭、西山朝高官,對當時的政治形勢、社會環境及政治思想有超越常人的理解和觀察,因此《志》擁有罕見的冷峻和沉默,對各方勢力興衰滅亡述而不論,行文叙事直追《國語》《戰國策》,有史遷之風。

學術界認爲《志》學習了《三國演義》的創作手法和語言風格,這毋庸置疑。《志》清晰表述了黎末"黎皇鄭王"制度及"一統"和"尊扶"兩個政治思想,與傳統政治中的皇權"正統"、天子一尊制度和思想迥然有別,也就無法呈現如同《三國演義》的漢皇"正統"觀念。《志》面對複雜的社會形勢,想尊

---

① 黎侗是追隨昭統帝諸臣中突出者,有自撰及相關文獻傳世,所見乃忠義國臣,與《志》的鄙夷態度南轅北轍。參看鄭永常《論清乾隆安南之役:現實與道義之間》,《成功大學歷史學報》第 22 號,1996 年,頁 210—241;夏露《是小説還是史書:〈皇黎一統志〉的實録性特徵及其史料價值》,載《東南亞歷史文化研究論集》,廈門大學出版社,2014 年,頁 590—603。

② 陳慶浩《〈安南一統志〉提要》,《越南漢文小説集成》第 8 冊,頁 7。

正統而無可尊之,只能以冷静的筆觸呈現其紛亂的狀態。

《志》以章回小説的形式和語言叙述史事,即是一部小説而非史書,其叙述的大量歷史事實讀來也遠較史書生動。若記述這一階段的史書充裕,《志》自然以章回小説的面目呈現。然因黎末史書的匱乏,《志》内容被史官采入官修正史,具備了史學價值。

阮氏皇朝建立後,西山阮朝史籍隨即遭到禁毀。黎末史書多揚鄭抑阮,故明命帝下旨收繳毀板。待嗣德時修《大南正編列傳》,與嘉隆帝同時代的黎末西山時期人物,已然無書可用,因《志》精詳,故大量采入其内容章節,參以其他材料,撰成《僞西列傳》等篇。昭統君臣入清後的活動則被《欽定越史通鑑綱目》録入。

吳時任曾孫吳甲豆受《志》影響撰成《皇越龍興志》,記述嘉隆建國之事,但行文述史遠不能與《志》相比。近代史家陳重金意識到《志》的價值,將其列入《越南通史》的"參考書目",並在叙述黎末西山史事時多有引用,改變了阮惠"逆賊"身份,從"越南民族"和"越南國家"的角度,論其爲堪與丁先皇、黎太祖相提並論的英雄君主。

《安南一統志》的主體内容根據真實歷史撰寫,但仍有發揮虛構之處,至於真實與虛構各占幾分,就見仁見智了。這樣一部擁有章回小説形式的作品,爲古今史家所矚目,其中展現的不止是精粹的故事情節,還有歷史的凝重與沉思。

（作者單位:紅河學院國別研究院）

日本寫本研究

# 《千載佳句》諸寫本之關係與源流新述*

劉 瑩

## 引 言

由日本平安時代文人大江維時(888—963)編纂的唐詩佳句選《千載佳句》,是迄今所存最早的唐詩佳句選。書中收録唐詩七言佳句 1083 聯,涉及作者 153 人,其中不見於國内文獻資料者衆多。該書不僅對於輯佚校勘國内現存唐詩文本大有裨益,更是一部瞭解唐代詩文在域外傳播狀況的珍貴史料。

關於《千載佳句》諸寫本之書志學研究、相互間流布關係等的探討,多見於國内外學術界對於《千載佳句》的早期研究之中。日本學者川口久雄①、金原理②、小松茂美③、後藤昭雄④先後對《千載佳句》之某一寫本或某幾個寫本進行了基礎性整理與介紹,爲《千載佳句》的研究夯實了基礎;在國内,學者宋紅在上述研究的基礎上,對《千載佳句》諸本關係加以總結並

* 本文爲浙江省高校重大人文社科攻關計劃項目(2023QN069)資助。

① 川口久雄《平安朝日本漢文學史の研究》,明治書院,1982 年,頁 490。
② 金原理《肥前島原松平文庫本「千載佳句」について》,載《語文研究》第 13 期,1964 年。
③ 小松茂美《古筆學大成》第 25 卷,講談社,1993 年,頁 305。
④ 後藤昭雄《國立歷史民俗博物館藏貴重典籍叢書·文學篇》第 21 卷"漢詩文解題",臨川書店,2001 年,頁 472。

明確了該書對於全唐詩文的補遺、勘誤等方面的價值①。

　　然而,《千載佳句》現存諸寫本面世時間不一,以致早期研究缺乏對《千載佳句》諸本的整體性探討,且各家對於諸本之間的關係亦衆説紛紜,影響到對《千載佳句》諸寫本的認識,乃至對《千載佳句》流布、源流的整體認知。尤其值得注意的是,現存最早的鐮倉時代寫本國立歷史民俗博物館藏本於2001年才得以刊印,雖然其價值受到重視,然而與諸本之間的關係等問題尚存疑問。此外,書中尚存大量未經明確的異文②,《千載佳句》歷史上是否存在過其他異本? 筆者不揣淺陋,在先學的基礎上,對《千載佳句》諸寫本之關係與源流進行了進一步考述,以求證於方家。

# 一　後二條院宸翰本系統

　　目前,《千載佳句》之寫本,現存可見者有如下五種:

　　1.國立歷史民俗博物館藏本(原中山忠敬舊藏本,鐮倉時代寫本。上册有一處脱頁,39—66佳句缺。其中,51—59佳句見《千載佳句切》,收録於《古筆學大成》第25卷),以下簡稱爲歷博本。

　　2.松平文庫本(近世初期寫本。松平文庫藏),以下簡稱爲松平本。

　　3.內閣文庫本甲本(近世初期寫本。淺草文庫、和學講談所舊藏,現國立公文書館藏),以下簡稱爲甲本。

　　4.內閣文庫本乙本(近世中期寫本。林家舊藏,現國立公文書館藏),以下簡稱爲乙本。

　　5.國立國會圖書館藏本(近世中期寫本。上野圖書館舊藏,原帝國圖書館藏本),以下簡稱爲國會本。

　　其中,歷博本爲鐮倉時代寫本,是《千載佳句》現存最早寫本,雖有缺頁,然文本最優,本稿即以此本爲底本(缺失部分由松平本補)。其餘四本則爲近世初期或中期寫本。雖諸本成書時間不一,篇末識語卻有如下相通

---

① 宋紅《〈千載佳句〉——現存最早的唐詩名句選》,載《文史知識》2006年第6期;《略述日本〈千載佳句〉一書之版本及其對〈全唐詩〉的補遺校勘價值》,載《國際中國文學研究叢刊》第4集,上海古籍出版社,2016年。

② 現存異文尤以歷博本最爲全面,保存最爲完好,其他諸本則多有脱落。

之處,可知此五种寫本應傳自相同祖本(下述引用內容,"/"爲書中改行之處,爲筆者所加)：

　　　或云本朝作在此中歟云々/前江納言維時撰之云々/本云/イ本表云/江納言維時撰集云々/本云/正安第二年大呂十一日以前式部少輔藤原春範本校合之

松平本篇末識語在此基礎上又增"千載佳句二卷者以後二條院宸翰本寫之訖"的內容,而歷博本、乙本、國會本所附林春齋的《千載佳句》跋文中亦明言"傳稱乾元帝宸筆"。乾元帝即乾元元年(1302)即位的後二條天皇。由此可以推知,現存五本應屬於同一系統,且擁有共同的祖本即後二條院宸翰本。此結論使得面世較晚的歷博本與其他諸本之間的關係得以確立,並可糾正先行研究中關於松平本與乙本、國會本屬於不同系統的看法①。

　　然五本雖屬同一系統,其流別卻各有不同。早期研究多認爲國會本是乙本的轉寫本②,松平本是歷博本的轉寫本③。其後,雖有學者對上述觀點持否定態度④,但是關於諸本之間的關係卻一直未曾得到明確梳理,諸本之間的文本校勘也未曾得到系統整理。筆者對《千載佳句》現存諸寫本進行了全面調查,通過以下幾個方面進行了系統比勘,並在此基礎上對諸寫本之間的關係提出了新的看法。

**(一)部類、詩人目錄**

《千載佳句》由上下兩冊構成,每冊附有門類目錄,書末附有所錄佳句之詩人名錄及所收錄佳句數目。以歷博本爲中心,諸本對比結果如下：

1. 甲本

甲本與歷博本之間,唯上冊有五處不同,見下表：

---

① 金原理《肥前島原松平文庫本『千載佳句』について》,載《語文研究》第 13 期,1964 年。
② 川口久雄《平安朝日本漢文學史の研究》,明治書院,1982 年,頁 490。
③ 小松茂美《古筆學大成》第 25 卷,頁 305。
④ 後藤昭雄《國立歷史民俗博物館藏貴重典籍叢書・文學篇》第 21 卷"漢詩文解題",頁 472。

|  | 歷博本 | 甲本 |
|---|---|---|
| 天象部 | 曉 | 曉夜 |
| 人事部 | 閑意 | 閑居 |
| 時節部 | 三月イ 三日 | 三日 |
| 時節部 | 八月イ 十五夜 | 十五夜 |
| 地理部 | 春水 冰イ | 春水 |

　　如上表所示,兩寫本之間,目録中所示類題的内容存在差異,然而於正文中,佳句行間所列類題内容却俱一致,均爲"曉、閑意、三月三日、八月十五夜、春水"。再則,目録中"曉"下類題爲"夜",可推知甲本目録"曉夜"當是受其影響産生的衍文。"閑居"下類題爲"閑意",甲本目録"閑居"當是受其影響而誤寫所致。另一方面,書末所附詩人名録及所收佳句總數,甲本與歷博本則毫無二致。

　　2.松平本、乙本、國會本

　　與甲本相比,松平本、乙本、國會本三本與歷博本之間的差異則更爲顯著。數據統計如下:松平本七例,乙本十一例,國會本十例。且國會本十例均與乙本相同,松平本與乙本、國會本之間亦有五例相同。其中,乙本、國會本與他本具有顯著分別者,如位列"居處部"最後一項的類題"鄰境",上述兩本正文之中該類題均作"鄰家"。由此亦可窺知乙本與國會本之緊密聯繫。另一方面,書末所附詩人名録及所收佳句總數亦具有相同傾向。

| 歷博本 | 松平本 | 乙本 | 國會本 |
|---|---|---|---|
| 盧倫 | 綸 | 綸 | 綸 |
| 李頎 順 | 頎 | 頎 | 頎 |
| 殷稷 | 稷 遥歟 | 稷 遥歟 | 遥 稷歟 |
| 陸侍御 | 侍 | 待 | 待 |
| 崔影 | 顥 | 顥 | 顥 |

此外,正文中[行旅950]佳句的作者歷博本爲"李渾<sup>淬亻</sup>",而松平本、乙本、國會本"淬亻"的注記則均附於[行旅949]佳句題側。與歷博本、甲本半頁七行本不同,松平本、乙本、國會本均爲半頁八行本,[行旅949]與[行旅950]兩佳句正處於頁面轉換處,注記位置的變換由此而起。

(二)詩題

與目録比對結果相同,諸本詩題之間亦呈現出歷博本與甲本高度一致,松平本、乙本、國會本則另成一系的結果。

1.甲本

甲本與歷博本相較,詩題差異者多由誤寫或異本注記脱落所致。特徵鮮明者有如下三例:[春興59]《送歐陽孝廉及弟歸彭澤》中甲本"歐陽"二字脱,且脱字處示以空白。[晴雪305][春別938]兩佳句,甲本的題目與作者俱脱落。由抄寫者有意於題目中留有空白可知,甲本所據底本中原有缺失(如蟲損等)的可能性較大。且由此可判定甲本並非歷博本的直接轉寫本。

2.松平本、乙本、國會本

此三本,乙本與國會本之間的詩題均一致,但兩本與歷博本詩題相異者多達三十九例。松平本與歷博本詩題有異者亦有十八例,且其中十例與乙本、國會本重合。如[贈僧1055]佳句的詩題《喜密閑實四上人午後見過》,歷博本、甲本"喜"字後有表示插入的訓點符號,其右側注"昭亻",詩題中四人指"昭、密、閑、實"四位上人。而松平本、乙本、國會本皆不見插入符及注記。[春別934]的詩題《送馬舍人閣老往襄陽詩<sub>亻無</sub>》中"詩"字附有"亻無"之注記,此三本亦無。

松平本與乙本、國會本之間亦有顯著差別。如[行旅953]佳句的詩題《長嶺驛奉贈朱功曹》與[行旅954]佳句的詩題《泡水驛客懷》,歷博本與甲本在詩題抬頭處均附有表示兩詩題順序互換的符號,而松平本失之。與此相反,乙本、國會本雖無互換符,[行旅953]佳句的詩題卻作《客懷》,[行旅954]佳句的詩題作《贈朱功曹》,内容與順序均與松平本相反,與歷博本、甲本按照互換符號糾正之後的詩題順序相同。由此可知,雖則源流相同,松平本與乙本、國會本亦屬於不同流別。

(三)字體

寫本在書寫過程中受書寫者本人以及時代的影響,字體也會産生相應變化。歷博本的字體,可以追溯到平安時代12世紀左右①,其中多見六朝時期及唐代的俗字、異體字、草書字體等,保留了唐時寫本的模樣。甲本雖爲江户時期寫本,但其字體卻與歷博本高度一致。如“両、涼、庭、廟、影、髪、墻、器、葉、熟、熱、衰、挿、起”等字在歷博本與甲本中多寫作“兩、凉、庭、庿、影、鬂、墻(牆)、噐、菓、熟、熱、衰、揷、起”等,此類字體見於敦煌文獻、漢魏六朝碑刻、日本平安時代古筆切中。與之相反,松平本、乙本、國會本的字體則多改爲正體字。此處,以“聲”與“廟”字爲例。

據筆者統計,《千載佳句》中“聲”字共120例,其中大部分寫作異體字“聲”,而[早秋146]“相思夕上松臺立　蛩思蟬聲滿耳秋”與[樂曲786]“不會當時翻曲意　此聲腸斷爲何人”兩佳句中的“聲”字特徵顯著。[早秋146]佳句中松平本、乙本、國會本均作楷書“聲”字,而歷博本、甲本則作草書體“声”字,[樂曲786]佳句中松平本、乙本、國會本均作簡體“聲”字,而歷博本、甲本則作繁體字“聲”的略寫體“声”字。

佳句[春興38][春興72][梅604]中的“廟”字,松平本、乙本、國會本皆寫作常用漢字“廟”,而歷博本、甲本[春興38]佳句中則寫作俗字“庿”。

可知,與前述部類、詩人目録及詩題比對的結果相同,就字體而言,松平本、乙本、國會本自成一系,而甲本忠實地繼承了歷博本一脈的寫法,極大程度保留了中國唐代甚至之前六朝時期的古文字寫法。一方面,隨著時代發展,手寫者對古文字字體的瞭解逐漸減弱,這也是造成詩歌文本差異的一大因素。如“吊”與“印”字、“雨”與“兩”字的混淆。

[春興71]“風淒瞑色愁楊柳　月吊宵聲哭杜鵑”中的“吊”字,在歷博本與甲本中被記作“卭”,此寫法雖極爲少見,但可以在漢魏六朝碑刻中找到依據②,正光二年(521)的“穆纂墓誌”(碑刻拓片編號0483—2—13—23)、正光三年(522)的“張盧墓誌”(碑刻拓片編號0497—0—16—01)中的字體與歷博本、甲本中的字體幾乎一致。此字在松平本、乙本、國會本中均誤寫爲字體相近的“印”字,可以推知《千載佳句》早期寫本應均同歷博本之寫法,松平本、乙本、國會本所依據的祖本亦不例外。另一方面,“印”字在歷博本與甲本中亦均寫作異體字,如[宴樂726]“花鈿坐遶黄金印　絲管行隨

①小松茂美《古筆學大成》第25卷,頁306。

②毛遠明《漢魏六朝碑刻異體字典》,中華書局,2014年,頁168。

白玉壺",[老僧 1050]"禪衣衲厚雲藏線　壽騰高來雪印眉"中的"印"均寫作"卬"字。對比兩字的字體可以發現,在早期《千載佳句》的寫本中,"印"與"卬"二字的字體極易混淆,這或許是造成後世寫本出現誤寫的一大因素。

　　在歷博本與甲本之中,"雨"字寫作異體字"雨",而"兩"字寫作俗字"雨",手寫狀態下兩種字體極易混淆。如[鄰家 568]"明月好同三徑夜　綠楊宜作兩家春"中的"兩"字,乙本與國會本俱作"雨"字。此佳句出自白居易《與元八卜鄰》,依據爲南齊陸慧曉與張融連宅的故事,原本應作"兩"字,以喻自己與元八兩家爲鄰。此外,[曉行 967]"路出胥門深淺浪　月殘吳苑兩三星",[禪觀 1068]"言下忘言一時了　夢中説夢兩重虛"佳句中的"兩"字亦俱誤作"雨"字。而[幽居 1021]"三徑雨來煙草合　一丘琴後濁醪清"中的"雨"字國會本則誤作"兩"字。

### (四)詩歌文本差異

　　詩歌文本差異是衡量諸本關係的重要指標,後二條院宸翰本系統內部各本之間詩歌文本比對結果如下:

　　1.甲本

　　據筆者統計,甲本與歷博本之間詩歌文本有異者唯以下八例(異同處用黑體標記):

|  | 歷博本 | 甲本 |
|---|---|---|
| 晚夏 141 | 露簟清熒迎夜滑 | 滎 |
| 秋興 172 | 兼葭水暗螢知夜 | 滎 |
| 近臣 355 | 春風侍女護朝衣 | 待 |
| 禁中 558 | 琴上薰風入禁松 | 董 |
| 柳 609 | 孤負春風長養情 | 奉 |
| 松竹 626 | 入院松聲共鶴聞 | 開 |
| 遊宴 847 | 晚歸多是看花回 | 曉 |
| 行旅 956 | 晚過千山雪氣寒 | 曉 |

此八例中,[晚夏 141]的"熒"與[秋興 172]的"螢"在甲本中皆作"滎",除

“熒”“蛍”之外，［池 582］詩題部分所補詩句“縈村繞郭幾家分”的“縈”字在甲本中亦作“榮”，幾字非但字形相近，且在日語中的音讀相同，皆爲“ケイ”。加之甲本中“榮”字詩意不通，可推知當爲誤寫。而“侍”與“待”、“薫”與“董”、“負”與“奉”、“聞”與“開”、“晩”與“曉”亦皆同此理。如［松竹 626］甲本雖作“開”，其側所附訓讀卻是“聞”字的訓讀“キコユ”，是爲誤寫之佐證。［遊宴 847］［行旅 956］的“晩”與“曉”的混用則極爲常見，如《和漢朗詠集》［早秋 211］“曉凉潛到簟先知”中的“曉”字在平安時代古寫本伊予切中亦作“晩”字。

另一方面，與甲本相比，松平本、乙本、國會本與歷博本之間的詩歌文本差異則大幅增加。

2. 松平本、乙本、國會本

據筆者統計，松平本、乙本、國會本與歷博本、甲本之間詩歌文本差異如下：松平本三十例，乙本六十四例，國會本八十例。其中松平本、乙本、國會本又文本一致者二十六例，乙本、國會本文本一致者六十一例，此處略舉數例。

［山居 1002］“身居曉嶂紅霞外　書讀秋窗紫竹間”佳句中的“秋窗”二字，松平本、乙本、國會本皆作“愁窗”。此佳句出自張蕭遠《借山觀讀書》詩，與“愁窗”相較，“秋窗”與上聯“曉嶂”對仗工整，歷博本、甲本文字更顯優長。“秋”與“愁”字的字形相近，且皆讀作“シュウ”，可推知應爲誤寫所致。

乙本與國會本關係則更爲緊密，其中又數以下幾例特徵顯著，對於確立乙本與國會本之間的關係大有裨益。［留別 943］“分憂去國三千里　遙指江南一道雲”中的“分”字，乙本與國會本俱脫漏。［山水 335］“五溪水暖魚鱗去　九子山晴雁序來”中的“序”字，乙本中有朱筆出校異文“帛”字，國會本直接以“帛”字取代“序”字。［隱士 985］“御風縹眇多無伴　入鳥差池不亂群”中的“縹”字，乙本作“縹”字，國會本則誤作與乙本字形相近之“煙”字。

（五）訓點

《千載佳句》中所附訓點與上述諸項的比較結果亦呈現出相同傾向。

如［首夏 121］“獨騎善馬衛鐙穩　初著單衣支體輕”佳句中的“穩”字，歷博本與甲本均訓讀爲“オタヒカナリ”，且此訓讀可在日本平安時代古辭書中確認，《類聚名義抄》“法下，二二”中記載了平安時代“穩”之一字的訓讀爲“オタヒカナリ、ヤスシ ラカナリ、タヒラカナリ”，其中歷博本與甲本的讀法赫然排在第一位。而松平本、乙本、國會本則擁有共同的訓讀“オタヤカナリ”，是爲後世讀法。

同樣，[春遊862]“新鳥啼花催釀酒　驚魚濺水誤沾衣”佳句中的“釀”字，在歷博本與甲本中其訓讀被記作“カム”，而在松平本、乙本、國會本中則訓讀爲“カモ”。此外，《千載佳句》中[感興504]“死是老閑生也得　擬將何事奈余何”佳句，“閑”字右側附其訓讀爲“ミヤヒカ”，歷博本、甲本、松平本皆同。但是值得注意的是，此句所附“イ本”訓讀“シヌルモコトハリヲ ヒタルモ ミヤヒカ ナリイキシイケルモマタエタリモノタヒテハヤツカリヲハイカ〱ハセラレムトスル”中劃線部分，甲本均與歷博本相同；而松平本中“オヒタル”作“オイヌル”、“ミヤヒカ”作“ミヤヒヤカ”，乙本、國會本此注脫落。

通過上述（一）至（五）項的對比，筆者發現，《千載佳句》現存諸寫本雖同屬於後二條院宸翰本系統，但各本親疏關係不同，其中明顯存在兩大系別，即歷博本與甲本屬於同一傳承系統，且最爲忠實地保留了平安時代的模樣，然而根據部類、詩人目錄以及詩題脫落等的差異以及甲本中朱點中途缺失等可知，兩本之間並非直接的轉寫關係，其間應該還間隔其他一本甚或幾本；松平本、乙本、國會本則屬於另一大系別，乙本、國會本所依據底本應爲同一本，但是兩者之間亦非直接轉寫關係，應存在過其他一本。松平本與乙本、國會本擁有相同祖本，但傳承脈絡有別。

## 二　藤原春範本系統

### （一）異本的存在

上文主要對《千載佳句》現存諸寫本的關係與源流進行了歸納總結，但是在此文中筆者要特別指出的是，《千載佳句》的傳承過程中還存在過與後二條院宸翰本系統截然不同的異本。這一異本的存在，學界目前尚未有專文論及。

《千載佳句》歷博本篇末識語中有如下記載：

　　本云/イ本表云/江納言維時撰集云々/本云/正安第二年大呂十

一日以前式部少輔藤原春範本校合之

由上述内容可知,歷博本所依據祖本的篇末識語應爲"イ本表云/江納言維時撰集云々/正安第二年大呂十一日以前式部少輔藤原春範本校合之"。是以明確指出了異於後二條院宸翰本系統的另一系統本即"イ本"(松平本以下皆記作"異本",以下本文中亦統一記作"異本")的存在。遺憾的是,此異本未傳於世。

然依據識語中"正安第二年大呂十一日以前式部少輔藤原春範本校合之"這一信息,可以推知該異本或爲正安二年(1300)用來與後二條院宸翰本進行校勘的藤原春範本,這一點由書寫筆跡以及書中旁注的種類可以得到佐證。國立歷史民俗博物館館藏資料畫像數據庫中,關於《千載佳句》有"備考"指出:篇末識語"本云/イ本表云/江納言維時撰集云々/本云/正安第二年大呂十一日以前式部少輔藤原春範本校合之"部分的筆跡與書中佳句正文文本的筆跡相異。然而,上述識語的筆跡卻與書中"～イ"形式的旁注的筆跡相符合。再則,書中唯有"～イ"一種類型的旁注亦可作爲佐證①。

綜合上述内容可以推知,正安二年左右,《千載佳句》尚有後二條院宸翰本與異本兩種具有極大差異的文本存在。異本應爲正安二年用來與後二條院宸翰本進行校勘的藤原春範本,此本雖已不存,其文本内容卻以異文的形式被留存於現存諸寫本的行間旁注之中,具有重要價值。然而《千載佳句》是如何流入藤原家,其文本又爲何與後二條院宸翰本呈現巨大差異?以下,筆者在現存文獻的基礎上,通過探討大江家與藤原南家兩大博士家之間的家學傳承略抒己見。

**(二)《千載佳句》與博士家之家學傳承**

關於藤原春範本,雖現已不存,然可以通過藤原春範此人一窺其源流。藤原春範此人,生卒年及其經歷不詳②,據《千載佳句》松平本中篇末附有"式部少輔藤原春範系圖"可知,他曾官至從五位上式部少輔,且其出身乃

---

① 參見劉瑩《『千載佳句』における本文異同について——異本の存在》,載《國語國文》第 90 卷第 2 號,2021 年。

② 在《實躬卿記》德治二年(1307)一月五日條中有"同春範(策勞)、俊範(策勞)"的記載,可推知其或與俊範同年及第、授官。

藤原家族,爲藤原南家貞嗣流的子弟。他所屬貞嗣流一脉,"自平安時代起便屬於博士家族,歷代中人皆被任命爲文章博士、大學頭、式部大輔、大内記等職,是與大江家、菅原家並列,建立了藤原氏一系儒學的學問之家"①。更爲重要的是,此一脈與《千載佳句》的編纂者大江維時所在的另一博士家大江家存在緊密的關聯。

平安時代,博士家之家學爲家族内部傳承。然而大江家之家學傳承至大江匡房(1041—1111)一代,因其子隆兼早逝,匡房將家學傳給外姓門生藤原實兼(1085—1112)。實兼出身於同樣以儒學著名的藤原南家嫡系,其祖父藤原實範(生卒年不明),曾任文章博士、大學頭。其子信西即藤原通憲(1106—1160),有《通憲入道藏書目録》傳世,爲世人所知。值得注意的是,此《通憲入道藏書目録》中赫然便有"一帖　千載佳句下"的記載。雖然信西所持目録中僅記載有《千載佳句》下册,未見上册的相關記載,此本是否便是後世用於校合的藤原春範本尚有待商榷。但是由此藏書目録可知,在藤原春範所屬的藤原南家貞嗣流一脈中確有《千載佳句》的流傳痕迹,且早在平安時代便已現端倪。

另一方面,除上文所述藏書目録以外,兩大博世家相關聯的家學傳承内容中也有關於《千載佳句》的記載。由大江匡房口授,藤原實兼筆録的《江談抄》(卷四,246)中便有下述記載:

巖前木落商風冷,浪上花開楚水清

青草舊名遺岸色,黃軒古樂寄湖聲(天曆御屏風詩、菅三品)

彼時聞者傳,作者以此句不入爲愁。判者聞之曰,黃帝張樂於洞庭之野,尤是强文第一,專非詩。作者聞之彌久愁,後代臨終常吐怨詞云々。又故大府卿江匡衡云,坤元録屏風洞庭詩云,黃軒古樂之句,維時難云,如莊子成英疏云,天地之間有洞庭之野,非大湖之洞庭云々,此難頗强難歟,文章有所許歟。或人問云,件事以其詞非詩詞爲難歟。被答曰,此爲憲案僻事,<u>注千載佳句注也</u>,非件義,只非大湖之洞庭之意也。②

引文中提到"注千載佳句注也",意爲千載佳句注中有相關的注釋,遺憾的是"千載佳句注"這一資料現已不存,且未見於其他文獻。日本國内對

①小松茂美《古筆學大成》第 25 卷,頁 305。
②甲田利雄《校本江談抄とその研究》上卷,續群書類從研究會,1988 年,頁 477。

此資料也無詳細解釋,有注釋書中提及此注或爲爲憲所作之注①,然上下文解釋存疑。"此爲憲案僻事"當指上文"件事以其詞非詩詞爲難歟","注千載佳句注"則爲依據千載佳句注中此注(此注或指文中維時所述"莊子成英疏云,天地之間有洞庭之野,非大湖之洞庭云々")之意。《江談抄》中"千載佳句注"的存在,無疑是大江匡房授學内容中牽涉到《千載佳句》一書的例證,該書雖已不存,但作爲大江家家學的一項内容,由藤原實兼記録於《江談抄》中,與藤原南家家學在一定程度上呈現出交叉點。而除上文所述藏書目録以及《江談抄》中的相關記載之外,《千載佳句》與兩大博士家之家學傳承的關聯,從佳句的文本中也可窺見一斑。

　　《千載佳句》[山中 345]"蒼苔路滑僧歸寺　紅葉聲乾鹿在林"一聯選自温庭筠詩,下聯中的"滑"(後二條院宸翰本)字,異本作"熟"字。檢日本現存舊寫本資料,此佳句亦被選録於《和漢朗詠集》之中,現存《和漢朗詠集》平安時代古寫本的兩大系統本,粘葉本系統與關户本系統均作"滑"字,與後二條院宸翰本相同。然"熟"字文本,在大江匡房對該詩句所作注中也早已出現,《江談抄》以及《朗詠江注》之中均有記載,内容如下:

　　　蒼苔路滑僧歸寺,紅葉聲乾鹿在林
　　　熟,本作之,滑字或人訓云狃,不可然②

大江匡房指出温庭筠此詩的文本原爲"熟"字,"滑"字雖有人訓讀爲與"熟"字相同的讀法"狃(ナル)",實則不可。《千載佳句》藤原春範本即反映了大江匡房以"熟"字爲是的意見,採用了與後二條院宸翰本截然不同的文本。

　　《朗詠江注》是大江匡房爲其孫匡時講解《和漢朗詠集》的注解,雖無完本,但部分内容存於《和漢朗詠集》正安本的行間夾注、紙背注釋,以及貞和本行間注釋等,《江談抄》(以卷四、卷六爲主)中諸多内容即承襲自《朗詠江注》③。值得强調的是,兩者均與藤原南家貞嗣流密切相關,正安本④所見《朗詠江注》也來自藤原南家所傳承的《和漢朗詠集》之中。如正安本卷末

①甲田利雄《校本江談抄とその研究》上卷,頁 450。
②伊藤正義、黑田彰、三木雅博編著《和漢朗詠集古注釋集成》第一卷,大學堂書店,1989年,頁 133。
③黑田彰《江談抄と朗詠江注》,載《國語國文》第 51 卷第 4 號,1982 年。
④《和漢朗詠集》,日本古典文學刊行會影印卷子本,1975 年。

識語所示：

> 正慶元年十月廿八日以南家冷泉證本校點之/先年此上卷以同家
> 本加點訖子細見於裹記件/本寫光範卿之秘本云々尤足指南且一家之
> 書/前後之本雖不可依遣於今本者以越州禪門孝/自筆之本移點加裹
> 書云々此書彼禪門之説/殊爲規模之間重借請之所校點也⋯⋯
>
> 法眼行超
>
> 本云
> 正安二年十月十八日以證本移點加裹書訖/德治三年五月十一日
> 受嚴訓訖
>
> 文章生房範
>
> 嘉曆二年十二月十八日以家説授愚息文章生宗範既訖
>
> 中大夫藤原朝臣判

其中，光範、孝範、宗範、俊範、房範等均與藤原春範一般，屬於藤原南家貞嗣流一脈。此處附相關藤原南家系圖，可知春範與光範爲直系，且與其他幾人也位於相近的親族關係之中（正安本《和漢朗詠集》識語中的人物以黑體標記）。

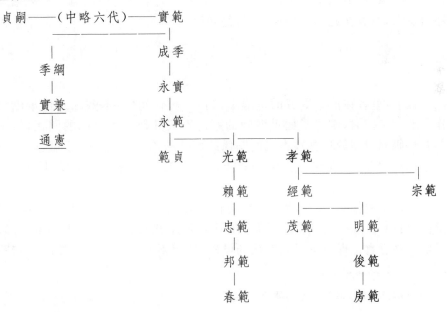

　　依據上述現存資料可以推知,該温庭筠詩中的“熟”字異文,由大江匡房始注,而後通過《江談抄》《朗詠江注》等傳入藤原南家,成爲南家家學中的一部分,《千載佳句》藤原春範本的文本則亦與其家學内容呈現出一致性。

　　除上述温庭筠詩外,春範本中其他佳句的文本也具有相同傾向,如選自元稹《菊花》詩的[菊656]“不是花中偏愛菊　此花開後更無花”一聯,下聯中的“後”字,春範本作“盡”字。《江談抄》(卷四,232)中記載如下:

　　　　不是花中偏愛菊,此花開後更無花(十日菊花,元)

　　　　隱君子鼓琴時,元稹靈托人稱曰,件詩開盡也,後字不可然,或謂,嵯峨隱君子吟此詩彈琴,從天如絲者下來云,我自愛此句之貴,其靈依有宿執,聞琴不堪甚感。①

大江匡房以此説話故事,借元稹魂靈之口,告後人曰此詩文本應爲“開盡”,而非“開後”。

　　值得注意的是,檢國内現存温庭筠詩集以及元稹、白居易詩集,通行本中兩佳句的文本皆與大江匡房口述内容相符,且與《千載佳句》藤原春範本一致。衆所周知,國内現存文本皆爲宋代以後的刻本,大江匡房以及《千載佳句》藤原春範本與平安後期傳入日本的宋代刻本又有何關聯? 受紙張及題目所限,筆者在此不作贅述,於另稿詳論。

## 三　小結

　　綜上,筆者在前輩學者的基礎上,對《千載佳句》諸本關係及傳承脈絡作了進一步探討,確立了面世較晚的歷博本與其他諸本之間的關係,糾正了先行研究中關於現存寫本之間關係的部分結論,並提出了《千載佳句》另一系統本的存在,在現存文獻基礎上考證了其傳承源流。主要結論具體如下:

　　一、《千載佳句》現存諸本同屬於後二條院宸翰本系統,而該系統在後世傳承脈絡出現分化,其中明顯存在兩大系別,即歷博本與甲本一系,且該系別最爲忠實地保留了平安時代的模樣,然而兩本之間並非直接的轉寫關

①甲田利雄《校本江談抄とその研究》上卷,頁421。

係,其間應該還間隔其他一本甚或幾本;松平本、乙本、國會本則屬於另一大系別,乙本、國會本所依據底本應爲同一本,但是兩者之間亦非直接轉寫關係,應存在過其他一本。松平本與乙本、國會本擁有相同祖本,但傳承脈絡亦有差異。

二、除現存諸本之外,《千載佳句》傳承過程中曾有過異本的存在,其内容通過"〜イ"旁注的形式留存於現存本之中。正安二年(1300)左右,《千載佳句》尚有後二條院宸翰本與異本即藤原春範本兩種具有極大差異的文本存在。

三、鐮倉時代的正安二年(1300)以前,甚至平安時代,《千載佳句》便早已存在兩大系統,其一爲天皇家傳承的後二條院宸翰本系統,其二則爲博士家藤原家傳承的藤原春範本系統。

四、藤原春範本系統的《千載佳句》與大江家、藤原南家兩大博士家之家學傳承緊密相關,其文本與平安後期傳入日本的宋代刻本存在相關性。

(作者單位:浙江大學外國語學院)

# 《曉風集》本草圖注與日本
# 禪林學問史的新變<sup>*</sup>

郭雪妮

## 引　言

　　《曉風集》是室町時代禪僧萬里集九(1428—1507?)避亂至美濃時完成的《三體詩》講義,也是日本現存最早的《三體詩》抄物之一,全書主要以漢文體完成,迄今僅以寫本形式流佈。與其他《三體詩》抄物頗爲不同,《曉風集》中大量引用北宋本草學文獻,尤其重視以本草圖對《三體詩》中的草木鳥獸進行名物學考證。如《曉風集》對王維《九日憶山東兄弟》詩中"茱萸"一詞注釋曰:

　　　　《大全本草》"十三·木部":山茱萸,味酸,平,微温,無毒。主心下邪氣,寒熱,温中,逐寒温痹,去三蟲腸胃風邪……《圖經》曰:山茱萸,生漢中山谷及琅邪、東海承縣,今海州亦有之。木高丈餘,花似榆,花白。九月十月採實,陰乾……①

　　這段引文極其冗長,幾乎抄録北宋唐慎微編《經史證類備急本草》(簡稱《證類本草》)"山茱萸"全文,集九還特意描摹了"袞州山茱萸""海州山茱

---

＊ 本文爲國家社科基金一般項目"漢籍抄物與日本室町時代的中國文學闡釋研究"
　(21BWW004)階段性成果。
① 萬里集九《曉風集》第五卷,日本國立國會圖書館藏寫本(請求記號:WA16—99),葉
　25。後文引用《曉風集》均出自該版本,版本信息不再贅述。

萸”兩幅本草圖佐證。然而，這段引文即使删除也絲毫不影響對詩句“遍插茱萸少一人”的理解，類似繁注在集九抄物《天下白》《帳中香》中也普遍存在。這些本草注文看似“添足”，然將其與《證類本草》原文對校，便知集九實則有著精妙的取捨，即如“茱萸”，《證類本草》“十三·木部”同時收録“吳茱萸”“食茱萸”等，與“山茱萸”僅有極細微之别，歷來注家亦少有留意，集九卻下斷語爲“山茱萸”，又顯示出非凡的本草知識和醫學修養。此外，室町末期禪僧以中國本草文獻注唐宋詩文者並非少數①，但引用本草文獻的來源大多駁雜，集九卻專一於北宋本草文獻，其原因何在？本文擬在室町末期日本漢學研究的實學轉向這一思想史背景下，探討萬里集九《曉風集》本草圖注的契機、方法、功能及影響。

## 一　《三體詩》注釋史中的《曉風集》

《三體詩》②是南宋詩人周弼以中晚唐詩歌爲中心編選的詩集，傳入日本的具體時間不詳，但在日本南北朝時期已有刊本，即精密覆刻元刊本的早期五山版。室町時期《三體詩》成爲日本人最爲重要的唐詩啓蒙書，並促生了大量被稱爲“抄物”的注釋書和講義，形成了一個清晰的學術譜系。據鹽瀨宗和《三體詩絶句鈔》記載，在日本最早講授《三體詩》的是入元詩僧中岩圓月（1300—1375）：

　　　　此集講授，始於妙喜庵祖中岩（圓月）和尚入唐之時也。其後相國普光院祖觀中（中諦）和尚入唐，始盛於日本也。慈氏院義堂（周信）和尚得中岩和尚講授此詩。心田（清播）和尚得觀中相傳也。靈泉院江西（龍派）和尚得觀中和義堂兩人相傳，擇其善説而從也，又以義堂之説爲主。惟肖（得嚴）亦聽義堂講授。瑞岩（龍惺）、九淵（龍腆）、希世

① 參考蔦清行《五山禪僧と醫界：黃山谷の詩の抄物から》，載《日本語・日本文化研究》第 29 號，2019 年。

② 據查屏球先生考證，周弼原書名《唐詩三體家法》，現存傳本有《三體唐詩》《（箋注）唐賢三體詩法》或《（箋注）唐賢絶句三體詩法》等，皆非其舊。詳見查屏球《〈唐詩三體家法序〉輯考》，《古典文學知識》2009 年第 4 期。本文爲叙述方便，採用日本通行簡稱《三體詩》。

（靈彦）三人師從江西，希世後授學於正宗（龍統）。由是知此集之正脈也。①

　　上述記載亦見於《三體詩法一鷗抄》（大東急記念文庫藏）元和四年（1618）寫本、《三體詩詳解》寶永六年（1629）刊本等文獻，因此可視爲一種通説。在文字記載之外，日本還流佈著《日域三體詩講説傳授之次第》的師承圖，清晰地呈現了《三體詩》的學問譜系。日本的《三體詩》講授大略分“建長寺”和“相國寺”兩大系統。建長寺派以中岩圓月爲始祖，義堂周信（1325—1388）爲二傳。相國寺派始於觀中中諦（1342—1402），江西龍派（1375? —1446）和心田清播（1375—1447）繼其學統。遺憾的是，這些《三體詩》抄物幾乎都没有流傳下來，現今傳世的抄物大約有十八種文本系統②，其中影響較大的有八種：

　　（1）希世靈彦（1403—1488）《聽松和尚三體詩之抄》二册，約文明元年（1469）成書，假名抄物，蓬左文庫藏。

　　（2）桃源瑞仙（1430—1489）《三體唐詩絶句抄》，約文明八年至九年（1476—1477）成書，假名抄物，駒澤大學圖書館藏③。

　　（3）萬里集九《曉風集》，文明十年（1478）至文明十三年（1481）成書，漢文抄物，日本國立國會圖書館藏。

　　（4）湖月信鏡（? —1535?）《東福寺湖月和尚三體詩之抄》（又稱《簑庵剩馥》），永正十二年（1515）成書，漢文抄物，蓬左文庫藏。

　　（5）月舟壽桂（1470—1533）《增注唐賢絶句三體詩法抄》，大永七年（1527）成書，假名抄物，日本國立公文書館内閣文庫藏。

　　（6）彭叔守仙（1490—1555）《絶句鈔》（又稱《瓢庵抄》），天文十一年

①原文爲和漢混淆文，括號内容由筆者添加，詳見市立米澤圖書館藏元和六年（1620）古活字本鹽瀬宗和編《三體詩絶句鈔》，葉 22b。該版本與京都大學藏《三體詩絶句鈔》及《抄物小系》第 22 册所收《三體詩絶句鈔》（金澤：高羽五郎，1985—1986 年）或爲同一版本。

②柳田征司《中國古典と五山の抄物——集部抄物一覽稿》，詳見川口久雄編《古典の變容と新生》，明治書院，1984 年，頁 776—777。

③詳見古田龍啓的最新考證《駒澤大學圖書館藏『三體唐詩絶句鈔』について：桃源瑞仙の三體詩の抄物をめぐって》，《訓點語と訓點資料》第 146 期，2021 年，頁 61—81。

(1542)成書，假名抄物，日本國立國會圖書館藏。

　　(7)鹽瀨宗和《三體詩絕句鈔》，元和六年(1620)刊本，漢文抄物，《抄物小系》收錄。

　　(8)説心慈宣(即雪心素隱，？—1626)《三體詩素隱抄》十三册，元和八年(1622)成書，假名抄物，《抄物大系》收錄。

　　《曉風集》的獨特之處在於：第一，室町時期雖然產生了諸多的《三體詩》抄物，但現存抄物中室町時代的古寫本非常罕見，《曉風集》即爲其中一種，保留有初期古抄物的諸多特徵，其中的插話也是了解室町末期禪僧戰亂體驗和精神史的第一手文獻。第二，《曉風集》是爲數不多的漢文抄物，抄錄了大量宋代的詩話、筆記、類書及朱子學文獻，是研究宋代文學及思想在中世日本接受實貌的重要史料。第三，《曉風集》具有百科事典的特徵，是體現集九漢學教育思想的重要成果。尤其是集九取北宋本草學文獻來注釋唐詩，對歷來有爭議的動植物繪製多幅本草圖進行考證，顯示出一種朦朧的科學精神，折射了室町末期禪林漢學研究的新方向。目前國內外學界對《曉風集》的研究尚未真正展開，本文先考察《曉風集》的成書，繼而聚焦其中本草圖注的功能與方法。

## 二　《曉風集》的成書、注釋態度及方法

　　《曉風集》成書於文明十年(1478)至文明十三年(1481)，即萬里集九五十歲左右，這時他已還俗二十餘年，娶妻並育有二子。《曉風集》及另外兩部抄物《天下白》《帳中香》，都是集九還俗後爲維持一家人生計而受邀講學的產物①。集九原爲京都相國寺僧侶，青年時期從學於瑞溪周鳳(1392—1473)、一華建怤，苦心鑽研漢詩文與古典章句②。1467年應仁之亂爆發，集九所在相國寺大半化爲灰燼，不得已輾轉近江、尾張、美濃各地避亂，直到文明八年(1476)才到美濃鵜沼"梅花無盡藏"定居下來。

　　當時在戰亂中蓄髮還俗的禪僧，在應仁之亂收息後大多又剃度重返寺

---

①今泉淑夫《禪僧たちの室町時代：中世禪林ものがたり》，吉川弘文館，2010年，頁214。
②玉村竹二《五山禪僧傳記集成》，講談社，1983年，頁602。關於萬里集九生平，還可參考中川德之助《萬里集九》，吉川弘文館，1997年。

院,集九對此深感慚愧,不願再重回禪門,內心卻苦悶自責。他在寫給桃源瑞仙的書信中提到還俗後遭人笑罵之事:"不肖換服以還,平生之識面,有笑,有罵,有涕泣。"①他給景徐周麟(1440—1518)的信中將自己比作無用之破車、枯絃,寓殘骸於東國美濃,然"京師諸老,往往掉風波之舌",暗唾其破戒②。集九最初在美濃也頗受當地寺院勢力排斥,比如藏書量在當地首屈一指的承國寺,不僅會定期舉行大型詩會,還出版過《聚分韻略》等五山版書籍,而集九第一次受邀參加承國寺詩會,已是他定居美濃五年之後。集九還俗後的經濟來源也不穩定,生活可謂困窘,他曾借朱熹向陸遊贈紙被的典故,寫詩向天寧寺住持求紙③。講學所得謝禮,是集九一家人的重要經濟來源。

　　文明九年(1477)至文明十四年(1482),集九受承國寺梅心瑞庸邀請,在鵜沼連續講授《東坡詩集》全二十五卷,後結集成抄物《天下白》。文明十三年(1481)集九滯留革手城,受美濃守護代齋藤氏之命講授《三體詩》,抄物《曉風集》大約完成於此時。文明十七年(1485)九月,集九應武將太田道灌(1432—1486)之邀赴江戶,這本是集九一生最爲優渥之時,然而一年後太田道灌即遭暗殺,關東地區烽煙四起,集九曾以"馬足未臨草吹血,細看要作戰場文"④來描述這一時期的情景。他輾轉各地,生活相當狼狽,曾化用杜甫詩句自嘲道:"只今破屋持無傘,處處移床避漏痕。"⑤文明十八年

---

①《答等持桃源禪師書》,《梅花無盡藏》第六卷,收錄於玉村竹二編《五山文學新集》第 6 卷,東京大學出版會,1972 年,頁 950。

②《答宜竹景徐禪師書》,《梅花無盡藏》第六卷,頁 952。

③《昔晦庵先生以紙被贈放翁而令禦一寒,放翁詩以謝之。吁,故人之交,如是而已。余今一身弔影,海內無寒溫之問,强就天寧主盟,求破裘候補之紙云》,《梅花無盡藏》第一卷,頁 673。

④《十七日,入須賀谷之北平澤山,問大田源六資康之軍營於明王堂畔,二十三騎突出,迎余,今亦深泥之中解鞍,各拜其面,賀資康無恙,余已暫寓云》,《梅花無盡藏》第二卷,頁 736。

⑤《九月旦,至晚間,疾風甚雨。遂及夜,逆旅之茅堂,其壁疏而簷破矣,避漏痕處處移床,老妾就爐背吹品字之薪,纔取明而已。子美云,床之屋漏無幹處。坡老亦云,破屋常持傘。分雨翁之意,或翻案,或捕影,戲作一絕,投天府丈云》,《梅花無盡藏》第 2 卷,頁 737。

(1486)至長享二年(1488),集九受叔悦禪懌之托連續三年講解《黄山谷集》,但"國既亂,聽者稀"①,該講義後整理爲抄物《帳中香》。集九的講學最初雖是爲生活所迫,但其學養深厚且傾力爲之,久而久之,在東國成爲極有影響力的漢學教育家。景徐周麟曾稱讚集九此時的講學活動:"老人(集九)嘗避亂入美,因家焉,平日讀書而自樂,且教人不倦,使國人皆有科舉之風,東人誦之。"②

明應六年(1497),對年踰古稀的集九而言,最爲喜悦之事莫過於舊友桃源瑞仙的門生一韓智翃、笑雲清三,在桃源示寂之後拜入他門下,並寄居在其住所"梅花無盡藏"附近。笑雲清三在集九的影響下,完成了東坡詩抄物的集大成之作《四河入海》,同時還抄寫了《帳中香》,該抄本現藏於京都東福寺。東福寺還藏有笑雲清三謄寫、文英清韓(1568—1621)藏《曉風集》九册,這被認爲是與《帳中香》同時完成的抄本,即大約抄寫於明應八年(1499)③。該版本應是研究《曉風集》的最善本,可惜筆者未能親見。

關於《曉風集》的成書經緯,《梅花無盡藏》中有多首詩歌記載。根據這些詩文創作的時間,可知最早在文明十年(1478),集九已經在美濃承國寺爲僧侶們講授《三體詩》。《依南豐之仲華丈韻六篇》中的第四首詩注曰:"右答謝講《三體詩》,方澤、杜常,或云宋朝人,其論紛紛。"④詩云:

> 一自鈴聲度棧雲,盛唐作者悉離群。
> 飛花方澤曉風杜,此意重重説向君。

首句以安史之亂中唐玄宗奔蜀途中聞聽《雨霖鈴》的典故來鋪陳,次句借亂離之世盛唐詩人紛紛離開長安,來暗示五山禪僧在應仁之亂中的流離之狀。方澤、杜常是《三體詩》中出現的宋代詩人,至於唐詩選集爲何會收録宋人作品,是禪林抄物最常討論的話題,集九也在不同場合多次講述。

---

① 《芳林主盟叔悦禪師,作詩見謝黄太史集二十卷講畢矣。云國既亂,云聽者稀。余雖懶開卷,窺見主盟積營雪之勞,三載之中,而其席成就,卒次嚴押云》,《梅花無盡藏》第二卷,頁734。

② 玉村竹二《萬里集九解題》,詳見玉村竹二編《五山文學新集》第6卷,東京大學出版會,1972年,頁1139。

③ 《笑雲三公侍史所謄書〈帳中香〉跋》,《梅花無盡藏》第七卷,頁1001。

④ 《梅花無盡藏》第一卷,頁666。

《三體詩》第一首詩即杜常《華清宫》，集九《曉風集》即取自該詩"曉風殘月入華清"一句。

文明十三年(1481)，集九在革手城爲武士們講授《三體詩》，這時的聽講者還有靈藥山正法寺的僧侣，《梅花無盡藏》中同樣留下了一首題爲《山房秋晴》的相關詩作：

> 驢尾吹泥出革城，新居秋爲主人晴。
> 捲簾腳底有天下，開闢江山集大成。①

在《山房秋晴》詩末自注中，集九寫道："余時受府司之命，在革城講《三體詩》，借馬遊伊自良楊岐菴，三日又歸革城。"②這次講授前後大約持續五年，而《曉風集》也完成於這一時期。

長享二年(1488)，集九從江户回美濃時受海印寺義綱禪師委託，爲《三體詩》清書加點，該事原委記載於《周弼三體詩加朱墨并序》中：

> 藤吾村之海印主盟義綱禪師(瑞建)，屢扣余旅扉。一日告余曰："落梅之周伯弼所編之《家法詩》，海内叢社之諸童子，無不讀之者。但其點參差，而義多不通，請加朱墨分仄平，以遺我家之蒙稚，則豈不幸乎哉！"借他人之手，清書三卷，見投寄旅扉矣。③

當時集九爲避武藏戰亂而改道越後，不料爲大雪所阻，滯留能生町太平寺。市木武雄指出，集九此時在旅途中，隨身攜帶的書籍非常有限，他之所以能借住太平寺，是受越後守護上杉常泰(1431—1494)的庇護，但太平寺是天台宗寺院，未必會給集九借閱書籍，因此他這次訓點《三體詩》很可能没有多少參考資料，而僅僅依靠以前完成《曉風集》的經驗④。

總之，從文明十年(1478)至長享二年(1488)的十年間，集九在美濃一帶爲僧侣、武士、童蒙等講授《三體詩》，並在文明十三年(1481)前後完成抄

---

①《梅花無盡藏》第一卷，頁 678。
②《梅花無盡藏》第一卷，頁 678。
③《梅花無盡藏》第五卷，頁 903—904。
④市木武雄《萬里集九と三體詩：『梅花無盡藏』中に見られる》，載《昭和學院國語國文》第 19 期，1986 年，頁 20。

物《曉風集》。現存《曉風集》寫本主要有五種①，其中日本國立國會圖書館藏四册本、六册本均已公開電子化，需要補充説明的是六册本與四册本的差異。

六册本《曉風集》，和裝寫本，藍青色封面，26.5 釐米，包含"叙部一卷"及《曉風集》第一至五卷，收録詩歌至吴融《秋色》爲止。"叙部一卷"封面豎排題有"鵬齋跋文在此"字樣。據跋文"《曉風集》五卷，萬里漆桶居士所撰也"可知，該寫本完本即五卷。跋文落款爲"寬政十一年（1799）春二月疊山村農興識"，印章爲"鵬齋閑人"，由此可知該跋文出自江户時期漢學家龜田鵬齋（1752—1826）之手。四册本《曉風集》，和裝寫本，赤黄色封面，31.7 釐米，包含"叙部一卷"及《曉風集》第一至八卷，收録詩歌至李洞《繡嶺宫》爲止，比六册本多三卷，但六至八卷中没有本草圖，且不同卷數之間書寫筆跡差異較大，應是由多人共同抄寫完成。封面有"帝國圖書館藏"暗印，内頁蓋有"米澤藏書"印章，以及"明治八年文部省交付"等印章。無跋文，抄寫者及抄寫時間不明。

本稿引用《曉風集》文本主要來自内容完整且抄寫更爲工整的六册本，同時參考四册本對校。在《曉風集》"叙部一卷"，集九首先説明了其所依據的三種底本，即"所見有三種，且題名不一"。一是圓至天隱（1256—1298）注三卷，書名《增注唐賢絶句三體詩法》，附有大德九年（1305）方回所作序文，以七絶、七律、五律順序收録。該書有裴庾（字季昌）的增注。這也是集九《曉風集》的主要底本。二是季昌注三卷，書名《諸家集注唐詩三體家法》，附有至大二年（1309）自序，以五律、七律、七絶的順序排列，該書有天隱增注。三是熊氏梅隱精舍《三體詩》二十一卷，書名爲《新刊箋注唐賢絶句三體詩法》，該書是熊氏梅隱堂以雲衛王氏書堂本爲底本，在元至正二十三年（1363）新刊的二十一卷本，其中只有天隱注。值得注意的是，熊氏梅隱堂是元末明初以刊行醫學典籍而聞名的書買，據研究可能是明代醫師熊宗立（1409—1482）的族人②。由此推斷，集九注釋《曉風集》所依據的本草

---

① 五種《曉風集》寫本是：日本國立國會圖書館藏四册本、六册本；東京國立博物館藏一〇册本；天理圖書館藏七册本（缺卷五）；東洋文庫藏三册本；東福寺藏九册本。

② 小曽户洋、真柳誠編《和刻漢籍醫書集成》第七輯"解説篇"，エンタプライズ出版，1989 年，頁 2—16。

學文獻可能也來自熊氏梅隱堂。

　　《曉風集》"叙部一卷"主要是對《三體詩》季昌序、方回序的注釋，同時也從整體上説明了集九的注釋態度是以程朱理學爲宗旨。如在注季昌序"詩自三百篇以還"時，引"朱子曰：《詩》之所以爲《詩》者，至是無餘蘊矣，後世雖有作者，其孰能加於此乎"來解釋①。在季昌序後，集九又抄録了《方輿勝覽》"第十一·建寧府"對朱熹號"晦庵"及生平的記載，並詳附建寧府"朱文公祠堂"的落成，以稱讚朱子"爲百世師，承千聖統"②。在給聽講者詳細介紹朱熹生平的同時，集九還經常引用朱子觀點，如對《三體詩》方回序"唐詩前以李杜，後以韓柳爲最"一句，注曰："朱文公云，太白詩非無法度，乃從容於法度之中，蓋聖於詩者也。"③"朱晦庵云，愈博極群書，奇辭奧旨，如取諸室中物。"④

　　據卞東波教授考證，朱子學傳入日本大約在 13 世紀初，最早在日本講授程朱之學的是玄惠法印（1302—1350）。在此之前，日本的經學闡釋方法是傳統的漢唐章句之學，程朱以義理解經的著作傳到日本後，被稱爲"新注""新義"或"新釋"，成爲五山禪林最新的學術潮流。如大岳周崇（1345—1423）《翰苑遺芳》中就開始引用朱子著作來注釋東坡詩⑤。朱子詩歌在東亞世界也廣泛流傳並持續發揮著影響，萬里集九對朱子詩文亦極其讚賞，他借《三體詩》方回序文"雖然以朱文公之學而較之，則又有向上工夫，而文公詩未易可窺測者也"一句，引申注釋道：

　　　　蓋以朱文公之仁義五常之學較之，則唐宋以來之詩道，至文公又有綿密向上之工夫用心。李、杜、韓、柳、歐、梅、黄、陳等詩，皆雖爲第一流，文公之詩猶是第一流上秘密藏也。方回美文公如是論者，時文

---

①《曉風集》叙部一，葉 6。

②《曉風集》叙部一，葉 13。這段文字僅見於《曉風集》六册本"叙部一卷"，四册本没有抄録。

③《曉風集》叙部一，葉 22。

④《曉風集》叙部一，葉 23。

⑤詳見卞東波《古注與古抄——日本蘇詩注本〈翰苑遺芳〉研究》，載《古典文獻研究》第23 輯上卷，2020 年。這一部分論述是在卞東波教授的幫助與指正下修改完成的，在此特別致謝。

公左講儒學，右祖詩道故也……文公之詩，雖云一字片言，含蓄六經百家之秀，收拾四海九州之芳。内則仁義道德，外則比興雅頌。非易窮者也。①

這種注釋理念體現在《曉風集》的内容上，便是集九借唐詩談戰國武士所應具備的精神狀況和倫理道德等現實問題。尤其是在"下剋上"的時代背景下，以武力奪取政權的地方大名，一方面要建構統治權力的合法性，另一方面要時刻警惕被更强大的武士集團掠奪。集九在其講義中，不時以插話的方式講述統治者應具有的仁義道德，這些與戰國武士生死相關的問題，在《曉風集》的講釋中隨處可見，體現了集九對朱子"左儒學、右詩道"理念的實踐。

《曉風集》在注釋形式上，一般由詩題解釋、作者考證、句意串講構成。在注釋方法上，先列舉《三體詩》天隱注、季昌注這兩種中國注本，對作者及詩歌的創作時間、地點也盡可能地結合史料進行考證，之後對詩句進行細微詮索，並注重列舉日本抄物中的各種舊説，以"舊抄云""古抄云""或云""又一説云"等提示，對其進行比較、探討，繼而以"某謂""梅謂"提出自己的新見解。綠川英樹教授指出，萬里集九在比較諸説的基礎上提出自己的看法，這種注釋方法在《天下白》中已經確立，《帳中香》繼續沿用②。但與《天下白》《帳中香》這兩種別集不同，《曉風集》中引用最多的是心田清播的觀點，如：

> 心田講：取天隱第二之解此篇爲問答體。③
> 心田和尚云：此篇邪説不一，唯以天隱注爲正説。④
> 心田云：此篇講者往往以爲刺德宗時之詩，甚不可也。⑤
> 心田云，莫怪二字，唐土之世話也。⑥

此外，《曉風集》也引用了義堂周信、絶海中津（1334—1405）、東漸健易

---

① 《曉風集》叙部一，葉 35—36。
② 綠川英樹《萬里集九〈帳中香〉的詩學文獻價值》，載《清華學報》第 51 卷第 2 期，2021 年。
③ 《曉風集》第一卷，錢起《歸雁》，葉 13。
④ 《曉風集》第一卷，張繼《楓橋夜泊》，葉 24。
⑤ 《曉風集》第二卷，韓翃《寒食》，葉 33。
⑥ 《曉風集》第三卷，雍陶《過南鄰花園》，葉 30。

（1344—1423）、信仲明篤（1377—1451）等禪僧的講釋，但以心田清播出現
頻率最高。

在注釋材料上，《曉風集》大量徵引宋代詩話筆記，如《石林詩話》《冷齋
夜話》《許彦周詩話》《藝苑雌黄》《西清詩話》《後村詩話》《清林詩話》《洪駒
父詩話》《誠齋詩話》《滄浪詩話》《老學庵筆記》《漁隱叢話》《詩人玉屑》《復
齋漫録》《詩林廣記》《遯齋閑覽》等，對《三體詩》方回序中所言“宋詩則歐、
梅、黄、陳爲第一，後以韓、柳爲最”一句，更是博引《後山詩話》《西清詩話》
《詩人玉屑》《滄浪詩話》《誠齋詩話》《鶴林玉露》《王直方詩話》等數十種宋
代詩話筆記，萬里集九本人的評議、注釋長達二十餘頁①。

《曉風集》在注釋體例上還有一個特點，即抄録元明文人對《三體詩》七
絕的和詩來解釋詩意，其中抄録嚴子安和詩最多。《曉風集》卷一對“三體”
二字注曰：“大明朝有嚴子安和《三體詩》，往往寫本又有張楷和《三體
詩》。”②查屏球教授據《曉風集》及内閣文庫本《三體幻雲抄》，共輯得嚴子
安和詩一百六十一首，充分肯定了《曉風集》在保存嚴子安和詩方面的史料
價值，指出“這些詩在傳世文獻中多已散佚，長期不爲人所知”，這反映了
“唐詩流傳過程中的一個重要現象，對於研究唐詩流傳史與元明詩學史具
有特殊的意義與價值”③。《曉風集》抄録嚴子安和詩來解釋詩歌的方式，
也影響了江户時期的《三體詩》和詩創作。

## 三　《曉風集》本草圖注的功能

《曉風集》中引用本草文獻及圖像進行名物學研究的方法，在中國學術
傳統中由來已久。集九在《三體詩》方回序論學詩之用，在於“多識於鳥獸
草木之名”一句後注：“程氏曰，多識於鳥獸草木之名，所以明理也。”④可見
《曉風集》之所以關注唐詩名物，顯然有對程朱理學“格物致知”思想的樸素

①關於萬里集九與宋詩之關係，可參考内山精也《萬里集九と宋詩》，載《漢籍と日本人》
　（《アジア遊學》第 93 集），勉誠出版，2006 年，頁 111—121。
②《曉風集》第一卷，葉 4。
③查屏球《日本藏南宋遺民詩人嚴子安“和唐詩”輯考》，載《學術界》2012 年第 9 期。
④《曉風集》叙部一，葉 16。

實踐。《曉風集》中的本草圖注從作用上可分爲四種:一是訓讀音,即以本草考詩句中的多音字;二是釋比興,借中國"香草美人"的解詩傳統,闡明詩歌主旨;三是辨名實,對詩句中的本草進行名物學考辨,對詩意提出新説;四是證地理,以本草考詩歌創作地點,質疑舊説。

### (一)訓讀音

《曉風集》引本草文獻以助訓詁,辨析詩句中的多音字或存疑字,意在明其源流,以重申詩歌本意。如雍陶《城西訪友人別墅》詩句"處處春風枳殼花",集九指出"枳"字有兩種讀音,據本草文獻此詩中應讀"諸氏切":

> 梅謂:枳字有二音,其一居紙切,其一諸氏切。果似橘,見《玉篇》。凡藥用之,或有枳實,湯醫家云:此時諸氏切。或有枳殼,避酒毒,此時居紙切。劉禹錫《澧州》詩云:"曉露庭中橘柚香。"然則澧水澧陽村巷,實多橘柚枳殼花。枳殼花向暮春開,本朝往往村家籬有之。隨醫家説,則此篇亦"枳"字,諸氏切可也。①

"梅謂"是集九區別舊抄提出自己新説時常用的形式,他採用醫家觀點,確定詩句中"枳殼花"的讀音是諸氏切。集九認爲,舊注之所以錯讀"枳"字,皆因混淆"枳殼"與"枳實",或無視"枳"與"橘"之區別而起,爲此他大篇幅引用《大全本草》"第十三·木部"來質之:

> 《圖經》曰:枳實生河内川澤、商山山谷,今西京江湖州郡皆有之,以商山爲佳。如橘而小,高亦六七尺。葉如棖,多刺。春生白花,至秋成實。九月十月采,陰乾。舊説七月八月采者爲枳實,九月十月采者爲枳殼。今醫家多以皮厚而小者爲實,實完大者爲殼。②

隨後描摹《本草圖經》中的"汝州枳殼圖""成州枳實圖",更爲直觀地解釋二者差異:即枳殼和枳實本爲同種植物,只因成熟度不同、大小有異,其藥效差異極大,在本草學上就被視爲兩種藥物了。此外,集九又在"成州枳實圖"上補注了"橘"與"枳"之差異:"舊云,江南爲橘,江北爲枳。今江南俱有橘枳,江北有枳無橘。"③並指出舊抄中"有以枳殼花比友人不遇之時之説,不足取之",否定了詩句中枳殼花所蘊含的微言大義,而從植物的本性

---

① 《曉風集》第二卷,葉 5。
② 《曉風集》第二卷,葉 6。
③ 《曉風集》第二卷,葉 6。

出發,指出枳殼花是村莊人家籬院中一種很常見的植物,"本朝往往村家籬有之",此處僅是寫景而已。

《曉風集》對李遠《黃陵廟》"黃陵廟前莎草春"的解釋亦可舉證。

<u>"莎"字,梅謂,往往爲沙音,甚誤矣</u>。入歌韻,蘇禾切,與薐字同音。一名侯莎,莖葉似三稜,根周匝多毛,謂之香附子。一名雀舌香,又《毛詩·南山有台》篇注:莎,夫須也,可爲簑笠也。①

又取《大全本草》"莎草圖""澧州莎草圖",並長篇抄錄《大全本草》"第九·草部·莎草"曰:"莎草,根味甘,微寒,無毒。主除胸中熱,充皮毛。久服利人,益氣,長鬚眉……"②他認爲古人作詩,常使用"莎草"意象,但並没有多少人真正見過莎草,因此引《本草圖經》的"莎草圖",來反駁舊抄將該字讀作"沙"的謬誤。

**(二)釋比興**

在日本的《三體詩》抄物中,以微言大義、"六義説"來解釋詩歌是很常見的一種方法。集九對五山禪林中流行穿鑿解詩的方法頗爲警惕,尤其質疑舊抄給唐詩中的草木意象過度附會政治寓意的做法,他在解釋張籍《逢賈島》一詩"款冬花"時指出,此篇舊抄有數説,即第一句以"款冬花"不受霜雪之侵凌,有君子高介之標,故比賈島。第二句"出寺行吟日已斜"則以"日斜"比晚唐欲衰之勢。第三句"十二街中春雪遍"爲實接,"春雪遍"言小人滿朝,紛紛趨利,而島不遂志。第四句"馬蹄今去入誰家"言除賈島外,海内無一知己。

集九認爲,第一句"僧房逢著款冬花",並非是以款冬花比擬賈島人格,而是説款冬花開時節與賈島相逢③。他先引用絶海中津觀點,指出此詩或來自岑參詩句"滿寺枇杷冬著花,老僧相對揖袈裟",繼而通過《大全本草》"第九·款冬"原文,以及"秦州款冬花""雍州款冬花""潞州款冬花""晉州款冬花"等本草圖,説明款冬花的特性,繼而指出張籍詩中的"款冬花"只是表時間,而非比擬賈島人格。

再如對孟遲《閑情》中"蘼蕪亦是王孫草"的解釋。集九依然先列舉舊

---

①《曉風集》第二卷,葉 14—15。

②《曉風集》第二卷,葉 15。

③《曉風集》第一卷,葉 16。

抄觀點:"蘪蕪"一名"當歸",又稱"王孫草",故此句藏"當歸"之意。尤其是對"王孫草",諸種舊抄皆以其爲草名,集九認爲非也,他引《大全本草》"第七·蘪蕪""第八·當歸""第九·王孫"説明,"蘪蕪即芎藭苗也",並配以"永康軍芎藭圖"佐證;而"當歸"屬芹類,在平地者名"芹",生山中而粗大者名"當歸";"王孫"吳名白功草,楚名王孫,齊名長孫,主要生長於海西川谷及汝南城郭垣下。可見蘪蕪、當歸、王孫草是三種植物,詩句"蘪蕪亦是王孫草"中,"王孫草"只能如心田清播所解:"王孫只指屈平。"①而非舊抄所謂的草名。

　　集九不無遺憾地表示,《大全本草》中未録當歸、王孫之本草圖,因此不

圖1　《天下白》繪《文州當歸圖》《滁州當歸圖》

①《曉風集》第三卷,葉14。

能形象地説明這三種植物。但《大全本草》第八其實有"文州當歸""滁州當歸"兩幅本草圖,《天下白》中注釋蘇軾《寄劉孝叔》一詩,就補繪了這兩幅本草圖(圖1)①。可知集九著《曉風集》時不知何種原因未見當歸本草圖,後來在《天下白》中得以補充,由此推測《曉風集》的成書應早於《天下白》。

### (三)辨名實

唐詩中有諸多植物古今名稱有別,口語與書面語有異,"名"與"實"之差異對詩意的理解也帶來了一定的影響。集九對於這一問題也非常重視,如解釋鄭谷《經賈島墓》中"鼓子花"究竟爲何物時,便以本草文獻進行辨析。

> 水繞荒墳縣路斜,耕人訝我久諮嗟。
>
> 重來兼恐無尋處,落日風吹鼓子花。②

關於"鼓子花",天隱原注:"今米祥根花,或以爲牽牛花。"集九引用《大全本草》"第七·草部"反駁:"按本草,牽牛花如鼓子花,明牽牛非鼓子也。"③雖然牽牛花與鼓子花相似,但實際上是兩種植物。以此爲起點,他對這首詩的主旨重新進行了闡釋。即今來見賈島墓,尚有鼓子花可吊,若他日重來,荒草蕪没,恐花與墳皆不可見也,因爲"鼓子花不堅固者也","野花也,所以久嗟"。集九又借本草圖辨析了季昌注以鼓子花爲"旋花"的觀點:

> 天隱注引鼓子花,非牽牛花,故並記鼓子花與牽牛花本草,供後學之一覽也。季昌注云,本草旋花謂之鼓子花,言其形肖也。④

集九徵引《大全本草》《本草衍義》對鼓子花、牽牛花、旋花三種植物進行辨析。據《大全本草》第七、《本草衍義》第八,"旋花"味甘,無毒,主益氣。蔓生於河北京西關陝田野,最難鋤治,世人俗稱爲"鼓子花",因爲二者形肖相似。"牽牛花"載於《大全本草》第十一,"味苦寒,有毒,主下氣,治療水腫,除風毒"。集九又附"旋花""施州旋花""越州牽牛子"本草圖,以強調詩

---

① 萬里集九《天下白》第十二卷,日本國立國會圖書館藏寫本(請求記號:WA16—104),葉 9—10。

② 《曉風集》第五卷,葉 16。

③ 《曉風集》第五卷,葉 18。

④ 《曉風集》第五卷,葉 19。

歌中的"鼓子花"只是野花,而詩歌的主旨也是借鼓子花不長久,慨歎詩人賈島墓之荒蕪。

### (四)證地理

《曉風集》常以本草考證詩歌創作地點,如對雍陶《西歸出斜谷》詩句"萬里客愁今日散,馬前初見米囊花"的考證。集九先否定了舊抄中以"米囊花"爲中原之花的觀點:

> 又有説云,米囊花是中原之花,故遠若見之而喜也。梅謂此説非也。又有一説曰,雍陶避亂自蜀移越時之作,梅謂此義亦不可也。①

同時,對於舊抄認爲這首詩是詩人自蜀移越時所作也進行了批評。他引用《大全本草》第二十六、《本草衍義》第二十,指出雍陶詩中的"米囊花"實爲罌粟:"櫻粟,或作罌粟,或作鶯粟,或作櫻粟,其實一米囊也。"②同時附"罌子粟圖"並補《本草圖經》,指出米囊花"今處處有之,人家園庭多蒔以爲飾",非只是中原之花,而這首詩作於雍陶出成都赴簡州任刺史之時,並非是自蜀移越避難時,以此糾正舊注中的謬誤。

再如對韓翃《送客之上黨》詩句"佳期別在春山里,應是人參五叶齊"的解釋,集九先舉舊説對"人參"的注釋:

> 信仲和尚講云:佳期有三。即:其一,凡別離雖悲,有所期也。上黨之行必取人參贈吾也。其一,取人參而有五葉齊,自穀神是佳期也。其一,春山人參五葉齊時必歸,故云佳期也。梅謂,此三説似穿鑿,雖然記以爲話柄而已。③

他認爲這三種觀點都有穿鑿附會之嫌,故描摹"袞州人參圖""滁州人參圖""潞州人參圖""威滕軍人參圖"等來證明,又舉《大全本草》第六:"人參,惡鹵鹹。生上黨郡,人形者上,次出海東新羅國。"④認爲此詩乃韓翃在京師而作,所送客人爲采人參而赴上黨,因五葉人參爲上當特産,"此客爲采此藥而背官柳青青之盛,匹馬而冒沖清明時節之風雨,所采春山之人參,

---

①《曉風集》第四卷,葉 22。

②《曉風集》第四卷,葉 22。

③《曉風集》第三卷,葉 20。

④《曉風集》第三卷,葉 20。

必可五葉齊也”①。

　　在抄物《帳中香》中，集九再次引用《曉風集》中“人參”本草注文，對任淵注山谷詩《送顧子敦赴河東》詩句“紫參可掘宜包貢，青鐵無多莫鑄錢”中的“紫參”提出質疑：

　　　　此一聯先輩云，河東近上黨，則紫參山谷指紫團參，故可掘紫參而貢。蓋上黨者人參之所産，又別種有紫參者，産晉州，載《大全本草》，非人參。山谷此句只指人參邪？彼一種之紫參邪？②

　　舊注認爲，山谷詩中的紫參即人參。但集九“以《大全本草》質之，則人參全非紫參”。因爲紫參産於河西晉州，他又繪製“晉州紫參圖”“滁州人參圖”“潞州人參圖”，證明“紫參葉似羊蹄，紫花青穗”，與人參明顯不同，因此任淵注本以紫參爲人參，實爲不妥。“故今録出人參並紫參之圖畫，以備好事之一覽矣。又《增注》大極注曰：‘紫團參乃牡蒙之一名也。’此注蓋未質本草者也”③。由此可見，以本草文獻爲依據，對詩文中的植物進行名實辨析，實際上貫穿著集九的整個中國詩文注釋活動。

　　以上概述了《曉風集》中本草注的主要功能，無論是爲訓讀音、釋比興，還是辨名實、證地理，整體上都未脫離中國傳統注釋學的範疇。但集九的貢獻，是將北宋本草學文獻引入日本的唐詩講釋活動中，使得文學與本草學交相成趣，在不同的知識領域之間形成對照與互滲，這一方面滿足了日本人借中國詩文講釋來全面提高漢學修養的渴望，另一方面也影響了日本人對本草學知識的關注。那麼，觸發集九以本草圖注釋《三體詩》的契機是什麼？這就要從《曉風集》大量征引的北宋本草學文獻談起。

## 四　《曉風集》與北宋本草學文獻

　　《曉風集》中所引用的本草文獻均爲北宋時期編纂。毫無疑問，北宋是中國歷代官修本草文獻的高峰期，開寶六年（973）宋太宗命諸臣重訂《開寶

---

①《曉風集》第三卷，葉21。
②萬里集九《帳中香》卷四（下），日本國立國會圖書館藏古活字版（請求記號：WA7—9226），葉26a。
③《送顧子敦赴河東》，萬里集九《帳中香》卷四（下），葉27a。

新詳定本草》，嘉祐七年（1062）蘇頌等奉敕撰《圖經本草》二十卷亦鏤版施行。可惜原書已佚，主要内容保存在《證類本草》和《本草綱目》之中。元祐年間（1086—1093），蜀醫唐慎微將《嘉祐本草》《圖經本草》兩書合併，增補成《經史證類備急本草》三十一卷。唐慎微的原書没有流傳下來，但其内容全部被《大觀本草》（全稱《經史證類大觀本草》）與《政和本草》（全稱《政和新修經史證類備用本草》）繼承，因此這三種書均可稱爲《證類本草》①。事實上，《大觀本草》是大觀二年（1108）艾晟根據唐慎微原本增訂而成，《政和本草》則是政和六年（1116）曹孝忠等奉宋徽宗敕令校訂《大觀本草》而成，從此《證類本草》便成爲了北宋正式官修本草文獻的主流。《證類本草》將本草學與儒家文化聯繫在一起，成爲東亞古代知識階層獲取本草學乃至博物學知識的主要來源，同時也是日本中世文人必備的"百科全書"。

　　《證類本草》早在 12 世紀中葉已經傳入日本，這一時期往來宋日之間的人物主要是禪僧，其中不乏醫術高明的僧醫，他們傳入了諸多宋代新刊的本草學文獻。據藤原通憲（？—1159）《通憲入道藏書書目》來看，當時《大觀本草目録》一帖、《大觀證類本草》上帙十卷、下帙十二卷等已成爲知識人的藏書②。又據大道一以（1305—1370）編《普門院經論章疏語録儒書等目録》（1353 年成書）記載，《大觀本草·局方》一册、《圖注本草》九册等也在 14 世紀傳入③。《曉風集》主要引用《證類本草》，但集九始終以《大全本草》稱呼，由此推測他使用的可能是北宋滅亡後金人所刊的貞祐本或其重刊本。當時金人爲避諱北宋"大觀"年號，改書名爲"《大全本草》"。渡邊幸三曾考證過這一問題，他引用瞿鏞《鐵琴銅劍樓藏書目録》記載，"《經史證類大全本草》三十一卷，附《本草衍義》二十卷，貞祐二年（1214）嵩州福昌孫（縣）夏氏書籍鋪刊行"，《大全本草》之名由此而始④。集九在《帳中香》中曾提到，舊抄多引《證類本草》，"頗與《大全本草》説同，故不録"⑤，可見他

① 岡西爲人《本草概説》，創元社，1977 年，頁 105。
② 王勇主編《中日文化交流史大系·典籍卷》，浙江人民出版社，頁 70。
③ 王勇主編《中日文化交流史大系·典籍卷》，頁 52。
④ 渡邊幸三《唐慎微の經史證類備急本草の系統とその版本》，《東方學報》第 21 册，1952 年。
⑤ 萬里集九《帳中香》卷一六（上），《贈高子勉四首》其一，葉 16b。

更爲注重《大全本草》，以區別於以往舊抄。緑川英樹教授指出，《帳中香》中不乏將《大全本草》與《證類本草》信息對照合記之例①，但這種現象在《曉風集》中没有出現過，這説明至少在著述《曉風集》的時候，集九手邊可能僅有《大全本草》可供參考。

　　《曉風集》對《大全本草》的引用方法，通常是大篇幅地抄録原文，這些瑣碎的本草學知識很多情況下稀釋了對原詩的闡釋，顯得繁冗，但集九不斷引入《大全本草》的原因，很可能源於周邊聽講者的需求以及他與醫師的交往。《梅花無盡藏》中收録有集九贈醫師福富公的詩，後兩句説“靈藥傳名千里及，相逢細話脈論詩”，詩歌自注曰：“千里及，蓋湖州藥名。福富從西湖來，故取之。千里及，又載《本草》。”②可見集九不僅和醫師私交深厚，而且具有相當的醫學知識，甚至可以“方劑名”“脈論詩”來相和。

　　集九講授《三體詩》時，也在講授東坡詩和山谷詩，所以《曉風集》與《天下白》《帳中香》之間經常互相引用，這恐怕也是《曉風集》重視本草注的契機之一。比如，上文曾討論過李遠《黄陵廟》詩句“黄陵廟前莎草春”中的“莎草”，實際上，集九對《黄陵廟》詩第二句“黄陵女兒茜裙新”之“茜”字，也通過本草文獻注釋讀音，他先舉季昌注“茜即蒨字”，又從季昌注所引《漢書》追溯“千畝卮茜”的出處，並借《大全本草》引申至對“卮”字的解釋：

　　　　《大全本草》十三：“江陵府梔子、臨江軍梔子、建州梔子，圖各形異也。引《圖經》云，梔子生南陽川谷，今南方及西蜀州郡皆有之……南方人競種以售利，《貨殖傳》云：卮茜千石，亦比千乘之家，言獲利之博也。”③

　　顯然，“梔子”與李遠《黄陵廟》一詩幾乎没有關係，這不過是季昌注衍生出的注文。我們很容易發現集九的注文帶有即興生發的色彩。如果結合抄物誕生的環境、歷史和文本特點來看，這種即興性顯然是抄物文本中普遍存在的。畢竟抄物的形態大多都是講義或者聽講者的聞書、筆記，帶有口語體特征和講授的現場感，即興的插話既能披露講授者學識之廣博，

①緑川英樹《萬里集九〈帳中香〉的詩學文獻價值》，頁 295。
②萬里集九《梅花無盡藏》第一卷，《醫家福富公，阻雨不得揚歸鞭，劑和之餘，作旅詩一篇見寄，漫同厥韻云》，頁 672。
③《曉風集》第二卷，葉 16。

也能在一定程度上激起聽講者的興趣。然而,即興的注文又最能體現講釋者的知識儲備與學術興趣,如集九在講釋《黃陵廟》時,看似由《漢書》"千畝巵茜"隨意生發的對"梔子"的討論,其實在《天下白》中已有詳細注釋。

在《天下白》中,集九對東坡《和子由盆中石菖蒲忽生九花》詩句"無鼻何由識蒼蔔,有花今始信菖蒲"之"蒼蔔"注釋道:"某謂,《酉陽雜俎》云:諸花少六出者,唯梔子花六出。陶真白曰:即蒼蔔花也。"其後大幅引用《大全本草》"第十三·梔子",並引"江陵府梔子""臨江軍梔子""建州梔子"三幅本草圖進行對比,繼而議論道:

> 某謂:梔子,和名無口(クチナシ),其形小。本草所圖之實,而花白。但本朝梔無香,支那梔有香。竺土之梔甚有芬芳。如是則草木之妍醜,果實之芬芳,各因其土。然幾者乎。竺則靈於支,支則靈於和。無情梔子如是,況於人邪?哀哉!託性於區區之和土。①

這段注文就很有一種和聽眾在對話的感覺。集九從佛教的世界觀出發,由天竺、中國、日本三國"梔子"香味的有無生發感想,推而及人,抒發對他國的想象與憧憬。

觸發集九借用北宋本草學文獻注釋《三體詩》的契機,當然還有《三體詩》的中國注本,如果將《曉風集》與《三體詩》圓至注、季昌注進行比較,會發現集九選擇本草圖注的對象,大多都是二者討論過且存在爭議的,集九對此表示贊同或反對,構成了他注釋的起點。比如對戴叔倫《湘南即事》中"盧橘"的考證。在舊注中,關於首句"盧橘花開楓葉衰"中的"盧橘"通常存在兩種解釋:據圓至注,盧橘即橘,色黑。其花自冬而著,此句"盧橘花開"四字,即言初冬。據季昌注,盧橘即枇杷,冬而著花。在五山禪林的舊抄中,往往以"盧橘花開"爲春,或以"盧橘花開喻小人得位,以楓葉衰喻君子遠謫",集九認爲"此說似穿鑿也","甚誤"。《曉風集》幾乎摘録《漁隱叢話》"後集·二十八"全文②,集九指出戴叔倫詩中的盧橘即枇杷也,而"盧橘花開楓葉衰"一句沒有微言大義的影射,這裏只是表現時間之迅速的寫景。爲了佐證這一觀點,集九又列舉《大全本草》二十三條"橘"、十二條"楓香"、二十三條"眉州枇杷葉"這三幅圖,說道:"梅謂,點檢諸本草等葉,盧橘並枇

---

① 萬里集九《天下白》第十四卷,葉 28。
② 《曉風集》第一卷,葉 28。

杷爲一物之證,故引枇杷並橘之《本草圖經》質焉。後於此子有志者,請細著眼睛。"①從集九對"盧橘"的討論來看,宋代詩話無疑也是促使他關注本草的契機之一。

　　最後需要説明的是,集九非常重視本草圖,因此在考證每一種本草之後,但凡有圖者必定會描繪出來,這大約與他擅長丹青格外關注圖像有關。如《帳中香》對山谷詩《有惠江南帳中香者戲答》的注釋,分別繪"螺甲"和"鷓鴣"圖,並舉舊抄曰:"樵(惟肖得嚴)云,螺甲狀如昆侖人耳。但以本草圖考之,則螺甲即カラスカイ。故録此圖及本草,蓋爲後人之子細著眼也。"②他還説:"右螺甲及鷓鴣二物,因不見其形,往往有邪説。故寫本草之圖,以質之。所希後學熟覽。"③舊注在描述螺甲時,往往以"狀如昆侖人耳"描述,但昆侖人耳是什麽形狀,依然有諸種異説。鷓鴣究竟是鳥是獸,也有諸多爭議。鑒於此,集九認爲以圖像描繪其形更爲直接,因此才會格外重視在抄物中繪製本草圖。這種求實的注釋態度在同時代的學者中普遍存在,折射了室町後期禪林學問的新視野。

## 五　室町末期禪林漢學的轉向

　　提及室町時代的學問,最爲重要的就是由禪僧作爲中國文化一環引入的宋代新儒學,即以周敦頤、二程及朱熹學説爲主的宋學的傳入。關於宋學傳入的經過,足立衍述、和島芳男等學者已有充分討論④,此處僅擇要述之。入宋僧圓爾辨圓(1202—1280)被認爲是日本宋學的先驅,早在 13 世紀他就將諸多宋學典籍傳入日本,但宋學在日本真正意義上的展開,卻始於虎關師煉(1278—1346)。虎關師煉提出了日本宋學接受中的一個重要問題,即如何調和禪宗與儒學之間的矛盾,他對於宋儒吸收禪宗思想以助儒學,其後又激烈排佛的行爲極爲不滿,甚至爲此批判朱熹文辭簡陋,"非

---

①《曉風集》第一卷,葉 30。
②萬里集九《帳中香》卷三(上),《有惠江南帳中香者戲答》其一,葉 5a。
③萬里集九《帳中香》卷三(上),葉 7a。
④可參考足利衍述《鎌倉室町時代之儒教》(日本古典全集刊行會,1932 年)、和島芳男《日本宋學史の研究》(吉川弘文館,1962 年)等。

醇儒也”。這一問題由義堂周信以“興禪方便説”得以調和,他極其推崇宋
儒的“新注”,批判漢唐儒者的“舊注”多拘泥於章句訓詁,不如宋儒達“性
理”,而宋儒之所以如此則因多“參吾禪宗”。他利用當時公家、武家社會對
中國文化極度憧憬的心理,試圖借宋學擴大禪宗的影響。因爲南北朝時期
的禪宗,“五山十刹”尚未作爲幕府官寺,地位不穩,以比叡山爲代表的舊佛
教勢力依然强大。義堂周信以宋學爲“興禪之方便”,開始在僧侶之間講釋
儒佛經典,其講義就是室町時代抄物的最初形態。

　　宋學講釋的流行,也改變了中世日本人閲讀中國典籍的形態,即從最
初的宋版書至後來五山刊刻的覆宋版、覆元版,直到室町時代的“抄物”。
所謂抄物,其實就是經典講釋者的講義或者聽講者記録的筆記,帶有口語
體、語録體的特徵,因此一直被視爲是室町時代日本語研究的重要史料。
隨著“抄物”閲讀的流行,有些學者在注釋經學文獻和佛教典籍時,會刻意
模仿抄物口語體的特徵,增加一些現場感和故事性。此外,抄物最初大多
僅是對經學文獻的注釋,其後逐漸蔓延至史書、詩文集甚至醫學書籍。從
學問史上來看,集九的抄物其實是日本中世禪林宋學講釋流行的結果。

　　然而,室町時代隨著五山制度的確立,禪宗寺院作爲官寺的地位得以
穩固,作爲“興禪之方便”的宋學就受到了冷落。相反,禪宗文藝卻迅速發
展,從而迎來了五山文學的高峰,禪僧們的學問興趣從儒學研究走向詩文
創作,典籍的講釋對象也從儒家經典換成了杜甫、蘇軾、黄庭堅等詩人的詩
集和《三體詩》《古文真寶》等。在這一過程中,禪僧學習宋學的目的和意義
也發生了改變,即開始强調儒學作爲“實用之學”的一面。尤其是隨著應仁
之亂的爆發,地方武士從室町幕府的統治下逐漸脱離,群雄割據一方,開始
强化地方政權的中心性,文化教育作爲地方政權建構的一環備受重視,這
也加速了學問的功利主義傾向。

　　室町末期産生的諸多抄物,最能反映出這種學問傾向。如桃源瑞仙的
《周易抄》涉及大量的數學知識和經濟史料,其《史記抄》則藴含著豐富的醫
學和本草學知識。月舟壽桂的《三體詩幻雲抄》涉及東國的農業生産,江西
龍派的《杜詩續翠抄》則講授了許多有關大米産地及稻田耕作的農業知
識①。這種學問傾向的出現,首先與禪僧周邊公家、武家階層交遊圈的形

----

① 川本慎自《中世禪宗の儒學學習と科學知識》,思文閣,2021 年,頁 169—248。

成有關。禪僧通過抄物講釋形成一定的知識網絡,而聽講者的興趣及需求反之也會影響抄物的形成和講釋,這大概是室町末期至戰國初期日本漢學研究中實用主義傾向出現的要因。

　　集九完成《曉風集》的年代,恰逢日本歷史上所謂的戰國初期。因爲戰亂帶來的傷亡病死,使得民間醫師的地位急劇增高,從而迎來了日本醫學史上的一個新階段。新村拓指出:"中世後半期,公家日記類文獻中湧現出了諸多民間醫師的名字。名醫輩出的現象雖説是由於當時醫療需求的提高,但從另一方面來看,成爲醫師不僅能帶來經濟上的優渥,也是立身出世最爲有效的捷徑。"①許多出身卑微的地方名醫,也能赫然出入公侯顯貴的宅邸,甚至被邀請參加室町時代最爲流行的連歌會。這一時期醫師存在感的強化,不僅是因爲醫療技術備受重視,同時也由於醫學開始被視爲學問的一部分,這種思想傾向的出現與五山禪林的貢獻密不可分。

　　在室町時代後期,借用本草學文獻來注釋中國典籍的學問僧,最爲著名的就是集九的好友桃源瑞仙,其抄物《史記抄》在注釋《扁鵲倉公傳》時,就顯示出了高超的醫學修養②。《三體詩幻雲抄》作者月舟壽桂不僅具有高深的醫學造詣,還與諸多醫師交遊往來。其《幻雲文集》中收録了一篇題名《書新刊醫書大全後》的跋文:

　　　　吾邦以儒釋書鏤板者,往往有焉,未曾及醫方,惠民之澤,人皆爲鮮。近世《醫書大全》自大明來,固醫家至寶也。所憾其本稍少,欲見而未見者多矣。泉南阿佐井野宗瑞捨財刊行。彼明本有三寫之謬,今就諸家考本方以正斤兩,雖一毫髮私不增損……③

　　這是月舟壽桂在大永八年(1528)爲日本刊行的《醫書大全》而撰寫的跋文,《醫書大全》是明代醫師熊宗立編纂的醫書,也是日本刊行的第一部醫學漢籍。有趣的是,阿佐井野氏在1500年左右還刊行了京都相國寺版

---

① 新村拓《日本醫療社會史の研究:古代中世の民衆生活と醫療》,法政大學出版局,1985年,頁58。

② 田中尚子《室町の學問と知の繼承:移行期における正統への志向》,勉誠出版,2017年,頁56—74。

③ 月舟壽桂《幻雲文集》,塙保己一編《續群書類從》第13輯上(文筆部),續群書類從完成會,1959年,頁420。

《增注唐賢三體詩法》①。《醫學大全》的問世,加速了日本醫學典籍的刊行。天文五年(1536)日本又刊行了第二本醫學書籍《俗解八十一難經》。天文十九年(1550)《醫方大成論》的講釋開始流行,其後許多禪僧開始著述與醫學典籍相關的注釋書與講義。在現存的抄物體系中,就保存有大量醫僧講釋的醫書抄物,這被認爲是受五山禪林講釋活動及抄物創作風潮的影響②。因爲五山禪僧的貢獻,醫學開始被視爲學問的領域之一,而不再是單純的治病技術。同時,隨著醫師地位的提高,他們開始將儒家治經的方法用於本草文獻的考證,並不斷摸索著與政治的聯繫,這就爲江户時代儒醫相資的現象奠定了基礎。

# 結　語

整體來看,萬里集九的唐宋詩文注釋活動,首先帶有強烈的博物學色彩,顯示出室町末期日本漢學教育的實學轉向。他將唐宋詩文作爲其漢學教育的主要文本,通過廣征博引,使其漢詩文抄物具有一種百科全書的性質。其次,集九擅長丹青,因此非常重視利用圖像來注釋詩文,《曉風集》《天下白》中繪有本草圖,而《帳中香》中還有對服飾、冠冕等禮器的描繪,這對於江户時代以圖繪方式閱讀、注釋、接受中國文學開闢了新方向。第三,集九極其重視宋代文化,他在講釋《三體詩》的過程中,不斷引用蘇軾、黄庭堅詩文及宋代詩話筆記,使唐詩與宋詩互相闡釋。他也非常重視宋代本草學文獻及類書,學術思想上推崇朱子學爲典範,是宋代文學與文化在日本接受的重要人物之一。關於這一問題,日後仍有待進一步展開研究。

(作者單位:陝西師範大學文學院)

---

① 久保尾俊郎《阿佐井野版「三體詩」について》,載《早稻田大學圖書館紀要》第 53 期,2006 年。
② 參考柳田征司《醫家の抄物》(第一類追補),載《愛媛大學教育學部紀要第 2 部》(人文・社會科學)第 15 號,1983 年。

# 日本假名文獻於域外漢籍研究的學術意義*

## ——以《百詠和歌》假名注中所見異本《李嶠雜詠注》爲例
### 黄一丁

## 一　引言

　　日本文化史學界觀點認爲,公元 10 世紀初是日本文化史的重要的分水嶺,它標誌著日本列島從崇尚中國文化的"唐風文化"時代過渡到注重日本本土文化的"國風文化"時代。隨著"國風文化"的興起,從平安時代中期開始,以漢語文言文書寫的域外漢籍以及以漢語文言文或變體漢文書寫的日本漢語文獻日漸式微,而以假名文字書寫的文獻成爲了日域文獻的主流。

　　目前域外漢籍研究界關注的,多是"唐風文化"時代傳入日本的域外漢籍文獻。而"國風文化"時代產生的假名文獻,由於其本身並不屬於傳統意義上的域外漢籍,儘管其與域外漢籍有著千絲萬縷的聯繫,但尚未引起學界的重視。然而,正因爲"國風文化"時代的諸多假名文獻與域外漢籍之間有著緊密的聯繫,因此探究這些文獻與域外漢籍之間的關係,能爲進一步深化域外漢籍研究提供新視角與新資料。

* 本文爲國家社科基金冷門"絕學"和國別史等研究專項"中國古代文集日本古寫本整理與研究"(2018VJX025)、江蘇省社科基金文脈專項"江蘇古代文學在日本研究"(22WMB024)階段性成果。

本文以假名文獻《百詠和歌》假名注所參考的異本《李嶠雜詠注》爲例，探索了現存日本假名文獻在域外漢籍文獻校勘與研究中的文本價值，並在此基礎上解釋日藏《李嶠雜詠注》與敦煌殘卷本《李嶠雜詠注》之間的關係，從而證明日本假名文獻在域外漢籍研究領域的重要意義。另一方面，假名文獻中存在的大量參考自域外漢籍的内容，也説明了"國風文化"時代，域外漢籍所代表的中華文化在日域依舊擁有强大影響力，"漢文化圈"的現象在日本"國風文化"時代依舊穩定存在。

## 二　現存《李嶠雜詠注》寫本概況與現存問題所在

《李嶠雜詠》（又名《百二十詠》）是李嶠撰寫的具有蒙學書性質的詩集①，《李嶠雜詠注》則是對《李嶠雜詠》的注釋，關於本書在日域的流傳，蔣義喬②、卞東波③等學者有過詳細的論述，而關於《李嶠雜詠注》的現存抄本概況，胡志昂④、池田利夫⑤、山崎明⑥、劉芳亮⑦等學者已有過十分詳實的考察，此處以先學的研究爲基礎，梳理現存寫本概況的同時，分析現存問題之所在。

由現存文獻記載可知，至少有三人曾爲《李嶠雜詠》作注，即張庭芳注、

---

① 葛曉音《創作範式的提倡和初盛唐詩的普及——從〈李嶠百咏〉談起》，《文學遺産》1995 年第 6 期。

② 蔣義喬《從句題詩看〈李嶠百詠〉在日本的接受情况》，《日語學習與研究》2005 年第 2 期。

③ 卞東波《李嶠詠物詩解解題》，卞東波編《中國文集日本古注本叢刊》第五輯，上海社會科學院出版社，2022 年。

④ 胡志昂編《日藏古抄李嶠詠物詩注》，上海古籍出版社，1998 年，頁 1—23。後文引用胡志昂説皆出自此書此處。

⑤ 池田利夫《日中比較文學の基礎研究：翻譯説話と典據》（補訂版），笠間書院，1988 年，頁 257—323。後文引用池田利夫説皆出自此書此處。

⑥ 山崎明《百二十詠詩注校本：本邦傳存李嶠雜詠注》，《百二十詠詩注解題》，均載於《斯道文庫論集》第 50 號，慶應義塾大學附屬研究所斯道文庫，2015 年，頁 243—383、385—414。後文引用山崎明説皆出自此書此處。

⑦ 劉芳亮《慶應大學藏〈李嶠百二十詠詩注〉抄本再考》，《域外漢籍研究集刊》第 13 輯，中華書局，2016 年。

張方注以及趙琮注。

　　日藏慶應本（室町時代寫）與天理本（江户時代後期寫）《百二十詠注》卷首所存序言後署“登侍郎守信安郡博士張庭芳注”。此爲張庭芳曾爲《李嶠雜詠》作注之證。張庭芳之名亦見於《新唐書·藝文志》，即爲庾信《哀江南賦》作注之人。

　　此外，南宋《郡齋讀書志》（成書於 1151 年）卷一七晁公武解題中見“或題曰，單題詩，有張方注”一文，由此可知，有一名爲張方之人爲之作注。事實上，根據徐俊的考證，宋元書志、筆記中《李嶠雜詠注》著者皆作張方①。神田喜一郎以張方與張庭芳爲同一人②，而胡志昂儘管推測“庭芳”可能爲張方之字，卻依舊認爲二者是否爲同一人物尚且存疑。由於張方《單題詩注》今已不存，作者認爲目前不應貿然將二者視爲同一人物，故本文以張方注爲有别於張庭芳注的另一注本。

　　最後，日僧釋真弁以其師覺蓮房聖範之教誨爲基礎爲《性靈集》所注《性靈集略注》（1306）中所引李嶠詩處存“趙琮注云：魏文帝有銀鏡台”一文，此外，平安後期日人，天皇侍讀藤原敦光（1063—1144）所著《秘藏寶鑰鈔》中亦見“趙珠”與“趙珠注”兩處記録，胡志昂以爲“趙琮注”之誤，此兩處下皆存趙注之佚文。嚴格來説，尚不能確定趙琮之名究竟爲“琮”抑或爲“珠”，但目前學界皆以趙琮爲是，故本文亦暫從之。由是可知，亦有名爲趙琮之人爲《李嶠雜詠》作注。以上是文獻中記録的三類《李嶠雜詠注》。

　　現存的《李嶠雜詠注》寫本存於敦煌（現爲法英俄三國所藏）以及日本，敦煌殘卷本共三種，分别爲法藏本（P. 3738）、英藏本（S. 555）以及俄藏本（Дх. 1098V），三者殘存部分雖互不相連，其中英藏本與法藏本字跡蓋出一人之手③，本應爲一卷，而俄藏本則另爲一本。目前英法藏本與俄藏本之關係尚不明確。日藏本現已知八種，胡志昂將日藏本分爲三個系統：1. 慶應本系統，包括慶應義塾大學圖書館本以及尊經閣藏文庫本。二者文本大

---

①徐俊《敦煌寫本〈李嶠雜詠〉校疏》，《吐魯番敦煌研究》第三卷，北京大學出版社，1998 年。
②參見神田喜一郎『「李嶠百詠」雜考』，撰於 1949 年，後收入《神田喜一郎全集》第二卷，同朋社，1981 年，頁 69—87。另萬曼在《唐詩叙録》（中華書局，1982 年，頁 36—38）中亦持該説，但神田之見較之更早。
③徐俊《敦煌寫本〈李嶠雜詠〉校疏》，《吐魯番敦煌研究》第三卷。

體相同,蓋抄自同一祖本。其中慶應本爲現存最古完本,抄於室町時代,而尊經閣本僅存上卷,抄寫年代略晚於慶應本。2.天理圖書館本系統,包括天理圖書館本、神田喜一郎舊藏甲本、田中教忠舊藏本、關西大學圖書館内藤文庫本(神田喜一郎舊藏乙本)以及禿氏祐祥舊藏本。由此系統中後記可知,該系統現存抄本皆傳抄自今已散佚的延德二年(1490)本,因此本系統文本最早可追溯至室町時代。現存諸本中雖可見部分文本異同,但皆爲延德本被傳抄後産生的文本變異。3.陽明文庫本系統僅存陽明文庫本一本,殘本。陽明文庫本爲室町時代末期抄本,僅存三十首。但由於其現存文本中異文較多,故具有較高的文獻價值。此外,山崎明則在胡志昂分類的基礎上添加了敦煌本系統,因此,現存《李嶠雜詠注》抄本共可分爲以上四個系統。

　　然而,存世的《李嶠雜詠注》寫本四系統卻無法與歷史文獻中所述三類注本一一對應。

　　首先,敦煌本系統爲何人所注尚不明確,但可肯定的是,敦煌殘卷本系統一定不是張庭芳注。理由如下:現存四系統中所見原詩的文本以及詩的排列順序各有差異,特別是慶應本的原詩中存在仄聲字入韻的現象。而在明刊本等文本中則均改爲平聲字。張庭芳注序贊李嶠《雜詠詩》曰"藻麗詞清,調和律雅",胡志昂依此認爲,李嶠生前即對雜詠進行過改動,而張庭芳應是爲改爲平聲字韻之後的文本作注。段莉萍在胡志昂説的基礎上考察了敦煌殘卷本系統的文本,發現其中的不合律之處在慶應本中已被更正①。因此可以確定,敦煌殘卷本並非張庭芳序中所言"藻麗詞清,調和律雅"之本。此外,段莉萍猜測敦煌本系統可能爲散佚的張方注,卻未提出相應文獻證據,故本文不採敦煌殘卷本爲張方注一説。

　　其次,日藏抄本三系統雖皆與張庭芳注有密切關聯,但無疑並非張庭芳原注,其原因有三:第一,前文所述《性靈集略注》中存嶠詩服玩部鏡詩張庭芳注佚文,然而,該處與現存日藏三系統中所見服裝玩部鏡詩注文本皆不同,池田利夫認爲,由是可知,現存日藏三系統並非張庭芳原注。第二,日藏三系統中,常見"一本曰"措辭,池田利夫與山崎明都認爲,此處"一本"

①段莉萍《從敦煌殘本考李嶠〈雜詠詩〉的版本源流》,《敦煌研究》2004年第5期。後文引用段莉萍説皆出自此書此處。

乃指非張庭芳注的另一注本,該注業已散佚。第三,除上述鏡詩之外,慶應本與天理本中,鏡詩前後的被詩、扇詩注應亦不是張庭芳原注,其原因爲,扇詩注後存文字曰:"以上三詠,注此一本注耳。今本注零落而不遇耳。"由此段文字中的"此一本"即爲上文所言今已散佚的別注,"今本"則爲慶應本與天理本的祖本。綜上,現存日藏三系統雖均以張庭芳注爲基礎,卻並非張庭芳注之原貌。綜合池田利夫與山崎明的分析,作者認爲日藏三系統很可能是一本以張庭芳注爲基礎並綜合了"一本曰"所指的異本注的彙注本。

最後,趙琮注的佚文雖零星存於日人編纂的書目中,但目前尚未窺見一本與趙琮注佚文吻合的。故趙琮注也無法與今存的四系統對應。

綜上所述,目前《李嶠雜詠注》抄本的研究問題重重,日藏三系統與敦煌殘卷系統的性質沒有探明,現存四個系統之間的關係也未釐清。然而,僅利用現存的域外漢籍資料已經不能針對上述問題進行有效討論。因此,發掘新資料便成爲了《李嶠百詠注》研究的突破口。事實上,日本假名文獻中存在一書《百詠和歌》與《李嶠百詠注》關係密切,本文以下主要利用源光行的《百詠和歌》假名注來深化現有《李嶠百詠注》的文本研究。

# 三　《百詠和歌》假名注中所見異本《李嶠雜詠注》的文本信息

《李嶠雜詠注》自平安時代以來一直爲日本貴族漢學啓蒙教材,而現今日藏三系統文本均只能上溯至室町時代,能反映鐮倉時代以前日域《李嶠雜詠注》文本形態的文獻鳳毛麟角,目前僅有成書於平安末期的《幼學指南鈔》一書中存有張庭芳注佚文。然而,根據山崎明的考察得知,現存於《幼學指南鈔》張庭芳注均見於慶應本文本,由是可知,《幼學指南鈔》所依《李嶠雜詠注》底本與慶應本聯繫緊密。因此,事實上《幼學指南鈔》中所見張庭芳注佚文並未爲目前研究提供新的文本材料。

值得注意的是,活躍於平安時代末期至鐮倉時代初期的河內學派始祖源光行曾以《李嶠雜詠》的詩句爲題,撰寫了和歌集《百詠和歌》。源光行是平安末期至鐮倉初期出身武士階層的重要政治家與文學家,作爲鐮倉幕府征夷大將軍源賴朝近臣的同時,與京都貴族公卿亦保持著緊密的聯繫。光行在假名文學上造詣很高,師從當時歌壇巨擘藤原俊成學習和歌與物語文學,並校訂了河内本《源氏物語》;與此同時,光行還師從當時的漢學大家大學頭①藤原孝範學習漢學。自元久元年(1204)開始,光行以《蒙求》《李嶠雜詠》以及白居易的新樂府詩爲基礎,陸續創作了《蒙求和歌》《百詠和歌》以及《新樂府和歌》(今散佚)漢籍和歌三部曲。

　　在現存的《百詠和歌》原本系統②中,保留有大量的假名注,這些假名注與《李嶠雜詠注》日藏三系統的文意多有類似,但不盡相同。假名注的文體主要是漢文訓讀文體,夾雜一部分漢語文言文原文以及和漢混淆文,假名注雖以假名書寫,但其内容與現存日藏《李嶠雜詠注》三系統多有雷同,卻也不乏出入之處。因此可知,源光行在撰寫假名注時應該參考了某一本《李嶠雜詠注》,且該本與現存的日藏三系統雖不同,卻存在著緊密聯繫。這些假名注的文獻價值在於,其文本中保留了大量源光行所持《李嶠雜詠注》之特徵。而從《百詠和歌》的序言中可知,至少在光行看來,此本是張庭芳注本:

　　　　夫鄭國公始賦百廿詠之詩,以諭於幼蒙;張庭芳追述數千言之注,以備於後鑒。是以少壯之,昔學之,閑居之,今抄之。所謂四韻之間取二句,一題之中綴兩歌是也。③

　　光行在編纂《百詠和歌》時,特意在序言中提及張庭芳的"千言之注",由是可知,光行認爲其參考的注本應爲張庭芳注。光行跟隨藤原孝範學習漢學,並在《百詠和歌》成書後呈給孝範批閱,二人在 240 首和歌後附有兩首類似於跋的和歌與題詞。因此,光行在編纂《百詠和歌》時所用的注本極有可能就來源於藤原孝範的藏書。藤原孝範是平安末期的文章博士、漢學家,受到過正統的漢學教育。因此傳抄自其藏書的源光行所持《李嶠雜詠注》直接反映了在平安時代正統官學教育中使用的《李嶠雜詠注》之文本形態,因此其對《李嶠雜詠注》的研究意義重大。

　　如前所述,假名注與現存日藏三系統的文意均有出入之處。池田利夫

---

① 大學頭爲大學寮長官。大學寮爲日本朝廷最高學府,唐名國子監。

② 《百詠和歌》傳本可分爲通行本、抄出本以及古鈔本三個系統,池田利夫證明,擁有假名注的通行本系統應爲光行所編原本。

③ 本文中《百詠和歌》原文引自新編國歌大觀編集會《新編國歌大觀》數據庫(新編國歌大觀 DVD—ROM. [DB]. 角川書店,2012 年),標點根據漢語習慣有改動。

在分析對比了日、風、床、賦、桂、桃、龍等詩的假名注與日藏三系統文本後指出，光行參考的注本雖非現存三系統中的任意一本，但在文本上應與陽明文庫本系統更爲接近。

　　在此基礎上，作者統計了《百詠和歌》240 首中所有的假名注與現存日藏三系統文本的文意，其結果如下：

| 假名注情況 | 數量 | 所佔比例 |
| --- | --- | --- |
| 假名注內容全部見於日藏三系統文本 | 78 | 32.5% |
| 假名注內容部分見於日藏三系統文本 | 122 | 50.8% |
| 假名注內容完全不同於日藏三系統文本 | 39 | 16.3% |
| 假名注散佚 | 1 | 0.4% |
| 總計 | 240 | 100% |

　　由上表可知，《百詠和歌》中有 16.3% 的和歌假名注是不見於現存日藏三系統的。假名注文意中與現存三系統文本相合之處，應是光行參考注本與日藏三系統共同繼承於平安時代共同祖本的部分，而不同之處的性質則是光行參考注本獨有的文本或是假名注生成時產生的改編，還需要繼續分析甄別。因此，最大限度從假名注文本中發掘光行參考注本的原始信息成爲利用假名注文本研究光行參考本《李嶠雜詠注》的關鍵。

　　假名注雖以假名書寫，但其文體以漢文訓讀文爲主，夾雜部分漢語文言文與和漢混合文。本節首先以假名注內容全部見於日藏三系統文本的鹿詩假名注爲例，分析假名注與光行參考注本的關係以及假名注的文本價值。

　　　　鹿
　　　方懷大夫志，抗手別心期　　子高と云ふ人趙にゆく、趙の平原君が客鄒文節とともにたちたり、子高魯のふるさとに帰る時、人わかれををしむ、文節したひおくる事三宿、文節淚を流す、子高てをあげてこれを謝す、子高が云、人生れて、有四方之志、是鹿豕哉、而常群聚矣。
　　以上爲鹿詩假名注。實線部分是李嶠雜詠詩原文，波浪線部分是漢文

訓讀文體,而虛線部分則是漢語文言文。漢文訓讀文可以復原爲訓讀前的漢文,復原後可得:

子高之趙,與趙平原君客<u>鄒文節</u>發,子高歸魯故里時,人惜別,文節慕送三宿,文傑流涕,子高舉手謝之,子高云:<u>人生有四方之志</u>,是鹿豕哉,而常群聚矣?

由於本段假名注是帶有和漢混淆文體特徵的漢文訓讀文體,並非完全的漢文訓讀,因此復原出的漢語文言文與光行參考的注本原文應有所出入。但將之與慶應本以及陽明文庫本中所見詩注比較,仍可窺其端倪。

慶應本

一本,《孔叢》曰:<u>子商游於趙</u>,平原君客有鄒文季節,昔友相善,及還魯,文與節相送三宿,流涕,子商曰:始吾謂此二子丈夫,乃今如婦人也,商抗手曰,<u>余有四方之志</u>,豈謂鹿豕而常群聚也?

陽明文庫本

《孔叢子》曰:子高游趙,平原君客有鄒文節者,與高相友善。及將還魯,諸故人訣既畢,文節相送三宿。臨別,文節流涕交頤,子高徒抗手而已⋯⋯子高曰,始吾謂此二子大夫,乃今知婦人也。人生四方之志,豈鹿啄而常群聚哉?⋯⋯①

假名注之文意與兩本大體相同,可以視爲其文意的簡化版。但有幾點出入值得注意。第一,慶應本中“子高”作“子商”;第二,假名注將鄒文與季節二人誤認爲一人鄒文節,此與陽明文庫本同;第三,慶應本中“余有四方之志”在假名注中作“人生有四方之志”,亦與陽明文庫本同。此處亦是池田利夫推測光行參考注本應與陽明文庫本接近的證據之一,此應爲不刊之論。然而,此處注釋實際爲《孔叢子》引文,現將《孔叢子》中對應文本引出再做對比:

子高游趙,平原君客有鄒文、季節者,與子高相友善,及將還魯,諸故人訣既畢,文、節送行三宿。臨別,文、節流涕交頤,子高徒抗手而已⋯⋯子高曰:始吾謂此二子丈夫爾,乃今知其婦人也,<u>人生則有四方之志</u>,豈鹿豕也哉,而常群聚乎?②

---

①本文中日藏三系統原文引自山崎明校本。
②原文引自傅亞庶《孔叢子校釋·儒服》,中華書局,2011年,頁296—297。

　　比較《孔叢子》原文可知，雖然假名注與陽明文庫本將鄒文與季節二人誤作鄒文節一人，但在“子高”之名以及“人生有四方之志”兩處文本上，二者甚至比慶應本更接近於《孔叢子》原文，即意味著更接近平安時代的共同祖本。該事實説明，慶應本儘管是日藏三系統中現存最早的抄本，但其中存在著諸如“子商”一類的誤寫，其文本未必優於陽明文庫本與光行參考的注本。至少在該部分詩注中，陽明文庫本於光行參考注本除“鄒文節”之誤寫外，其餘部分文意更接近於《孔叢子》之原文。

　　依此例可知，儘管假名注文本並未保留光行參考注本的所有原始漢語文本，但由於光行的假名注文意基本尊重了其參考的原始注本，且從漢文訓讀文體中亦可窺見光行參考注本的大量原始文本信息，因此假名注對於《李嶠雜詠注》研究的文獻價值不可否認。上一例僅是分析了一例假名注内容全部見於日藏三系統文本的情况，而假名注最大的文本價值可能存在於假名注内容異於日藏三系統文本的部分。因爲該部分中包含有大量的今已散逸的平安時代的《李嶠雜詠注》之文本信息。

## 四　《百詠和歌》假名注中所見異本與日藏三系統之關係

　　上文在闡述日藏三系統文本並非張庭芳原注時曾提及，服玩部中被、鏡、扇三詩處的張庭芳原注在日藏三系統文本中業已散佚，今存於該處的注釋是引自别書的他注。值得注意的是，《百詠和歌》中對應這三首詩的是第 151 至第 156 號和歌，共 6 首，因此現存 6 處假名注。而比較之後發現，此 6 處假名注的文意與現存日藏三系統的文本存在較大出入，因此應該考慮，光行參考本中所見此三處詩注亦與現存日藏三系統文本不同。

　　最早注意到鏡詩假名注與現存日藏三系統文本不同之重要性的是池田利夫，他發現鏡詩“含清朗魏台”一句的假名注文意與現存日藏三系統的文本差距較大，但其中卻存在與前文提及的《性靈集略注》中出現的張庭芳注佚文十分接近的部分。

假名注

　　魏文帝の殿の前におほきなる鏡あり、にはとりかたちをうつしてまふといへり、又云、たかさ五尺ひろさ三尺の鏡あり、人これにむかへば、心府あらはれてかくるる所なしといへり、又云、秦始皇の時、照膽鏡あり、方四尺九寸、五臟をてらすといへり。

慶應本

　　　《異苑》曰：山鷄愛其毛，照水即舞。魏武帝，陶方獻山鷄，公子蒼
舒令抵大鏡置其前，山鷄鑑形而舞不止，除之則止。詠鏡曰：飛魏宮知
本性也。

《性靈集略注》

　　　李嶠《鏡》詩曰：含清朗魏台。注云：魏建女殿前有方鏡，高五尺廣
二尺，在庭中。人向之，顯人形心府。

　　池田利夫根據《性靈集略注》佚文划實線部與假名注划實線部文意的
相似進而推測光行參考本的原文中必定包含《性靈集略注》中的佚文。然
而容易忽略的是，假名注中波浪線的部分實際上可視爲慶應本中波浪線部
的略寫，因此不應該排除光行參考注本中亦存在與慶應本相似文本的可能
性。最後，假名注文末未划線部分則酷似《西京雜記》卷三中的一段記叙的
略寫：

　　　高祖初入咸陽宮……有方鏡廣四尺，高五尺九寸。表裏有明，人
直來照之，影則倒見，以手捫心而來，則見腸胃五臟，歷然無礙。①

　　因此，光行參考注本的原文中很有可能還引述了類似於《西京雜記》
中以上部分的文本。事實上，從"含清朗魏台"一句假名注的結構來看，
光行參考注本的該句注釋至少包含了三種文獻引文，即慶應本所引《異
苑》、《性靈集略注》中殘存的佚文以及類似於《西京雜記》中的相關部分
的文本，而後兩者現不存於日藏三系統文本中，則極有可能是日藏三系
統扇詩後批注中所言"零落"的"今本"原注。而這三個部分在假名注中
又恰好均以"又云"二字相互分割，這或許就是光行參考注本的原始文獻
形態。由此可知，光行參考注本或與日藏三系統同樣爲一本彙注性質的
注釋，而其極有可能保留了日藏三系統批注中所言"今本"於平安時代的
原始形態。今根據漢文訓讀文體的特徵以及上述文獻的原文復原後得
以下文字供參考：

　　　魏文帝殿前有大鏡，鷄鑑形而舞。又云：有鏡高五尺寬三尺，人向
之，顯心府而無所隱。又云：秦始皇時，有照膽鏡，方四尺九寸，照

---

①原文引自向新陽、劉克任《西京雜記校注》卷三，上海古籍出版社，1991年，頁133—134。

五臟。

此外,鏡詩中另一句"方知樂彥輔,自有鑑人才"。後存假名注幾乎就是漢語文言文原文:

　　　衛灌が云:樂廣若水鏡,見之瑩然,若披霧而見青天。

而慶應本中該處則作:

　　　樂廣,字彥輔,有試鑑,爲吏部侍郎,時人比之冰鏡,言將鏡,樂彥因有鑑人之明也。

顯然,假名注與慶應本均是對樂廣的注釋,但所述文字則完全不同。此處假名注的文本與《蒙求》中"彥輔冰清"部分的文本酷似:

　　　衛灌見而奇之曰:此人之水鏡,見之瑩然,若披雲霧而睹青天也。①

光行在完成《百詠和歌》前剛剛編纂了以《蒙求》爲典的《蒙求和歌》,或因光行參考注本中該處已經缺損之故而直接借鑒了《蒙求》的原文。此外,且不論張庭芳注與《蒙求》成書之先後,即便光行參考注本原文非張庭芳所注,其引文亦不應出自諸如《蒙求》之類的蒙學書,而理應援引諸如《晋書》樂廣傳之類的文獻。因此,此處假名注很可能是光行摘自《蒙求》而成。值得注意的是,此處假名注注釋簡略,與其他假名注形成鮮明對比,該現象的產生或許正是因爲光行參考注本的該處原注業已缺失的緣故。

而扇詩中所存的兩處假名注亦與現存日藏三系統的文本有所出入,因而值得關注。

由是可知,假名注的文本實際上是對整首詩的說明,可見該處的假名注內容已經脫離了"花輕不滿面"一句的說明。《百詠和歌》中僅引扇詩中的兩句吟詠和歌,"翟羽、蒲葵、同心、合歡"等稱謂並未出現在《百詠和歌》的文本中,因而這樣的注釋反而會顯得畫蛇添足。但若假設假名注此處保留的是光行參考注本的原貌,則可認爲該現象是因爲光行出於某種原因保留了參考注本的原始形態。而慶應本中該句注釋極爲簡略,應是如批注所言,補自別本。基於這樣的情況,假名注中留存的上述注釋,很有可能就是日藏三系統中"零落"的"今本"注釋。

---

① 由於源光行所用《蒙求》現已不存,故原文引自池田利夫編《蒙求古注集成》(汲古書院,1988—1990年,頁728)所收應安年間五山版。

同樣的情況還發生在扇詩另一句的假名注處：

　　逐暑含風轉

　　漢成帝妾，班婕妤《詠扇》云：新裂齊紈素，鮮潔如霜雪。裁爲合歡扇，團團似明月。出入君懷袖，動搖微風發。常恐秋節至，涼風奪炎熱。棄捐篋笥中，恩情中道絶。

此處假名注爲漢語文言文，推測應是直接保留了光行參考注本的原貌。而慶應本中對應之處文本如下：

　　班婕妤詩曰：裁爲合歡扇，團團似明月。下云：動搖微風發。

可見，慶應本中所存注釋較假名注簡略，假名注中内容可能爲"零落"的"今本"原注。

綜上所述，光行參考注本是平安時代日域所傳的有別於現存日藏三系統的注本，此本雖今已不傳，但其中一部分原始文本信息通過《百詠和歌》中的假名注得以流傳至今。發掘這些文本信息將對了解《李嶠雜詠注》在平安時代的流傳狀況産生重要意義。

然而不可忽略的是，假名注中亦存有可能與光行參考注本原貌相去甚遠的部分，例如被詩兩句處所存假名注：

　　孔懷欣共寢

　　後漢の姜肱、仲海、季江、あにおとと三人おなじ心に孝の心深かりけり、家まどしく衣薄かりければ、霜ふり風さゆる冬の夜は、母、子どもをみてうれへけり、三人ひとつふすまにふして、母の心をなんやすめけり。

　　蘭交聚北堂

　　昔孟軻いとけなくして、北堂の學士にまじはりて文をこのめり、母十二幅のふすまをととのへて、孟軻におくりていはく、もろもろのまどしき家の子ども、衣さだめて薄かるらん、此広きふすまをもちて、諸の人人とあつまりふして、あまたの言行をききまなぶべしといへり。

以上兩段假名注划線處的表達是和漢混淆文體且呈現出明顯的和文體特徵，而非漢文訓讀文體。由是可知，此處的兩處假名注應該經過了較大幅度的改寫。另一方面，據作者所查，兩處假名注所述姜肱與孟宗故事與《後漢書》以及《晋書·列女傳》等現存中國文獻中的典故叙述差異較大，因此二者或爲光行根據其他日本文獻所補,有待再考。由是可知,假名注的文本成因十分複雜,其中漢語文言文以及漢文訓讀文體之處保留有諸多光行參考注本的原始文本信息,但在和漢混淆文體部分則出現了很多乖離光行參考注本的現象,以之推測光行參考注本原文時,需十分慎重。

## 五　《百詠和歌》假名注中所見異本與敦煌殘卷本系統之關係

敦煌殘卷本系統中的現存文本因與日藏三系統相去甚遠,因此其與日藏三系統之間的關係尚不明確,僅被認爲是一個有別於日藏三系統的其他系統。然而,作者在假名注中發現兩處文本值得注意,可爲説明敦煌殘卷本與日藏三系統文本的關係提供一些啟示。

資材部錦詩中"色美廻文妾"一句處存有以下假名注:

色美廻文妾

秦州の刺史竇滔、任をさる時、妻蘇氏名殘を惜む、をとこ竇滔ふかくたのむよししして、又こと心あらじといひ契りてわかれぬ、みやこに返りてのち、いつしか妻をまうけてけり、蘇氏うらみて錦文の詩をおりて、をとこにおくれり。

此段文本爲和漢混淆文體,不可直接復原爲漢語文言文,故譯其大意爲:

秦州刺史竇滔,去任時,妻蘇氏惜之,竇滔作由深囑,又言將無異心,契而別。返京後,不時取妾,蘇氏怨而織錦文詩,贈滔。

而慶應本中與之對應的注釋則爲:

色美廻文妾

竇滔妻織回文錦詩,寄滔也。

比較可知,以慶應本爲代表的日藏三系統注釋遠簡略於假名注,而日藏三系統的錦詩注釋並未出現上節所述被、鏡、扇三首詩注處所見的"今本零落"現象。這説明,光行參考注本中"色美廻文妾"一句的詩注理應原本就與現存日藏三系統之祖本的文本有著較大差異,而並非是由於日藏三系統出現了文本脱落現象。竇滔典故見於《晋書·列女傳》中:

竇滔妻蘇氏,始平人也,名蕙,字若蘭,善屬文。滔,苻堅時爲秦州

刺史,被徙流沙,蘇氏思之,織錦爲迴文旋圖詩以贈滔⋯⋯①

　　假名注中,滔爲秦州刺史以及蘇氏織錦贈滔等情節與《晋書・列女傳》相似,然而,滔娶妾後蘇氏生怨之情節則不見於《晋書》。光行參考注本或包含了與《晋書》文意類似的文本,但除此之外,應該考慮光行參考注本還包含了其他文獻的引文叙述了滔娶妾後蘇氏生怨之情節。對比敦煌殘卷系統今存錦詩注釋,其原文爲:

　　色美回文□,花驚制綺人。

　　晋竇韜爲秦刺史,從(徙)流沙,取妾,其妻蘇氏在家,錦做回文以叙怨。古詩:莫愁十三能織綺,十四學裁衣。《書》曰:綺,文錦,綺之屬。②

　　敦煌殘卷本此處所見“取妾”以及“錦做回文以叙怨”等表達與假名注中的情節酷似。若光行參考注本中兼收《晋書・列女傳》與敦煌殘卷本兩種引文,則可合理解釋現存假名注中所存内容。若敦煌殘卷本系統的某一注本傳入日域,並以彙注中“一書云”的形式保留在光行參考注本中,則可合理解釋假名注所反映的光行參考本的文本形態。能成爲此猜想佐證的還有素詩中的一處假名注:

　　魚腸遠方至

　　古詩云:客從遠方來,遺我雙鯉魚。呼兒烹鯉魚,中有尺素書。此詩の心は、人ふたつのこひをおくれり、なかに一尺の素書ありと也。

　　《府瑞圖》云:周武王伐紂,渡孟津,白魚躍入王舟,王俯取魚,長三尺,赤文有字,天告伐紂之意也,云云。同圖云:吕望釣于渭渚,得魚,腸得書,云云。

　　《列仙傳》云:吕尚釣于磻溪,三年不獲,果得大鯉,又得兵鈐於魚腸中,云云。

　　假名注中該處注釋較爲詳細。而與之相對,現存日藏三系統中該處文本不存在實質性異文,故引慶應本爲代表:

---

① 原文引自《晋書》卷九六,中華書局,1974 年,頁 2523。

② 敦煌殘卷本系統原文引自徐俊校疏(徐俊《敦煌寫本〈李嶠雜詠〉校疏》,《吐魯番敦煌研究》第三卷,頁 63—84)。

魚腸遠方至

　　古詩曰：客從遠方來，遺我雙鯉魚。呼兒烹鯉魚，中有尺素書之也。

　　比較可知，假名注中第一段所引古詩與慶應本注釋全文相對應，而假名注中《府瑞圖》（應爲《宋書·符瑞志》之誤）以及《列仙傳》所云則不見於慶應本中。而敦煌殘卷本中，此句詩注則爲：

　　遠方魚漸躍，上花雁初飛。

　　古詩：□從遠方來，遺我雙鯉魚。《尚書》：武王渡河，白魚入舟。
漢蘇裂帛繫書來還上林花中。

　　上文中劃線部即對"遠方魚漸躍"一句的注釋。該句與日藏三系統以及假名注中所見詩句文本雖有異同，但應是同一句詩。敦煌殘卷本中雖不見《列仙傳》云，但所引樂府詩與武王典故卻在結構上與假名注一致。儘管假名注中保留的注釋較敦煌殘卷本中詳盡許多，且自述武王典故引自《符瑞志》（實際上更像是引自《史記·周本紀》）而非敦煌殘卷本中的《尚書》，但其結構上的相似性依舊可以説明，假名注中的文本形態應與敦煌殘卷本之間存在聯繫。結合上述錦詩中假名注的例子，我們不妨推測，光行參考注本中所見該處詩注吸收了敦煌殘卷本的結構，並以之爲基礎形成了現在所見的彙注形式，而由於《符瑞志》中的記叙較《尚書》更爲詳細，因此《尚書》引文便在某一階段被捨棄而脱落，從而形成了假名注中所見光行參考注本的形態。此推測可合理解釋敦煌殘卷本與假名注結構上的類似性。

　　綜合本章所述，敦煌殘卷本系統與日藏三系統文本之間差異較大，其關係尚不明朗，但根據假名注中殘存的光行參考注本文本信息可推測，敦煌殘卷本或以彙注中的"一書云"形式留存在平安時代傳抄於日域的光行參考注本中。因此，雖然源光行認爲自己參考的注本是張庭芳注，但實際上應該是一種綜合了張庭芳注以及敦煌殘卷本系統注釋的彙注本。至此我們可知，敦煌殘卷本系統並未消失在歷史長河中，而是以某種形式傳播至日域，並以彙注本的形式保存在了光行參考的異本《李嶠雜詠注》之中，又進而對日本假名文獻《百詠和歌》産生了深遠的影響。敦煌距離日本列島幾千公里之遥，但得益於漢文化圈的存在，使得敦煌的文化遺産也輻射並影響了日域。

# 結　語

綜上所述,通過對現有《李嶠雜詠注》寫本以及《百詠和歌》假名注的分析,我們可知:源光行參考的異本《李嶠雜詠注》是一本形態與現存日藏三系統文本接近的彙注本。其中既包含張庭芳注的文本,又包含敦煌殘卷本系統的文本。它反映了平安時代日域流傳的《李嶠雜詠注》的文本特徵。而釐清這些事實,主要依靠的就是假名文獻《百詠和歌》中的假名注。

假名文獻由於其使用假名文字的特徵,歷來没有被域外漢籍研究界視爲重要研究資料。而本文通過分析假名文獻,發掘其中保存的域外漢籍的文本信息,爲解決《李嶠雜詠注》的文本系統問題提供了新資料與新思路。

除《百詠和歌》之外,日本“國風文化”時代的假名文獻中還保留有大量的域外漢籍信息,這些信息均是推動域外漢籍發展的重要材料。這些信息的價值在日本文學研究界長期不受重視,而域外漢籍研究界則尚未予以充分的關注。作者希望以本文爲契機,抛磚引玉,讓更多假名文獻爲域外漢籍研究所用,擴展域外漢籍研究的可用資料,豐富域外漢籍研究視野。

（作者單位:南京大學外國語學院）

書評

# 歷史與文學之間

## ——評費子智《天之子李世民：唐王朝的奠基者》

費　悦

## 一　費子智與《天之子》

英國漢學家費子智（Charles Patrick Fitzgerald，一般簡寫爲 C. P. Fitzgerald）創作了世界上第一部現代意義的、關於唐太宗李世民的傳記——*Son of Heaven*：*A Biography of Li Shih-Min*，*Founder of the T'ang Dynasty*。經南京大學童嶺教授翻譯，該書中譯本於 2022 年正式出版，距原書問世已近一個世紀，而正如北京大學榮新江教授爲此書撰寫的推薦語所說的那樣："經典著作的力量是不會隨著時間長久而流失的。"

1902 年，費子智出生於英國倫敦，中學畢業後不久便來到中國，此後更是多次往返中英之間，直到 1950 年移居澳大利亞，他先後任澳洲國立大學遠東歷史系教授及系主任、澳洲國立大學太平洋研究院院長、澳大利亞亞洲研究委員會主席。當時"'黃禍'形象依舊盛行，紅色威脅迫在眉睫，在這樣的時代背景下，費子智仍然堅定不移地從事他所熱愛的中國研究，並且通過他的作品向澳大利亞以及西方大衆傳遞著關於中國的認知"①。

費子智是一位多産的學者，一生共出版論著二十餘部，發表文章近四百篇，其研究領域橫跨史學、人類學、政治學。其中，關於中國古代歷史的

---

① 樊琳《費子智和他的中國夢》，載《國際漢學》2015 年第 3 期。

代表作,除《天之子李世民》之外,尚有 *China：A Short Cultural History* (1935)①和 *The Empress Wu*（1956）,前者作爲 Cresset Press 的"文化史叢書"中國卷於 1935 年出版,此後,在西方世界被廣泛使用,並多次再版;後者亦是世界漢學界最早的關於則天武后的傳記。其人類學專著 *The Tower of Five Glories：A Study of The Min Chia of Da Li,Yunnan* (1941)②,"還是西方學者對中國少數民族進行的最早的詳盡研究,它早於約瑟夫·羅克(Joseph Rock)有關納西族的研究許多年"③。

作爲中國近代革命的見證者以及"對舊中國苦難深重的中國人民充滿同情的學者"④,費子智對研究中國革命抱有極大的熱忱,其中 *Revolution in China*（1952 年出版,1964 年修訂再版,再版時更名爲：*The Birth of Communist China*）,是最具影響力的一部,論述了中國革命的起源、傳統、階段、與遠東各國及西方列強的關係、基督教的影響,等等。此外,費子智也十分關注東南亞,尤其是東南亞的華人,*The Third China：The Chinese Communities in South-East Asia*（1969）與 *China and Southeast Asia Since 1945*(1973)是其代表作。

《天之子李世民:唐王朝的奠基者》,全書除序章、附録和"插曲"外,共有正文十章,大體以時間爲序,記敘了隋末至公元 650 年之間李世民的主要活動。以"插曲:李世民的性格"爲界,正文可以分爲兩個部分,"第一部分追溯了這位李唐政權領導人與他的諸多競爭對手圍繞帝座而展開的殊死鬥爭。第二部分講述了李世民登上帝位之後的統治情況"⑤。

序章《公元七世紀的中國》作爲李世民登場前的背景鋪墊,向讀者介紹了自漢末以降中國近三百年的分裂歷史,重點論述了由�韃靼人建立的北方帝國和由漢人建立的南方王朝的對峙狀態,最後指出雖然隋朝結束了南北

---

① 中譯本有俞仁寰譯《中國文化簡史》,中華文化出版事業社,1961 年。
② 中譯本有劉曉峰、汪暉譯《五華樓:關於雲南大理民家的研究》,民族出版社,2006 年。
③ 馬克林著,劉明新譯《澳大利亞的中國學研究》,載《世界民族》1997 年第 2 期。
④《爲什麼去中國·中文版序言》所引用的澳大利亞作家尼古拉斯·周思(Nicholas Jose)的評價。
⑤ 費子智著,童嶺譯《天之子李世民:唐王朝的奠基者》,社會科學文獻出版社,2022 年,頁 12。

分治,但隋煬帝造成了比韃靼人進犯更混亂的局面,而結束這一黑暗時代的唐王朝,其建立和鞏固都有賴於唐太宗李世民。

作者劃分的第一部分包括了第一章至第六章。在第一章《隋王朝的覆滅》中,前半部分作者追溯了李世民的家世及其少年時期,突出少年李世民在文學、書法上受到的漢族精英教育以及他從祖母家族傳承的對騎射的熱衷。更重要的是,他十五歲時在解隋煬帝"雁門之圍"的戰役中嶄露了頭角。後半部分則從多方面描述了隋煬帝暴君式專制統治下的混亂局面。第二章《唐王朝的建立(617—618)》詳細描述了李世民聯合劉文靜、裴寂鼓動李淵造反,唐軍自太原向長安推進,以及李淵在長安接受代王楊侑禪讓並建立唐王朝的過程。第三章《西部征伐(618—620)》主要記載了唐軍抵禦薛舉進犯長安以及劉武周佔領太原的兩次大戰。兩次戰役前期,唐軍節節敗退,但最終都在李世民的英明指揮下反敗爲勝,成功將西北所有地區納入唐王朝版圖,山西戰役的勝利更助長了唐王朝的聲勢。第四章《汜水之戰(620—621)》,這是唐王朝取得決定性勝利的一戰,在唐軍與固守洛陽的王世充軍隊僵持不下之時,竇建德揮師向洛陽進發,李世民不得不採取極其冒險的計劃———一邊保持對洛陽的圍城,一邊率軍抵抗竇建德。李世民利用汜水的地理優勢和機智的作戰策略成功擊潰竇建德,王世充也投降了唐朝。第五章《和平及其鞏固(622—624)》,唐軍先後打敗控制長江中上游及南方部分地區的蕭銑和佔據東南沿海的李子通,並平定了劉黑闥叛亂。"從 624 年開始,一個偉大的和平時期終於來臨"①,第六章《玄武門之變(626)》,太子李建成與齊王李元吉出於對李世民的嫉妒和忌憚,策劃了種種試圖置之於死地的陰謀,李世民被逼無奈開始反擊,發動玄武門之變,最終登上了帝位。

第二部分從第七章至第十章,是關於李世民登基後的統治情況。對於統一的唐王朝而言,最緊迫的問題便是如何抵禦突厥入侵。在李世民南征北戰期間,突厥人的威脅一直如影隨形。第七章《征服突厥(624—630)》,李世民雖然對東突厥採取"半進取型"政策,但唐軍與韃靼軍隊的作戰實力相差懸殊,李世民利用可汗之間的嫌隙挑起突厥部落之間的鬥爭,最終抓住機會,在"沙漠之口"阻擊了頡利可汗,自此整個內蒙直到戈壁邊緣都臣

---

①費子智著,童嶺譯《天之子李世民:唐王朝的奠基者》,頁 111。

服於唐王朝,李世民被遊牧部落的可汗們擁戴爲“天可汗”。第八章《長安的朝廷(630—640)》圍繞這十年之中李世民的對内改革和對外戰爭展開,首先介紹了太宗朝的主要文臣及其功績,其次從制定法典、改革地方行政機構、改革文官制度、制定新的教育政策等方面表現李世民的睿智和仁慈、公正與節制。最後是李世民對西部邊境的征伐,先後平定吐谷渾、吐蕃、高昌和薛延陀,進一步鞏固了唐帝國的統治。第九章《皇太子李承乾的悲劇(643)》講述的是太子李承乾與魏王李泰兄弟鬩墙而互相爭鬥以及齊王李祐起兵造反的事件,這一宮廷悲劇對李世民的晚年產生了持久的影響。作者甚至認爲李世民親征高句麗也與此事有關。第十章《高句麗之戰及其晚年(645—650)》,即唐朝出兵討伐侵略新羅的高句麗,這次戰役並未取得完全的勝利,薛延陀部隊認爲有機可乘而進犯唐朝東北部,但最終被唐軍打敗並導致了其内部分裂,李世民幫助回鶻取得了獨立地位,他的威名向南、向北傳播到更遠的地方。然而不久,這位締造了統一帝國的偉大君主便與世長辭了。

## 二　“在中國發現歷史”

### (一)“成爲一名歷史學家”:中國之行與《天之子》的成書

Why China? 從少年到晚年,這個問題伴隨了費子智的一生。他不得不反復思索並作出回應。於是他在回憶錄的序言中寫到:“也許,正是這種早年形成的觀點,才是我被中國以及中國人深深吸引的根本原因。”[1]他所謂的早年形成的觀點,是他在嚴肅、刻板的男子學校的壓抑下,在那位以基督教信仰而自鳴得意的校長的説教下,產生的“逆反”心理,他斷然拒絕校長的説教,並通過閱讀的途徑去探索與其説教相反的知識。他説:“探索,使我從來不肯輕信任何司空見慣的東西。”[2]在費子智眼中,中國文明是“一種没有不容抗爭的上帝的文明。没有正式的、被人們普遍認可的宗教的文明。是三種選擇。這三種選擇勉强可以説成是‘通往同一目標的三條

---

[1] 費子智著,鄒忠、李堯譯《爲什麽去中國——1923—1950 年在中國的回憶》,山東畫報出版社,2004 年,頁 5。

[2] 費子智著,鄒忠、李堯譯《爲什麽去中國——1923—1950 年在中國的回憶》,頁 5。

道路'。目標是一種渴望,而不是獲得"①。

　　"叛逆"少年費子智對中國的探索緣起於 1917 年發表在《泰晤士報》上的兩篇關於張勛復辟的文章。他突然發現,在地球的另一邊有一個自己全然陌生的、歷史悠久的、廣闊迷人的世界。而在課堂上,除了對鴉片戰爭和義和團運動片面、不真實的講述外,再無其他。於是他開始竭盡所能地尋找和閱讀關於中國的書籍。他在父親書房裏發現了約翰·濮蘭德(J. O. P. Bland)和特蒙德·貝克豪斯(E. Backhouse)合著的 *China under the Empress Dowager*(1910)②與 *Annals and Memoirs of the Court of Peking*(1913),這兩部書甫一出版就在西方世界引起轟動,更被譯成多國語言。但在費子智看來,他們把滿清的所有惡習都歸咎於中國人民,將中國塑造成一個毫無希望的劣等民族,而對曾經有過輝煌過去的古老文明視而不見。之後,費子智在以藏書豐富聞名世界的倫敦博物館裏找到了唯一一本記載了中國歷史事件的著作,就是《天之子李世民》參考書目中的第一條西文資料──由耶穌會翻譯的法文本《通鑒綱目》。他如饑似渴地閱讀,並將其奉爲自己的"聖經",後來他撰寫《天之子李世民》時也將《資治通鑒》作爲主要參考文獻。自此,他確定了前往中國、從事中國語言文化和歷史研究的人生目標。

　　由於家庭拮据,費子智雖然考上了牛津大學,也不得不輟學另謀出路。他斷然拒絕了去南非經商的建議,第一次被問到"Why China?"他知道,如果去了南非,便徹底與中國無緣了。他的父親爲他找了一份勤雜工的工作,幸運的是,在公司附近有一所可以教授中文的東方研究院,著名作家老舍先生正在那裏兼職。費子智便辭職去了東方研究院學習中文會話、文言文及白話文寫作。五個月後,費子智帶著前往上海的旅費、一封推薦信和一百英鎊的銀行信用證書,開始了他的夢想之旅。

　　1923 年費子智乘船從英國經香港抵達上海,父親的朋友沃德夫婦接待了他。一天,他陪沃德太太購物,迎面遇上背著重物、幾乎連路都看不清的

①費子智著,鄒忠、李堯譯《爲什麼去中國──1923—1950 年在中國的回憶》,頁 5。

②該書有多種中譯本:王紀卿譯《慈禧太后傳:英國人眼中的慈禧太后》,香港中和出版,2012 年;周曉丹譯《太后治下的中國》,哈爾濱出版社,2014 年;房新俠、楊丹譯《慈禧統治下的中國》,江蘇鳳凰文藝出版社,2018 年。

苦力，費子智正準備閃身讓開，卻被沃德太太一把拉住，她說："誰也不會給中國人讓路。"費子智對在上海租界的這種生活毫無興趣，於是決心北上。

　　1924 年他經人介紹獲得了京瀋鐵路僱員的工作，先後在新河和唐山擔任鐵路倉庫經理助理。最初他去拜訪鐵路總經理時，對方看他用中文與黄包車車夫討價還價感到十分詫異，因爲這位先生一句中國話也不會說，即便他在中國生活了三十二年，他說："學漢語的都是瘋子。"與這位經理一樣，在中國長期工作的外國人對中國的一切都漠不關心，他們只看當地經過記者隨意加工、取捨的英文報紙。在這些外國人眼裏，"中國的政治和社會發展，不是軍閥邪惡的陰謀策劃，就是青年學生從國外學來的不成熟的意識形態""他們對中國知識階層正在進行的思想變革全然不知"①。而費子智在擔任鐵路倉庫管理員期間，親歷了吴佩孚、張作霖和馮玉祥之間的混戰。這樣的工作經歷，使他注意到戰爭中氣候條件和地理環境的重要性，尤其是地理環境所影響的軍需運輸和補給問題。

　　在中國，秋季是傳統上打仗的季節。費子智說這是歷史的一部分，也是每個中國人都知道的常識。因此，當時雖然吴佩孚和張作霖之間劍拔弩張，大戰迫在眉睫，但每一個唐山人都知道九月之前戰爭不會爆發。在《天之子李世民》中，費子智便將唐軍之所以能夠出其不意攻取宜都，歸因於蕭銑對這類作戰常識的全然信賴，"雖然意識到唐軍正在備戰，但梁帝蕭銑並不認爲在嚴冬季節到來之前，自己會有任何被攻打的可能。因爲在冬季枯水期到來之前，陡峭峽谷和磅礴急流是無法安全通航的"②，他卻没有想到唐軍冒險出航，搶奪了先機。

　　費子智工作的唐山鐵路，是吴佩孚的給養線，他征用大量列車把士兵和物資運往前線山海關，但"他們很少意識到或者完全不明白這種'轉移'所面臨的後勤方面的壓力。除了鄉村小道以外，那裏實際上没有公路，唯一的一條鐵路——京瀋鐵路也是單線"③。結果列車都堵塞在鐵路上，大批士兵、軍火、物資失去了機動性。在對《天之子李世民》中的許多重要戰役的描述中，費子智都強調了軍需給養對於戰争勝敗的影響。這也是他後

①費子智著，鄒忠、李堯譯《爲什麽去中國——1923—1950 年在中國的回憶》，頁 59。
②費子智著，童嶺譯《天之子李世民：唐王朝的奠基者》，頁 98—99。
③費子智著，鄒忠、李堯譯《爲什麽去中國——1923—1950 年在中國的回憶》，頁 61。

來撰寫《天之子李世民》之前，認爲必須先對李世民馳騁的戰場作一次實地考察的原因之一。1931 年秋天，費子智從太原沿汾河一路而下：

> 一切車輛和行人都在高高的黃土坡中間穿行……由於汾河絕大部分河道不能通航，一支軍隊所需要的給養只能通過這樣的道路運輸。因此，這個地區對於唐太宗的歷次戰役都具有極其重要的戰略和戰術意義。如果沒有一支靈活機動的部隊在道路兩面的開闊地帶保護，運送輜重的車隊就會遭受敵人的突然襲擊，陷入滅頂之災。那些儒家型的歷史學家可能不會關心這些地形地貌的特點。[①]

總之，雖然費子智 1923 年到 1927 年的中國之旅以謀生爲主，但這些工作經歷讓他對中國有了比甚少踏出租界的外國人和走馬觀花的訪問學者、作家更深的認識和理解，並深刻反映在他之後的學術研究中。1925 年，有了一定積蓄的費子智寓居北京，結識了清華大學的部分外國教授，並通過他們與那一代的中國學者有了交往。這年年末，他又得到了一份去漢口擔任腸衣分公司經理的工作。他見識到了當時的中國社會對於屠戶這類職業的歧視，見識到了碼頭縴夫的艱辛生活，他説，看到縴夫們喊著號子、挣紮著蹣跚前行的場景，對於人類的苦難就一定會有難以磨滅的印象。費子智對當時苦難深重的中國人民充滿了同情，這種同情是超越種族和階級的、人類最本質的"惻隱之心"，也是《天之子李世民》所體現出來的現實關懷的根源。

1927 年由於國內局勢緊張，費子智辭職回到了英國，繼續在東方研究院學習漢語。兩年之後，取得學位和六十英鎊獎學金的費子智第二次啟程前往中國。這一次他決心深入中國西南的腹地——那片除了傳教士之外，幾乎沒有外國人涉足的地方。從昆明經貴州、四川到重慶的路程大約一千公里，由於幾乎沒有現代化的公路，費子智只能僱傭了腳夫和導遊，徒步完成他的西南之行。

這條路上，除了郁郁蔥蔥的樹木、連綿逶迤的山脈、奔湧不息的長江、風雨殘蝕的古道，還有伺機而動的土匪。或許是因爲外國人的身份，費子智幸運地沒有遭遇搶劫，唯一"驚心"的遭遇還是誤打誤撞被苗族土司請去看病。旅行最艱難的地方在於氣候嚴寒、道路崎嶇，從貴陽到四川的小道

---

①費子智著，鄒忠、李堯譯《爲什麼去中國——1923—1950 年在中國的回憶》，頁 165。

上,費子智一天之内目睹了許多"背仔"(搬運鹽餅的苦力)滑倒之後摔死或者凍死,這種血淚斑斑的貿易延續了幾個世紀。另一邊,工業文明的火種也在西南點燃了,一個叫作侗梓的小鎮已經開始用電燈照明。當地人用巧妙的辦法將巨大的鍋爐、發電機等設備運進來,費子智説,恐怕現代化的交通工具也很難辦到,而中國人總是能找到辦法。之後他又翻過大凉山、穿過綦江峽谷到達重慶,再由重慶乘船至上海,航行中,他直觀地感受了行船通過長江上游的急流險灘是何等驚心動魄。所以他認爲蕭銑會作出唐軍不可能汛期出航的判斷的確在情理之中。

西南之行,不僅開啟了費子智的寫作生涯,他在《每日新聞》上發表了三篇文章介紹這次旅行的見聞;而且:

> 旅行期間,我還親眼目睹了一直保持著過去幾個世紀歷史風貌的真實的中國。這使我形成一個計劃,要把那個時代的歷史寫出來,於是,我就去北京,爲一項新的研究工作做準備。①

這項新的研究工作就是撰寫一部唐太宗李世民的傳記。爲什麽西南之行激發了費子智研究中國歷史並向西方介紹中國歷史的强烈願望呢?

如前所述,在中國生活的外國人和英國的知識分子對中國的歷史,尤其是 19 世紀以前,擁有最多的人口和高效的政府組織、形成高度發達的文明並留下豐富文化遺産的中國歷史,一無所知。在他們眼中,中國是一個無可救藥的國家,注定會被日本征服。費子智説:"在那個年代,我不可能成爲一名考古學家,但有可能成爲一名歷史學家。"②本書的譯者童嶺教授將《天之子李世民》概括爲"'二戰'陰雲前夜的唐代名君想象",並認爲它"喚醒歐美人對於當時積弱積貧的中國的信心"③,這也是費子智撰寫《天之子李世民》乃至從事中國歷史研究的動機。

一個此前在中國從事倉庫管理和腸衣收購工作,僅僅系統學習過兩年多中文的英國青年,在幾乎没有客觀的研究中國歷史的英文著作可供閲讀的時代,最終走向了研究中國歷史的學術道路。可以説,在中國的實地旅

---

① 費子智著,鄒忠、李堯譯《爲什麽去中國——1923—1950 年在中國的回憶》,頁 153。
② 費子智著,鄒忠、李堯譯《爲什麽去中國——1923—1950 年在中國的回憶》,頁 161。
③ 童嶺《天可汗的光與影——費子智、谷川道雄撰唐太宗傳記兩種之研究》,載《復旦學報》(社會科學版)2019 年第 5 期。

行,尤其是第二次西南之行起到了重要作用,或許不够恰當,但筆者認爲這也可以稱作某種意義上的——"在中國發現歷史"。

### (二)"中國中心觀"的預流

美國歷史學教授柯文(Paul A. Cohen)在其著作《在中國發現歷史》(*Discovering History in China*,1984)中將1970年以來美國史學研究領域的中國近代史研究的新趨向總結爲"中國中心觀"(Chinese-centered approach),即對中國歷史採取一種更加以中國爲中心的取向。其首要特點是:"從中國而不是從西方著手來研究中國歷史,並盡量採取内部的(即中國的)而不是外部的(即西方的)準繩來決定中國歷史哪些現象具有歷史重要性。"[1]

此書出版不久,日本學者溝口雄三也在其《作爲方法的中國》(《方法としての中國》,1989)一書中批判了日本學界以歐洲的近代觀念爲價值標準衡量中國近代歷史進程的做法,提倡構建一種"以中國爲方法,以世界爲目的的中國學"。

二者的共同點在於摒棄歐洲中心主義、從内部研究中國歷史,雖然研究對象都是19、20世紀的中國,但作爲一種方法論,對於研究其他時段的中國歷史也具有啓發意義。胡再德在其論文《費子智教授的中國學研究》中指出,雖然當時還没有人提出"中國中心觀"的概念,但在海外漢學界,很早就有質疑"歐洲中心主義"並採用"中國中心觀"的研究趨勢,"費子智就是西方中國學研究中採用'中國中心觀'研究趨勢的源頭上的學者"[2]。但這篇文章也是以費子智那些關於中國革命的研究論著爲討論起點的。實際上,在《天之子李世民》的撰寫過程中,費子智就已經自覺地從中國歷史的内部去研究中國歷史變化的過程了。在回憶錄中寫到爲何選擇唐太宗李世民作爲研究對象時,他說:

　　　在交通遠比我在中國西部旅行時不便的古代,中國人如何建立起一個疆域像羅馬帝國一樣遼闊的偉大王朝並維持了幾個世紀呢?還有,當一個個王朝走向衰落的時候,中國人爲什麽没有失去其文化的

---

[1] 柯文著,林同齊譯《在中國發現歷史——中國中心觀在美國的興起》(增訂本),中華書局,2002年,頁201。

[2] 胡再德《費子智教授的中國學研究》,載《國際漢學》2013年第1期。

統一性、歷史的延續性,以及種族的等同性呢? 他們爲什麼可以在中央政體的領導下,一次次走向復興呢? 我覺得,要想弄清楚這些問題,最好透徹地研究中國歷史上某一個至關重要的時期。研究在面臨敵對勢力和分裂勢力挑戰的情況下,他們爲什麼能取得如此巨大的成就。我選擇了唐朝早期作爲研究的課題。那時候,經過二百多年的分裂和衰弱以後,中國重新統一。這一偉大復興的締造者,就是唐太宗。①

費子智試圖從唐代歷史的發展進程中找到這些問題的原因,他的結論是,唐太宗所塑造的唐帝國的傳統,使得中華文化得以長久地保存和廣泛地傳播。可以説,無論是研究問題的提出、研究方法的確立,還是問題的解決,都根植於中國歷史的内部。在《天之子李世民》中,作者雖然常常以歐洲的歷史事件和地點相比附,但其目的是便於西方讀者理解,而不是將歐洲文明作爲一種價值尺度。

如果將"中國中心觀"視爲一種世界範圍内的新的學術研究範式,那麼或許可以用陳寅恪在《陳垣〈敦煌劫餘録〉序》中提出的"預流"説來理解《天之子李世民》的史學價值,至少費子智比柯文、溝口雄三等早半個世紀"得預此潮流"。

據費子智的回憶,在 1927 年前後中國處於極度變動之時,他"從中國出發,取道日本帝國統治的朝鮮和日本本土,然後經加拿大回英國,印象最深的是在所有這些國家中,中國的局勢處於如此次要的地位,以致於報紙上很少有報道中國的新聞"②,之後,他還從當時駐重慶的英國領事那裏得知,英國首相看著遠東地圖,指著廣州説以前一直以爲廣州在北京的位置;而英國外交部長看到地圖才知道日本面積比中國小得多。由此可見,無論是普通民衆,還是英國政要,對中國普遍採取一種無視態度。考慮到 20 世紀 30 年代的這種情況和中國的現實,更可以顯示出費子智超越時代和種族主義的可貴之處。

此外,在《天之子李世民》的行文中,也可以看到作者總是將自己滲入李世民所處的世界之中去理解他所感受的歷史。這也與"中國中心觀"理

---

① 費子智著,鄒忠、李堯譯《爲什麼去中國——1923—1950 年在中國的回憶》,頁 161—162。
② 費子智著,鄒忠、李堯譯《爲什麼去中國——1923—1950 年在中國的回憶》,頁 114—115。

論的核心概念之一"移情"(empathy)的方法相似。《在中國發現歷史》的中
譯本譯者林同齊提到:"必須指出,'移情'方法並非單憑想象靈感一蹴而
就,而是建立在對歷史現實與當事人的周密調查基礎之上的。"①費子智爲
完成《天之子李世民》一書,不僅艱難地鑽研一手文獻,克服古籍閱讀中的
種種困難,還對李世民曾經的戰場作了實地考察。我們通過《天之子李世
民》對戰爭過程細緻入微的描述便可見一斑。

然而,這本書中有更多超越文獻本身所能涵蓋的内容,即憑藉靈感和
想象的部分,原因在於縱使它具有深刻的史學價值,但本質上仍然是一部
傳記,一部文學作品。

## 三  歷史與文學之間

在英國傳記發展史上,有一個從歷史到文學的轉向。據《英國傳記發
展史》,英國人一直用 life("人的一生")來表示"傳記"的概念,直到 1683 年
約翰·德萊頓(John Dryden)爲《希臘羅馬名人傳》的英文版作序時才首次
使用 biography。而約翰·德萊頓將傳記視爲與"紀事或編年史""可嚴格
稱謂的歷史"相並列的歷史學的一種類型,並將其定義爲:"特定人物的生
平。"(the history of particular men's lives)隨著傳記的發展,19 世紀末,人
們開始意識到傳記並非講述歷史,而是描寫歷史。1928 年出版的《牛津字
典》將傳記定義爲文學的一個分支,"是描述個人生平的歷史"②。傳記與
歷史學的分離意味著傳記由側重真實性向側重藝術性、審美性的轉變,同
時對傳記作者提出了更高的要求,即如何找到歷史與文學、真實與想象、科
學與藝術的平衡點。

整體而言,18 世紀和 20 世紀是英國傳記發展的兩個頂峰,維多利亞女
王統治時期的英國傳記受到其保守觀念的影響,藝術性較弱,英雄崇拜式
傳記盛行。於是在兩次世界大戰期間,產生了一種實驗性的傳記——"新
傳記"(New Biography)。其特點是:

---

①林同齊《"中國中心觀":特點、思潮與内在張力(譯者代序)》,載《在中國發現歷史——
中國中心觀在美國的興起》(增訂本)。
②唐岫敏等《英國傳記發展史》,上海外語教育出版社,2012 年,頁 205—210。

採用"揭露"手法，展示傳主的亮點，揭示傳主的暗處，挖掘傳主（往往是不光彩）的心理動機……還原被"神化"的英雄以凡人形象……在傳記藝術的深層，"新傳記"主張吸納各種藝術手段與技巧對傳主的性格進行刻畫，對傳記敘事策略進行藝術設計，改變維多利亞時代傳統傳記中資料員式機械堆砌傳主生平資料的立傳方法。"新傳記"重視挖掘傳主的行爲動機，心理分析因此受到格外重視。①

1933 年出版的《天之子李世民》恰好處於"新傳記"的發展時期，可以看出費子智對"新傳記"某些觀念的吸收，例如全書在刻劃李世民時對他的心理活動著墨甚多。除了《插曲》一章外，《高句麗之戰及其晚年》也十分典型，作者認爲李世民未能從兒子們那些反人倫的陰謀的悲傷中恢復過來，李承乾的去世更讓他坐立不安，費子智認爲這種不安情緒是李世民親征高句麗的主要因素。在開戰前：

李世民在籌備戰争時發現了一個好處：這樣做可以使他的精力集中起來，不去回想一年前在長安發生的不幸事件。②

取得安城城下之戰勝利後，李世民寫給太子李治一封凱旋信："朕爲將如此，何如？"費子智的解讀是：

這種溢於言表的自誇很清楚地揭示了皇帝的動機，而正是這一動機讓皇帝在這場戰争中親自指揮大軍。在前太子李承乾的悲劇發生之後，李世民也許覺得自己多年前玄武門之變的先例應該對此負責。爲此，李世民有一種無法抵擋的慾望，想重新回到軍營的自由氛圍中去。在他輝煌燦爛的年輕時代，他就指揮過一支崛起中的唐王朝的無敵軍隊。③

此外，在《插曲：李世民的性格》一章中，費子智塑造了一個"勝利者"和"受害者"相結合的李世民形象：

作爲戰場上的將軍，或是作爲宮廷議事廳裏的戰略家，他都是剛毅的、機警的、敏鋭的。然而，作爲試圖挫敗對手陰謀的政治家，他是

---

① 唐岫敏等《英國傳記發展史》，頁 247。
② 費子智著，童嶺譯《天之子李世民：唐王朝的奠基者》，頁 202—203。
③ 費子智著，童嶺譯《天之子李世民：唐王朝的奠基者》，頁 209—210。

笨拙無能的、毫無防備的、反應遲鈍的。①

　　Michel Jan 在法文版《天之子李世民》的序言中用"唐太宗的心中缺乏一個馬基雅維利"②來形容李世民在政治鬥爭方面的淡漠和他政治"僞善"品質的缺乏。然而，雖然費子智深刻地剖析了李世民性格上的缺陷，但並不像典型的"新傳記"一樣是爲了揭露其内心不光彩的動機，而是爲玄武門之變的發生找一個合理的解釋——因爲李世民的威望使皇帝李淵相形見絀，他的功績使太子李建成顯得荒唐可笑，他在政治上的笨拙和他性格的缺陷未能消弭與父兄的隔閡，最終不得不在兄弟們層出不窮的陰謀暗殺之下選擇反擊。

　　如果説，在史學研究方面，《天之子李世民》繼承的是蘭克史學强調個人歷史作用的傳統的話，那麽在傳記文學的發展史上，它與維多利亞時代的英雄傳記一脈相承。雖然費子智對當時流行的思潮和文學技巧都有所借鑒，但並不能將《天之子李世民》歸入"新傳記"之中，因爲如前所述的他的創作動機決定了他筆下的李世民，只能是令人崇拜的唐王朝事業的指導天才和威名遠播的"天可汗"。

　　正因如此，費子智常常對史料有所發揮和改動，譯者在這些地方都有注釋説明。例如，費子智在引用《舊唐書》李淵下令處死李靖一事時，對原文文辭改動較多，"一則是説李淵'pretend to be the leader of an army'（假裝是軍隊的領袖），另一則是把《舊唐書》的'壯士'改成'innocent man'（無辜的人）"③。

　　這樣的改動顯然不符合歷史事實，但卻很好地塑造了狹隘的、缺乏遠見的李淵的形象，從而反襯出李世民的識才愛才、仁慈睿智，反而實現了傳記"叙述的真實"。趙白生在《傳記文學理論》中提出傳記並非純粹的歷史，還要表現傳主的個性，因此除了"事實的真實"之外，還需要達到"叙述的真實"，即作家必須選擇一類事實以確保叙述的"連續性"，對於與傳主個性不符的材料直接捨棄。更引用伍爾芙（Adeline Virginia Woolf）提出的"事實

①費子智著，童嶺譯《天之子李世民：唐王朝的奠基者》，頁 133。
②C. P. Fitzgerald, *Tang Taizong*, Paris, Payot & Rivages, 2008.
③費子智著，童嶺譯《天之子李世民：唐王朝的奠基者》，頁 48。

必須經過處理”的觀點，爲了達到終極的美感，有些事實可以增亮或塗暗①。趙白生進一步將傳記文學的虛構定義爲：基於事實的真實，爲了實現叙述的真實的、對“死象之骨”的還原。從這個意義上，我們就可以理解對於塑造李世民形象而言，費子智基於史料作出的文學性的發揮的重要價值，這也是傳記文學有別於歷史研究著作的魅力所在。

　　當然，此書也並非盡善盡美。例如譯者所指出的，費子智將裴寂的官職“副監”誤解爲“太監”。又如，“家客”一般指的是門客，而費子智將常何的家客馬周描述爲“一個軍官親戚的客人”。但考慮到中國古代制度的複雜性，以及費子智撰寫《天之子李世民》時，除了中國古籍之外，幾乎没有任何歐洲語言撰寫的相關文章和書籍可供參考，對於這種瑕疵我們便可以抱以寬容與理解。

　　　　　　　　　　　　　　　　（作者單位：南京大學文學院）

---

① 趙白生《傳記文學理論》，北京大學出版社，2003年，頁51。

# 稿　約

一、本集刊爲半年刊,上半年出版時間爲 5 月中旬,截稿日期爲上年 9 月底。下半年出版時間爲 11 月中旬,截稿日期爲當年 3 月底。

二、本集刊實行匿名評審制度。

三、本集刊以學術研究爲主,凡域外漢籍中有關語言、文學、歷史、宗教、思想研究之學術論文及書評,均所歡迎。有關域外漢籍研究之信息與動態,亦酌量刊登。

四、本集刊以刊登中文原稿爲主,并適當刊登譯文。

五、本集刊采擇論文唯質量是取,不拘長短,且同一輯可刊發同一作者的多篇論文。

六、來稿請使用規範繁體字,橫排書寫。

七、來稿請遵從本刊的規範格式:

(一)來稿由標題名、作者名、正文、作者工作單位組成。

(二)章節層次清楚,序號一致,其規格舉例如下:

　　　第一檔:一、二、三

　　　第二檔:(一)、(二)、(三)

　　　第三檔:1、2、3

　　　第四檔:(1)、(2)、(3)

(三)注釋碼用阿拉伯數字①②③④⑤表示,采取當頁脚注。注釋碼在文中的位置(字或標點的右上角):×××× <u>×××× <sup>①</sup>,×××× <sup>①</sup>。 ××</u>説,“××××”<sup>①</sup>,××説:“××××。”<sup>①</sup>

(四)關于引用文獻:引用古籍,一般標明著者、版本、卷數、頁碼;引用專書,應標明著者、書名、章卷、出版者、出版年月、頁碼;引用期刊論文,應標明刊名、年份、卷次、頁碼;引用西文論著,依西文慣例。兹舉例如下:

①(清)王琦注《李太白全集》卷二《古風五十九首》,中華書局,××年,頁××。

①周勛初《論黃侃〈文心雕龍札記〉的學術淵源》,載《文學遺産》1987 年第

1 期。

　　①Hans. H. Frankel, *The Floering Plum and the Palace Lady* , New Haven and London, Yale University Press, 1976. p. ××. (請注意外文書名斜體的運用)

　　(五)第一次提及帝王年號，須加公元紀年，如：開元三年(715)；第一次提及的外國人名，若用漢譯，須附原名；年號、古籍的卷數及頁碼用中文數字，如開元三年、《舊唐書》卷三五等；其他公曆、雜誌的卷、期、號、頁等均用阿拉伯數字。

　　(六)插圖：文中如需插圖，請提供清晰的照片，或繪製精確的圖、表等，并在稿中相應位置留出空白(或用文字注明)。圖、表編號以全文爲序。

　　八、來稿請注明真實姓名、工作單位、職稱、詳細通訊地址和郵政編碼(若有變更請及時通知)、電子信箱、電話或傳真號碼，以便聯絡。

　　九、作者賜稿之時，即被視爲自動確認未曾一稿兩投或多投。凡投寄本刊的稿件，即被視爲作者同意由本刊主編與出版社簽署合同集結出版。本刊擁有録用稿件的紙質、網絡等各種方式的獨家發表權。作者若有特殊要求，請在投稿時説明。來稿一經刊出，即付樣書和抽印本。

　　十、來稿請電郵至 ndywhj@163. com。